우에다 신의
도해 중동전쟁

우에다 신 지음   강영준 옮김

AK TRIVIA BOOK

CONTENTS

중동전쟁의 역사 4
  제1차 세계대전 이후의 팔레스타인·중동 문제 관계 연표 8
  〔지도〕제1차~제4차 중동전쟁의 영토 변천 10

제 1 차 · 제 2 차 중동전쟁 지상전 11
  〔전쟁사〕제1차·제2차 중동전쟁 12
  양 진영이 사용한 소화기 16
  양 진영이 사용한 전투차량 26
  제1차·제2차 중동전쟁 당시의 군장 44

제 3 차 중동전쟁 지상전 48
  〔전쟁사〕제3차 중동전쟁 49

양 진영의 소화기 52
이스라엘군의 전투차량 64
아랍 각국군의 전투차량 67
1960년대 이후의 군장 74
노획 병기 AK 돌격소총 79
노획 병기 기타 화기 87

제 4 차 중동전쟁 지상전 96
  〔전쟁사〕제4차 중동전쟁 97
  〔극화〕격전! 골란고원 102
  이스라엘군의 전투차량 114
  아랍 각국군의 전투차량 121

양 진영의 헬멧 ⋯⋯⋯⋯⋯⋯⋯⋯⋯⋯⋯⋯⋯⋯⋯⋯⋯⋯ 126	**중동전쟁 항공전·해전** ⋯⋯⋯⋯⋯⋯⋯⋯⋯⋯⋯⋯ 171
	〔전쟁사〕 중동전 하늘의 싸움 ⋯⋯⋯⋯⋯⋯⋯⋯⋯ 172
레바논 침공 ⋯⋯⋯⋯⋯⋯⋯⋯⋯⋯⋯⋯⋯⋯⋯⋯ 129	〔전쟁사〕 중동전 바다의 싸움 ⋯⋯⋯⋯⋯⋯⋯⋯⋯ 173
〔전쟁사〕 레바논 침공 ⋯⋯⋯⋯⋯⋯⋯⋯⋯⋯⋯⋯⋯ 130	중동전쟁 초기의 이스라엘·아랍 양 진영 항공기 ⋯ 174
이스라엘군의 전투차량 ⋯⋯⋯⋯⋯⋯⋯⋯⋯⋯⋯ 133	중동전쟁에서 사용된 제트기 ⋯⋯⋯⋯⋯⋯⋯⋯⋯ 176
아랍 각국군의 최신 전차 T-72 ⋯⋯⋯⋯⋯⋯⋯⋯ 147	헬리콥터 ⋯⋯⋯⋯⋯⋯⋯⋯⋯⋯⋯⋯⋯⋯⋯⋯⋯⋯ 190
레바논의 전투차량 ⋯⋯⋯⋯⋯⋯⋯⋯⋯⋯⋯⋯⋯ 149	이집트군의 대공병기 ⋯⋯⋯⋯⋯⋯⋯⋯⋯⋯⋯⋯ 194
시가전 테크닉 ⋯⋯⋯⋯⋯⋯⋯⋯⋯⋯⋯⋯⋯⋯⋯ 151	이스라엘 공군의 대지공격 ⋯⋯⋯⋯⋯⋯⋯⋯⋯⋯ 196
레바논 침공 시의 군장 ⋯⋯⋯⋯⋯⋯⋯⋯⋯⋯⋯ 164	함대함 미사일의 활약 ⋯⋯⋯⋯⋯⋯⋯⋯⋯⋯⋯⋯ 198
이스라엘군 기갑사단사 ⋯⋯⋯⋯⋯⋯⋯⋯⋯⋯⋯ 165	

중동전쟁의 역사

이스라엘과 팔레스타인 사이에 지금도 끊이지 않는 팔레스타인 문제. 그 팔레스타인에 관한 전사와 중동전쟁부터 레바논 침공까지의 전쟁사를 해설한다.

■ 전사(前史)

지중해 동부 연안에 위치해 유대교, 이슬람교, 기독교의 성지로 유명한 예루살렘이 있는 팔레스타인. 유사 이래 유대 민족, 아랍 민족, 로마 제국, 이슬람 국가, 기독교 국가 등이 이 땅의 지배를 둘러싸고 전란을 벌여왔다.

기원전 1020년, 유대인이 팔레스타인에 이스라엘 왕국(헤브라이 왕국)을 건국한 뒤 이 지역은 아시리아와 바빌로니아의 지배기를 거쳐 기원전 63년 로마 제국령이 되었다. 이 시대에 유대인은 두 번의 반란을 일으키지만 실패한다. 이 때문에 대부분의 유대인은 135년 팔레스타인 땅에서 추방돼 온 세계에 흩어졌다.

그 뒤 636년 이슬람 제국이 팔레스타인을 지배하자 팔레스타인 지역이 이슬람화되면서 예루살렘을 중심으로 이슬람교, 유대교, 기독교도가 공존하기 시작했다. 그리고 11~13세기 십자군과 이슬람 제국의 싸움을 거쳐 팔레스타인은 1517년 오스만 제국령이 되었다.

로마 제국에 의해 팔레스타인 땅에서 쫓겨나 세계 각지에 정착한 유대인은 종교관 차이 등의 이유로 오랫동안 차별과 박해를 받아왔다. 19세기 후반에는 특히 러시아의 반유대주의가 거세져 박해를 피해 국외로 이주하는 유대인이 증가했다. 그 수는 1891~1910년 기간에 약 100만 명에 이르렀다고 한다.

그런 박해에 맞서 테오도르 헤르츨 같은 지식인의 선도 아래 유대인의 팔레스타인(이스라엘)으로의 귀환과 국가 건설을 주장하는 시오니즘 운동이 활발해졌다. 그리고 1897년 8월 29일, 스위스 바젤에서 '제1차 시오니스트 회의'가 개최됐다. 이 회의에서는 팔레스타인으로의 귀환 촉진, 각국 유대인의 조직화와 민족의식 강화 등을 결의한 '바젤 강령'을 발표했다. 그리고 이 강령을 실행하기 위한 기관으로 '시오니스트기구(이후의 세계시오니스트기구, World Zionist Organization)'도 설립해 유대인이 본격적으로 팔레스타인에 이주하기 시작했다.

시오니즘 운동에 이어 제1차 세계대전은 팔레스타인에 큰 변화를 가져왔다. 당시 팔레스타인을 비롯한 중동 지역을 다스리던 오스만 제국은 전쟁 이전에 독일과 비밀 동맹을 맺은 관계인 데다 러시아 지배하의 튀르키예에게 민족 해방 등을 목적으로 1914년 독일의 동맹국으로서 제1차 세계대전에 참전했다.

이에 영국은 독일의 중동 진출을 저지하면서 오스만 제국이 영유한 중동의 지배권을 차지하기 위해 중동 지역에 군사 활동을 전개했다. 이 중동의 교전 지역인 팔레스타인과 시나이반도 방면의 군사 작전에 영국은 오스만 제국에서 독립하기를 바라던 아랍인의 민족주의 운동을 이용했다.

영국은 1915년 7월 14일, 메카의 하심 가문 당주 후세인 빈 알리와 접촉해 고등판무관 헨리 맥마흔과 후세인 사이에 서한(후세인·맥마흔 협정)을 주고받기 시작했다. 1916년 3월까지 이루어진 이 서한 교환을 통해 영국은 오스만 제국의 지배하에 있었던 아랍인의 독립을 지지하겠다는 조건으로 아랍인이 무장 봉기해 오스만 제국을 물리칠 수 있도록 협정을 맺었다. 이 협정에 따라 영국군의 지원을 받은 후세인은 1916년 6월 10일 오스만 제국에 맞서 봉기해 전투를 시작했다(아랍 반란).

한편 영국은 1916년 5월 16일 프랑스, 러시아와 비밀리에 사이크스·피코 협정을 체결했다. 이 협정은 제1차 세계대전 이후 오스만 제국령을 3개국으로 분할 통치한다는 내용이었다. 또 영국은 1917년 11월 2일 밸푸어 선언을 발표했다. 이 선언은 영국이 전쟁을 지속하기 위해 유럽의 유대계 자본가에게 협력을 얻을 수 있도록 시오니즘 운동을 지지하고 유대인의 팔레스타인 거주를 지원하겠다고 표명한 것이었다. 영국이 채결한 이 정책들은 훗날 '기만 외교'라고 불리며 팔레스타인 문제의 원인 중 하나가 되었다.

아랍인의 반란과 영국군의 작전으로 시나이반도와 팔레스타인 지역에서는 1916년 12월 이후 오스만군이 연이어 패배해 1917년 12월 9일 영국이 예루살렘을 점령하기에 이르렀다. 1918년에는 중동 교전 지역의 코카서스, 페르시아(현 이란), 메소포타미아(현 이라크) 등의 각 전선에서 오스만군이 패배해 10월 30일 무드로스 휴전협정 이후 오스만 제국이 항복해 중동 지역의 전투는 종료됐다.

■ 영국의 팔레스타인 통치와 내전

1918년 11월 제1차 세계대전이 종결되자 영국은 영국과 프랑스 간에 맺은 사이크스·피코 협정을 바탕으로 시리아 남부와 메소포타미아를 통치했다. 팔레스타인은 당초 프랑스와의 공동 통치 지구였으나 이 지역을 점령한 영국이 1920년 4월 25일부터 신탁 통치를 시작하고 1923년 9월 29일 국제연맹의 승인을 거쳐 팔레스타인은 정식으로 영국의 위임 통치령이 되었다. 이해의 팔레스타인 인구는 아랍인 약 61만 명, 유대인은 약 6만 명이었다. 그 뒤 시오니즘 운동과 밸푸어 선언, 1933년 이후 독일 히틀러 정권이 벌인 유대인 탄압 등의 영향으로 팔레스타인의 유대인 인구는 1936년 약 40만 명까지 늘어났다.

이주한 유대인은 팔레스타인의 도시 부동산과 농지를 아랍인 지주에게서 사들였다. 이 때문에 아랍인의 실업이 늘고 경작지를 잃은 소작농도 증가했다. 또 새로 이주한 유대인은 지역사회와 어울리지 않으려 했기에 아랍인과의 사이에 알력이 생겨났다.

아랍인의 유대인에 대한 불만은 폭동으로 번졌다. 폭동은 위임 통치 이전부터 자주 발생했으나 1936년 4월 일어난 폭동은 팔레스타인 아랍인의 봉기로 발전했다. 아랍계 주민의 유대인 이주에 대한 불만이 불씨가 돼 영국으로부터의 독립을 요구한 이 봉기에서는 아랍계 주민이 유대인 지구와 농장뿐만 아니라 영국이 관리하는 철도와 석유 파이프라인을 공격했고, 영국은 군을 투입해 공격을 진압했다. 1939년 9월까지 지속된 이 봉기는 실패로 끝나 영국인, 유대인, 아랍인 사망자 약 5,700명의 피해를 내고 종결됐다.

사건 이후 영국은 팔레스타인으로의 유대인 이민을 제한했고, 제2차 세계대전이 발발하면서 팔레스타인 이민은 일시적으로 감소했다. 그러나 종전과 함께 이민이 다시 증가하자 아랍인과 유대인의 대립이 격화되는 것을 막기 위해 영국은 또다시 유대인 이민을 엄격히 제한했다. 그러자 이번에는 유대인의 반영 활동이 활발해져버렸다. 유대인의 영국에 대한 테러 공격은 끝없이 과격해져, 위임 통치를 하던 정부 시설과 인프라 파괴뿐만 아니라 영국군에 대한 테러 등이 빈번히 일어났다.

아랍인과 유대인의 충돌, 그리고 양측의 반영 활동 사이에 끼여 속수무책이 된 영국은 위임 통치를 단념하고 팔레스타인에서 철수하기로 결정한다. 이렇게 영국이 포기한 팔레스타인 문제의 해결은 유엔이 맡게 되었다.

유엔이 영국을 대신해 제시한 해결책은 팔레스타인을 아랍인과 유대인의 국가로 분할하고 예루살렘은 국제기구의 관리 아래 둔다는 것이었다. 하지만 이 안은 당시 팔레스타인의 토지를 6%밖에 소유하지 않았던 유대인에게 56.5%의 영토를 주고 남은 43.5%만 아랍인 관할이 된다는 것이어서 팔레스타인의 아랍인과 주변 아랍 각국은 당연히 맹렬히 반발했다. 그러나 1947년 11월 29일, 유엔 총회에서 팔레스타인 분할안이 가결돼버렸다.

팔레스타인 분할 결의가 가결되자 그다음 날 팔레스타인에서 아랍인들이 유대인을 공격했다. 이 때문에 보복의 응수가 반복돼 폭동은 내전으로 확대됐다. 팔레스타인에서 철수하기로 결정한 영국은 이 내전에 거의 관여하려 하지 않음으로써 영국의 팔레스타인 위임 통치는 많은 문제를 안은 채 1948년 5월 14일 종료됐다.

■ 제1차 중동전쟁

영국의 위임 통치가 종료된 5월 14일 이스라엘은 독립을 선언했다. 이스라엘의 건국으로 팔레스타인의 유대인과 아랍인 간 대립은 내전에서 주변 각국을 끌어들이는 전쟁으로 발전했다.

이스라엘의 건국 선언에 이집트, 레바논, 시리아, 이라크, 트란스요르단은 그날 이스라엘에 선전포고를 하고, 다음 날인 15일 아랍군이 팔레스타인을 침공해 제1차 중동전쟁이 시작됐다.

당초 전투는 아랍군이 예루살렘 구 시가지를 점령하는 등 우세했으나 휴전하는 사이 군을 재편해 태세를 정비한 이스라엘이 반격에 나서 피점령지를 탈환하고 점령 지역을 확대했다. 그 뒤 유엔이 중개해 1949년 2월 23일 이스라엘과 이집트가 휴전협정을 체결하고 7월까지 이스라엘과 참전 각국 사이에 휴전협정을 맺으로 전투는 종결됐다.

이 제1차 중동전쟁의 결과, 팔레스타인의 가자지구는 이집트령, 예루살렘 구 시가지와 요르단 강 서안지구는 트란스요르단령이 되었으나 이스라엘은 팔레스타인의 75%에 이르는 토지를 점령해 영토를 확대했으므로 전쟁은 아랍 진영의 패배로 끝났다고 할 수 있다. 또 이스라엘 점령지에서 피난한 아랍인으로 구성된 팔레스타인 난민이라는 문제가 새로 발생했다.

■ 제2차 중동전쟁

제2차 중동전쟁은 왕정에 불만을 품은 이집트군 가말 압델 나세르가 이끄는 청년 장교 그룹 '자유장교단'이 1952년 7월 23일 일으킨 쿠데타 '이집트 혁명'과 왕정을 무너뜨린 뒤 이집트 공화국 대통령으로 취임한 나세르가 1956년 7월 26일 수에즈운하의 국유화를 선언한 일 등이 발단이 되어 시작됐다.

이 배경에는 이집트가 영국의 영향에서 벗어나려 한 것과 이스라엘에 대항하는 이집트 군사력의 강화, 중동전쟁의 재발을 피하고 싶은 영국·미국·프랑스의 이집트 군사 원조 중지와 이에 따라 이집트가 소련 진영에 접근한 일 등이 영향을 주었다.

이런 복잡한 정치 상황 속에서 벌어진 운하 국유화 선언에 영국과 프랑스 양국은 운하의 이권을 지키기 위해 이집트에 대한 군사 개입을 계획했다. 또 시나이반도 티란해협에서의 선박 자유 항행권을 원하던 이스라엘의 이해관계도 일치해 3개국의 군사 작전이 실행됐다.

전투는 1956년 10월 29일 이스라엘이 공격하면서 시작됐다. 이스라엘군은 시나이반도를 수에즈운하와 반도 남단 방면으로 침공하고, 11월 5일에는 영국·프랑스 양국군이 수에즈운하의 포트사이드와 포트푸아드에 침공해 이 지역을 점령했다.

그러나 이 군사 개입은 국제적인 비난을 받았다. 유엔도 영국, 프랑스, 이스라엘에 즉시 정전하고 점령 지역에서 철수할 것을 요구했고, 미국과 소련의 압력도 있어서 유

5

엔 총회 결의가 11월 2일 가결되자 11월 6일 영국과 프랑스, 8일 이스라엘이 그 결의를 수락해 정전했다. 그리고 유엔이 이집트에 긴급군을 파견하자 영국·프랑스군은 11월 22일 철수했다. 이스라엘군도 1957년 3월 8일 시나이반도 점령지에서 완전히 철수했다.

■ 제3차 중동전쟁

제2차 중동전쟁 정전부터 1965년까지 이스라엘과 주변 각국의 긴장 관계는 완화되지 않았고 국경지대에서는 소규모 충돌이 벌어졌다. 이런 상황에서 1964년 결성된 팔레스타인해방기구(PLO)의 이스라엘 테러 공격 활발화(1965년 이후), 이집트와 시리아의 방위협정 체결(1966년 11월), 또 이스라엘군이 시리아 국경에 집결하고 있다는 소련의 잘못된 정보에 따른 이집트군의 시나이반도 진주(1967년 5월 15일)와 티란해협 봉쇄(5월 22일), 그리고 시리아에 이어 이집트와 요르단의 방위협정 체결(5월 30일) 등 일련의 사건으로 이스라엘과 아랍 진영 간의 군사적 긴장은 더욱 높아졌다.

아랍 진영이 보인 이러한 일련의 동향에 이스라엘은 1967년 6월 4일 개전을 결정하고, 다음 날인 5일 공군이 기습공격을 하면서 제3차 중동전쟁이 시작됐다.

이스라엘의 항공 선제공격으로 이집트, 시리아, 요르단의 항공 기지와 항공기가 파괴되고 아랍 진영은 개전 첫날에 제공권을 잃었다. 지상전에서도 이스라엘군은 기갑·기계화여단을 주력으로 한 부대가 기동전을 전개해 가자지구와 시나이반도에 전개한 이집트군을 각지에서 격파하고 6월 7일 수에즈운하 동쪽 기슭에 이르렀다. 동시에 요르단군에 대한 공격은 요르단 서안지구에서 시작돼 제1차 중동전쟁 때 빼앗긴 예루살렘 구 시가지를 6월 7일 탈환하는 등의 전과를 올렸다. 그리고 6월 9일에는 시리아군이 지키는 골란고원도 공격해 점령했다.

이스라엘군의 기습공격으로 완패한 아랍군은 우선 6월 8일 이집트와 요르단이 정전하고 마지막까지 저항한 시리아도 6월 10일 정전을 받아들여 전투가 종료됐다.

제3차 중동전쟁은 발발부터 정전까지의 기간이 6일이었기 때문에 '6일 전쟁'이라고도 불린다.

■ 소모전

제3차 중동전쟁 정전 이후에도 이스라엘과 이집트 사이에서는 산발적으로 충돌이 벌어졌다. 그런 상황에서 아랍 진영은 1967년 8월 수단 하르툼에서 아랍 수뇌회의를 개최했다. 그리고 9월 1일, 참가 각국은 이스라엘에 대해 지속적인 투쟁을 전개하고 일체의 '강화, 승인, 교섭'을 거부한다는 내용의 하르툼 결의를 발표했다.

이스라엘과 이집트에서 벌어지는 충돌과 아랍 수뇌회의의 하르툼 결의가 이어지자 유엔은 다시 팔레스타인 문제를 해결하고자 11월 22일 안보리 결의 242호를 채택했다. 이 결의를 요약하면 이스라엘의 점령지 철수를 대가로 아랍 진영은 이스라엘을 인정하고 공존한다는 내용이었다. 단, 이스라엘의 모든 점령지에서의 철수와 팔레스타인 난민 대책은 여전히 모호했다. 그러나 이 결의는 이스라엘과 아랍 진영 모두 받아들이지 않았다.

이런 정세에 이집트는 잃어버린 시나이반도를 되찾기 위해 산발적인 공격을 반복하고, 더 나아가 시나이반도에서 이스라엘군 철수를 촉구하는 방침을 취하게 됐다. 이후 소모전(War of Attrition)이라고 불리는 이 전쟁은 당초 수에즈운하를 사이에 둔 지대에서 이집트와 이스라엘 양군이 서로 포격전과 특공대 공격 등을 되풀이하는 소규모 전투였으나 점차 폭격과 해전 등으로 확대됐다. 그리고 1969년 9월 이집트가 소모전 개시를 공식적으로 선언해 준전쟁 상태가 되어 육해공의 전투가 벌어졌으나 미국의 중재로 1970년 8월 8일 정전했다.

또 이 시기에 이스라엘 지배하의 팔레스타인 해방을 호소하며 투쟁을 계속해온 PLO의 하부 조직인 팔레스타인해방인민전선(PFLP)이 1970년 9월 6일 여객기 동시 납치 사건을 일으켰다. PLO는 당시 요르단이 수용하고 있던 팔레스타인인 난민 캠프를 거점으로 활동하고 있어서 요르단 정부는 PLO의 일부 활동을 묵인하고 있었으나, 이 사건과 요르단 국내에서 세력을 넓히고 있던 PLO에 위기감을 느낀 요르단 국왕 후세인 1세가 9월 15일 국내에서 PLO 일소를 지시했다. 다음 날 요르단군의 공격으로 PLO와 요르단군 간에 내전이 벌어졌다. 전황은 요르단군이 우세한 채로 진행돼 9월 19일에는 PLO를 지원하기 위해 시리아가 요르단에 침공하는 사태로 발전하나(9월 23일 철수), 9월 27일 쌍방 합의로 휴전했다. 그리고 PLO는 1971년 7월 23일 이후 활동 거점을 레바논으로 옮겼다.

■ 제4차 중동전쟁

이집트 나세르 대통령의 중재 등으로 요르단 내전은 중단됐으나 휴전 다음 날인 1970년 9월 28일 나세르는 정신적인 피로로 심장발작을 일으켜 사망했다. 그 뒤 부통령 안와르 사다트가 나세르의 뒤를 이어 이집트 대통령에 취임했다.

사다트가 이스라엘에 대한 강경 정책을 이어받음으로써 이집트는 제3차 중동전쟁으로 잃은 시나이반도를 탈환하고자 1973년 10월 6일 시리아와 힘을 합쳐 이스라엘을 침공했다. 이로써 제4차 중동전쟁이 발발했다. 이 싸움은 유대교의 속죄일(욤 키푸르)에 시작돼 '욤 키푸르 전쟁'이라고도 불린다.

개전 이전 제3차 중동전쟁으로 잃어버린 병기를 소련의 원조를 받아 회복하고 부대를 재편한 이집트군은 신형 전차와 항공기, 지대공 미사일 등의 병기를 갖추고 공격을 개시했다. 전투는 이집트·시리아군의 선제공격으로 시작해 이집트군은 개전 당일에 수에즈운하를 건너 동안지구를 확보했다. 시리아군도 골란고원에 침공해 일부 부대는 요르단강까지 육박할 기세였다.

선제공격을 당한 이스라엘은 시나이반도와 골란고원의 양면전쟁을 면치 못하게 되어 전쟁 초기에는 고전하나 미국의 병기 지원 등으로 태세를 재정비하고 반격에 나서 시나이반도 이집트군의 배후를 치기 위해 10월 15일에는 수에즈운하 서안으로 역도하작전을 감행해 수에즈운하 동안의 이집트군을 포위했다. 골란고원에서도 시리아군에 반격을 가해 형세를 역전시켰다.

그런 전황 속에서 10월 22일 체결된 유엔 안보리 정전 결의와 미국 키신저 국무장관의 중재로 10월 23일 정전이 성립했다. 그 뒤 유엔은 제2차 유엔 긴급군을 창설하고 10월 26일 현지에 도착한 제1진의 정전 감시도 시작돼 제4차 중동전쟁은 종결됐다.

이 전쟁에서는 아랍석유수출국기구(OAPEC)가 이스라엘 지지국에 대한 석유 수출을 금지하고 원유 가격을 인상해 제1차 석유 파동을 일으킴으로써 세계 경제에 혼란을 주었다는 부작용도 일어났다.

■ 중동 평화의 길

이집트는 서전의 승리를 살리지 못하고 또 이스라엘에 패했으나 이 상황이 이스라엘을 평화 교섭의 장으로 끌고 나오는 계기가 되었다.

사다트 대통령은 제4차 중동전쟁 전에 이집트에 유리한 형태로 이스라엘과 평화 교섭을 모색했다. 또 오랜 기간 일어난 전쟁으로 피폐해진 국내 경제를 재건하려면 평화 실현이 필요했기 때문에 사다트는 종래의 친소련에서 친미 노선으로 전환하고 1977년 11월 19일 이스라엘을 방문했다. 사다트는 이 방문에서 이스라엘의 베긴 총리와 회담해 평화의 길을 열었다.

이 뒤 미국 카터 대통령의 중재로 1978년 9월 17일 미국의 캠프데이비드에서 회담이 개최됐다. 사다트와 베긴은 12일간에 걸친 협의 끝에 '양국 간 평화조약 체결 교섭 개시', '이스라엘군의 시나이반도 완전 철수와 이집트로의 반환', '팔레스타인 통치에 대한 협의 개시' 등을 내용으로 하는 양국 간의 협정에 합의했다.

그리고 1979년 3월 26일 미국의 워싱턴 D.C.에서 이집트·이스라엘 평화조약이 체결됐다. 이스라엘이 건국되고 중동전쟁이 발발한 지 31년 만에 아랍 각국에서 이집트가 처음으로 이스라엘과 국교를 맺었다.

■ 이스라엘의 레바논 침공

요르단 내전 이후 활동 거점을 레바논으로 옮긴 PLO는 레바논 남부에서 이스라엘 북부를 계속 공격했다. 공격은 로켓탄이나 곡사포에 의한 포격전 등이었으나 1982년 6월 3일 PLO가 런던에서 주영 이스라엘대사 암살 미수 사건을 일으켜 이스라엘은 레바논 영내의 PLO 거점을 공격해 레바논에서 PLO 세력을 소탕하기 위해 지상부대를 투입하기로 결정한다. 이스라엘군의 레바논 침공은 '갈릴래아 평화 작전'이라고 명명되고 1982년 6월 6일 실행됐다.

이스라엘의 당초 목적은 국경 부근 40km 이내의 구역에 있는 PLO 거점을 제압하는 것이었으나 작전은 레바논의 수도 베이루트 점령으로 확대됐다. 그리고 6월 14일, 베이루트 포위를 완료한 이스라엘은 되도록 시가전을 피하기 위해 시가지를 포격과 폭격으로 공격했다. 이 포위는 미국이 중재한 평화협정에 이스라엘, 레바논, PLO가 합의하는 8월 18일까지 계속됐다. 그리고 평화협정을 근거로 철수하는 PLO를 감시·감독하기 위해 8월 21일 이후 프랑스군 공수부대, 미국 해병대 등 유엔 평화유지군이 레바논에 도착하자 PLO는 순차적으로 요르단, 시리아, 튀니지 등으로 이동했다.

PLO의 레바논 철수 이후에도 이스라엘군은 베이루트에 주둔해 있다 2005년에야 철수했다. 그러나 이 뒤에도 정세 변화를 빌미로 2006년 7월 12일 이스라엘이 다시 레바논을 침공하는 등 이스라엘과 팔레스타인 문제는 21세기 현재에도 해결되지 않고 계속되고 있다.

제1차 세계대전 이후의 팔레스타인·중동 문제 관계 연표

〔영국 통치 시대〕

1919년	1월 2일	'파이살·바이츠만 협정'
	18일	파리 강화회의(베르사유 회의) 시작
	27일	예루살렘 제1회 팔레스타인 아랍의회 개최
	4월	알리야(이스라엘 이주) 시작 (1922년까지)
1920년	4월 4일	예루살렘 폭동. 예루살렘 구 시가지와 주변 지역에서 이슬람 주민이 유대인을 습격
	6월 15일	하가나(팔레스타인 유대인의 준군사조직) 창립
	8월 10일	연합국과 오스만 제국, 강화조약 조인(세브르 조약)
1922년	9월	영국, 팔레스타인 위임 통치 개시
1926년	3월	레바논공화국 건국
	8월 15일	예루살렘 통곡의 벽을 둘러싸고 유대인과 아랍인이 충돌한 '통곡의 벽 사건' 발생
	8월 23일	아랍인 민족주의자의 유대인 공격이 시작돼 내전이 격화
1931년		유대인 무장조직 '이르군 츠바이 레우미' 결성
1932년	9월 23일	사우디아라비아 건국
1933년	1월 30일	히틀러, 독일 총리 취임
		팔레스타인에 독일계 유대인 이민 급증
	8월 1일	독일 국내의 유대인 박해 시작
1934년	12월	국민 방위당 결성. 팔레스타인·아랍당 결성
1935년	3월 21일	페르시아, 국명을 이란으로 개칭
1936년	4월 15일	영국의 지배와 유대인 이민에 반대하는 아랍 주민의 폭동이 격화, 팔레스타인 독립운동 시작(1938년까지)
1939년	9월 1일	제2차 세계대전 발발
1941년	6월 21일	영국군과 자유 프랑스군이 시리아에 상륙, 다마스쿠스 점령
1942년	1월 20일	나치, 반제회의에서 유럽 유대인 문제의 최종적 해결을 결의
1944년	9월 20일	영국 육군에 유대인여단 창설
1945년	3월 22일	아랍연맹 발족
	4월 30일	히틀러 총통 자살
	5월 1일	프랑스군 베이루트에 상륙
	7일	독일 항복
	8월 31일	유대저항운동 설립(하가나, 에첼, 레히)
	9월 2일	제2차 세계대전 종결
	10월 24일	유엔 설립
1946년	4월 17일	시리아공화국 독립
	7월 22일	유대인 과격파 조직 '이르군 츠바이 레우미', 영국 위임 통치 정부 건물 폭파. 사망자 약 100명
1947년	2월 18일	영국, 팔레스타인 위임 통치 포기 선언
	11월 29일	유엔, 유엔 총회 결의 181안을 결의(팔레스타인 분할 결의)

〔이스라엘 건국 이후〕

1948년	3월 14일	영국의 팔레스타인 위임 통치 종료
		영국군, 팔레스타인에서 철수
		같은 날 유대국민평의회 발족
	4월 9일	데이르 야신 사건. 유대인 무장조직이 아랍인 촌락 데이르 야신 마을을 습격, 비무장 촌민 100여 명 학살
	5월 14일	이스라엘 건국 선언. 이날 아랍연맹 5개국이 이스라엘에 선전포고. '제1차 중동전쟁' 발발
	19일	아랍 군단이 예루살렘을 포위. 이집트 군부대는 텔아비브에 육박
	28일	아랍군, 예루살렘 구 시가지 점령
	31일	이스라엘 국방군 설립
	6월 11일	유엔 중재로 약 4주간의 휴전(7월 8일까지)
	7월 9일	전투 재개. 이스라엘군의 기갑부대가 이집트군을 선제공격
	18일	재휴전
		이스라엘군은 영국의 압력을 받고 국경선까지 철수
	10월 16일	시나이반도 네게브사막에서 전투 재개
		이스라엘군이 북부의 갈릴래아 지방으로 진출
1949년	2월 25일	다비드 벤구리온, 이스라엘 초대 총리로 취임
	3월 23일	레바논·이스라엘 휴전협정
	4월 3일	트란스요르단 왕국·이스라엘 휴전협정
	6월 1일	요르단 하시미테 왕국(트란스요르단 왕국명 개칭), 요르단강 서안지구와 예루살렘 구 시가지를 영토에 편입
	7월 20일	시리아·이스라엘 휴전협정. 제1차 중동전쟁 정전
1952년	7월 23일	이집트 혁명. 파루크 국왕 퇴위
	10월 22일	이란, 영국과 국교 단절
1953년	6월 18일	이집트공화국 건국
1954년	10월 19일	이집트·영국, 수에즈운하 지대에서의 영국군 전면 철수 협정에 조인
1956년	6월 13일	영국군 이집트에서 철수 완료
	7월 26일	이집트가 수에즈운하의 국유화를 선언
	10월 29일	'제2차 중동전쟁'(수에즈 동란) 시작
		이스라엘군, 티란해협 봉쇄선을 돌파해 시나이반도에 진격
	31일	영국·프랑스군, 이스라엘군을 지원해 이집트 공군 기지를 폭격
		이집트군 시나이 방위부대, 수에즈운하 정면으로 철수
	11월 2일	유엔 긴급 총회, 정전 결의를 채택
		미국이 영국의 유엔헌장 위반을 비난하고 군 철수를 요구
	5일	영국·프랑스군 공수부대가 이집트 포트사이드와 포트푸아드에 강하, 다음 날 육군 부대도 포트사이드 상륙, 이스라엘군은 가자와 시나이반도를 점령
	6일	제2차 중동전쟁 정전
	21일	정전 감시를 위해 제1차 유엔 긴급군(유엔 EF)이 시나이반도에 전개. 이집트·시리아·요르단이 군사동맹 체결. 소련의 군사 원조 강화
	12월 22일	영국·프랑스군, 이집트에서 철수 완료
1957년	1월 1일	팔레스타인 민족해방운동 정당 파타 결성
	19일	이집트, 시리아, 사우디아라비아, 요르단의 군사동맹 '아랍연대협정' 체결
	3월	이스라엘군, 시나이반도에서 철수
1958년	2월 1일	'아랍연합공화국' 설립(이집트, 시리아)
		'아랍연방' 설립(이라크 왕국과 요르단 왕국)
	5월 10일	레바논 내전(레바논 위기) 시작(10월 25일까지)
	7월 15일	미국, 레바논 정부를 보호하기 위해 제6함대와 지상부대를 파병
1960년	7월 26일	이란이 이스라엘을 승인. 아랍연합은 이란과 단교
1964년	5월 28일	팔레스타인해방기구(PLO) 결성
1967년	5월 16일	나세르의 요청을 받아 제1차 유엔 긴급군이 시나이반도에서 철수
	18일	아랍연합군, 시나이반도에 주둔
	6월 5일	'제3차 중동전쟁 발발'(6일 전쟁)
		그날 아랍 각국이 이스라엘에 선전포고
	6일	이스라엘군이 가자를 점령
		아랍연합군은 수에즈운하를 봉쇄
	7일	이스라엘군은 시나이반도를 제압, 동예루살렘 전역을 확보. 요르단이 정전을 수락
	8일	아랍연합이 정전을 수락. 이스라엘군은 요르단강 서안 전역을 점령, 시리아령 골란고원에 진출
	10일	시리아·이스라엘이 정전해 제3차 중동전쟁 정전
	28일	이스라엘군이 예루살렘시 전체를 장악
	7월 14일	유엔 긴급 총회, 이스라엘의 예루살렘 병합 철회안을 채택
	10월 21일	이집트 해군 미사일정, 대함 미사일을 사용해 이스라엘 구축함을 격침(에일라트 사건)
	11월 22일	유엔, 영국이 제안한 중동 문제에 관한 유엔 안보리 결의 242호를 채택. 아랍 진영은 결의를 보이콧
	12월	팔레스타인해방인민전선(PFLP) 창설
1968년	7월 23일	PFLP가 하이잭 작전을 개시. 로마발 텔아비브행 엘알 항공기가 하이잭당해 알제리에 강제 착륙. 그 뒤 민간 항공기 하이잭 사건이 빈발
	9월 8일	이스라엘과 아랍연합공화국 사이에서 소모전 시작(1970년 8월 8일까지)
1969년	2월 4일	야세르 아라파트, PLO 집행위원회 의장으로 취임

	7월 3일	유엔 긴급 안전보장이사회, 이스라엘 비난 결의안 채택 이스라엘은 결의 수령을 거부
	9월 9일	이스라엘군, 이집트령 자파라나에 상륙
	10월 22일	레바논 정부군과 팔레스타인 게릴라가 첫 무력 충돌
	11월 2일	레바논 좌파 PLO, 레바논 국내에서 PLO의 자치와 이스라엘에 대한 무장투쟁 권리 승인으로 합의 '카이로 비밀 협정' 성립
1970년	7월 30일	소련군의 MiG-21과 이스라엘군의 팬텀 전투기, 이집트 상공에서 공중전. MiG 전투기 5기 격추
1972년	5월 30일	일본 적군 3명이 텔아비브의 로드 공항(현 벤구리온 국제공항)에서 자동소총을 난사. 사망자 24명, 중경상자 78명
	9월 5일	팔레스타인 무장조직 '검은 9월', 뮌헨 올림픽 선수촌을 습격. 인질인 이스라엘 선수와 코치 11명 피살. 무장조직 측은 뮌헨 공항에서 서독 경찰과 총격전을 벌여 5명 사망
	8일	이스라엘, 뮌헨 올림픽 사건의 보복으로 시리아와 레바논의 PLO 기지를 폭격
	16일	이스라엘군 지상부대가 레바논 남부에 침입, 팔레스타인 게릴라 기지를 습격
1973년	10월 6일	'제4차 중동전쟁'(10월 전쟁) 시작. 이집트군이 수에즈운하를 건너 바르·레브 라인을 돌파. 시리아도 동시에 전투를 개시
	11일	이스라엘군, 시리아 전선에서 반격을 개시. 국경을 넘어 시리아 다마스쿠스까지 30km 떨어진 지점까지 진출. 소련이 본격 개입을 검토
	15일	이집트 전선의 이스라엘군, 수에즈운하 정면에서 반격으로 전환
	16일	이스라엘군이 수에즈운하를 넘어 이집트 영내에 침입 이집트 제3군이 시나이반도에 남겨짐
	22일	유엔, 유엔 안보리 결의 338호를 채택 제4차 중동전쟁 정전
	23일	이스라엘군, 유엔 안보리 결의를 무시하고 이집트군에 공격을 속행
	25일	정전 발효
	29일	제7회 아랍연맹 수뇌회의, PLO를 팔레스타인의 유일한 대표로 승인
	11월 13일	유엔 총회, PLO를 방청인으로 초청해 팔레스타인인의 민족자결권과 국가 수립 권리를 인정

〔중동전쟁 이후〕

1975년	5월 13일	레바논전쟁 발발
	7월 4일	엔테베 공항 기습작전. 6월 27일 하이잭된 에어프랑스 항공기의 인질을 구출하기 위해 이스라엘군 특수부대가 우간다 엔테베 공항을 기습. 하이잭범 7명, 경비 우간다병 45명을 살해하고 구출 성공. 인질 1명 사망
	10월 21일	시리아군이 베이루트를 제압. 레바논 정전협정을 체결
	11월 10일	아랍평화유지군이 레바논 전토에 전개 PLO는 베이루트에 본부 설치와 레바논 남부에서의 활동이 인정됨
1977년	3월 11일	파타의 게릴라 부대가 이스라엘 해안에 상륙. 활동으로 이스라엘인 약 100명을 살상 유엔 안보리가 이스라엘에 철병을 요구
	16일	잠정 유엔군 파견을 결정
	4월	팔레스타인해방전선(PLF) 아부·아바스파 결성
1978년	3월 15일	이스라엘군, 레바논에 침공
	9월 15일	이스라엘·이집트, '캠프데이비드 합의'(17일까지) 이 평화 합의로 이스라엘의 베긴 총리와 이집트의 사다트 대통령이 노벨 평화상 수상
1979년	3월 26일	이집트와 이스라엘, 평화조약 체결
	5월	시나이반도를 이집트에 반환
1980년	1월 26일	이집트와 이스라엘, 국교 수립
	7월 30일	이스라엘 국회, '예루살렘 기본법' 채택. 예루살렘을 항구 수도로 지정
	9월	이란·이라크 전쟁 발발
1981년	6월 7일	'바빌론 작전' 이스라엘 공군기, 이라크 원자력센터를 폭격
	7월 21일	이스라엘·레바논 정전협정 발효

	10월 6일	이집트 사다트 대통령 피살
	12월 14일	이스라엘 국회, 골란고원 병합을 가결
1982년		레바논에서 이슬람주의 정치 무장조직 헤즈볼라 결성 이스라엘군이 레바논 침공. PLO, 튀니지로 철수
1987년	12월 8일	가자지구와 요르단강 서안지구에서 제1차 인티파다(이스라엘에 대한 저항 운동) 시작(1993년 9월 13일까지)
1988년	11월 15일	요르단강 서안지구와 가자지구를 영토로 한 팔레스타인 건국
1990년	8월 2일	이라크, 쿠웨이트 침공. 걸프전쟁 발발
1991년	1월 18일	이라크, 이스라엘에 미사일 공격을 개시
	10월 30일	스페인 마드리드에서 중동평화회의 개최(11월 1일까지). 미국, 소련, 이스라엘, 이집트, 요르단, 레바논, 시리아, 팔레스타인 대표단이 참가
1993년	8월 20일	이스라엘과 PLO, 잠정 자치정부 원칙 선언에 조인(오슬로협정)
	9월 13일	이스라엘과 PLO, 팔레스타인 잠정 자치협정을 체결
1994년	10월 26일	이스라엘·요르단, 평화조약 체결
	12월 10일	야세르 아라파트 의장, 노벨 평화상 수상
1995년	11월 4일	이스라엘 라빈 총리 피살
1996년	2월 8일	자위대 골란고원 파견
	2월 25일	헤즈볼라의 테러 공격에 이스라엘군 '분노의 포도 작전' 발동
1997년	1월 17일	'헤브론 협상', 이스라엘 팔레스타인 자치정부 성립
2000년	9월 28일	제2차 인티파다 시작
2001년	8월 27일	PFLP의 무스타파 의장이 이스라엘군의 로켓탄 공격으로 피살
	9월 11일	미국에서 동시다발 테러 발생
	10월 17일	무스타파 의장 살해의 보복으로 PFLP가 이스라엘 레하밤 제에비 관광대신을 암살
2002년	3월 27일	아랍연맹 수뇌회의, '아랍 중동평화안'을 채택
	29일	이스라엘군, 요르단강 서안의 팔레스타인 자치구에서 '방벽 작전'(5월 10일까지) 실시
	6월 16일	요르단강 서안지구와의 경계에 분리벽 건설 시작
2003년	3월 20일	이라크전쟁 발발
2004년	11월 11일	PLO 의장 아라파트 서거
2005년	9월 12일	이스라엘군, 가자지구에서 철수
2007년	11월 27일	미국 애나폴리스에서 중동평화국제회의 개최
2008년	12월 27일	'가자 분쟁', 가자지구의 하마스 세력에 대한 이스라엘군의 공중폭격과 지상 침공(2009년 1월 18일까지)
2009년	6월 4일	카이로 연설. 미국 오바마 대통령, 이집트 카이로대학에서 팔레스타인과 이스라엘의 공존 호소
2010년	12월 10일	튀니지에서 재스민 혁명. '아랍의 봄' 시작
2011년	1월 25일	이집트 반정부 데모 격화
	2월 11일	이집트, 무바라크 대통령 실각
	15일	리비아 내전 시작(10월 23일까지)
	3월 15일	시리아 내전 시작
	27일	이스라엘군, 하마스와 헤즈볼라의 로켓탄 공격에 대처하기 위해 지대공 미사일 '아이언 돔'을 배치
2012년	11월 14일	이스라엘군, '방위의 기둥 작전'을 가자지구에서 실시(11월 21일까지)
2013년	1월 15일	자위대, 골란고원 파견에서 철수
2014년	7월 8일	이스라엘군이 가자지구 침공(8월 26일까지)
2017년	12월 6일	미국, 이스라엘 수도를 예루살렘이라고 인정한다고 선언
2018년	3월 30일	가자지구에서 팔레스타인인의 귀환권 요구 '귀환의 대행진' 데모 시작
2020년	1월 28일	미국 트럼프 대통령, 이스라엘 네타냐후 총리와 함께 중동평화안을 발표
	9월 1일	하마스·이스라엘 6개월간 정전 합의
2021년	5월 7일	동예루살렘에서 팔레스타인인과 이스라엘 경찰이 충돌 하마스의 로켓탄 공격과 이스라엘군의 보복 공중폭격으로 발전
2022년	7월 15일	미국 바이든 대통령, 베들레헴에서 팔레스타인 자치정부 압바스 대통령과 회담
	10월 11일	이스라엘과 레바논, 해양 경계에 대해 잠정 합의

《이스라엘의 영토》

- 1947년 유엔 분할안에 의한 영토
- 제1차 중동전쟁(1948~1949년) 때 획득한 영토
- 제3차 중동전쟁(1967년) 때 점령한 영토
- 제4차 중동전쟁(1973년) 때 점령한 영토

레바논
베이루트
시돈
다마스쿠스
쿠네이트라
시리아
하이파
갈릴리아호
골란고원
나자렛
지중해
네타냐
요르단강
텔아비브
예루살렘
암만
베들레헴
사해
가자
요르단
알아리슈
포트사이드
베르세바
네게브사막
이스마일리아
수에즈운하
그레이트비터호
카이로
수에즈
시나이반도
나일강
이집트
에일라트
아카바
아카바만
사우디아라비아
티란해협
샤름엘셰이크
홍해

제1차·제2차 중동전쟁 지상전

제1차·제2차 중동전쟁

■ 제1차 중동전쟁
(1948년 5월~1949년 7월)

1948년 5월 14일, 이스라엘 건국 선언에 맞서 선전포고를 한 레바논, 시리아, 트란스요르단, 이라크, 이집트 5개국은 5월 16일 이스라엘을 침공했다. 이렇게 제1차 중동전쟁이 발발했다.

개전 당초 아랍군의 전력은 약 4만 명의 병력과 항공기 300대, 전차 270대, 야포 150문이었다. 한편 이스라엘의 병력은 약 2만9,000명으로, 장교 중에는 제2차 세계대전 실전 경험자도 있어 이 점에서는 아랍군보다 우위에 있었다. 하지만 보유한 병기를 보면 전력이라고 할 만한 항공기, 전차, 중화기가 없고 소화기(小火器)가 주체였으며 또 수가 매우 부족했다.

전투가 시작되자 이스라엘은 5월 28일 압도적인 전력 차로 요르단군에 예루살렘 구 시가지를 점령당하는 등 각지에서 고전했다. 유엔의 제안으로 6월 11일부터 7월 9일까지 최초의 휴전이 실시되자 이스라엘은 이 휴전을 이용하여 5월 26일 창설한 이스라엘 국방군(IDF, Israel Defense Forces)을 재편성했다. 또 해외에서 입수한 전투기와 중화기 등도 배분되기 시작했다. 이렇게 무장을 강화한 이스라엘군은 갈릴래아, 텔아비브, 예루살렘 주변 등에서 반격을 시작했다.

두 번째 휴전(7월 18일~10월 15일)을 거치고 그 뒤에도 이스라엘군의 반전 공세가 이어져 이스라엘은 점령된 지역을

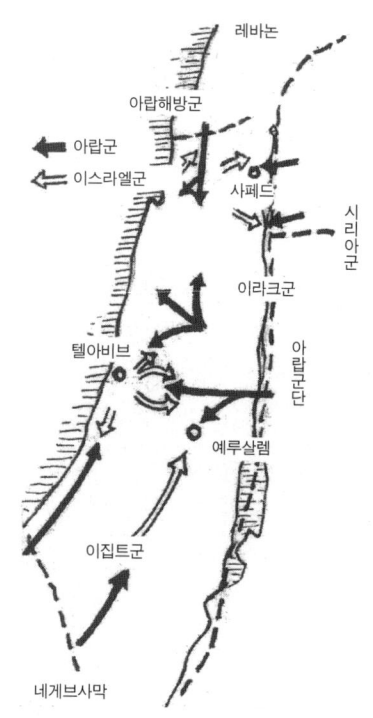

《제1차 중동전쟁의 전황도》

《제2차 중동전쟁 전의 시나이반도》

시나이반도를 침공한 이스라엘군은 전차 외에 M3 하프트랙 등으로 보병의 이동도 기계화해 기동전을 전개했다.

탈환하면서 지배 지역을 넓혀갔다. 그리고 1949년 2월 23일, 이스라엘이 이집트와 정전협정을 체결하자 7월 20일까지 아랍연합의 각국도 정전협정을 맺고 제1차 중동전쟁은 종결됐다.

■ 제2차 중동전쟁
(1965년 10~11월)

제1차 중동전쟁에서 패배한 이집트에서는 1952년 7월 23일 이집트군 자유장교단의 군사혁명(이집트 혁명)으로 왕정이 무너지고 1953년 6월 18일 이집트공화국이 수립됐다. 초대 대통령인 가말 압델 나세르는 소련 진영에 접근해 1955년 9월 체코슬로바키아와 군사원조협정을 맺고 병기를 수입해 군사력 강화를 추진했다. 또 아카바만에서 홍해로 이어지는 티란해협의 이스라엘 선박 통과 금지책도 강화했다.

이런 상황에서 사다트는 1956년 7월 26일 수에즈운하의 국유화를 선언했다. 이 국유화 선언으로 운하의 이권을 잃을 것을 두려워한 영국과 프랑스는 봉쇄된 티란해협의 선박 항행 자유를 원하는 이스라엘과 손을 잡고 이집트에 군사 개입을 강행했다.

■ 이스라엘군의 침공

제2차 중동전쟁(수에즈 전쟁, 수에즈 동란이라고도 한다)은 10월 29일 이스라엘군의 시나이반도 침공으로 시작됐다. 우선 공수부대가 미틀라고개에 강하하고 지상에서는 10개 여단 부대가 시나이반도 북부 연안, 중부, 남부 아카바만 방면의 세 방향에서 침공을 개시했다.

이집트가 군비를 증강한 것과 마찬가지로 군비를 갖춘 이스라엘군의 공격을 받은 이집트군은 각지에서 방어전에 전념했으며 퇴각도 시작해서 북부에 침공한 이스라엘 부대는 11월 2일 수에즈운하에 도달했다. 중부와 남부를 침공한 이스라엘 부대도 11월 5일까지 시나이반도 남단에 도달했다.

■ 영국·프랑스군의 개입

영국군, 프랑스군의 작전 행동은 11월 1일 양국 해군 기동부대 항모 함재기의 이집트 폭격으로 시작됐다. 폭격으로 제공권을 쥔 영국·프랑스군은 11월 5일 영국군 공수부대가 운하 서안의 포트사이드에 강하하고, 또 프랑스 공수부대도 동안의 포트푸아드에 강하해 이 도시를 점령했다. 그리고 공수작전이 벌어진 다음 날인 6일 지상부대가 해상에서 상륙했다.

그러나 영국군과 프랑스군이 군사 행동을 개시한 다음 날인 11월 2일 유엔에서 즉시 정전과 철수를 요구하는 총회 결의가 채택돼 이 군사 행동은 국제적으로 비난받게 되었다. 또 미국과 소련의 압력도 있어 영국군과 프랑스군은 11월 7일, 이스라엘군은 다음 날인 8일 유엔의 결의를 받아들여 정전에 동의했다. 그 뒤 영국군과 프랑스군은 12월 11일까지 이집트에서 철수를 마치고 이스라엘군도 1957년 3월 8일 시나이반도에서 전면 철수했다.

포트사이드와 포트푸아드의 전투에서 이집트군은 SU-100 자주포를 도시 방위에 사용했다.

이스라엘군의 전투차량

제1차 중동전쟁 개전 당초, 이스라엘이 보유한 장갑차량은 트럭을 개조한 장갑차가 주력이었으며, 전차는 위임 통치 시대 말기에 영국군에서 훔친 M4 셔먼, 크롬웰 순항전차 총 6대였다. 그 뒤 6월 휴전 중 프랑스에서 10대의 호치키스 H39를 수입해 최초의 전차대대가 편성됐다. 또 영국제 장갑차는 이집트군에서 노획한 차량을 재이용했다.

《 제1차 중동전쟁 》

험버 Mk.3

무장 지프
MG34 기관총 등을 탑재해 널리 쓰였다.

호치키스 H39

M3A1 스카우트 카
조종실 부분을 개조, 총탑을 증설해 MG34 등의 기관총을 탑재했다.

M3 하프트랙
6파운드포를 장비

3·4t 트럭
장갑판을 붙인 개조 장갑차.

유니버설 캐리어

험버 Mk.4

크롬웰 순항전차

M4A2 셔먼
젊은 여성을 이용해서 전차병을 유혹해 영국군에서 훔쳤다는 일화가 남아 있다. 또 이탈리아에서 구입한 스크랩*을 재정비해 운용했다.
* 퇴역 후 폐기가 예정된 장비 (역주)

《 제2차 중동전쟁 》

주력 전차는 세계 각지에서 모은 M4 셔먼 전차였다. 또 당시 이스라엘군으로서는 최신형인 AMX-13을 프랑스에서 수입했다.

M4 셔먼
76mm포 장비형

M50 슈퍼 셔먼
프랑스제 75mm포를 탑재.

AMX-13
제2차 중동전쟁 전에 프랑스에서 150대를 구입.

M3·M5 하프트랙
하프트랙은 사막의 기동전에 빼놓을 수 없는 차량이었다.

M5·M5A1

M3·M3A1

M4A3 105mm 곡사포 탑재형
이 차량은 도저 블레이드를 장비

셔먼 크랩
M4 지뢰 처리형

아랍 각국군의 전투차량

《제1차 중동전쟁》

아랍 각국군은 구 종주국이었던 영국과 프랑스제 차량을 장비했으며, 개전 당시 보유 수는 이스라엘군을 웃돌았다.

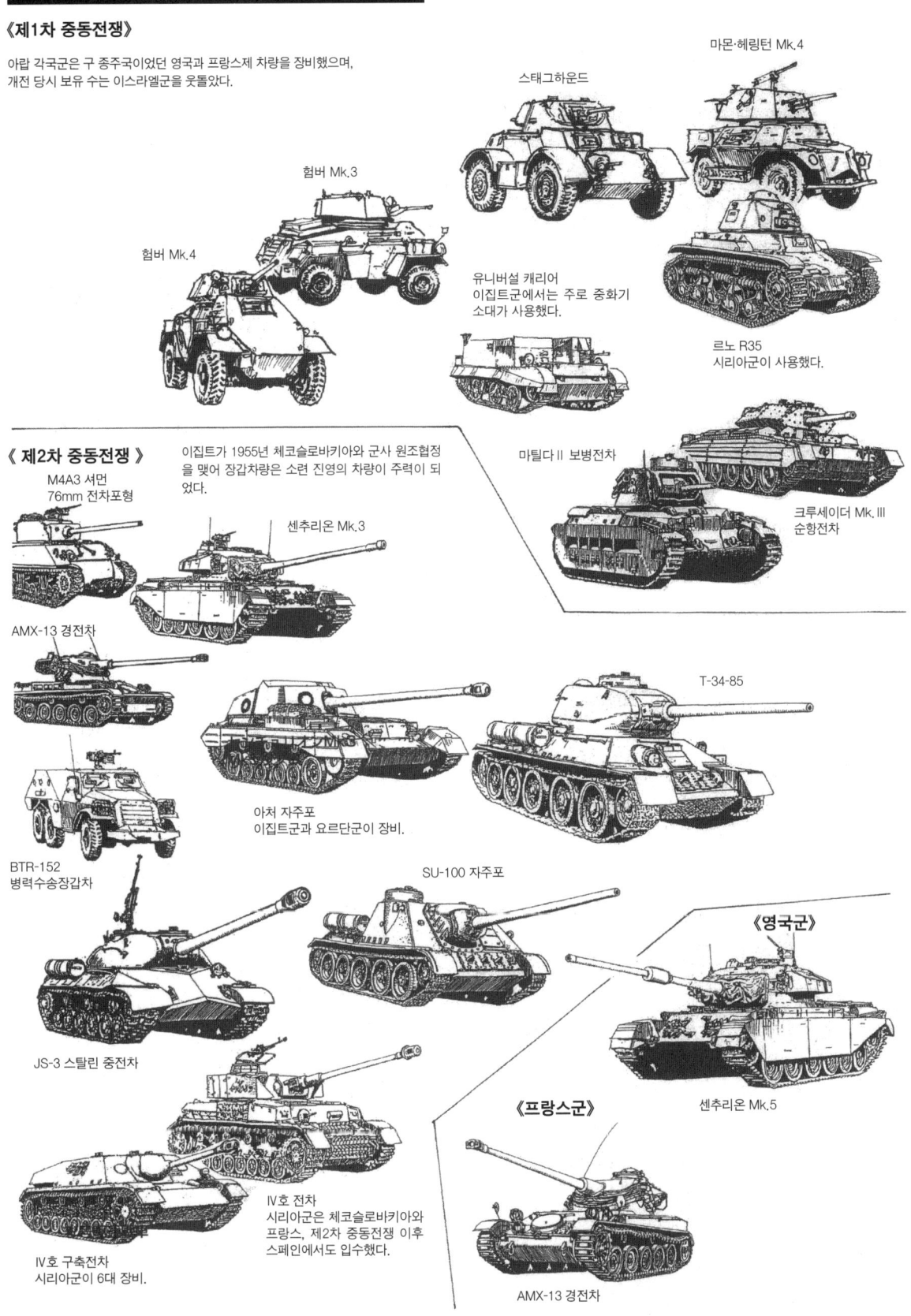

마몬·헤링턴 Mk.4
스태그하운드
험버 Mk.3
험버 Mk.4
유니버설 캐리어
이집트군에서는 주로 중화기 소대가 사용했다.
르노 R35
시리아군이 사용했다.
마틸다 II 보병전차
크루세이더 Mk.III 순항전차

《제2차 중동전쟁》
이집트가 1955년 체코슬로바키아와 군사 원조협정을 맺어 장갑차량은 소련 진영의 차량이 주력이 되었다.

M4A3 셔먼 76mm 전차포형
센추리온 Mk.3
AMX-13 경전차
T-34-85
아처 자주포
이집트군과 요르단군이 장비.
BTR-152 병력수송장갑차
SU-100 자주포
《영국군》
JS-3 스탈린 중전차
《프랑스군》
센추리온 Mk.5
IV호 전차
시리아군은 체코슬로바키아와 프랑스, 제2차 중동전쟁 이후 스페인에서도 입수했다.
IV호 구축전차
시리아군이 6대 장비.
AMX-13 경전차

양 진영이 사용한 소화기(小火器)

이스라엘과 아랍 양 진영은 전쟁 이전에 영국의 영향을 받았기 때문에 제1차 중동전쟁은 모두 각종 영국제 소화기를 장비했다.

영국제 군용총

《권총》

[엔필드(Enfield) No.2 Mk.I]
1932년 채용된 중절식 38구경 리볼버. 군의 요구로 38구경탄을 사용하는 모델로 만들어졌다. 제2차 세계대전 중에는 영국제 .380 리볼버 Mk.IIz탄과 미국이 제공한 .38S&W탄도 사용했다.

[데이터]
구경: 38구경
탄약: 9×20mmR (.380 리볼버 Mk.I, Mk.IIz 또는 .38S&W탄)
장탄 수: 6발
작동 방식: 싱글 액션·더블 액션 (Mk.I만 더블 액션)
전체 길이: 260mm
총열 길이: 127mm
무게: 765g

[웨블리(Webley) Mk.IV .38·200]
웨블리&스콧사제 38구경 모델.

[데이터]
구경: 38구경
탄약: 9×20mmR (.380 리볼버 Mk.IIz)
장탄 수: 6발
작동 방식: 싱글 액션·더블 액션
전체 길이: 266mm
총열 길이: 106mm
무게: 1.1kg

[엔필드 No.2 Mk.I*]
Mk.I*은 장갑차량 탑승원용 모델. 좁은 차 안에서 걸리지 않도록 공이치기 돌출부를 없애는 등의 개량이 이루어졌다.

《기관단총》

[스텐(Sten) Mk.II]
1942~1944년 기간의 생산 수는 약 200만 정으로, 시리즈 중 가장 많이 생산된 모델.

이 고정용 핀을 빼면 탄창 삽입구 부분을 아래로 90° 회전시켜 탄피 배출구를 막아 먼지, 쓰레기 등이 끼이는 것을 막을 수 있었다.

[데이터]
구경: 9mm
탄약: 9×19mm (9mm 파라벨룸탄)
장탄 수: 박스 탄창 32발, 50발
작동 방식: 자동·반자동 전환
전체 길이: 760mm
총열 길이: 196mm
무게: 3.18kg
발사 속도: 약 500발/분

[스텐 Mk.III]
부품 수를 줄여 리시버와 방열판을 일체화, 용접 가공을 다용하는 등 Mk.II에 비해 더 간이화한 모델.

스텐 Mk.II 기관단총을 든 이스라엘군 병사.

[스텐 Mk.V]
1943년 채용된 스텐 기관단총의 최종 모델. 개머리판이 목제가 되고 전방 손잡이와 착검장치가 추가됐다. 영국군에서는 1953년 스털링 기관단총을 채용해서 지급을 종료했으나 일부는 제2차 중동전쟁 시기까지 사용됐다.

[데이터]
구경: 9mm
탄약: 9×19mm (9mm 파라벨룸탄)
장탄 수: 박스 탄창 32발
작동 방식: 자동·반자동 전환
전체 길이: 762mm
총열 길이: 198mm
무게: 3.85kg
발사 속도: 약 500발/분

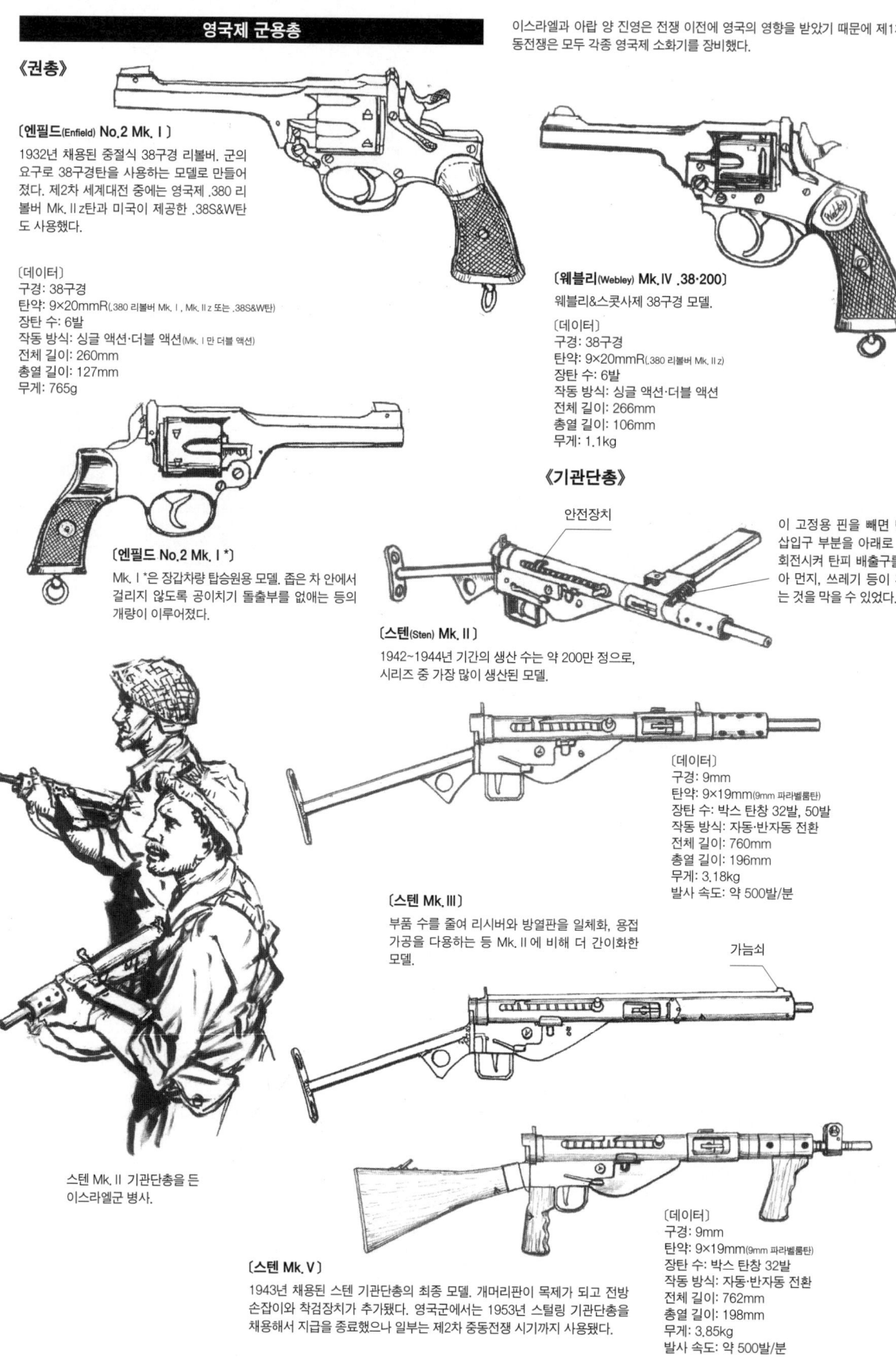

《소총》

〔SMLE(Short, Magazine Lee-Enfield) No.1 Mk.Ⅰ〕
1902년 제정된 SMLE 소총 시리즈 최초의 모델.
〔데이터〕
구경: 7.7mm
탄약: 7.7×56mmR(303 브리티시탄)
장탄 수: 박스 탄창 10발
작동 방식: 볼트 액션
전체 길이: 1,132mm
총열 길이: 640mm
무게: 4.19kg

No.1 Mk.Ⅲ는 영국 통치 시기부터 이집트군도 사용했다.

〔SMLE No.1 Mk.Ⅲ〕
1907년 채용된 Mk.Ⅰ의 개량 모델. 제1차 세계대전부터 제2차 세계대전까지 대량 사용돼 전후에도 식민지군 등이 계속 사용했다.

〔데이터〕
구경: 7.7mm
탄약: 7.7×56mmR(303 브리티시탄)
장탄 수: 박스 탄창 10발
작동 방식: 볼트 액션
전체 길이: 1,119mm
총열 길이: 637mm
무게: 3.32kg

〔라이플 No.1 Mk.Ⅴ〕
가늠자 위치를 총신부에서 노리쇠 후방으로 이동하는 등 개량을 더한 모델. 1922~1924년 사이에 2만 정이 제조됐다.

가늠자 →

〔P14 엔필드〕
구경 7mm의 P13 엔필드 소총을 개량한 모델로 1914년 영국군이 채용했다. SMLE 소총보다 정확도가 높아서 주로 저격총으로 사용했다.

〔데이터〕
구경: 7.7mm
탄약: 7.7×56mmR(303 브리티시탄)
장탄 수: 5발
작동 방식: 볼트 액션
전체 길이: 1,175mm
총열 길이: 660mm
무게: 4.25kg

〔소총 No.4 Mk.Ⅰ〕
No.1 Mk.Ⅲ의 개량 모델. 1931년에 채용됐지만 대량생산은 1941년부터였다. 제2차 세계대전을 거쳐 1954년 L1A1 소총이 채용되기까지 영국 및 영연방, 구 영국령 국가의 주력 소총이었다.

〔데이터〕
구경: 7.7mm
탄약: 7.7×56mmR(303 브리티시탄)
장탄 수: 박스 탄창 10발
작동 방식: 볼트 액션
전체 길이: 1,129mm
총열 길이: 640mm
무게: 4.11kg

〔No.4 Mk.Ⅰ(T)〕
No.4 Mk.Ⅲ의 저격수 모델. 개머리판에 볼받침이 부속되고 스코프 No.32(3배율)를 장착했다.

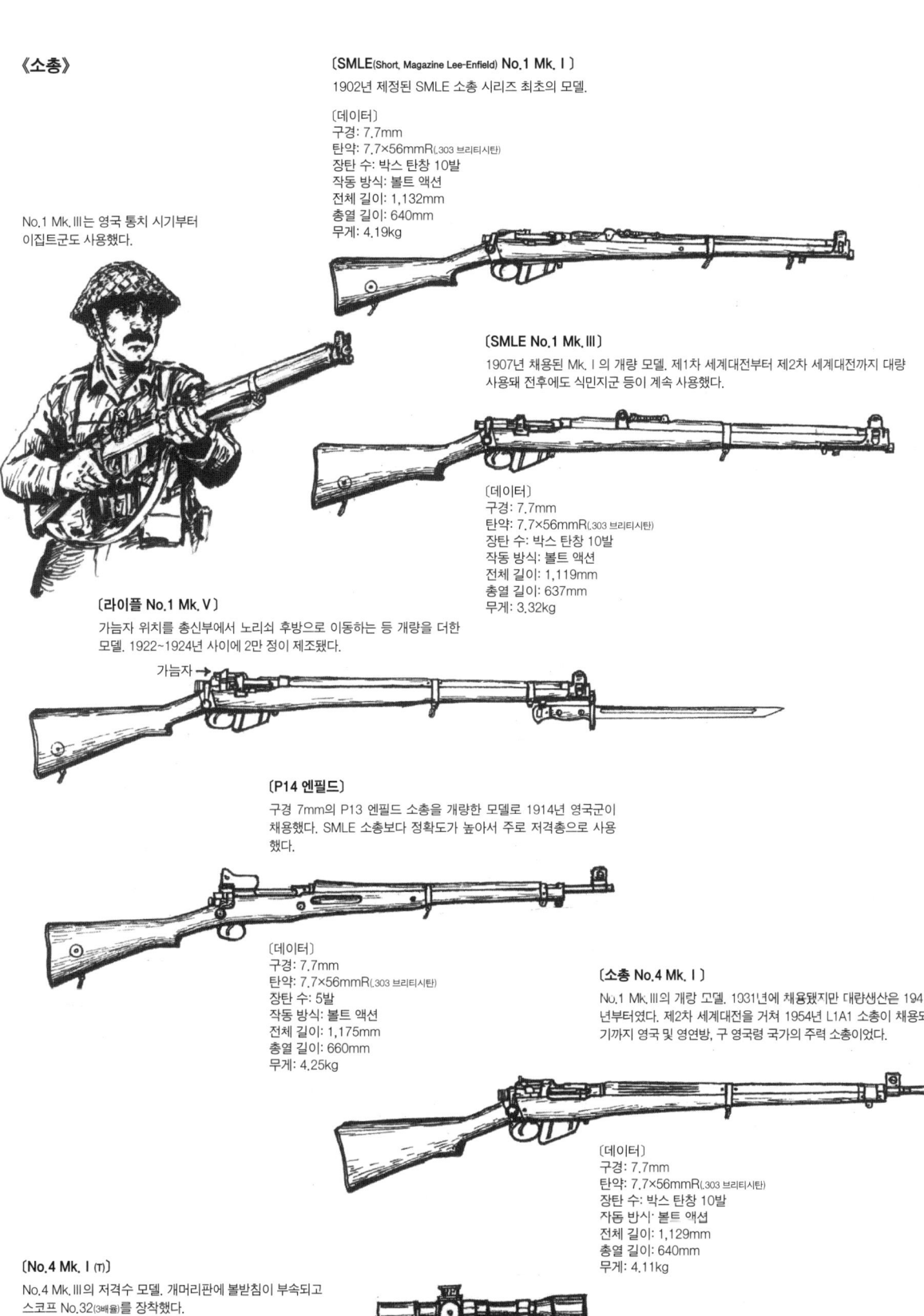

17

《기관총》

제1차 세계대전 후 위임 통치 시대의 이스라엘에서는 유대인 기동경비대에도 루이스 Mk.I 이 배치됐다.

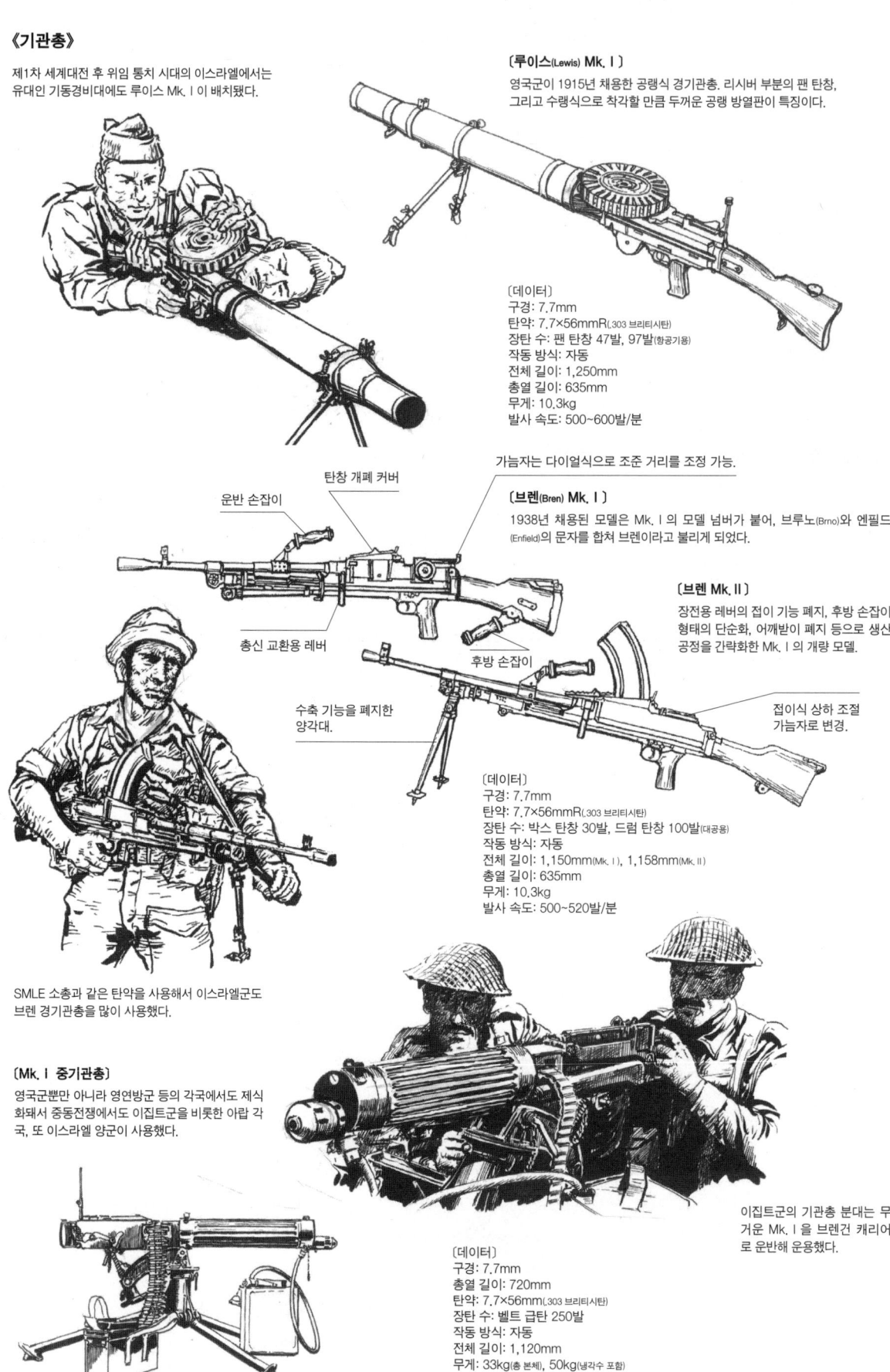

〔루이스(Lewis) Mk.I〕
영국군이 1915년 채용한 공랭식 경기관총. 리시버 부분의 팬 탄창, 그리고 수랭식으로 착각할 만큼 두꺼운 공랭 방열판이 특징이다.

〔데이터〕
구경: 7.7mm
탄약: 7.7×56mmR(.303 브리티시탄)
장탄 수: 팬 탄창 47발, 97발(항공기용)
작동 방식: 자동
전체 길이: 1,250mm
총열 길이: 635mm
무게: 10.3kg
발사 속도: 500~600발/분

가늠자는 다이얼식으로 조준 거리를 조정 가능.

운반 손잡이
탄창 개폐 커버

〔브렌(Bren) Mk.I〕
1938년 채용된 모델은 Mk.I 의 모델 넘버가 붙어, 브루노(Brno)와 엔필드(Enfield)의 문자를 합쳐 브렌이라고 불리게 되었다.

총신 교환용 레버
후방 손잡이

〔브렌 Mk.II〕
장전용 레버의 접이 기능 폐지, 후방 손잡이 형태의 단순화, 어깨받이 폐지 등으로 생산 공정을 간략화한 Mk.I 의 개량 모델.

수축 기능을 폐지한 양각대.

접이식 상하 조절 가늠자로 변경.

〔데이터〕
구경: 7.7mm
탄약: 7.7×56mmR(.303 브리티시탄)
장탄 수: 박스 탄창 30발, 드럼 탄창 100발(대공용)
작동 방식: 자동
전체 길이: 1,150mm(Mk.I), 1,158mm(Mk.II)
총열 길이: 635mm
무게: 10.3kg
발사 속도: 500~520발/분

SMLE 소총과 같은 탄약을 사용해서 이스라엘군도 브렌 경기관총을 많이 사용했다.

〔Mk.I 중기관총〕
영국군뿐만 아니라 영연방군 등의 각국에서도 제식화해서 중동전쟁에서도 이집트군을 비롯한 아랍 각국, 또 이스라엘 양군이 사용했다.

이집트군의 기관총 분대는 무거운 Mk.I 을 브렌건 캐리어로 운반해 운용했다.

〔데이터〕
구경: 7.7mm
총열 길이: 720mm
탄약: 7.7×56mm(.303 브리티시탄)
장탄 수: 벨트 급탄 250발
작동 방식: 자동
전체 길이: 1,120mm
무게: 33kg(총 본체), 50kg(냉각수 포함)
발사 속도: 450~500발/분

영국제 이외의 소화기

《권총》

[S&W .38·200(빅토리 모델)]

제2차 세계대전 때 미국에서 영국군용으로 생산된 .38-200탄 사양 모델.

[데이터]
구경: 38구경
탄약: 9×20mmR (.380 리볼버 Mk. II z탄)
장탄 수: 6발
작동 방식: 더블 액션
전체 길이: 261mm
총열 길이: 127mm
무게: 900g

[M1911 .455(브리티시 콜트 .455)]

제1차 세계대전 중 영국이 미국에 발주해 구경을 .455탄으로 개조한 모델.

[데이터]
구경: .455구경
탄약: 11.55×19.3mmR (.455 웨블리 오토탄)
장탄 수: 박스 탄창 7발
작동 방식: 반자동
전체 길이: 217mm
총열 길이: 128mm
무게: 1.1kg

[브라우닝 하이파워(Browning Hi-Power) M1935]

이스라엘은 벨기에에서 구입했다.

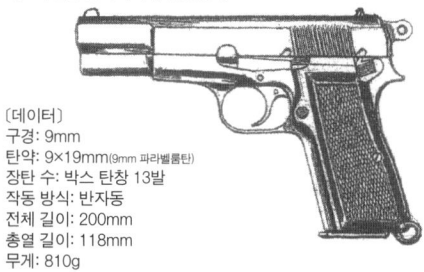

[데이터]
구경: 9mm
탄약: 9×19mm (9mm 파라벨룸탄)
장탄 수: 박스 탄창 13발
작동 방식: 반자동
전체 길이: 200mm
총열 길이: 118mm
무게: 810g

[FN 브라우닝 M1922]

M1910을 군용으로 확대한 모델.

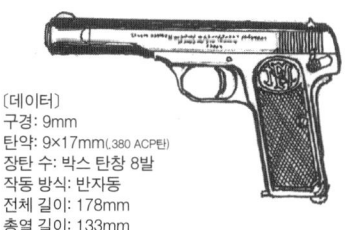

[데이터]
구경: 9mm
탄약: 9×17mm (.380 ACP탄)
장탄 수: 박스 탄창 8발
작동 방식: 반자동
전체 길이: 178mm
총열 길이: 133mm
무게: 700g

[Mle 1935S]

1938년 프랑스군이 채용한 자동권총.

[데이터]
구경: 7.65mm
탄약: 7.65×20mm Longue
장탄 수: 박스 탄창 7발
작동 방식: 반자동
전체 길이: 183mm
총열 길이: 107mm
무게: 815g

중동전쟁에서는 영국제 이외의 각국 소화기도 이스라엘, 아랍 양군에서 많이 사용했다. 특히 이스라엘군은 제1차부터 제2차 중동전쟁 시기 동안 부족한 병기를 갖추기 위해 유럽을 중심으로 다양한 루트를 통해 제2차 세계대전 이후의 잉여 소화기를 입수했다. 영국제가 주류인 아랍 진영도 유럽 각국에서 병기를 구입했는데 1955년부터 소련 진영의 원조가 시작되자 이후 장비한 주력 소화기는 공산군제로 바뀌었다.

[루거(luger) P08]

1908년 제정 독일군이 채용한 군용 권총. 독일제 권총은 소총 등과 마찬가지로 체코슬로바키아에서 수입됐다.

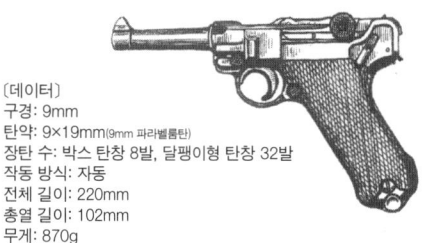

[데이터]
구경: 9mm
탄약: 9×19mm (9mm 파라벨룸탄)
장탄 수: 박스 탄창 8발, 달팽이형 탄창 32발
작동 방식: 자동
전체 길이: 220mm
총열 길이: 102mm
무게: 870g

[발터(Walther) P38]

1938년 제정된 독일군의 대형 군용 권총.

[데이터]
구경: 9mm
탄약: 9×19mm (9mm 파라벨룸탄)
장탄 수: 박스 탄창 8발
작동 방식: 반자동
전체 길이: 216mm
총열 길이: 125mm
무게: 945g

[마우저(Mauser) C96(M1898)]

마우저사의 대형 자동권총. 제2차 세계대전의 잉여 병기를 이스라엘과 이집트가 체코슬로바키아에서 대량으로 구입했다.

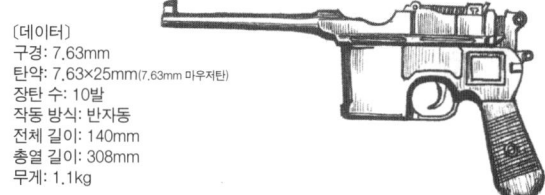

[데이터]
구경: 7.63mm
탄약: 7.63×25mm (7.63mm 마우저탄)
장탄 수: 10발
작동 방식: 반자동
전체 길이: 140mm
총열 길이: 308mm
무게: 1.1kg

[베레타(Beretta) M1934]

제2차 세계대전 때의 이탈리아군 소형 군용 권총.

[데이터]
구경: 9mm
탄약: 9×17mm (.380 ACP탄)
장탄 수: 박스 탄창 7발
작동 방식: 반자동
전체 길이: 150mm
총열 길이: 88mm
무게: 625g

[Vz. 1927]

체코슬로바키아제 자동권총. 체코슬로바키아는 자국제 병기도 수출했다.

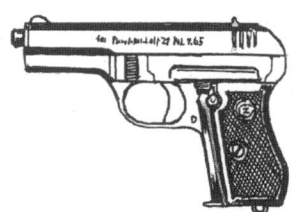

[데이터]
구경: 7.65mm
탄약: 7.65×17mm (.32 ACP탄)
장탄 수: 박스 탄창 8발
작동 방식: 반자동
전체 길이: 155mm
총열 길이: 90.5mm
무게: 670g

《기관단총·카빈총》

〔MP40〕
스텐 기관단총과 마찬가지로 9mm 파라벨룸탄을 사용하는 독일제 MP40도 쓰였다. 이 일러스트는 MP40의 초기 생산형으로 탄창 삽입구 부분에 리브가 없으며 장전손잡이는 MP38과 같은 형상이다.

〔MP40·Ⅰ〕
탄창 삽입구에 리브를 추가, 노리쇠를 전진 위치로 고정할 수 있는 전진 잠금 안전장치도 추가됐다. 이에 따라 장전손잡이의 형상도 변경됐다.

〔데이터〕
구경: 9mm
총열 길이: 250mm
탄약: 9×19mm(9mm 파라벨룸탄)
장탄 수: 박스 탄창 32발
작동 방식: 자동
전체 길이: 833mm, 630mm(개머리판 접이 시)
무게: 4.027kg
발사 속도: 500발/분

〔M1928A1〕
미제 톰슨 기관단총은 이집트군도 제2차 세계대전 도중부터 장비한 소화기다. 전후에도 계속 사용됐으며 1950년대에는 이집트 국내에서 카피 제품도 소수 생산됐다. 영국군 사양이어서 수직형 전방손잡이가 달린 모델도 있었다.

〔데이터〕
구경: 11.43mm
총열 길이: 267mm
탄약: 11.43×23mm(.45 ACP탄)
장탄 수: 박스 탄창 20발·30발, 드럼 탄창 50발·100발
작동 방식: 자동
전체 길이: 860mm
무게: 4.9kg
발사 속도: 500발/분

M1928A1을 든 이스라엘군 병사.

〔M1 카빈〕
작은 사이즈 덕에 제1차 중동전쟁 때는 이스라엘군 특수부대 등이 사용했다.

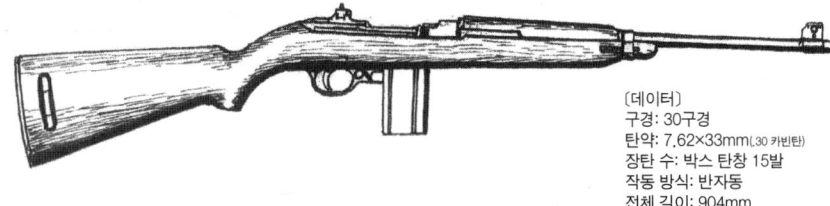

〔데이터〕
구경: 30구경
탄약: 7.62×33mm(.30 카빈탄)
장탄 수: 박스 탄창 15발
작동 방식: 반자동
전체 길이: 904mm
총열 길이: 458mm
무게: 2.49kg

〔베레타 M1938·42〕
M1938A의 개량 모델. 이집트와 시리아가 이탈리아에서 구입해 제식화됐다.

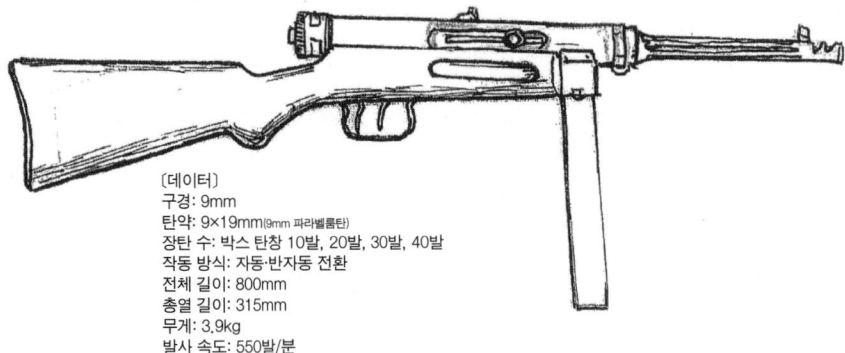

〔데이터〕
구경: 9mm
탄약: 9×19mm(9mm 파라벨룸탄)
장탄 수: 박스 탄창 10발, 20발, 30발, 40발
작동 방식: 자동·반자동 전환
전체 길이: 800mm
총열 길이: 315mm
무게: 3.9kg
발사 속도: 550발/분

《소총》

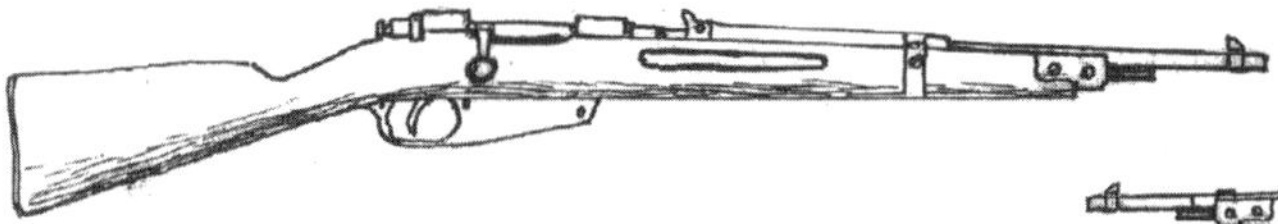

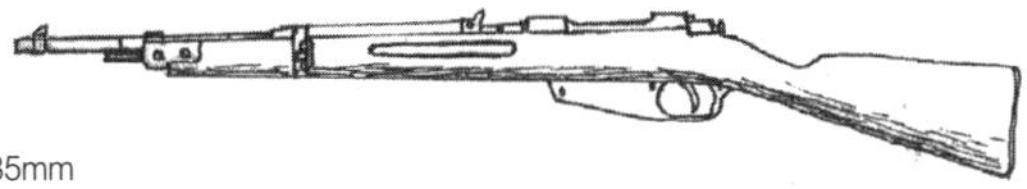

〔카르카노(Carcano) M1938〕
제2차 세계대전 이후 이탈리아군은 영국제나 미국제 소총을 제식화해서 잉여가 된 국산 카르카노 소총을 방출했고, 이집트가 이를 구입해 장비했다.

〔데이터〕
구경: 7.35mm
탄약: 7.35×51mm 카르카노탄
장탄 수: 6발
작동 방식: 볼트 액션
전체 길이: 1,020mm
총열 길이: 530mm
무게: 3.4kg

Kar98K에 탄약을 장전하는 이스라엘 병사.

〔마우저 스탠더드 모델 1924〕
제2차 세계대전 독일군의 주력 소총 Kar98k의 원형이 된 소총.

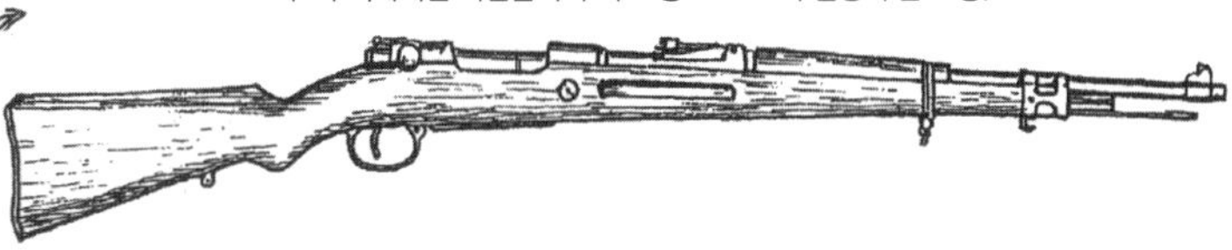

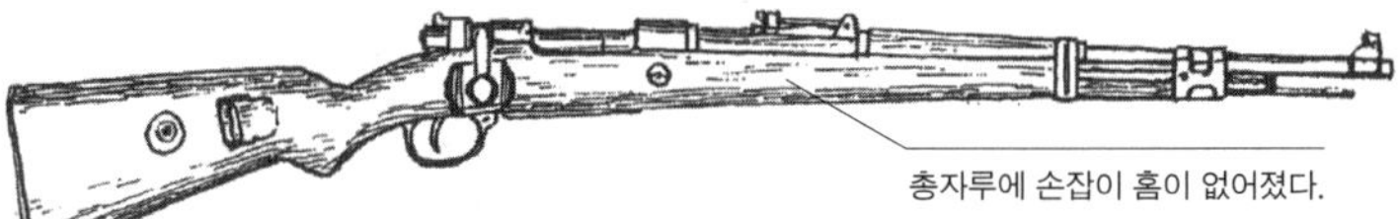

총자루에 손잡이 홈이 없어졌다.

〔Kar98k〕
Kar98k는 제1차 중동전쟁 때 이스라엘군의 주력 소총이 되었다. 체코슬로바키아에서 수입한 물건으로 그 뒤 FN FAL을 채용하자 사용 탄약을 공통화하기 위해 1955년부터 FN사에서 7.62×51mm NATO탄으로 개조했다.

〔데이터〕
구경: 7.92mm
탄약: 7.92×57mm
장탄 수: 5발
작동 방식: 볼트 액션
전체 길이: 1,100mm
총열 길이: 600mm
무게: 4.85kg

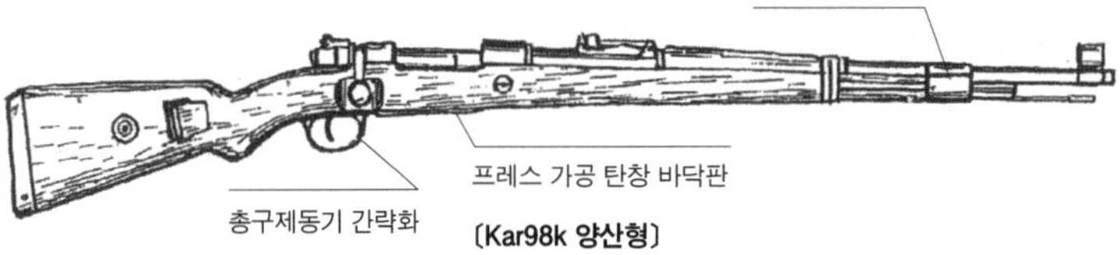

방아쇠울 간략화
프레스 가공 탄창 바닥판
총구제동기 간략화

〔Kar98k 양산형〕
쉽게 파손되는 개머리판 받침대가 금속제 컵 모양으로 변경되고 총자루도 호두나무제에서 합판제가 되었다.

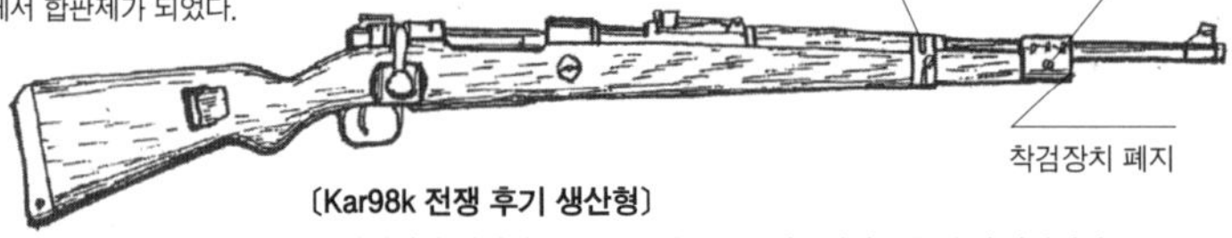

프레스 가공 총구제동기
프레스 가공 총열 고정 밴드
착검장치 폐지

〔Kar98k 전쟁 후기 생산형〕
착검장치가 폐지되고 프레스 가공으로 만들어진 부품이 더 많아졌다.

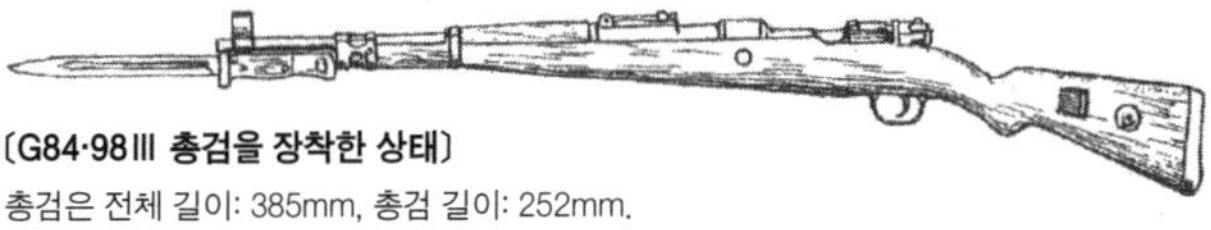

〔G84·98Ⅲ 총검을 장착한 상태〕
총검은 전체 길이: 385mm, 총검 길이: 252mm.

〔체코슬로바키아제 Kar98k〕
제2차 세계대전 때 체코슬로바키아에서 생산된 모델. 겨울에 장갑을 낀 채 조작할 수 있는 대형 방아쇠울이 특징.

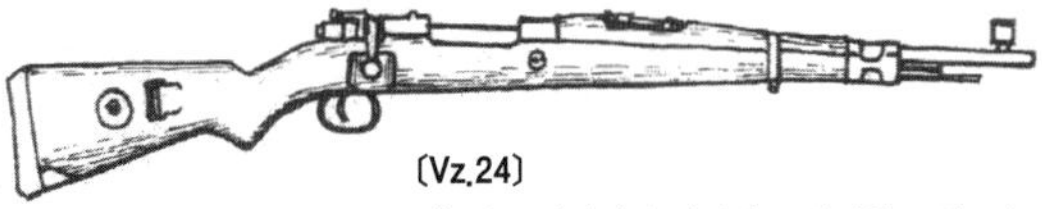

〔Vz.24〕
체코슬로바키아가 라이선스 생산한 모델. 제2차 세계대전부터 각국에 수출됐다. 이스라엘은 이런 체코슬로바키아제를 다수 수입했으며, FN FAL을 채용한 뒤에도 후방부대에서 사용돼 1970년대까지 예비역용 소총으로서 계속 장비했다.

〔데이터〕
구경: 7.92mm
탄약: 7.92×57mm
장탄 수: 5발
작동 방식: 볼트 액션
전체 길이: 1,100mm
총열 길이: 590mm
무게: 4.2kg

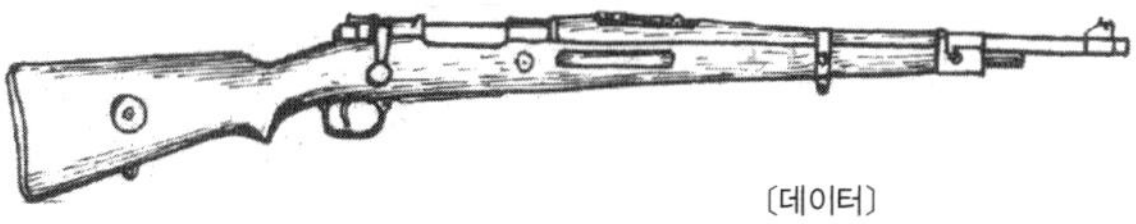

〔Vz.33〕
Vz.24의 경량화 모델. 이 소총도 체코슬로바키아가 독일의 마우저에서 제조권을 얻어 라이선스 생산한 모델이다. 1924년 체코슬로바키아군의 제식 소총으로 제정됐으며 각국에 수출됐다.

〔데이터〕
구경: 7.92mm
탄약: 7.92×57mm
장탄 수: 5발
작동 방식: 볼트 액션
전체 길이: 992mm
총열 길이: 481mm
무게: 3.5kg

《기관총》

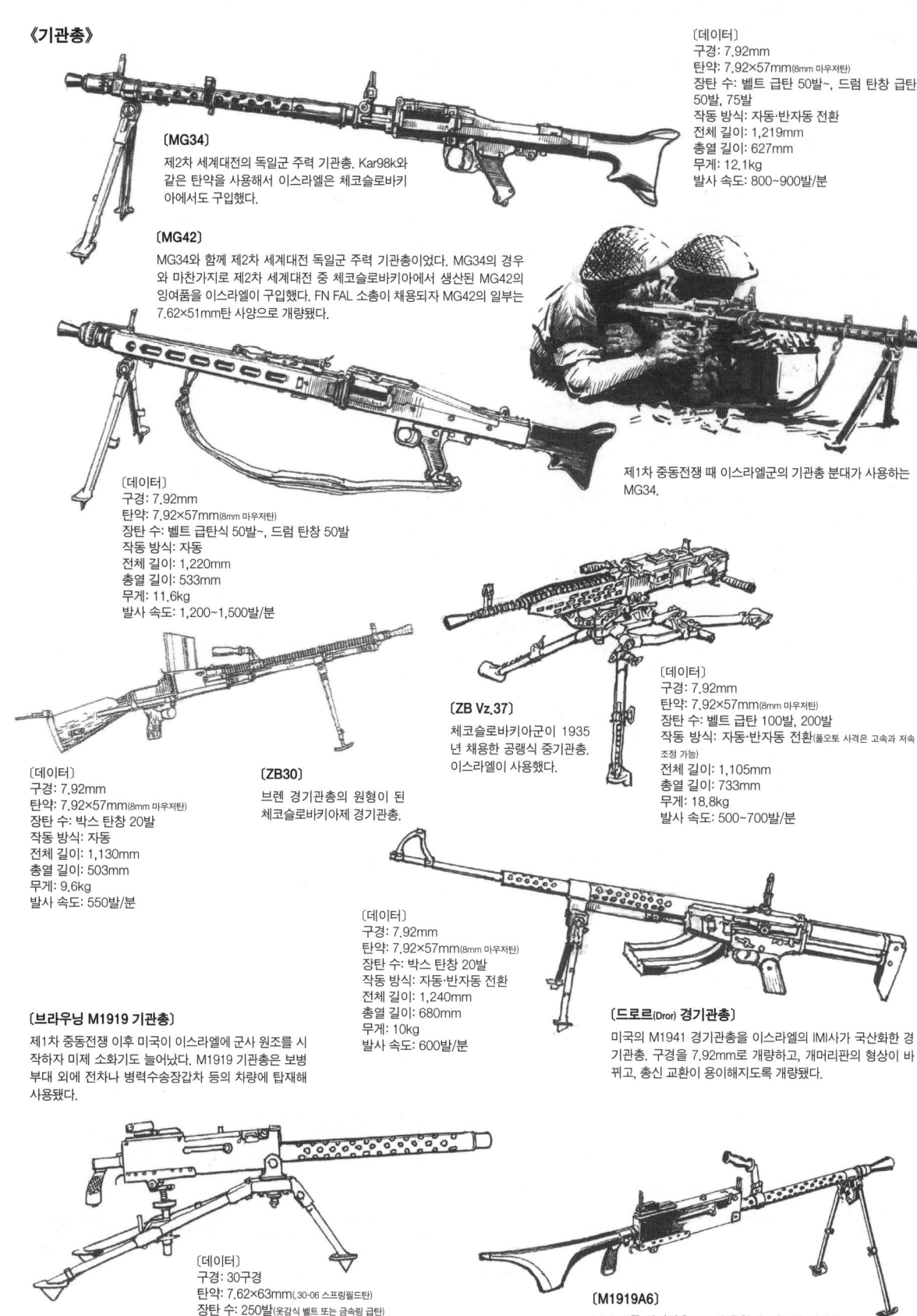

〔MG34〕
제2차 세계대전의 독일군 주력 기관총. Kar98k와 같은 탄약을 사용해서 이스라엘은 체코슬로바키아에서도 구입했다.

〔데이터〕
구경: 7.92mm
탄약: 7.92×57mm(8mm 마우저탄)
장탄 수: 벨트 급탄 50발~, 드럼 탄창 급탄 50발, 75발
작동 방식: 자동·반자동 전환
전체 길이: 1,219mm
총열 길이: 627mm
무게: 12.1kg
발사 속도: 800~900발/분

〔MG42〕
MG34와 함께 제2차 세계대전 독일군 주력 기관총이었다. MG34의 경우와 마찬가지로 제2차 세계대전 중 체코슬로바키아에서 생산된 MG42의 잉여품을 이스라엘이 구입했다. FN FAL 소총이 채용되자 MG42의 일부는 7.62×51mm탄 사양으로 개량됐다.

제1차 중동전쟁 때 이스라엘군의 기관총 분대가 사용하는 MG34.

〔데이터〕
구경: 7.92mm
탄약: 7.92×57mm(8mm 마우저탄)
장탄 수: 벨트 급탄식 50발~, 드럼 탄창 50발
작동 방식: 자동
전체 길이: 1,220mm
총열 길이: 533mm
무게: 11.6kg
발사 속도: 1,200~1,500발/분

〔ZB Vz.37〕
체코슬로바키아군이 1935년 채용한 공랭식 중기관총. 이스라엘이 사용했다.

〔데이터〕
구경: 7.92mm
탄약: 7.92×57mm(8mm 마우저탄)
장탄 수: 벨트 급탄 100발, 200발
작동 방식: 자동·반자동 전환(풀오토 사격은 고속과 저속 조정 가능)
전체 길이: 1,105mm
총열 길이: 733mm
무게: 18.8kg
발사 속도: 500~700발/분

〔데이터〕
구경: 7.92mm
탄약: 7.92×57mm(8mm 마우저탄)
장탄 수: 박스 탄창 20발
작동 방식: 자동
전체 길이: 1,130mm
총열 길이: 503mm
무게: 9.6kg
발사 속도: 550발/분

〔ZB30〕
브렌 경기관총의 원형이 된 체코슬로바키아제 경기관총.

〔데이터〕
구경: 7.92mm
탄약: 7.92×57mm(8mm 마우저탄)
장탄 수: 박스 탄창 20발
작동 방식: 자동·반자동 전환
전체 길이: 1,240mm
총열 길이: 680mm
무게: 10kg
발사 속도: 600발/분

〔드로르(Dror) 경기관총〕
미국의 M1941 경기관총을 이스라엘의 IMI사가 국산화한 경기관총. 구경을 7.92mm로 개량하고, 개머리판의 형상이 바뀌고, 총신 교환이 용이해지도록 개량됐다.

〔브라우닝 M1919 기관총〕
제1차 중동전쟁 이후 미국이 이스라엘에 군사 원조를 시작하자 미제 소화기도 늘어났다. M1919 기관총은 보병 부대 외에 전차나 병력수송장갑차 등의 차량에 탑재해 사용됐다.

〔데이터〕
구경: 30구경
탄약: 7.62×63mm(.30-06 스프링필드탄)
장탄 수: 250발(옷감식 벨트 또는 금속링 급탄)
작동 방식: 자동
전체 길이: 1,219mm(A4), 1,346mm(A6)
총열 길이: 609mm
무게: 14kg(A4), 14.7kg(A6)
발사 속도: 400~550발/분

〔M1919A6〕
M1919를 경기관총으로 운용할 수 있도록 개량한 배리에이션.

아랍 각국군이 사용한 소화기

제2차 세계대전 이후 아랍 각국은 이스라엘에 대항하기 위해 체코슬로바키아, 이탈리아, 벨기에 등에서 병기를 수입해 군비를 강화했다.

《권총》

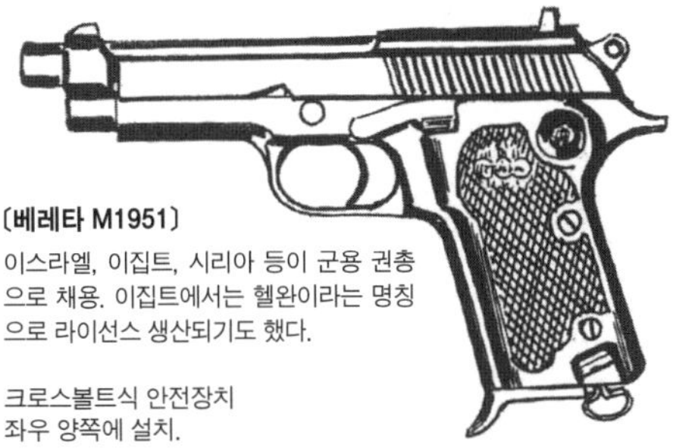

〔데이터〕
구경: 9mm
탄약: 9×19mm(9mm 파라벨룸탄)
장탄 수: 박스 탄창 8발
작동 방식: 반자동
전체 길이: 204mm
총열 길이: 116mm
무게: 935g

〔베레타 M1951〕
이스라엘, 이집트, 시리아 등이 군용 권총으로 채용. 이집트에서는 헬완이라는 명칭으로 라이선스 생산되기도 했다.

크로스볼트식 안전장치 좌우 양쪽에 설치.

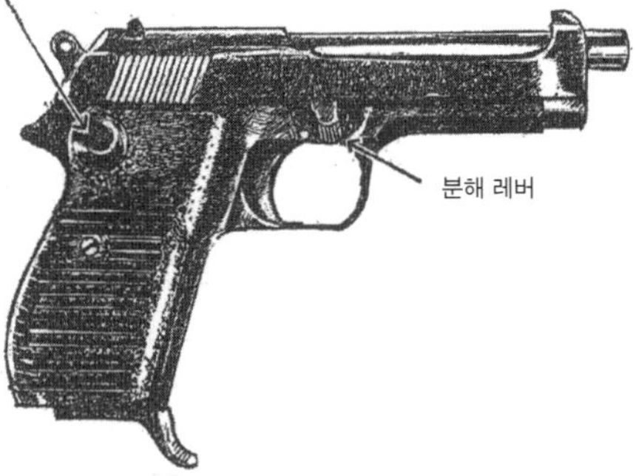

분해 레버

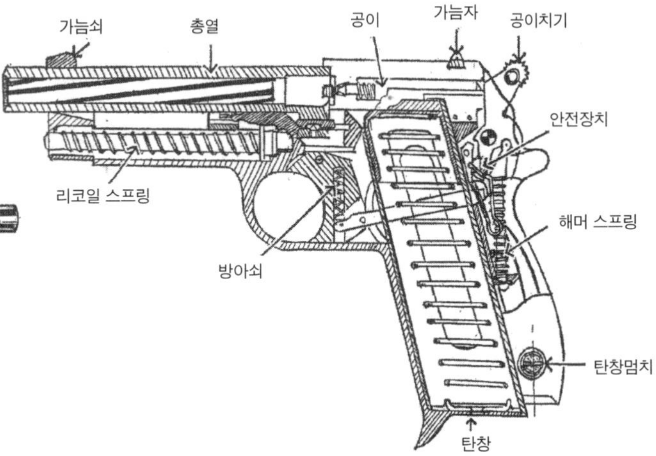

가늠쇠 총열 공이 가늠자 공이치기
안전장치
리코일 스프링
해머 스프링
방아쇠
탄창멈치
탄창

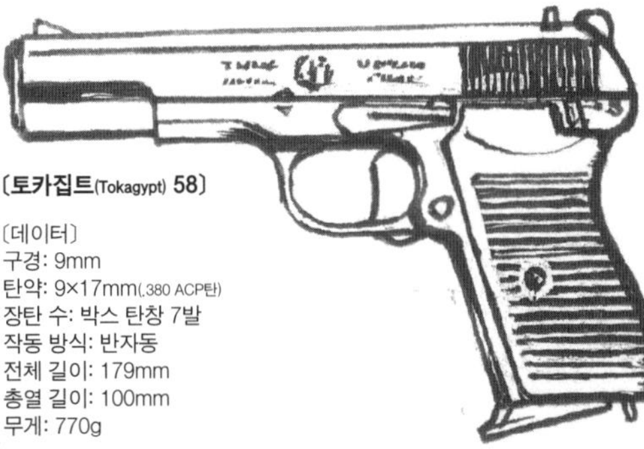

〔토카집트(Tokagypt) 58〕

〔데이터〕
구경: 9mm
탄약: 9×17mm(.380 ACP탄)
장탄 수: 박스 탄창 7발
작동 방식: 반자동
전체 길이: 179mm
총열 길이: 100mm
무게: 770g

이집트가 1958년 헝가리에 발주한 자동권총. 토카레프 TT-1933을 토대로 만들어진 9mm 구경 모델로, '토카레프'와 '이집트'를 합쳐 '토카집트'라고 불린다. 당초 군용 총으로 발주됐으나 이집트군은 채용하지 않고 경찰이 사용했다. 이집트 이외에 시리아와 레바논에서도 사용했다.

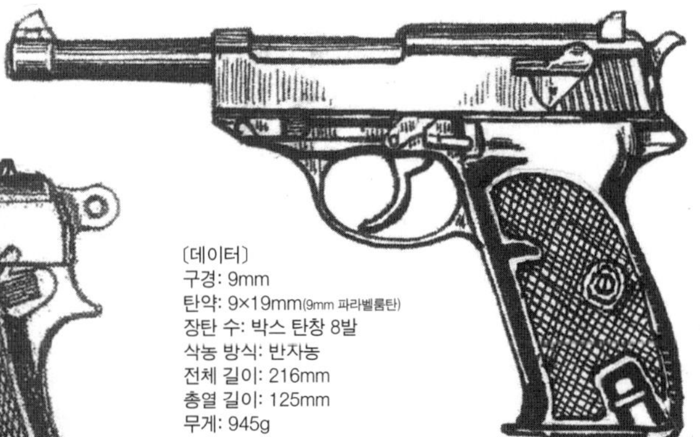

〔왈람(Walam) 48〕
왈람 48은 헝가리의 FEG사가 발터 PP를 바탕으로 설계 제조한 AP9의 이집트 수출형 명칭. AP9의 구경은 9mm지만 이집트 사양은 7.65mm로 바뀌었다.

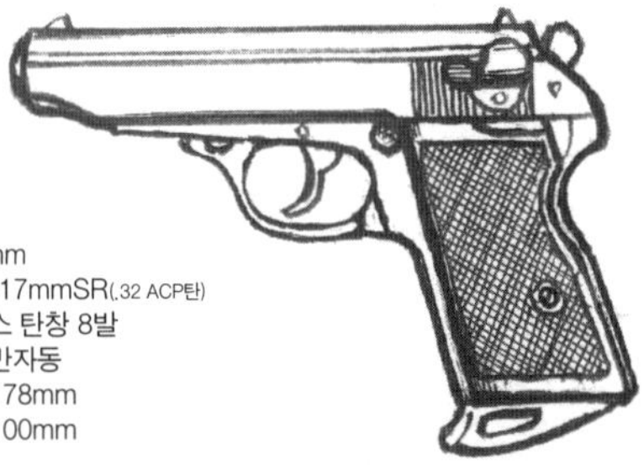

〔데이터〕
구경: 7.65mm
탄약: 7.65×17mmSR(.32 ACP탄)
장탄 수: 박스 탄창 8발
작동 방식: 반자동
전체 길이: 178mm
총열 길이: 100mm
무게: 870g

〔브라우닝 하이파워 M1935〕

〔데이터〕
구경: 9mm
탄약: 9×19mm(9mm 파라벨룸탄)
장탄 수: 박스 탄창 13발
작동 방식: 반자동
전체 길이: 200m
총열 길이: 118mm
무게: 810g

〔데이터〕
구경: 9mm
탄약: 9×19mm(9mm 파라벨룸탄)
장탄 수: 박스 탄창 8발
작동 방식: 반자동
전체 길이: 216mm
총열 길이: 125mm
무게: 945g

〔발터 P1〕
P1은 제2차 세계대전 이후 서독군이 채용한 P38의 개량 모델. 1958년에 레바논이 군용으로 구입했다.

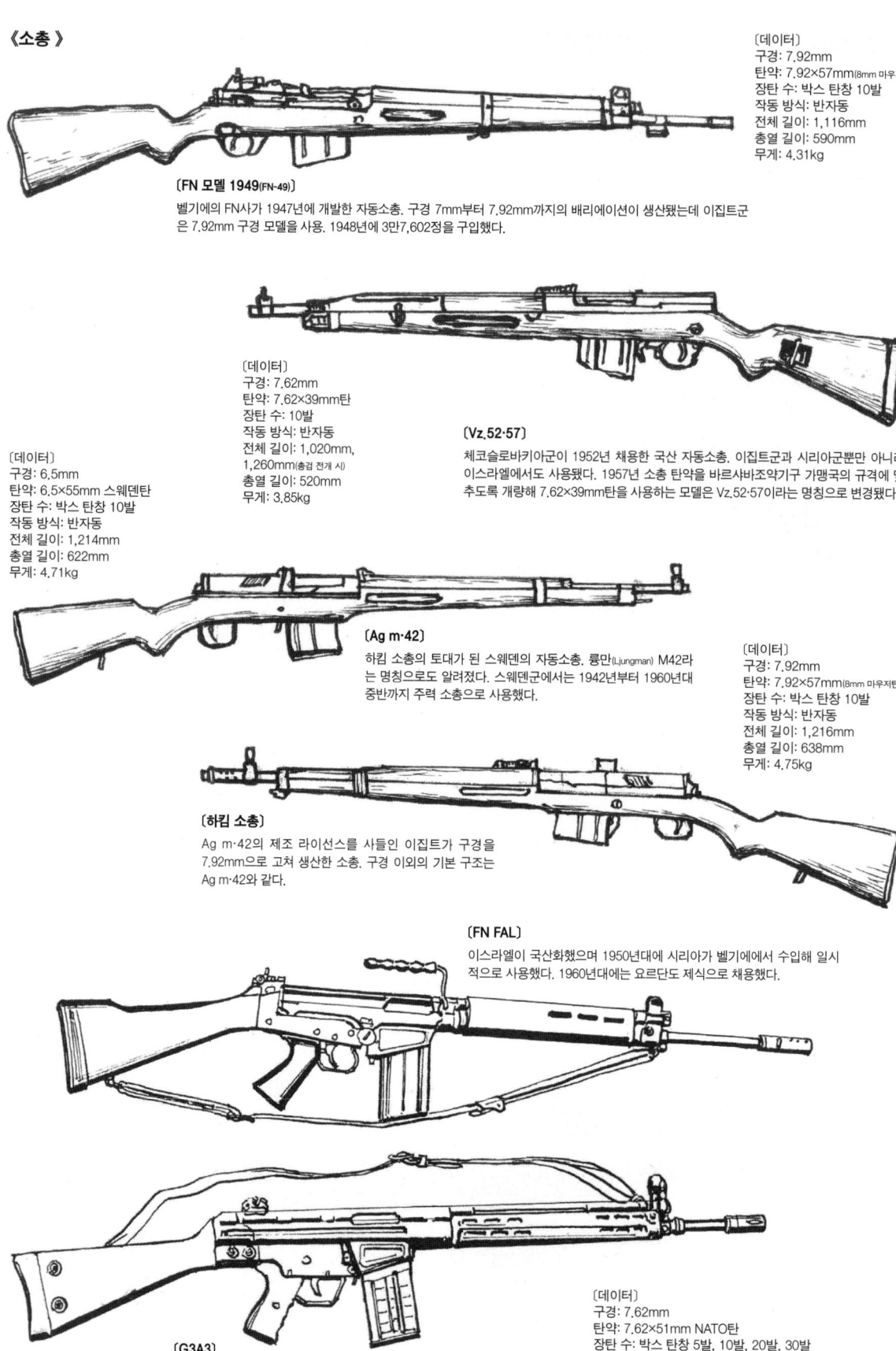

그 외의 소화기

《수류탄》

〔밀즈 수류탄〕
영국군이 제1차 세계대전부터 사용한 수류탄. 팔레스타인에서는 중동전쟁 발발 전부터 이스라엘군, 아랍 각국군 양쪽이 폭동이나 테러 사건 때 사용했다.

〔데이터〕
무게: 765g
전체 길이: 95.2mm
직경: 61mm
작약: 바라톨 71g

《총류탄》

〔No.1 Mk.I 컵 디스차저〕
No.1 Mk.III* 소총용으로 개발된 컵 디스차저(발사기). 밀즈 수류탄의 바닥에 어댑터를 달고 빈 포로 쐈다.

총류탄의 사격 자세. 발사할 때 반동을 피하기 위해 개머리판을 지면에 고정한다. 목표까지의 거리는 소총의 각도로 조정해 사거리는 최대 200m였다.

이스라엘군이 개조한 디스차저. 발사할 때 소총의 각도를 재기 위해 각도기가 달려 있다.

《박격포》

〔SBLM 2인치 박격포 Mk.VII**〕
1918년 영국군이 채용한 보병소대 지원용 경박격포. 보통 사수와 장전수, 이렇게 둘이 운용한다. 포탄은 포구에서 장전하고 발사 레버를 조작해 발사한다. 유효 사거리는 약 450m. 유탄 외에 조명탄, 발연탄을 사용할 수 있었다. 이스라엘군, 아랍 각국군이 모두 사용했다.

〔데이터〕
구경: 50mm
무게: 4.8kg
포열 길이: 530mm
앙각: 45~90°
최대 사거리: 520m

〔5cm le Gr.W36 박격포〕
독일군이 1936년 채용한 보병 소대용 소형 박격포. 이스라엘은 체코슬로바키아에서 입수했다고 한다.

〔데이터〕
구경: 50mm
무게: 14kg
포열 길이: 465mm
앙각: 42~90°
최대 사거리: 520m

〔2인치 박격포 Mk.II*·Mk.II**〕
2인치 박격포의 유니버설 캐리어 탑재 모델. 보병용 모델과는 형태가 다른 대형 직사각형 포판이 달려 있다.

〔ML 3인치 박격포〕
영국제 중형 박격포. 영국군은 1930년대부터 1960년대까지 사용했다. 중동전쟁에서는 이집트군, 요르단군 등이 장비했다.

〔8cm Gr.W34 박격포〕
독일군이 1934년 채용한 중형 박격포. 이 박격포도 5cm 박격포와 마찬가지로 이스라엘은 체코슬로바키아에서 입수했다.

〔데이터〕
구경: 81.4mm
무게: 62kg(철제 포신), 57kg(합금 포신)
포열 길이: 1,140mm
앙각: 10~23°
최대 사거리: 2,400m

〔데이터〕
구경: 81mm
무게: 50.8kg
포열 길이: 1,190mm
앙각: 45~80°
최대 사거리: 1,463m(Mk.I), 2,560m(Mk.II)

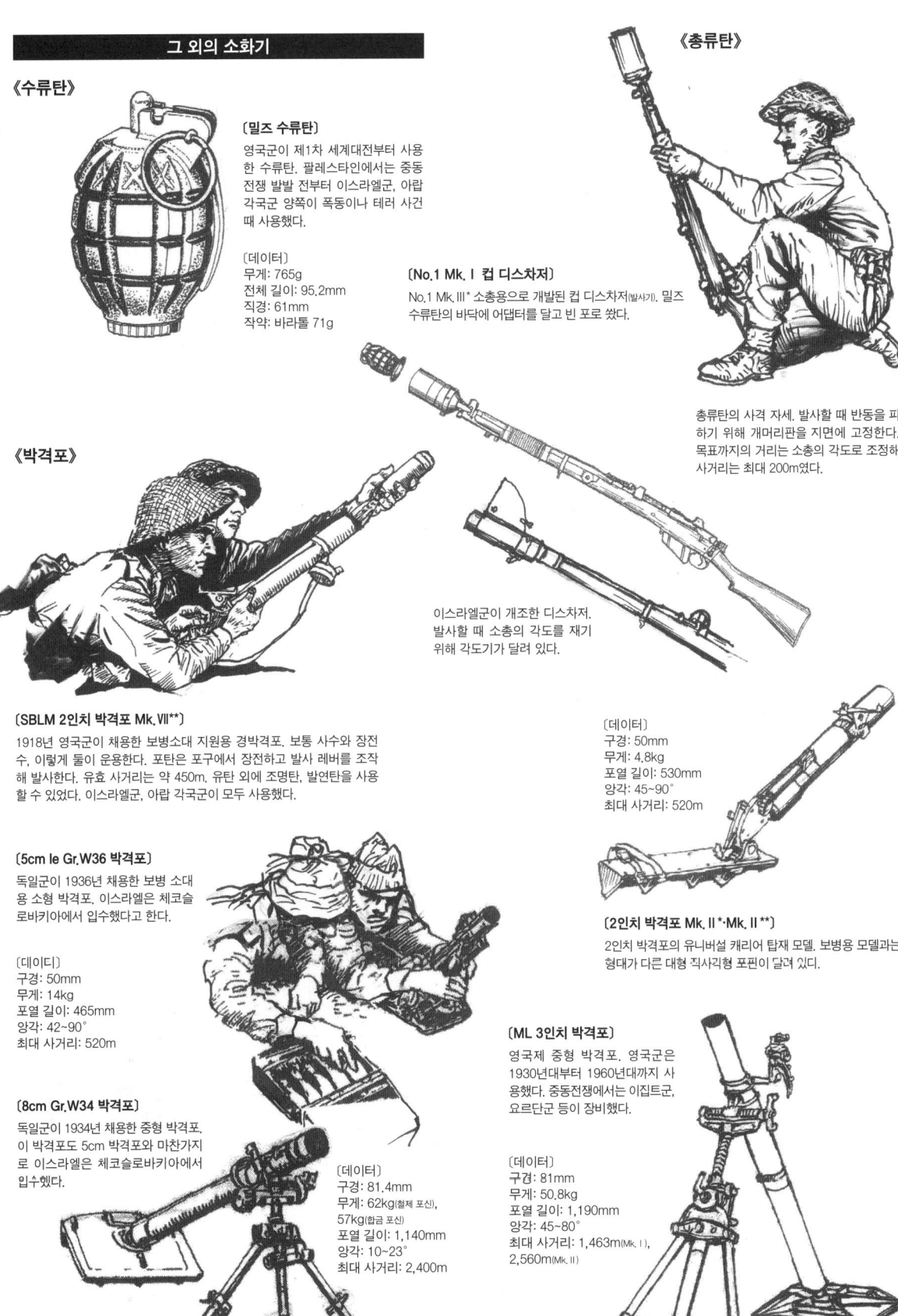

두 진영이 사용한 전투차량

미제 지프 및 경4륜 구동차

1948년 5월 발발한 제1차 중동전쟁에서는 이스라엘군, 아랍 각국군 모두 제2차 세계대전 때의 중고 차량을 긁어모아 부대를 편성했으나 제2차 중동전쟁이 벌어지자 이러한 중고 차량에 더해 미국, 영국, 프랑스, 소련제 등의 신형 차량도 투입되었다. 또 두 진영이 사용한 차량 중에는 독자적으로 개조한 차량도 적지 않았다.

《윌리스(Willys) MB(1/4t 트럭)》

'지프'라는 애칭으로 널리 알려진 경4륜의 선구 차량. 제2차 세계대전 중 종결까지 63만9,245대가 제조됐다. 윌리스·오버랜드사제 차량은 MB라는 애칭으로, 포드사제는 GPW라는 이름으로 불렸다. 고성능에 사용감도 좋은 윌리스 MB는 전후에도 세계 각국에서 사용됐다.

《기관총 장비형》

〔M2 중기관총 장비형〕

앞좌석 사이 바로 뒤에 핀틀 마운트를 설치하고 12.7mm(.50) 구경의 M2 중기관총을 장비했다.

〔M2, BAR 장비형〕

조수석 전방에 M2 중기관총, 차체 후방의 리어패널에 7.62mm(.30구경) M1918A2 BAR을 장비했다.

〔대공용 M2 중기관총 장비형〕

앙각을 잡기 쉽도록 높은 핀틀 마운트에 M2 중기관총을 장비했다.

〔M1919A4 기관총 장비형〕

7.62mm(.30) 구경인 M1919A4 기관총을 장비했다. M2 장비형보다 화력은 떨어지지만 주행 성능, 사격 시 안정성 등이 우수했다.

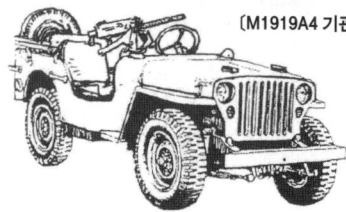

〔M1919A4 기관총 장비형〕

위의 차량과 달리 이쪽은 조수석 전방에 M1919A4 기관총을 장비. 전면 유리는 떼어냈다.

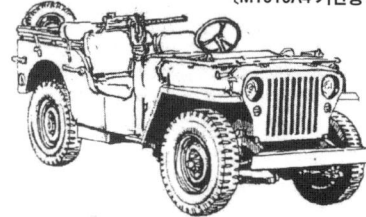

〔M1919A4 기관총 장비형〕

전면 유리를 떼어내지 않고 조수석 바깥에 핀틀 마운트를 증설해 M1919A4 기관총을 장비했다.

《중무장형》

〔37mm 대전차포 탑재형〕

후방에 37mm 대전차포를 탑재하고 조수석 전방에는 수랭식 M1917A1 기관총을 장비. 37mm 대전차포를 탑재하기는 부담이 커서 시제품으로 끝났다.

〔105mm 무반동포 탑재형〕

후방에 105mm 무반동포를 탑재했다.

〔로켓 런처 탑재형〕

차체 후방에 12연장 4.5인치 로켓 런처를 장비했다. 발사할 때 폭풍을 막기 위해 전방이 강판으로 덮여 있다.

《전후 지프 후속 차량》

〔윌리스 M38〕
군용 지프의 최종 양산 시리즈로서 M38, M38A1 합쳐 1950년부터 1952년까지 6만344대가 생산됐다.

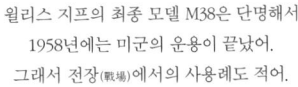

윌리스 지프의 최종 모델 M38은 단명해서 1958년에는 미군의 운용이 끝났어. 그래서 전장(戰場)에서의 사용례도 적어.

〔윌리스 M38A1〕
1952년 등장한 M38의 개량형. 윌리스 MD라고도 불렸다.

〔포드(Ford) M151〕
1959년 M38A1의 후속 차량으로 개발됐다. '지프'라는 호칭은 윌리스사의 등록상표여서 M151은 '머트(MUTT)'라는 이름으로 불렸다.

〔M151A1〕
리어 서스펜션의 결점을 개선한 개량형. 1964년부터 생산 개시.

〔M825 M40 106mm 무반동포 탑재형〕

〔M151A2〕
1970년 등장한 M151 최종 양산형. 대폭 개량됐다.

M151은 공식적으로는 '머트'라는 명칭이었지만 미군 병사들은 '케네디 지프'라고 불렀어.

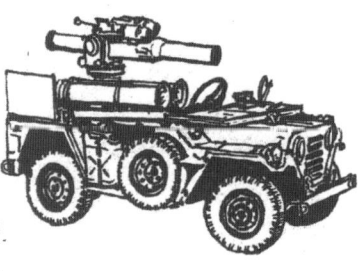

〔M825 TOW 대전차 미사일 탑재형〕

미제 군용 트럭

〔닷지(Dodge) T214WC52(¾t 4×4)〕
'비프'라는 애칭으로도 알려졌다.

〔쉐보레(Chevrolet) MR(1½t 4×2)〕
제2차 세계대전 초기의 주요 트럭 중 하나. 포드와 GM에서도 생산됐다.

〔쉐보레 YPG4112(1½t 4×4)〕

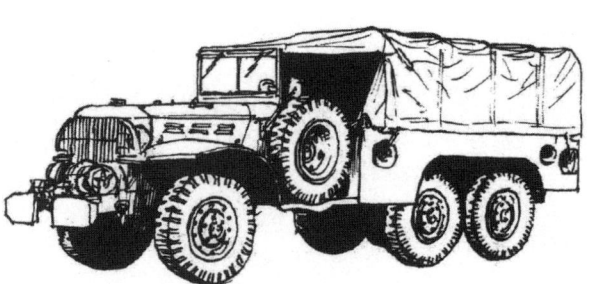

〔닷지 T223WC62(1½t 6×6)〕
T214WC52의 연장형.

〔인터내셔널(International) K-7(2½t 4×2)〕

〔GMC CCW-353(2½t 6×4)〕

〔GMC CCKW-353(2½t 6×6)〕
CCKW-353 시리즈는 미제 군용 트럭을 대표하는 차종으로, GMC 등 여러 회사에서 80만 대 이상이 생산됐다. '지미'라는 애칭이 있다.

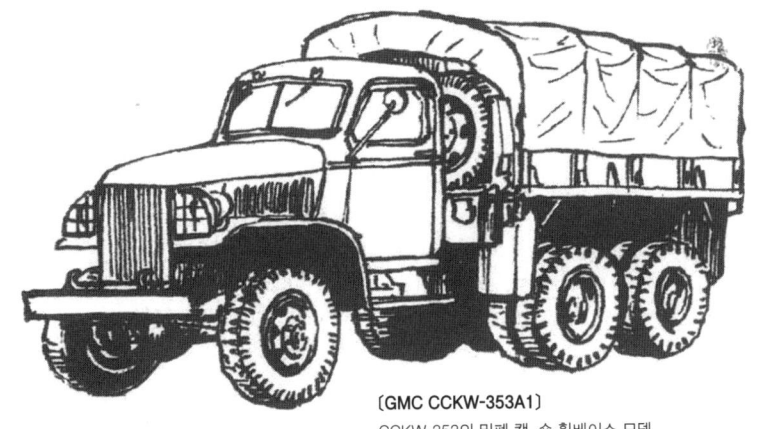
〔GMC CCKW-353A1〕
CCKW-353의 밀폐 캡, 숏 휠베이스 모델.

〔스튜드베이커(Studebaker) US-U2(2½t 6×6)〕
미군에서는 별로 사용되지 않고 생산차가 대부분 해외에 제공됐다.

〔인터내셔널 M5H6(2½t 6×6)〕

〔GMC AFKWX-353(2½t 6×6)〕

〔다이아몬드(Diamond) T968A(4t 6×6)〕
군용 트럭으로서는 2½t 트럭에 이어 많이 쓰였다.

〔화이트 666(6t 6×6)〕
양산형 트럭으로서는 최대급이었다.

〔맥(Mack) No.2(7½t 6×6)〕
대부분은 건 트럭으로 활용됐다.

그 외 국가의 차량

《영국·캐나다제 군용 차량》

고성능 영국제 랜드로버는 전 세계에서 쓰이고 있어.

〔랜드로버(Land Rover) Mk.Ⅰ〕
1947년부터 개발이 시작된 영국제 4륜 구동차의 최초 양산형. 랜드로버 시리즈는 영국뿐만 아니라 많은 나라에서 제식 채용됐다.

〔랜드로버 Mk.ⅡA〕
Mk.Ⅱ 시리즈는 1958년부터 양산 개시. 휠베이스가 88인치와 109인치 두 종류로 만들어졌다.

〔랜드로버 Mk.Ⅲ〕
1971년부터 양산 시작.

〔로버 7 야전 구급차형〕
Mk.ⅡA의 109인치 모델을 토대로 한 구급차형.

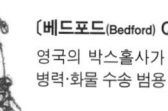

〔베드포드(Bedford) QLD〕
영국의 박스홀사가 양산한 병력·화물 수송 범용 트럭.

〔쉐보레 C15A〕
GM 쉐보레 캐나다사와 포드 캐나다사에서 생산된 CMP 시리즈는 제2차 세계대전 당시 영국군과 영연방군의 주력 트럭이었다.

〔쉐보레 C30〕
CMP 트럭 배리에이션의 일종.

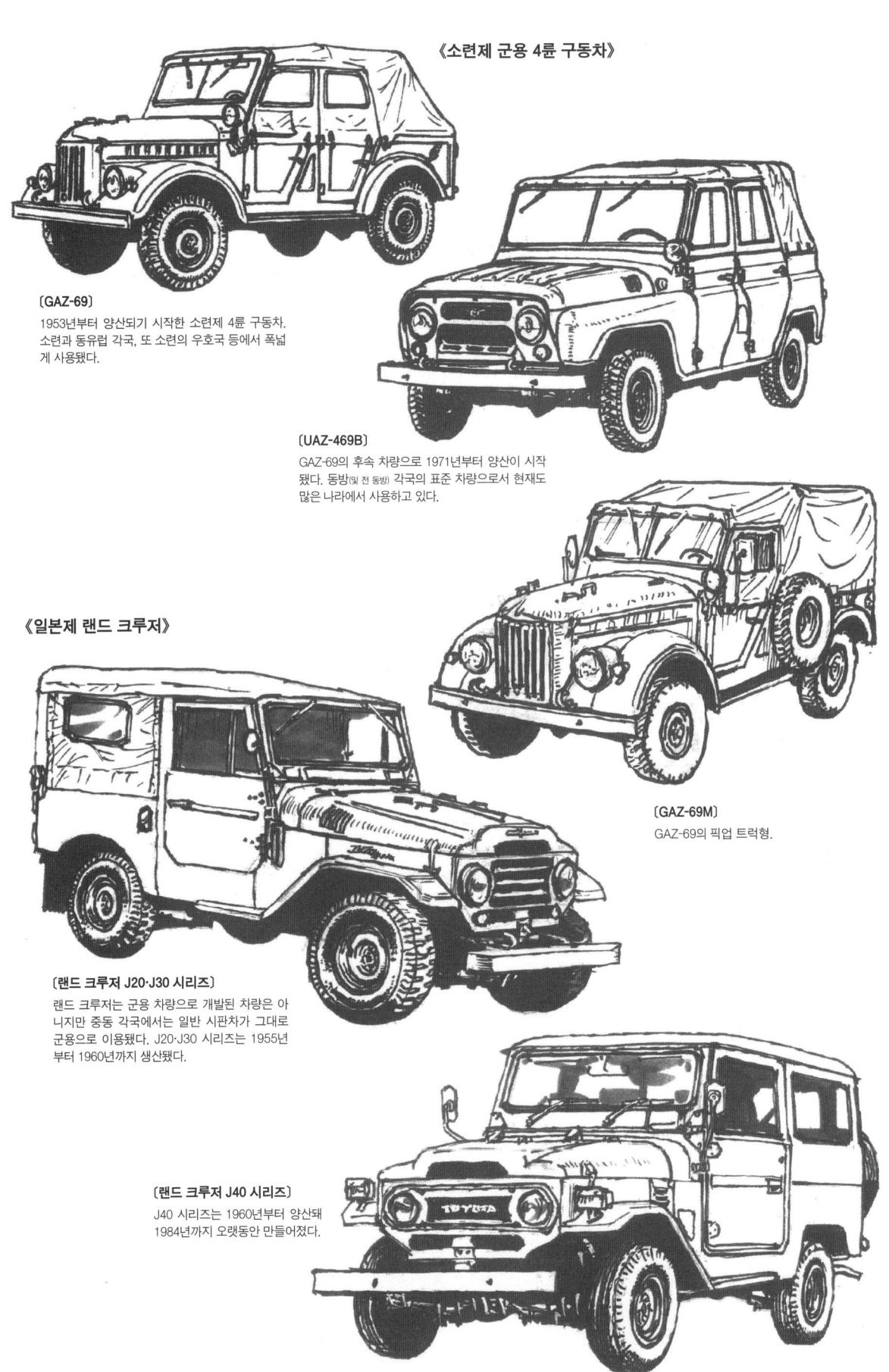

《소련제 군용 4륜 구동차》

〔GAZ-69〕
1953년부터 양산되기 시작한 소련제 4륜 구동차. 소련과 동유럽 각국, 또 소련의 우호국 등에서 폭넓게 사용됐다.

〔UAZ-469B〕
GAZ-69의 후속 차량으로 1971년부터 양산이 시작됐다. 동방(및 전 동방) 각국의 표준 차량으로서 현재도 많은 나라에서 사용하고 있다.

〔GAZ-69M〕
GAZ-69의 픽업 트럭형.

《일본제 랜드 크루저》

〔랜드 크루저 J20·J30 시리즈〕
랜드 크루저는 군용 차량으로 개발된 차량은 아니지만 중동 각국에서는 일반 시판차가 그대로 군용으로 이용됐다. J20·J30 시리즈는 1955년부터 1960년까지 생산됐다.

〔랜드 크루저 J40 시리즈〕
J40 시리즈는 1960년부터 양산돼 1984년까지 오랫동안 만들어졌다.

영국·프랑스제 전차

〔데이터〕
전체 길이: 6.35m
전폭: 2.91m
전고: 2.49m
무게: 27.9t
엔진: 롤스로이스 미티어 V형 12기통 액랭 가솔린
장갑 두께: 8~76.7mm
무장: QF75mm 전차포×1, 7.92mm 베사 기관총×2
승무원: 5명

〔순항전차 Mk.Ⅷ 크롬웰(Cromwell) Mk.Ⅳ〕
1943년부터 양산되기 시작한 영국의 순항전차. Mk.Ⅳ는 QF75 전차포와 미티어 엔진을 탑재한 크롬웰의 주력형. 제1차 중동전쟁에서는 영국군 주둔지에서 훔친 두 대를 이스라엘군이 사용했다.

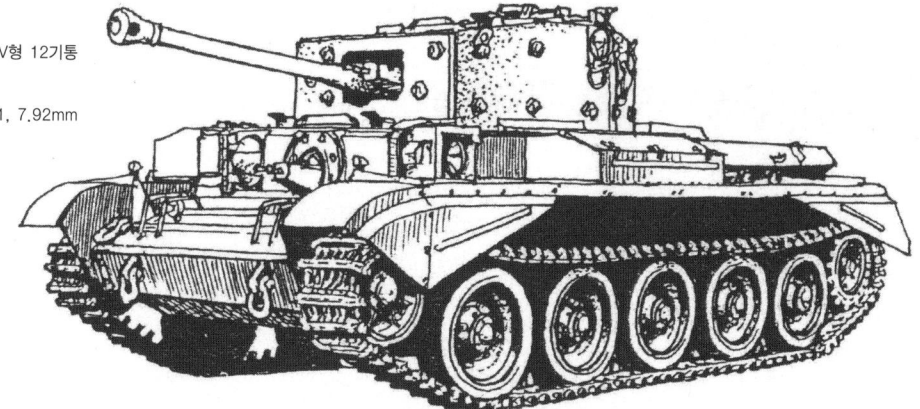

〔보병전차 Mk.ⅡA 마틸다(Matilda) Ⅱ Mk.Ⅱ〕
1939년 부대에 배치되기 시작한 영국의 보병 전차. 제2차 세계대전 때는 영국군뿐만 아니라 영연방 호주군, 또 소련군도 대여해서 사용했다. 제1차 중동전쟁 때는 아랍 각국군이 사용했다.

〔데이터〕
전체 길이: 5.61m
전폭: 2.59m
전고: 2.52m
무게: 27t
엔진: AEC V형 6기통 액랭 디젤×2
장갑 두께: 13~78mm
무장: 2파운드포×1, 7.92mm 베사 기관총×1
승무원: 4명

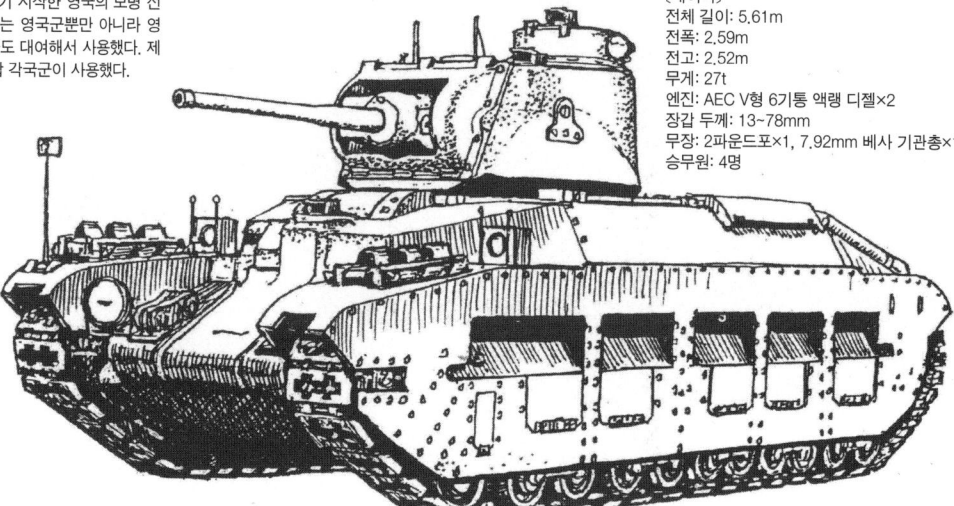

〔순항전차 Mk.Ⅵ 크루세이더(Crusader) Mk.Ⅲ〕
영국의 크루세이더 순항전차는 1939년부터 양산돼 1942년 5월에는 6파운드포를 탑재한 Mk.Ⅲ가 등장한다. 이 크루세이더도 제1차 중동전쟁에서 아랍 각국군이 사용했다.

〔데이터〕
전체 길이: 5.98m
전폭: 2.64m
전고: 2.24m
무게: 20t
엔진: 너필드 리버티 V형 12기통 액랭 가솔린
장갑 두께: 7~51mm
무장: 6파운드포×1, 7.62mm 베사 기관총×1
승무원: 3명

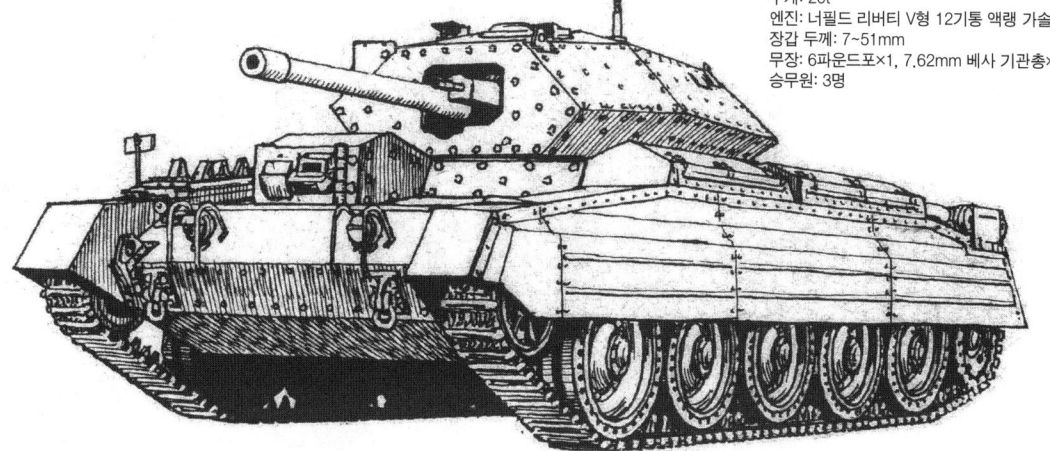

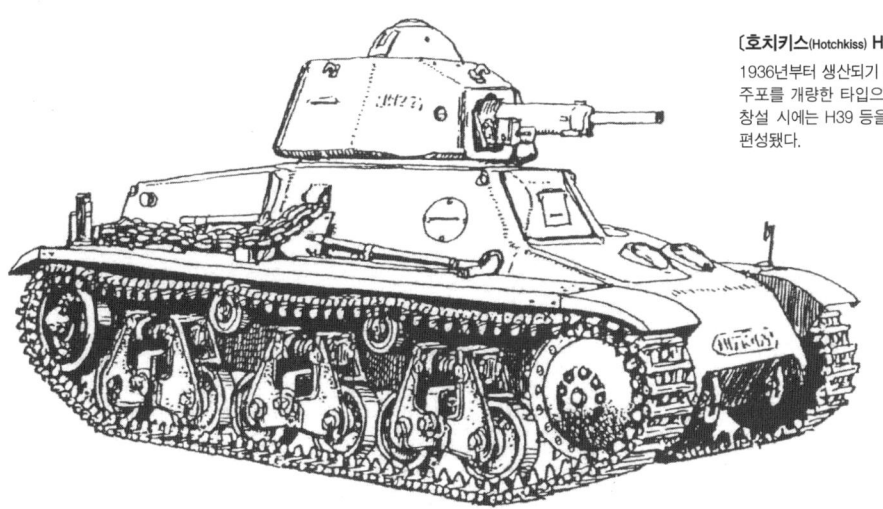

〔호치키스(Hotchkiss) H39〕

1936년부터 생산되기 시작한 프랑스군 경전차 H35의 엔진과 주포를 개량한 타입으로 1940년부터 등장했다. 이스라엘군 창설 시에는 H39 등을 중심으로 최초의 전차 대대(2개 중대)가 편성됐다.

〔데이터〕
전체 길이: 4.22m
전폭: 1.85m
전고: 2.13m
무게: 12t
엔진: 호치키스 M1938 직렬 6기통 액랭 가솔린
장갑 두께: 12~45mm
무장: SA38 37mm 전차포×1, M1931 7.5mm 기관총×1
승무원: 2명

〔빅커스(Vickers) Mk.ⅥB 경전차〕

1936년 등장한 영국 빅커스사의 경전차.

전체 길이: 4.01m
전폭: 2.08m
전고: 2.26m
무게: 5.2t
엔진: 메도우스 ESTB·A 또는 B4 직렬 V형 6기통 액랭 가솔린
장갑 두께: 4~15mm
무장: 12.7mm 빅커스 중기관총×1, 7.7mm 빅커스 기관총×1
승무원: 3명

영국제 차륜형 장갑차

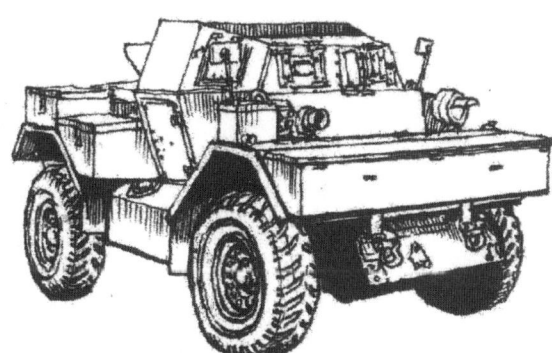

〔다임러 Mk.Ⅱ 장갑차〕

영국의 다임러사가 개발한 위력정찰용 장갑차. 1941년 4월부터 양산을 시작해 Mk.Ⅰ와 개량형 Mk.Ⅱ가 2,469대 생산됐다. 제1차 중동전쟁 때는 이스라엘군이 사용했다.

〔데이터〕
전체 길이: 3.96m
전폭: 2.44m
전고: 2.24m
무게: 7.5t
엔진: 다임러 직렬 6기통 액랭 가솔린
장갑 두께: 7~16mm
무장: 2파운드 전차포×1, 7.92mm 베사 기관총×1
승무원: 3명

〔다임러(Daimler) 스카우트카〕

'딩고'라는 애칭으로도 알려진 정찰용 장갑차. 영국의 다임러사에서 개발, 1939년에 생산을 시작해 Mk.Ⅰ·ⅠB, Mk.Ⅱ·ⅡW·ⅡT, Mk.Ⅲ 등 모두 6,626대가 생산됐다.

〔데이터〕
전체 길이: 3.18m
전폭: 1.72m
전고: 1.5m
무게: 2.8t
엔진: 다임러 직렬 6기통 액랭 가솔린
장갑 두께: 최대 30mm
무장: 7.7mm 브렌 기관총×1
승무원: 2명

M4 셔먼 전차

제2차 세계대전 때 연합군의 주력 전차가 된 M4 셔먼 중형 전차는 전후에도 많은 나라에서 사용됐다. 제1차·제2차 중동전쟁 때 이스라엘군은 중고나 스크랩이 된 M4를 긁어모아 주력 전차로 운용했다. 한편 아랍 각국군에서도 주요한 전투차량 중 하나로 쓰였다.

《대표적인 M4 셔먼》

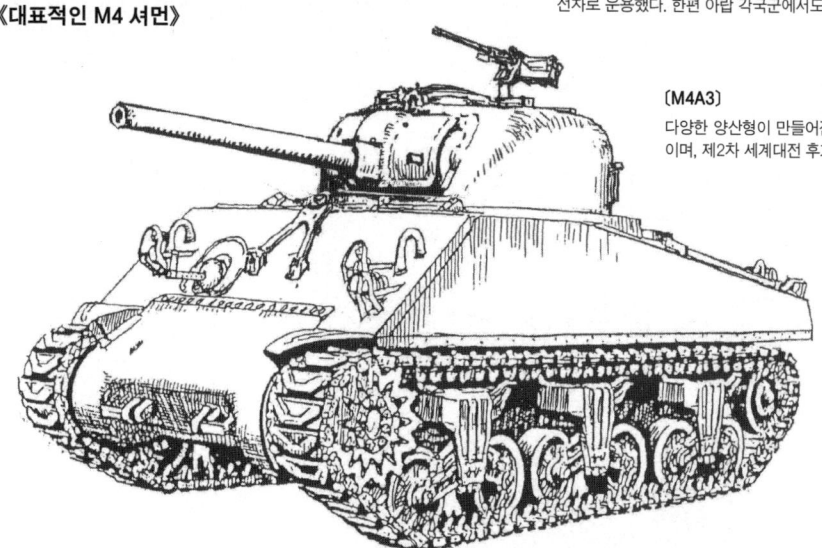

〔M4A3〕
다양한 양산형이 만들어진 M4 중에서도 가장 많이 생산된 차종이 M4A3이며, 제2차 세계대전 후기의 주력형으로 각 전선에서 활약했다.

〔데이터〕
전체 길이: 6.27m
전폭: 2.67m
전고: 2.94m
무게: 31.6t
엔진: 포드 GAA V형 8기통 액랭 가솔린
장갑 두께: 12.7~88.9mm
무장: M3 75mm 전차포×1, M1919A4 7.62mm 기관총×2, M2 12.7mm 중기관총×1
승무원: 5명

〔M4A1 76.2mm 전차포형〕
주조 차체인 M4A1은 양산 당초 단포신인 37.5구경 75mm 전차포 M3를 탑재했는데 1943년 1월에는 장포신인 52구경 76.2mm 전차포 M1으로 개량한 차량이 생산되기 시작했다.

〔데이터〕
전체 길이: 7.39m
전폭: 2.67m
전고: 2.97m
무게: 32t
엔진: 라이트 R-975-C1 성형 9기통 액랭 가솔린
장갑 두께: 12.7~107.95mm
무장: M1 76.2mm 전차포×1, M1919A4 7.62mm 기관총×2, M2 12.7mm 중기관총×1
승무원: 5명

〔M4A3 105mm 곡사포 탑재형〕
M4A3를 토대로 주포를 105mm 곡사포로 바꾸어 장착한 화력 지원형. 1944년 3~6월에 3,039대가 제조됐다.

〔데이터〕
전체 길이: 5.90m
전폭: 2.61m
전고: 2.74m
무게: 31.7t
엔진: 포드 GAA V형 8기통 액랭 가솔린
장갑 두께: 12.7~107.95mm
무장: M4 105mm 곡사포×1, M1919A4 7.62mm 기관총×2, M2 12.7mm 중기관총×1
승무원: 5명

《M4 셔먼의 차내 레이아웃》

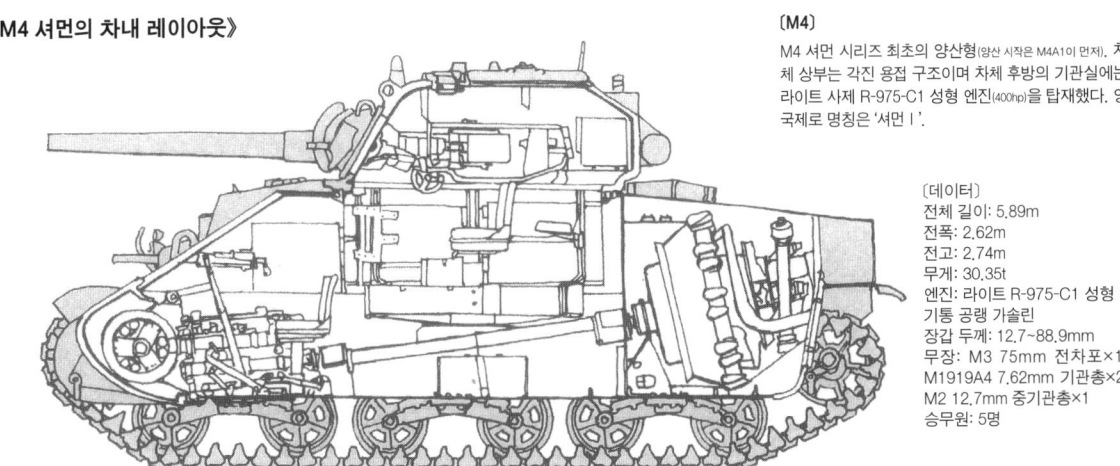

〔M4〕
M4 셔먼 시리즈 최초의 양산형(양산 시작은 M4A1이 먼저). 차체 상부는 각진 용접 구조이며 차체 후방의 기관실에는 라이트 사제 R-975-C1 성형 엔진(400hp)을 탑재했다. 영국제로 명칭은 '셔먼 I'.

〔데이터〕
전체 길이: 5.89m
전폭: 2.62m
전고: 2.74m
무게: 30.35t
엔진: 라이트 R-975-C1 성형 9기통 공랭 가솔린
장갑 두께: 12.7~88.9mm
무장: M3 75mm 전차포×1, M1919A4 7.62mm 기관총×2, M2 12.7mm 중기관총×1
승무원: 5명

〔데이터〕
전체 길이: 7.39m
전폭: 2.67m
전고: 2.97m
무게: 32t
엔진: 라이트 R-975-C4 성형 9기통 공랭 가솔린
장갑 두께: 12.7~107.95mm
무장: M1 76.2mm 전차포×1, M1919A4 7.62mm 기관총×2, M2 12.7mm 중기관총×1
승무원: 5명

〔M4A1 76.2mm 전차포형〕
차체 상부는 용접 구조식이 아니라 둥그스름한 주조 일체형. M4에 비해 피탄 경시가 향상돼 방어 성능은 좋아졌으나 반면 차내 공간이 약간 감소했다. 엔진은 고출력형 R-975-C4(460hp)을 탑재. 양산 당초에는 단포신인 37.5구경 75mm 전차포 M3를 탑재했는데 1944년 1월부터 76.2mm포 탑재형이 생산되기 시작하고 그해 7월부터 실전에 투입됐다. 76.2mm포 탑재형은 고출력형인 R-9875-C4 엔진(460hp)을 탑재. 또 1944년 9월 생산된 차량부터는 수평현가식 서스펜션 HVSS도 도입됐다. 그림은 HVSS 장비형. 영국군에서의 명칭은 '셔먼 II'.

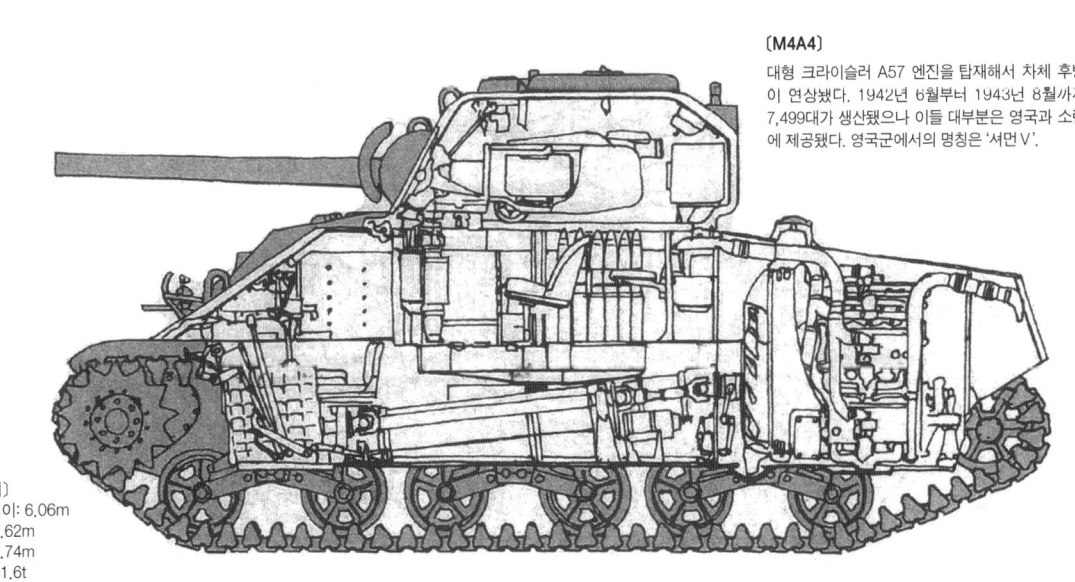

〔M4A4〕
대형 크라이슬러 A57 엔진을 탑재해서 차체 후방이 연장됐다. 1942년 6월부터 1943년 8월까지 7,499대가 생산됐으나 이들 대부분은 영국과 소련에 제공됐다. 영국군에서의 명칭은 '셔먼 V'.

〔데이터〕
전체 길이: 6.06m
전폭: 2.62m
전고: 2.74m
무게: 31.6t
엔진: 크라이슬러 A57 30기통 액랭 가솔린
장갑 두께: 12.7~76.2mm
무장: M3 75mm 전차포×1, M1919A4 7.62mm 기관총×2, M2 12.7mm 중기관총×1
승무원: 5명

《M4 베이스 공병 차량》

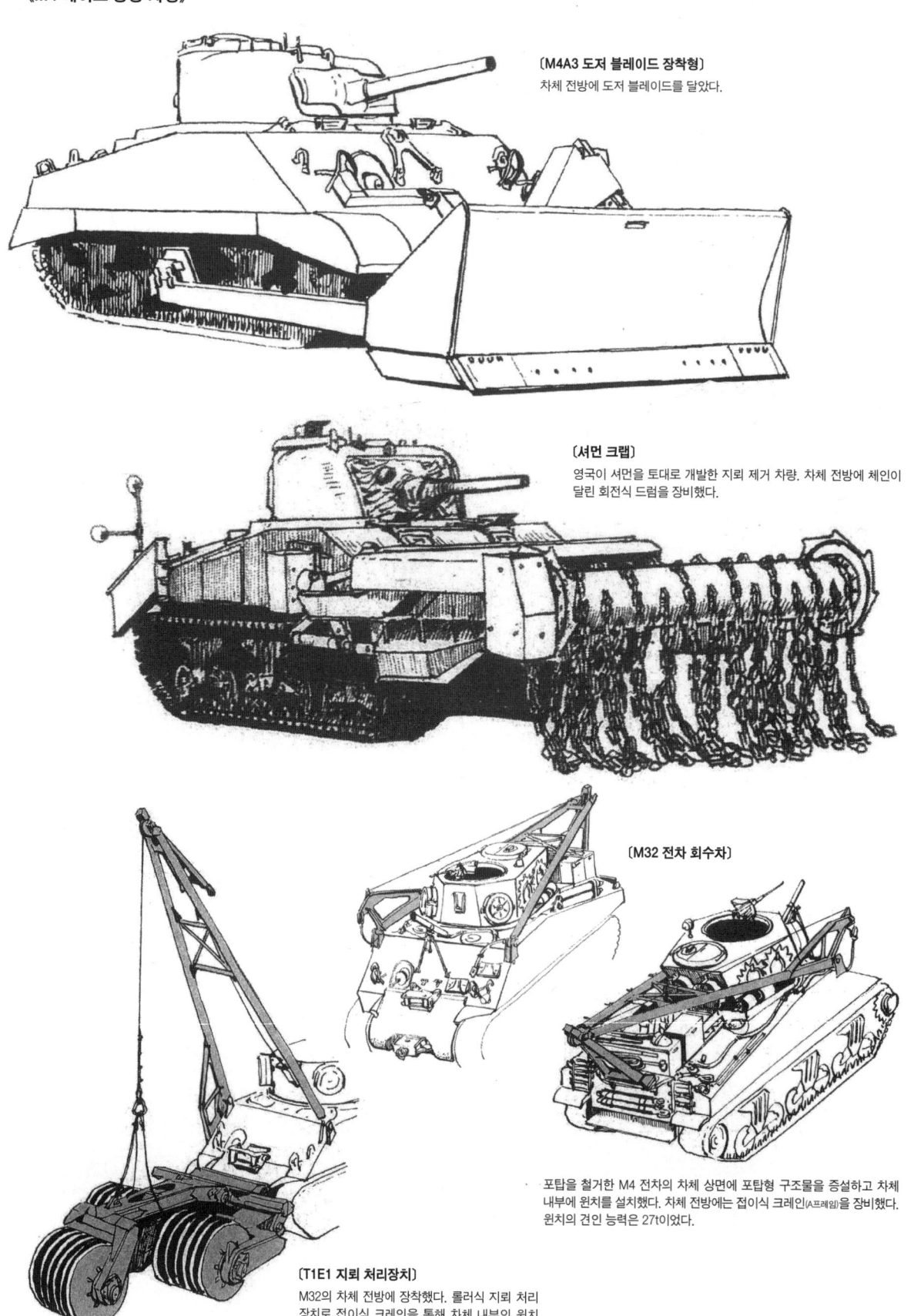

〔M4A3 도저 블레이드 장착형〕
차체 전방에 도저 블레이드를 달았다.

〔셔먼 크랩〕
영국이 셔먼을 토대로 개발한 지뢰 제거 차량. 차체 전방에 체인이 달린 회전식 드럼을 장비했다.

〔M32 전차 회수차〕
포탑을 철거한 M4 전차의 차체 상면에 포탑형 구조물을 증설하고 차체 내부에 윈치를 설치했다. 차체 전방에는 접이식 크레인(A프레임)을 장비했다. 윈치의 견인 능력은 27t이었다.

〔T1E1 지뢰 처리장치〕
M32의 차체 전방에 장착했다. 롤러식 지뢰 처리 장치로 접이식 크레인을 통해 차체 내부의 윈치와 와이어로 연결됐다.

《M4의 차량 적재 장비》

M4 셔먼의 승무원은 차장, 포수, 장전수, 기총수, 조종수로 5명. 포탑 안에 전자 3명, 차체 안 전방에 후자 2명이 탑승한다.

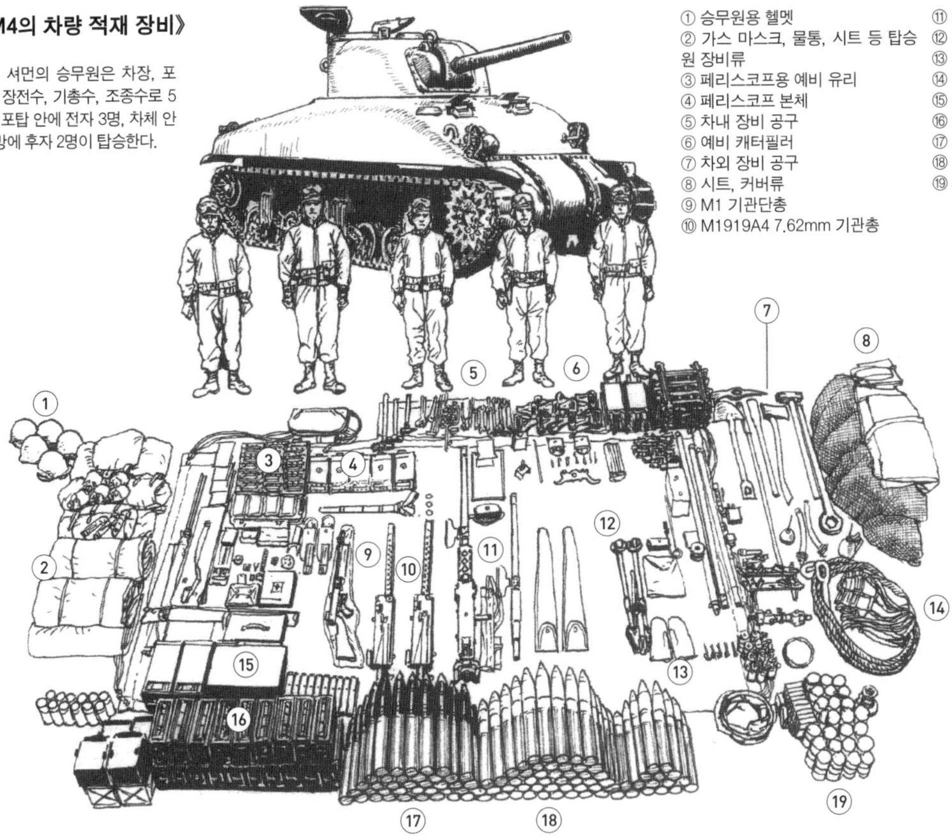

① 승무원용 헬멧
② 가스 마스크, 물통, 시트 등 탑승원 장비류
③ 페리스코프용 예비 유리
④ 페리스코프 본체
⑤ 차내 장비 공구
⑥ 예비 캐터필러
⑦ 차외 장비 공구
⑧ 시트, 커버류
⑨ M1 기관단총
⑩ M1919A4 7.62mm 기관총
⑪ M2 12.7mm 중기관총
⑫ 기관총용 삼각대
⑬ 작업용 장갑
⑭ 견인 케이블
⑮ 12.7mm(.50구경)탄
⑯ 7.62mm(.30구경)탄
⑰ 75mm 철갑탄
⑱ 75mm 유탄
⑲ 휴대식량

《M4A3 전기형의 차내 구조》

① 차장석
② 무선기
③ 안테나
④ 엔진
⑤ 유도륜
⑥ 연료탱크
⑦ 예비 발전기
⑧ 무선수 겸 장전수석
⑨ 포탑 선회용 슬립링
⑩ 포탄 공급기
⑪ 조종수석
⑫ 조향 레버
⑬ 변속 레버
⑭ 기어 박스
⑮ 조타 브레이크 레버
⑯ 기총수석
⑰ 포탑 선회 베어링
⑱ 포미
⑲ 포탑 잠금장치
⑳ 선회장치
㉑ 직접 조준기
㉒ 페리스코프
㉓ 배연기
㉔ 포수석
㉕ 페리스코프
㉖ M2 12.7mm 중기관총
㉗ M3 75mm 전차포
㉘ M1919A4 7.62mm 동축 기관총
㉙ M1919A4 7.62mm 전방 기관총

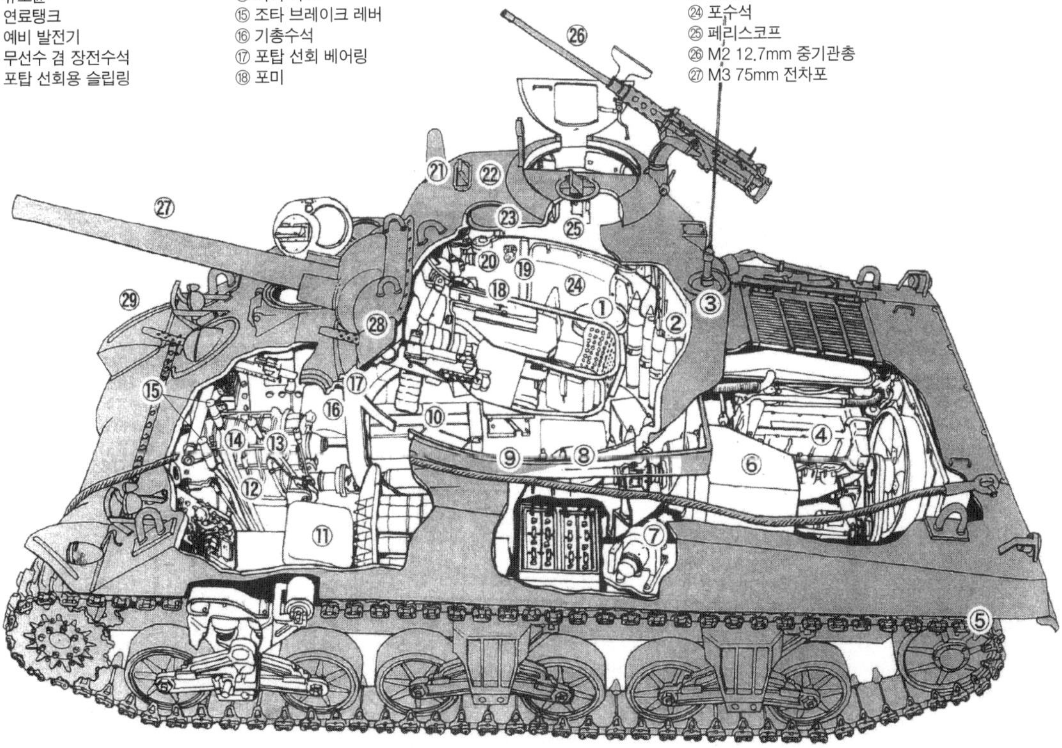

이스라엘군이 사용한 M3 하프트랙

이스라엘은 군 창설 시 주력 장갑차량의 하나로 M5, M9를 비롯한 대량의 M3 하프트랙 시리즈를 입수한다. 이스라엘군은 이 차량을 병력수송장갑차뿐만 아니라 각종 무장을 증설하는 등의 독자적인 개량을 한 즉제 장갑 전투차량(샌드위치 장갑차)으로도 활용했다. 이스라엘군에서는 M3, M5, M9의 구분 없이 모두 '하프트랙 M3(헤브라이어로 자하람 M3)'라는 명칭으로 불렸다.

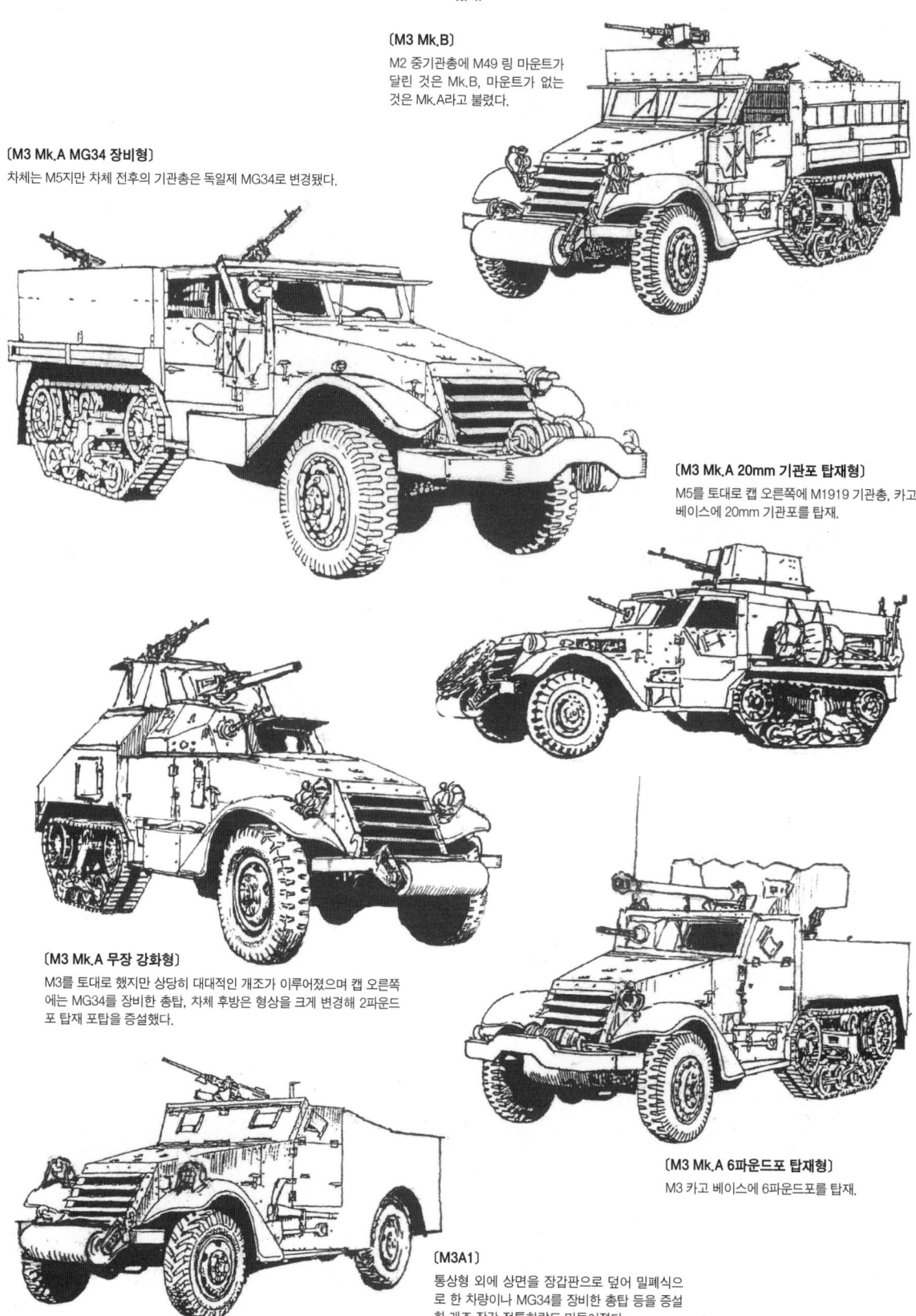

〔M3 Mk.B〕
M2 중기관총에 M49 링 마운트가 달린 것은 Mk.B, 마운트가 없는 것은 Mk.A라고 불렸다.

〔M3 Mk.A MG34 장비형〕
차체는 M5지만 차체 전후의 기관총은 독일제 MG34로 변경됐다.

〔M3 Mk.A 20mm 기관포 탑재형〕
M5를 토대로 캡 오른쪽에 M1919 기관총, 카고 베이스에 20mm 기관포를 탑재.

〔M3 Mk.A 무장 강화형〕
M3를 토대로 했지만 상당히 대대적인 개조가 이루어졌으며 캡 오른쪽에는 MG34를 장비한 총탑, 차체 후방은 형상을 크게 변경해 2파운드 포 탑재 포탑을 증설했다.

〔M3 Mk.A 6파운드포 탑재형〕
M3 카고 베이스에 6파운드포를 탑재.

〔M3A1〕
통상형 외에 상면을 장갑판으로 덮어 밀폐식으로 한 차량이나 MG34를 장비한 총탑 등을 증설한 개조 장갑 전투차량도 만들어졌다.

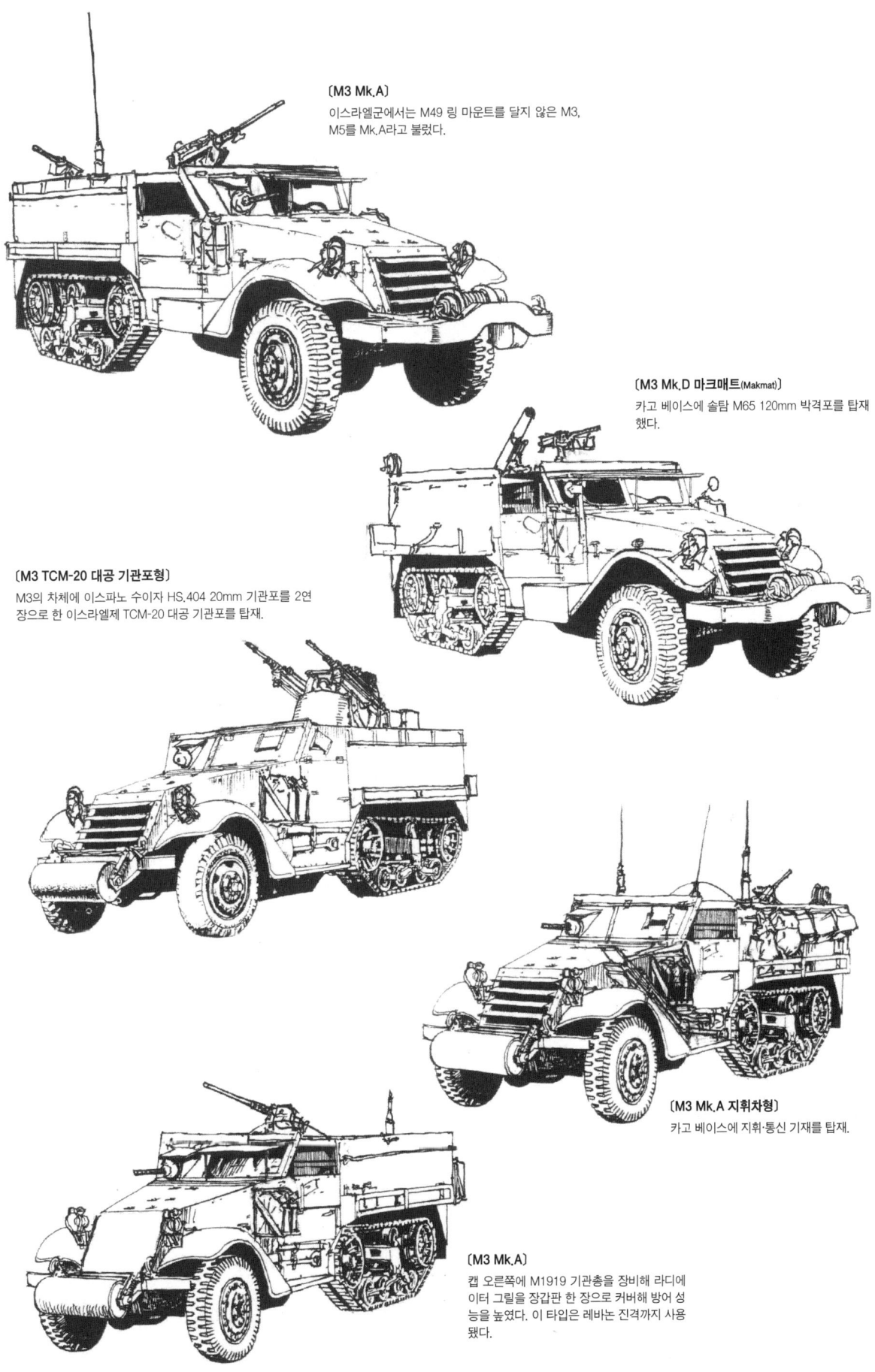

〔M3 Mk.A〕
이스라엘군에서는 M49 링 마운트를 달지 않은 M3, M5를 Mk.A라고 불렀다.

〔M3 Mk.D 마크매트(Makmat)〕
카고 베이스에 솔탐 M65 120mm 박격포를 탑재했다.

〔M3 TCM-20 대공 기관포형〕
M3의 차체에 이스파노 수이자 HS.404 20mm 기관포를 2연장으로 한 이스라엘제 TCM-20 대공 기관포를 탑재.

〔M3 Mk.A 지휘차형〕
카고 베이스에 지휘·통신 기재를 탑재.

〔M3 Mk.A〕
캡 오른쪽에 M1919 기관총을 장비해 라디에이터 그릴을 장갑판 한 장으로 커버해 방어 성능을 높였다. 이 타입은 레바논 진격까지 사용됐다.

프랑스·영국제 전차

《AMX-13》

〔AMX-13 모델 51 (75mm 전차포형)〕

프랑스는 세계 각지에 산재한 식민지로 공수할 수 있는 경전투차량으로 AMX-13을 개발했다. 1951년 제식 채용되고 1952년부터 프랑스군 부대에 배치되기 시작했다. AMX-13은 자국 부대용 이외에 수출도 되어 이집트, 이스라엘(75mm 전차포형을 150대 구입)도 구입했다. 그래서 제2차 중동전쟁 때는 프랑스군뿐만 아니라 이스라엘군과 이집트군도 AMX-13을 사용했다.

〔데이터〕
전체 길이: 6.32m
전폭: 2.50m
전고: 2.30m
무게: 14.8t
엔진: SOFAM 8Gxb V형 8기통 액랭 가솔린
장갑 두께: 10~25mm
무장: CN-75-50 75mm 전차포×1, F1 7.5mm 기관총×2
승무원: 3명

제1차 중동전쟁 발발 당시 이스라엘군, 아랍 각국군 모두 제2차 세계대전 병기를 긁어모아 편성됐으나 제2차 중동전쟁 때는 센추리온과 AMX-13 등 당시 최신 차량도 전장에 투입되었다.

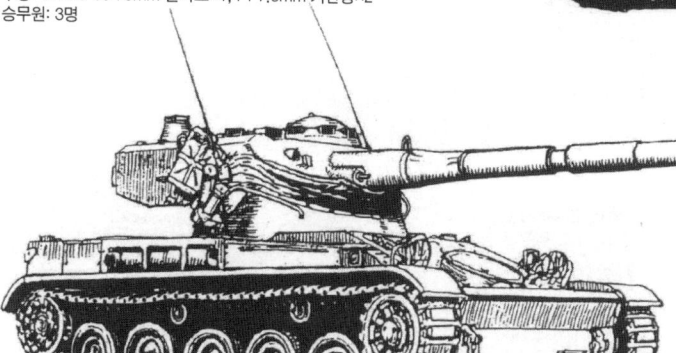

〔FL-10 포탑의 급탄기구〕

AMX-13의 최대 특징은 주포와 포탑이 일체화된 요동 포탑 FL-10을 채용한 것이다. 그래서 포탑 내부도 상당히 특징적인 구조로, 리볼버식 탄창을 좌우에 둔 자동 장전장치가 설치돼 있다.

〔AMX-13·90〕

AMX-13 모델 51에 탑재된 CN-75-50 75mm 전차포(라이플포)의 안지름을 키워 90mm 활공포로 한 타입으로 차체 사이즈는 유지하고 무게를 약간 늘려 화력이 대폭 향상했다.

〔데이터〕
전체 길이: 6.32m
전폭: 2.50m
전고: 2.30m
무게: 15t
엔진: SOFAM 8Gxb V형 8기통 액랭 가솔린
장갑 두께: 10~25mm
무장: CN-90-F3 90mm 활공포×1, F1 7.62mm 기관총×2
승무원: 3명

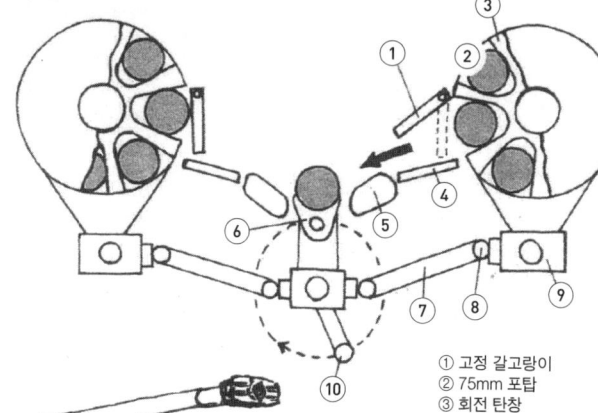

① 고정 갈고랑이
② 75mm 포탄
③ 회전 탄창
④ 가이드 레일
⑤ 가이드
⑥ 포탄 수납함
⑦ 회전축
⑧ 유니버설 조인트
⑨ 웜 기어
⑩ 회전 핸들

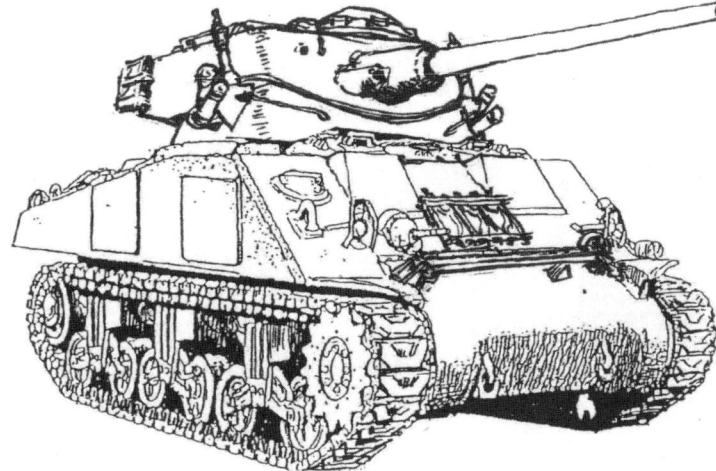

〔M4 이집트군 개조 FL-10 포탑 탑재형〕

M4A4 차체에 AMX-13의 FL-10 요동 포탑을 탑재한 이집트 독자 개조 차량. 이집트군은 이 차량을 제2차 중동전쟁에서 처음 투입해 제3차 중동전쟁에서도 사용했다.

《센추리온 전차》

전후 제1세대 전차를 대표하는 영국제 센추리온은 영국뿐만 아니라 많은 나라에서 채용됐다. 중동 각국도 예외는 아니어서 요르단이 1954~1956년 Mk.1, Mk.3, Mk.5를 합쳐 50대를 수령(이후 그와는 별개로 Mk.7도 입수)했으며, 이라크에서는 1955년에 12대의 Mk.7을(1957년 40대 추가), 이집트는 1956년에 총 32대의 Mk.3와 Mk.5를, 쿠웨이트는 1961년 25대(형식 불명)를 수령했다. 한편 이스라엘은 센추리온의 도입이 아랍 각국보다 늦어 1960년대부터 영국이나 네덜란드에서 잉여가 된 Mk.5를 도입하기 시작했다. 중동에서 센추리온은 1956년 제2차 중동전쟁부터 실전 투입됐으며, 영국군이 Mk.5를, 이집트군이 센추리온 Mk.3를 전장에 투입했다.

〔데이터〕
전체 길이: 9.83m
전폭: 3.38m
전고: 2.94m
무게: 50.8t
엔진: 롤스로이스 미티어 Mk.IVB V형 12기통 액랭 가솔린
장갑 두께: 17~152mm
무장: Mk.I 20파운드포×1, 7.92mm 베사 기관총×1
승무원: 4명

〔센추리온 Mk.3〕
제2차 세계대전 중인 1943년 영국은 독일군 중전차에 대항할 수 있는 A41 중순항전차 개발에 착수해 1945년 시작 차량을 완성했으나 실전에는 투입하지 못했다. 대전 후 Mk.1, Mk.2를 소수 생산한 뒤 1948년부터 처음으로 본격적인 양산형인 Mk.3 생산으로 이행했다. 제2차 중동전쟁 때는 이집트군이 Mk.3를 사용했다.

〔센추리온 Mk.5〕
Mk.3의 마이너 체인지형으로, 주포에 배연기를 장비하고 부무장을 M1919A4로 변경하는 등의 개량이 더해졌다. 생산 종료 후 L7A1 105mm 전차포로 개조되기도 했다. 제2차 중동전쟁 때는 영국군이 Mk.5를 사용했다.

〔데이터〕
전체 길이: 9.83m
전폭: 3.38m
전고: 2.94m
무게: 50.8t
엔진: 롤스로이스 미티어 Mk.IVB V형 12기통 액랭 가솔린
장갑 두께: 17~152mm
무장: Mk.I 20파운드포×1, M1919A4 7.62mm 기관총×1
승무원: 4명

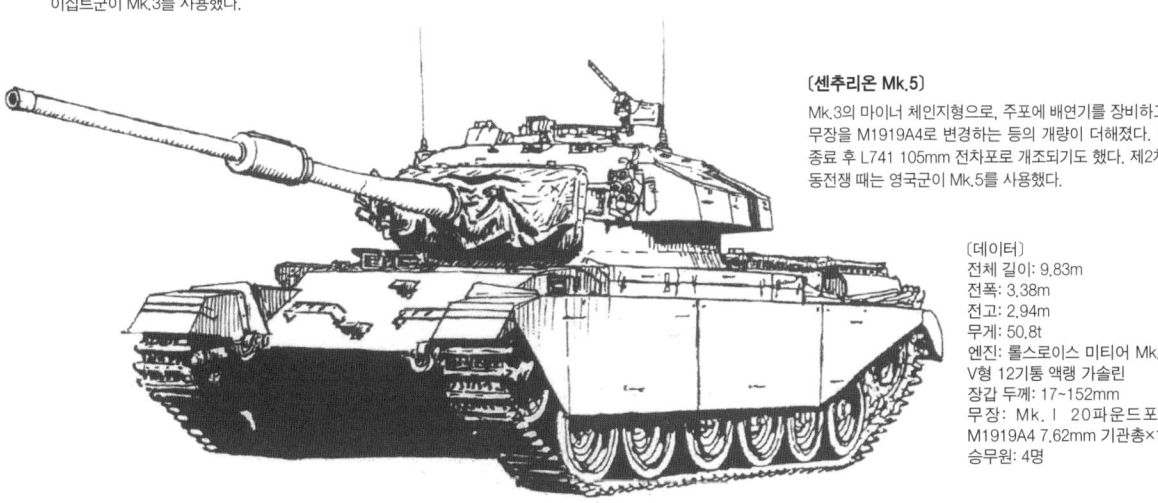

〔센추리온 Mk.5의 차내 구조〕

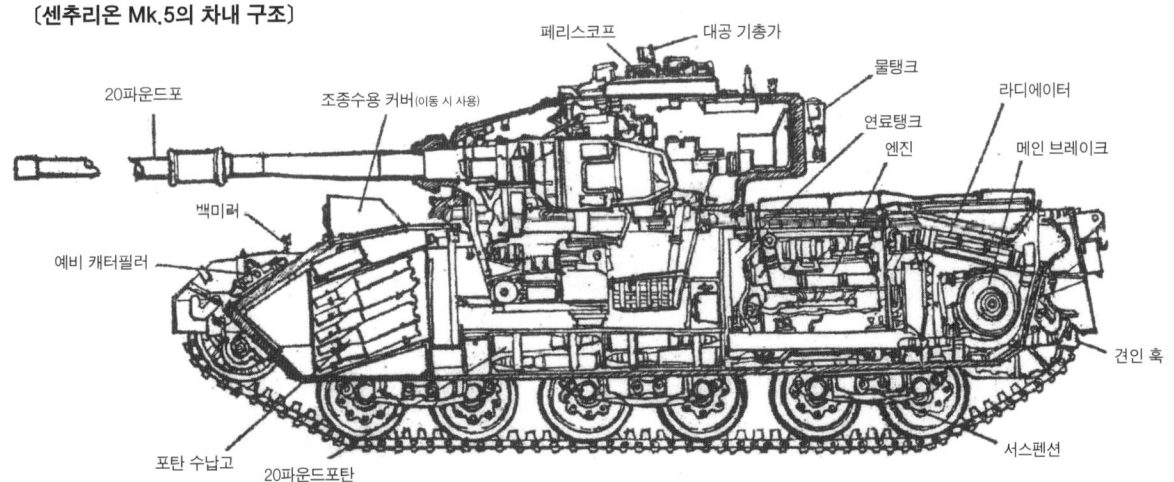

아랍 각국군의 장갑차량

제2차 세계대전 직후 아랍 각국은 영국, 프랑스가 종주국이었던 영향으로 당초에는 군의 장비도 영국과 프랑스에서 사용하던 것을 사용했다. 제1차 중동전쟁 이후 소련, 체코슬로바키아 등 공산권의 군사 원조가 시작되자 이집트군 등에 소련·동유럽 병기의 배치가 추진되어 제2차 중동전쟁 때는 영국·프랑스 병기와 함께 소련·동유럽제 병기도 대량으로 사용했다.

《영국 및 영연방제 장갑차량》

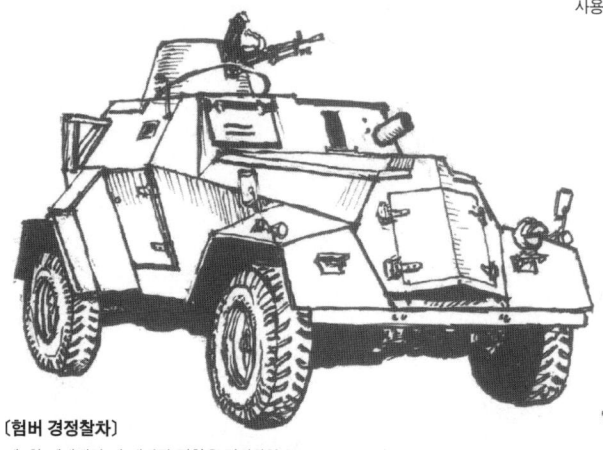

〔험버 경정찰차〕
제2차 세계대전 때 개발된 정찰용 경장갑차로 1940~1943년에 3,600대 이상 생산됐다.

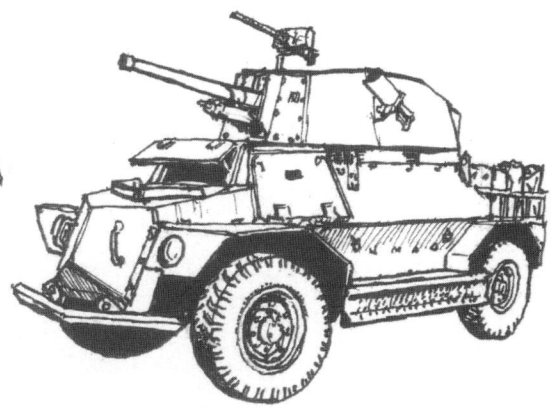

〔마몬·헤링턴 Mk.IVF〕
1940년 남아프리카연방이 개발한 정찰용 장갑차. 1943년부터 생산되기 시작한 Mk.IV는 새롭게 설계된 차체에 QF2 파운드포 탑재 포탑을 장비했다. 또 Mk.IVF에는 포드 캐나다사제 CMP 트럭 F60L의 섀시가 사용됐다.

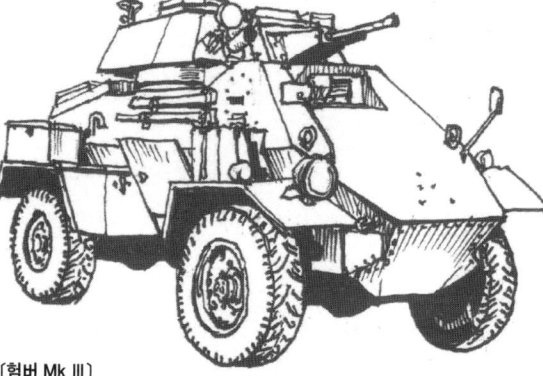

〔험버 Mk.III〕
1941년에 생산되기 시작한 영국제 장갑차. Mk.III는 15mm 베사 기관총을 장비한 포탑을 대형화해 무선수도 탑승할 수 있도록 한 타입이다. 제1차 중동전쟁 때는 이집트군뿐만 아니라 이스라엘군이 차량을 노획해 사용하기도 했다.

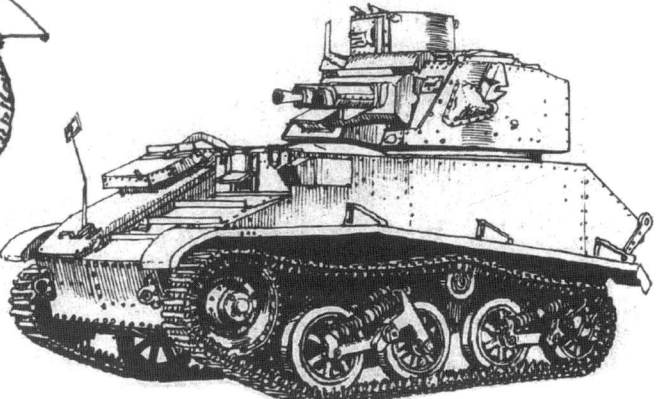

〔Mk.VIB 경전차〕
1936년에 양산되기 시작한 영국 빅커스사의 경전차. 제2차 세계대전 때는 모든 교전 지역의 영국군에 배치돼 대전 이후 중동에서도 다수가 잔존했다.

〔유니버설 캐리어〕
제2차 세계대전 때 영국군과 영연방군의 주력 궤도형 범용 수송차량으로서 모든 교전 지역에서 활약했다. 1934년부터 1960년까지 생산돼 그동안 약 9만 대의 차량이 생산됐다. 중동전쟁 때는 영국군의 잉여 차량을 양 진영이 대량으로 사용했다.

〔로이드 캐리어〕
1939년부터 생산됐으며, 2만6,000대가 제조돼 영국군과 영연방군이 견인 차량으로 사용했다. 유니버설 캐리어처럼 잉여 차량이 중동전쟁 때 사용됐다.

《소련제 장갑차량》

〔BTR-40 병력수송장갑차〕
소련에서 1948년 개발에 착수해 1950년 소련군에 제식 채용된 차륜형 4×4 병력수송장갑차. GAZ-63의 섀시를 토대로 했으며 전체적인 레이아웃은 제2차 세계대전 때 임대 운용된 M3 스카우트카를 참고했다. 오픈탑식 전방에 조종수와 지휘관, 후방 병력실에는 보병 8명이 탑승했다.

〔데이터〕
전체 길이: 5.00m
전폭: 1.90m
전고: 1.83m
무게: 5.3t
엔진: GAZ-40 직렬 6기통 액랭 가솔린
장갑 두께: 4~15mm
무장: SGMT 7.62mm 기관총×1
승무원·병력: 2명·8명

〔데이터〕
전체 길이: 6.55m
전폭: 2.32m
전고: 2.36m
무게: 8.95t
엔진: ZIS-123 직렬 6기통 액랭 가솔린
장갑 두께: 4~13.5mm
무장: SGMT 7.62mm 기관총×1
승무원·병력: 2명·17명

〔BTR-152 병력수송장갑차〕
소련이 BTR-40과 함께 1950년에 제식 채용한 대형 6×6인 차륜형 병력수송장갑차. ZIS-151 트럭을 토대로 차체 디자인은 독일의 Sd.Kfz.251과 미국의 M2·M3 하프트랙을 참고했다. 병력수송차형 외에 많은 파생형도 만들어져 소련, 동유럽뿐만 아니라 사회주의 각국과 중동의 아랍 각국 등 많은 나라에서 사용했다.

〔BTR-152S 장갑 지휘차〕
ZIL-157 6×6 트럭의 섀시를 사용한 개량형 BTR-152V를 베이스 차량으로 삼아 승무원·병력실 상부를 높이고 또 위를 완전 밀폐식으로 한 지휘차량. 차내에는 지휘·통신 기재를 설치하고 차체 후면 좌우에는 지휘·통신용 안테나를 설치했다.

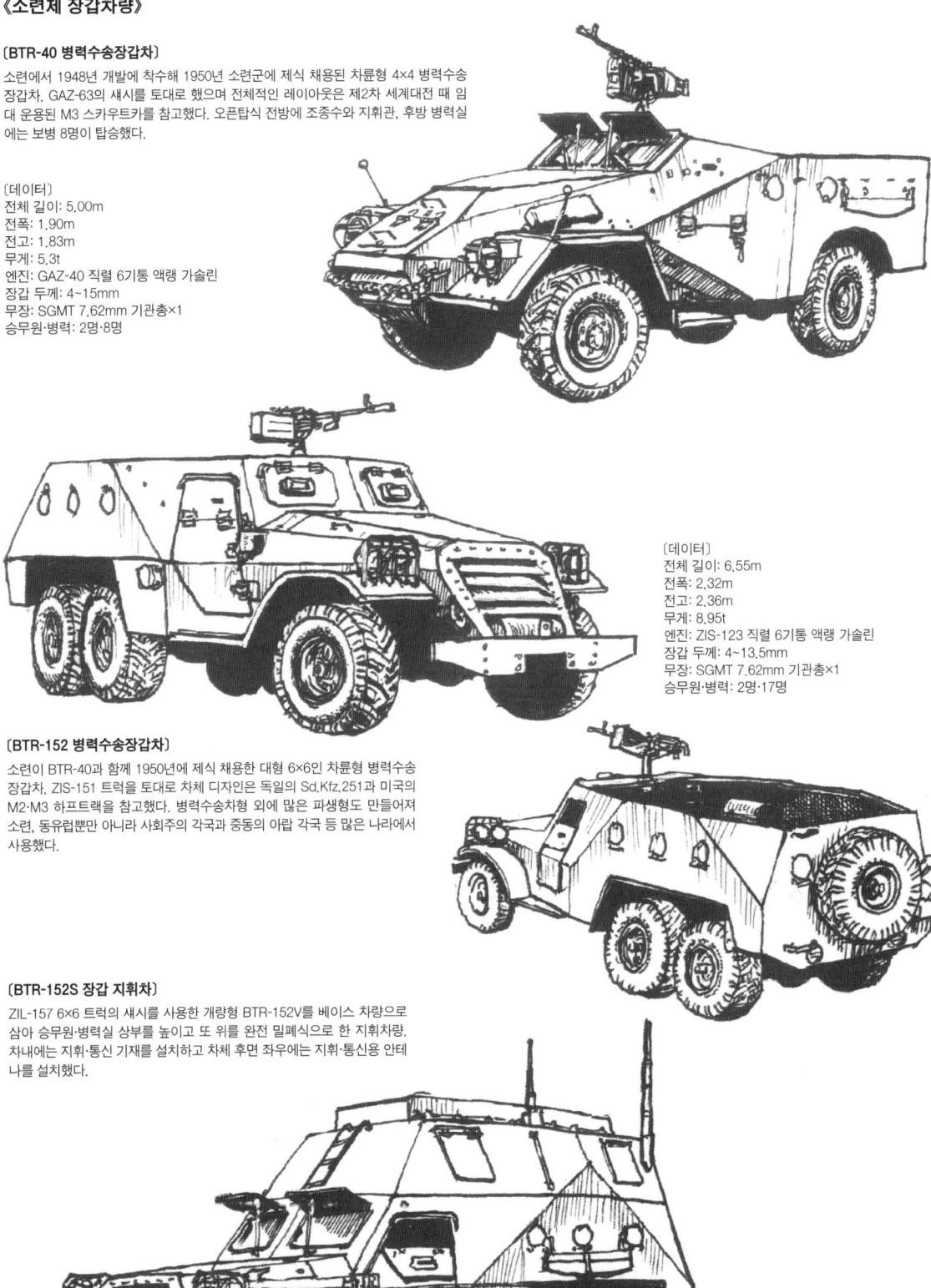

제1차·제2차 중동전쟁 당시의 군장

이스라엘군의 군장

제1차 중동전쟁이 개전했을 때, 이스라엘에는 아직 국군이 없었고 자경조직에서 발전한 하가나와 슈테른, 레히, 이르군 등 여러 무장조직이 아랍 각국군에 저항했다. 이스라엘은 제1차 휴전 기간(1948년 6월 11일~7월 9일)에 무장조직 간의 지휘를 통일하기 위해 5월 26일 새로이 창설한 이스라엘 국방군(IDF)을 재편성했다. 당시 장병의 군장은 조직마다 입수 경로가 다른 경우가 있고, 또 같은 부대 안에서도 정해진 수를 갖추기 어려워 통일되지 않았다.

《유대인 예비 경찰관》

유대인 예비 경찰관(Jewish Supernumerary Police)은 영국이 치안 유지를 위해 1936년 창설한 유대인 경찰 조직 노트림 예하의 부대다. 이스라엘 독립까지 2만2,000명 이상이 소속해 제1차 중동전쟁 때는 하가나의 주요 부대가 되었다.

- 부대 모장이 달린 슬러치 햇
- 카키 드릴 셔츠
- 카키 드릴 반바지
- 칼팍 모자
- 목단이형 카키 드릴 재킷
- 카키 드릴 트라우저
- 엔필드 소총
- 니트 캡
- 루이스 Mk.I 경기관총
- P37 탄입대

《유대인 거주지 경찰관》

유대인 거주지 경찰(Jewish Settlement Police)도 노트림 소속 부대로서 1936년에 창설됐다. 제1차 중동전쟁 때는 하가나의 지휘하에 활동했다.

《팔마흐 대원》

팔마흐는 위임 통치 시대, 하가나의 지휘하에 편성된 정예 전투부대. 개전 때는 3개 여단(약 2,000명)이 편성됐다. 장비는 영국군의 P37을 사용했다.

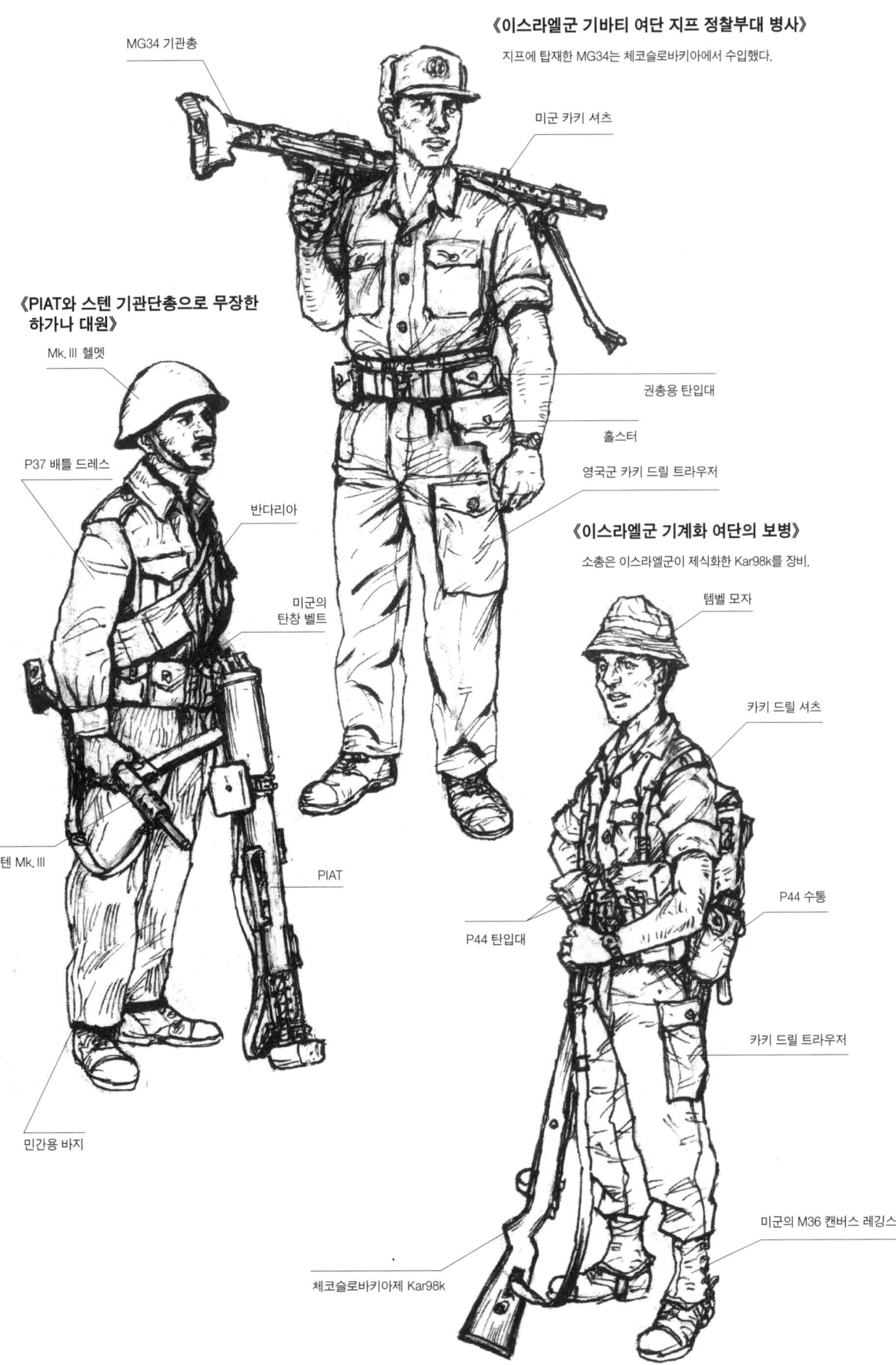

아랍 각국군의 군장

제1차 중동전쟁에 참전한 아랍 각국의 군대는 이집트군 2개 여단과 1개 사우디아라비아 파견단, 요르단군의 정예 부대 아랍 군단(2개 기계화 여단과 2개 독립 연대)이 주력이었다.

《이집트군 보병 하사》
- 위장망을 씌운 Mk.I 헬멧
- 데님 옷감 오버올
- P1907 총검
- 엔필드 소총
- 부츠가 아니라 샌들을 신었다

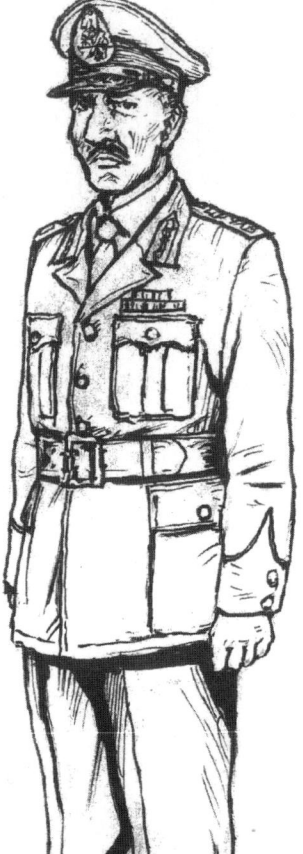

《이집트군 육군 소장》
장교 제복과 제모도 이집트군에 준한 모델을 사용했다.

《이집트군 보병부대 병사》
제1차 중동전쟁 이후 소련 등 공산군의 군사 원조가 시작되자 소련제 장비가 늘어났다.

- SSh-M40 헬멧
- Vz.52 소총
- 이집트군의 독자적인 샌드 컬러 야전복
- 소련군 가스마스크 가방

제3차 중동전쟁 지상전

제3차 중동전쟁

■ **제3차 중동전쟁**
(1967년 6월 5~10일)

제2차 중동전쟁이 종결된 지 11년이 지나 1967년이 되자 이스라엘과 아랍 진영 사이에 다시 긴장감이 높아졌다. 이스라엘 국내에서는 1964년 결성된 팔레스타인해방기구(PLO)가 벌이는 테러 활동이 과격해졌고, 시리아에서는 그 전해 일어난 쿠데타로 PLO가 지지하는 정부가 탄생하자 시리아군은 골란고원에서 이스라엘 영내를 포격하기 시작했다.

그에 맞서 4월에는 이스라엘 공군기가 시리아군 진지를 폭격하는 등 군사활동이 활발해졌다. 또 이집트도 5월 14일 시나이반도에 군을 진주시켜 이 지역에 주둔하던 유엔 긴급군의 철수를 요구했다. 22일에는 아카바만의 티란해협을 봉쇄해 이스라엘 선박의 항행을 금지했다. 또 이집트는 시리아, 요르단과 공동 방위조약을 체결해 이스라엘에 대한 강경 자세를 보였다.

아랍 진영이 보인 그런 일련의 움직임뿐만 아니라 아랍 각국이 소련의 군사 원조로 제2차 중동전쟁 때 잃은 병기를 보충하면서 신형도 포함한 병기를 입수해 군비를 증강했다는 것도 이스라엘의 위기감을 높이는 요인이 되었다. 이스라엘은 이 상황을 극복하고자 신세공격으로 아랍군을 치기로 결정한다. 그리고 1967년 6월 5일 이스라엘 공군이 기습공격을 하며 제3차 중동전쟁이 시작됐다.

이스라엘의 이 기습공격은 성공해서 아랍 진영은 각 전선에서 패배했다. 싸움의 승패는 고작 6일 만에 결정돼 이스라엘군의 압승으로 끝났다.

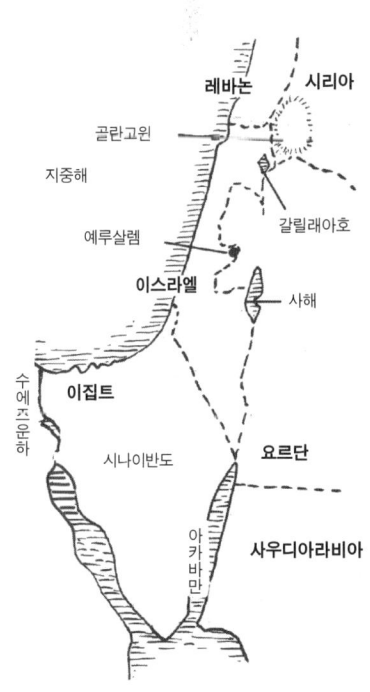

《시나이반도 주변》

《시나이반도의 전투》

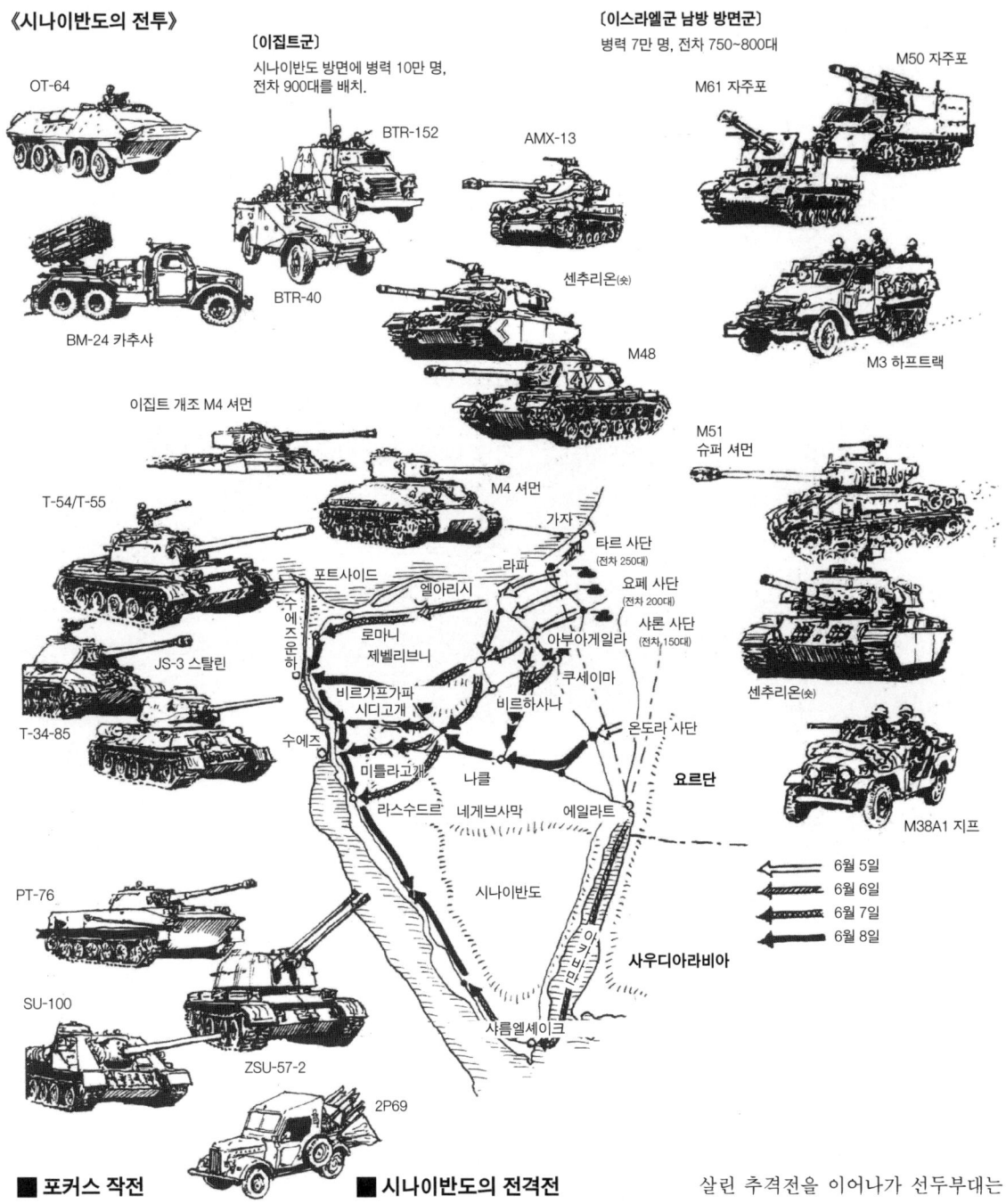

■ 포커스 작전

6월 5일 새벽, 이스라엘 공군기는 레이더 경계망을 피해 저공비행으로 아랍 각국의 공군 기지를 공격했다. 그리고 단번에 적 항공기지와 항공기를 파괴해 작전 첫날 아랍 진영의 공군력을 괴멸시켰다. 이 공격으로 하루 만에 제공권을 장악한 이스라엘군은 공중·육상 일체의 작전을 유리하게 진행할 수 있게 됐다.

■ 시나이반도의 전격전

이스라엘군의 지상부대는 공군의 기습공격과 동시에 3개 기갑사단을 주력으로 시나이반도와 가자지구를 침공하기 시작했다. 시나이반도에 전개했던 이집트군은 5개 보병사단과 2개 기갑사단이었으나 이스라엘의 공격을 받고 각지에서 와해되어 수에즈운하 방면으로 퇴각하기 시작했다.

이스라엘군의 기갑부대는 기동력을 살린 추격전을 이어나가 선두부대는 개전 4일째인 6월 8일 수에즈운하에 도달했다. 그리고 이스라엘군은 개전 6일차까지 시나이반도 전역을 점령하는 데 성공했다.

■ 요르단 방면의 작전

이집트와 군사동맹을 맺은 요르단은 6월 5일 예루살렘과 텔아비브 방면에서 이스라엘군을 공격하기 시작했다.

그리고 예루살렘에서는 휴전선을 넘은 전투도 벌어졌다.

이스라엘군도 그날 예루살렘 구 시가지를 탈환하기 위해 작전을 시작했다. 이 탈환작전에 이스라엘군은 1개 공수여단과 1개 기갑여단을 투입했다. 요르단군도 1개 여단을 증원하지만 이스라엘군은 이를 격파하고 예루살렘 구 시가지를 6월 6일 점령했다. 이어서 이스라엘군은 요르단강 서안지구에 진출해 6월 7일 저녁까지 요르단군은 동안으로 철수했다.

이집트와 요르단은 6월 8일 유엔 안보리의 정전 결의를 수락했다. 시리아도 10일에 정전을 받아들여 제3차 중동전쟁은 종결됐다.

■ 골란고원 점령

시리아는 개전 당초 공공연한 움직임은 보이지 않고 이스라엘군을 포격할 뿐이었다. 이스라엘군도 시리아군이 골란고원에 구축한 '소마지노선'이라고 불리는 방위선 공략에 신중했기 때문에 당초에는 공격을 삼갔으나 6월 9일부터 골란고원을 침공하기 시작했다. 항공 지원과 백병전으로 방위선을 돌파해 6월 10일 이스라엘군이 이 지역을 점령했다.

《요르단강 서안과 골란고원》

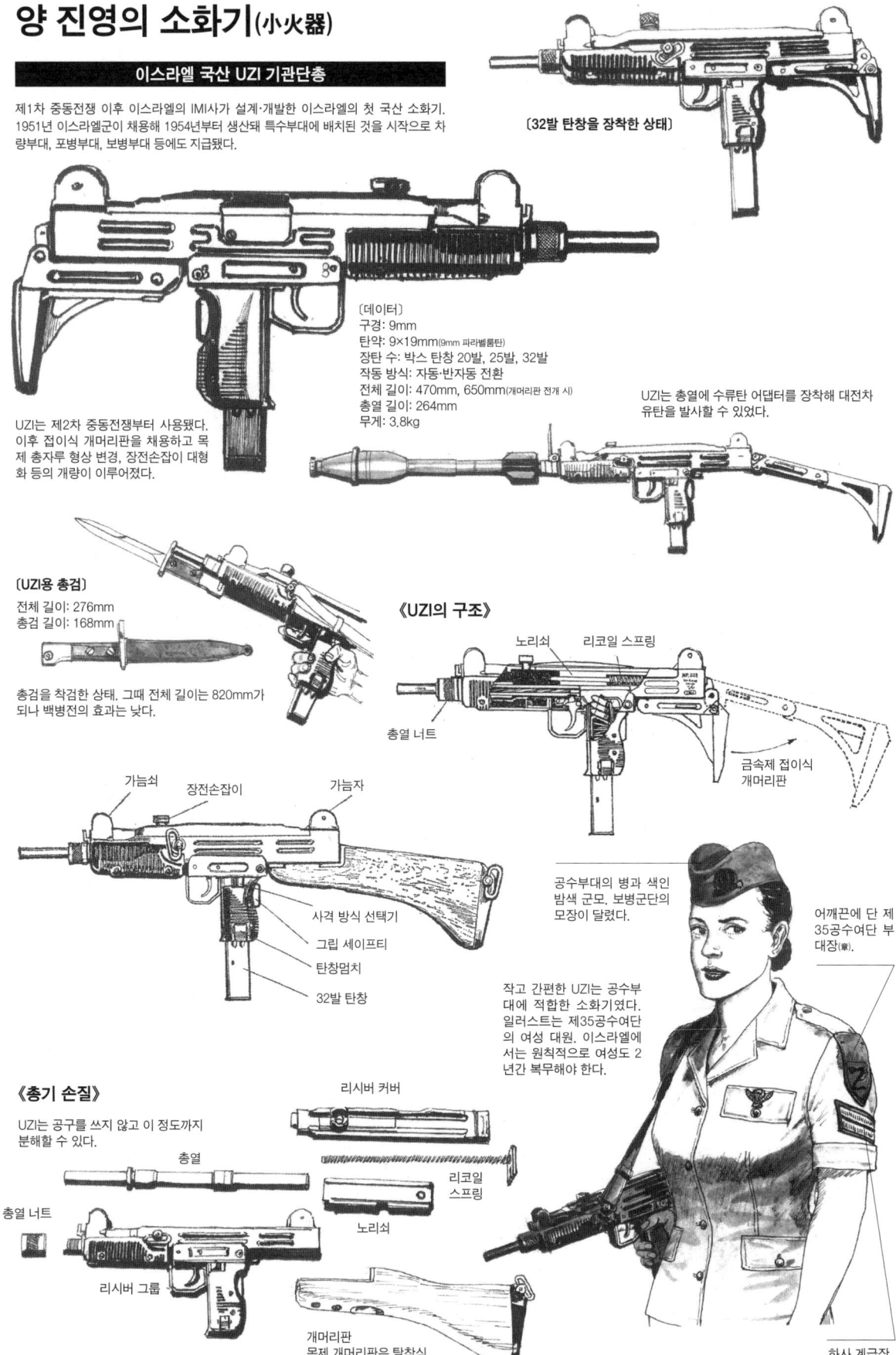

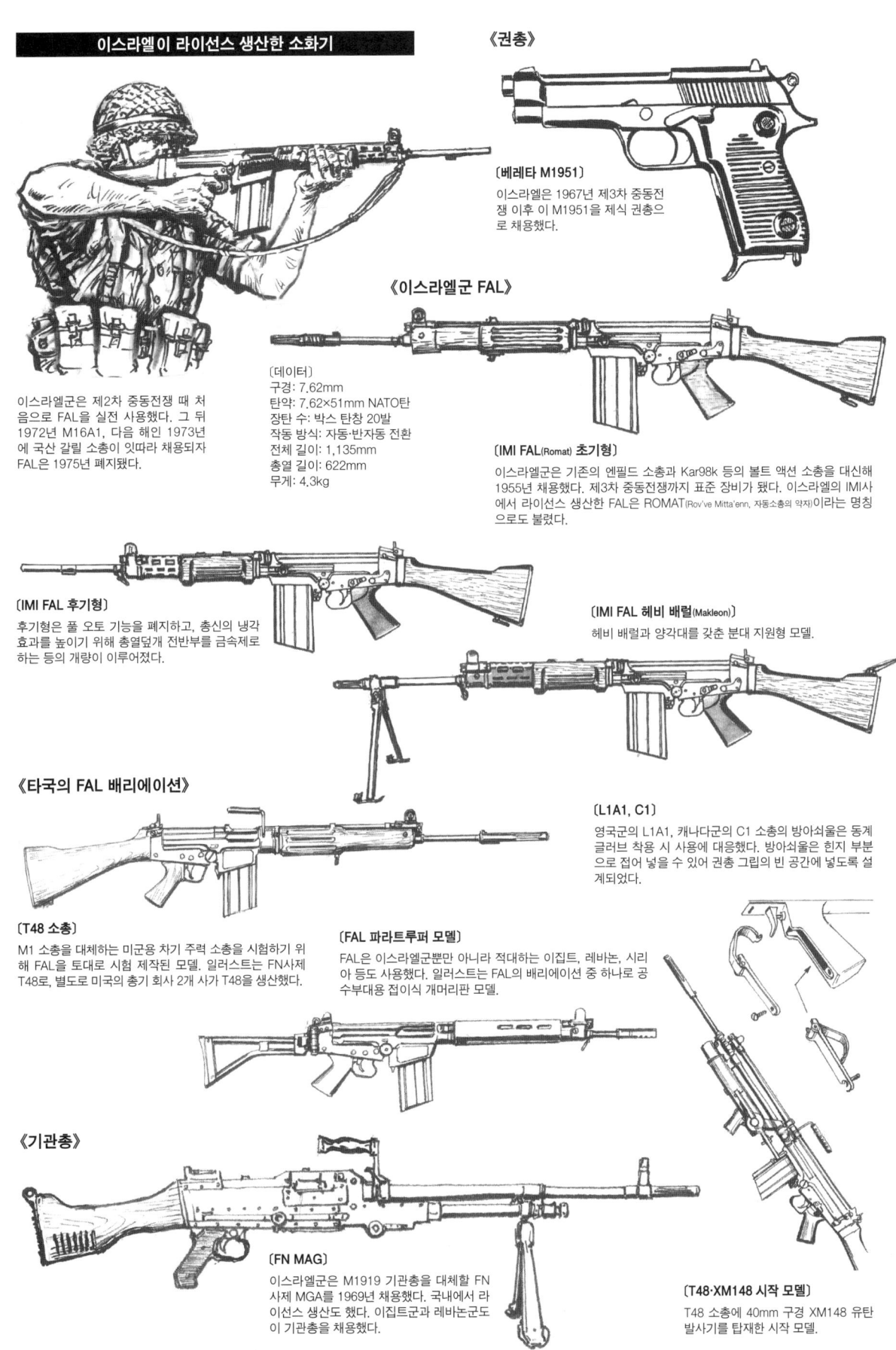

아랍 각국군의 기관단총

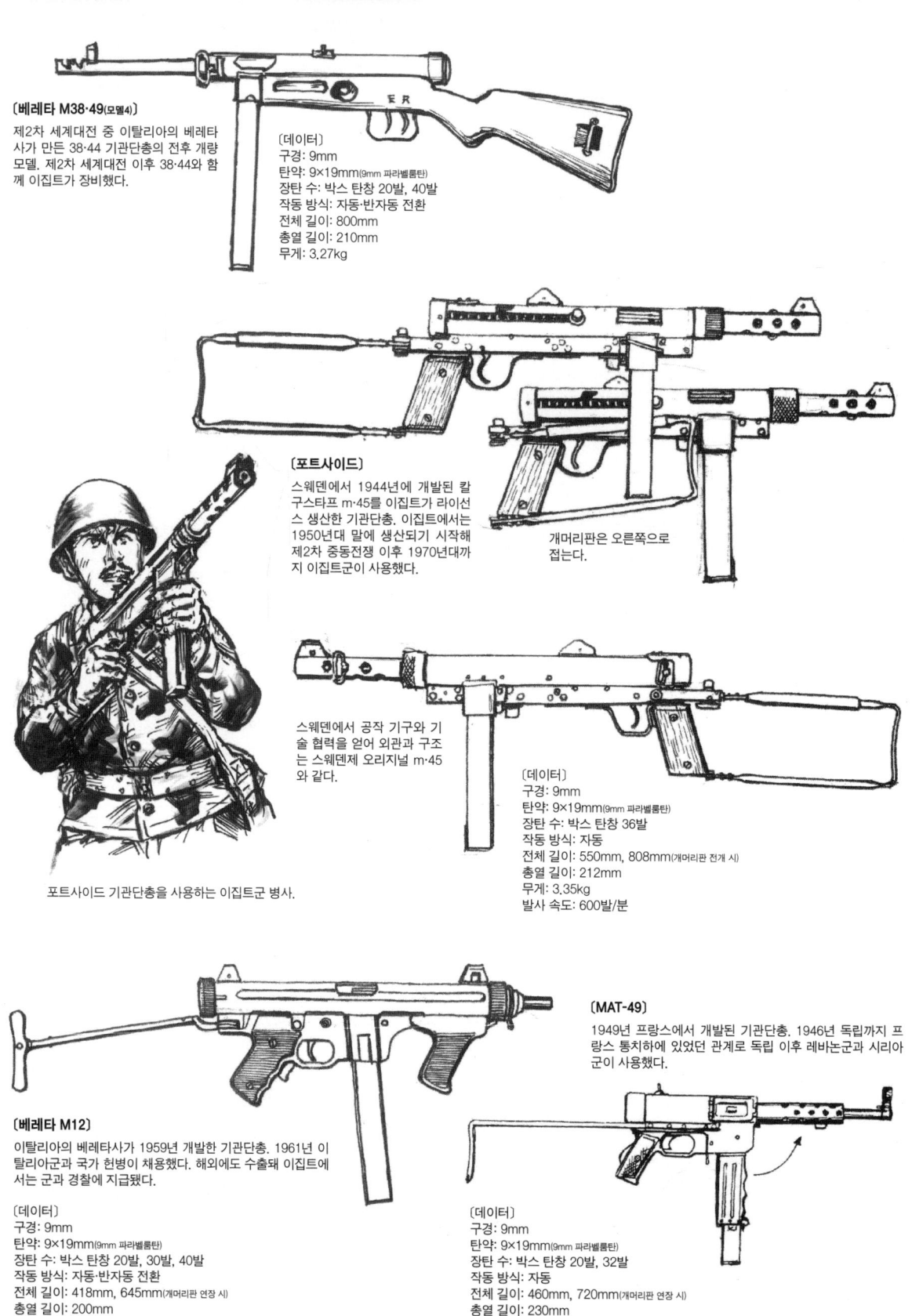

〔베레타 M38·49(모델4)〕
제2차 세계대전 중 이탈리아의 베레타사가 만든 38·44 기관단총의 전후 개량 모델. 제2차 세계대전 이후 38·44와 함께 이집트가 장비했다.

〔데이터〕
구경: 9mm
탄약: 9×19mm(9mm 파라벨룸탄)
장탄 수: 박스 탄창 20발, 40발
작동 방식: 자동·반자동 전환
전체 길이: 800mm
총열 길이: 210mm
무게: 3.27kg

〔포트사이드〕
스웨덴에서 1944년에 개발된 칼 구스타프 m·45를 이집트가 라이선스 생산한 기관단총. 이집트에서는 1950년대 말에 생산되기 시작해 제2차 중동전쟁 이후 1970년대까지 이집트군이 사용했다.

개머리판은 오른쪽으로 접는다.

스웨덴에서 공작 기구와 기술 협력을 얻어 외관과 구조는 스웨덴제 오리지널 m·45와 같다.

〔데이터〕
구경: 9mm
탄약: 9×19mm(9mm 파라벨룸탄)
장탄 수: 박스 탄창 36발
작동 방식: 자동
전체 길이: 550mm, 808mm(개머리판 전개 시)
총열 길이: 212mm
무게: 3.35kg
발사 속도: 600발/분

포트사이드 기관단총을 사용하는 이집트군 병사.

〔베레타 M12〕
이탈리아의 베레타사가 1959년 개발한 기관단총. 1961년 이탈리아군과 국가 헌병이 채용했다. 해외에도 수출돼 이집트에서는 군과 경찰에 지급됐다.

〔데이터〕
구경: 9mm
탄약: 9×19mm(9mm 파라벨룸탄)
장탄 수: 박스 탄창 20발, 30발, 40발
작동 방식: 자동·반자동 전환
전체 길이: 418mm, 645mm(개머리판 연장 시)
총열 길이: 200mm
무게: 3.73kg
발사 속도: 550발/분

〔MAT-49〕
1949년 프랑스에서 개발된 기관단총. 1946년 독립까지 프랑스 통치하에 있었던 관계로 독립 이후 레바논군과 시리아군이 사용했다.

〔데이터〕
구경: 9mm
탄약: 9×19mm(9mm 파라벨룸탄)
장탄 수: 박스 탄창 20발, 32발
작동 방식: 자동
전체 길이: 460mm, 720mm(개머리판 연장 시)
총열 길이: 230mm
무게: 3.5kg
발사 속도: 600발/분

아랍 각국군의 기관총

〔FN Mle 1930D〕
벨기에 FN사제 경기관총. 이집트군이 벨기에에서 구입해 분대 지원 화기로 사용했다. 또 적대하는 이스라엘군도 마찬가지로 벨기에에서 구입해 사용했다.

〔데이터〕
구경: 7.65mm, 7.92mm
탄약: 7.65×53mm, 7.92×57mm
장탄 수: 박스 탄창 20발
작동 방식: 자동
전체 길이: 1,154mm
총열 길이: 500mm
무게: 9.5kg
발사 속도: 500발/분

〔Vz.52·57〕
체코슬로바키아군은 1952년 Vz.52 경기관총을 채용했으나 1957년 바르샤바조약기구와 탄약을 통일하기 위해 7.62×45mm탄에서 7.62×39mm탄 사양으로 개량한 Vz.52·57을 제식화했다. 이집트군은 두 모델을 모두 사용했다.

〔데이터〕
구경: 7.62mm
탄약: 7.62×45mm(Vz.52), 7.62×39mm(Vz.52·57)
장탄 수: 박스 탄창 25발, 벨트 급탄 50발
작동 방식: 자동·반자동 전환
전체 길이: 1,045mm
총열 길이: 583mm
무게: 8kg
발사 속도: 950~1,000발/분(Vz.52), 800~900발/분(Vz.52·57)

이집트군은 체코슬로바키아와의 협정으로 Vz.52·57의 두 모델을 구입해 운용했으나 탄약의 차이로 보급에 혼란을 불렀다고 한다.

〔피아트(Fiat) M1935 중기관총〕
이탈리아의 피아트사가 제작한 수랭식 M1914 중기관총을 공랭식으로 개량한 모델. 연사 성능을 향상시키기 위해 급탄 방법은 보탄판에서 벨트 급탄으로 바꾸었다. 다른 기관총과 함께 이집트는 이탈리아에서 수입했다.

〔데이터〕
구경: 8mm
총열 길이: 653mm
탄약: 8×59mmRB 브레다탄
장탄 수: 벨트 급탄 50발
작동 방식: 자동
전체 길이: 1,250mm
무게: 18.1kg, 23kg(삼각대 포함)
발사 속도: 500발/분

〔브레다(Breda) M1937 중기관총〕
1937년 이탈리아군이 제식 채용한 8mm 구경의 중기관총. 연사 능력, 위력, 내구성 등이 좋은 평가를 받았다. 장탄에는 보탄판을 썼는데 약실에 장전된 탄약의 약협은 발사 후 배출되지 않고 보탄판으로 돌아간다는 특징적인 구조를 지녔다. 제1차 중동전쟁 때 이집트군이 장비한 M13·40 중형전차에는 이 M1937을 토대로 만들어진 M1938 기관총이 탑재됐다.

〔데이터〕
구경: 8mm
총열 길이: 679mm
탄약: 8×59mm RB 브레다탄
장탄 수: 보탄판 20발
작동 방식: 자동
전체 길이: 1,270mm
무게: 17.5kg, 18.8kg(삼각대 포함)
발사 속도: 450~550발/분

〔알파(ALFA) M44〕
1943년 스페인에서 개발된 중기관총. 1955년에는 사용 탄약을 7.62×51mm NATO탄으로 개량한 M55도 만들어졌다. 이집트군이 제2차, 제3차 중동전쟁에서 사용했다.

〔데이터〕
구경: 7.92mm
총열 길이: 750mm
탄약: 7.92×57mm(8mm 마우저탄)
장탄 수: 벨트 급탄 50발
작동 방식: 자동
전체 길이: 1,450mm
무게: 13kg
발사 속도: 450~550발/분

이스라엘 국산 IMI 갈릴 돌격소총

제2차·제3차 중동전쟁 때 당시의 주력 소총이었던 FAL에 몇 가지 결점이 드러나서 이스라엘군은 새로운 주력 소총으로 갈릴을 개발했다. 갈릴은 제4차 중동전쟁 직후 1974년부터 부대에서 운용하기 시작해 군뿐만 아니라 국경 경비대와 경찰 등도 사용했다. 2020년까지 단계적으로 폐지돼 현재는 M16A2, M4 카빈, 타보르 TAR-21 등으로 갱신됐다.

〔소련제 AK-47〕

〔핀란드제 발멧(Valmet) Rk62〕

〔이스라엘 국산 갈릴(Galil) ARM〕

그때까지 이스라엘군이 사용한 FAL은 사막전에서의 작동 불량, 전체 길이가 길고 차량 이동 때 걸리적거리는 것 등이 문제시됐다. 이와는 달리 아랍 각국군 측의 AK-47과 AKM은 사막의 가혹한 환경에서도 작동하는 우수한 성능을 발휘했다. 이스라엘군 일부에는 FAL을 대신해 아랍 각국군으로부터 노획한 AK-47을 사용한 부대도 있어서 이스라엘군은 주력 소총의 국산화를 계획했고 그 결과 갈릴이 탄생했다. 개발에 착수한 이스라엘은 AK-47과 핀란드의 발멧 Rk62 등을 참고해 설계했다.

갈릴의 탄창은 30발, 35발, 50발의 세 종류다. 30발과 35발은 주로 SAR과 AR로, 50발은 ARM으로 사용하나 호환성이 있어 어느 모델에든 사용할 수 있었다.

갈릴의 리시버는 AK 시리즈와 같은 외관을 가졌는데 오른손으로 그립을 쥐고 왼손으로 조작할 수 있는 대형 장전손잡이 등 갈릴만의 오리지널 디자인도 채택됐다.

〔탄창 각종〕
30발
35발
50발

사격 방식 선택기도 그립을 쥔 상태로 조작할 수 있다.

갈릴이 공표된 당시 병따개가 달린 총열덮개가 화제가 됐다. 이 기능은 그때까지 병사가 전장에서 병뚜껑을 열 때 총의 일부에 걸거나 해서 총의 부품 변형을 일으켰기 때문에 채용됐다.

양각대의 토대에 와이어 커터 기능을 갖추었다. 양각대를 수납 위치에서 전개 위치로 이동시켜 철조망 등을 절단할 수 있다.

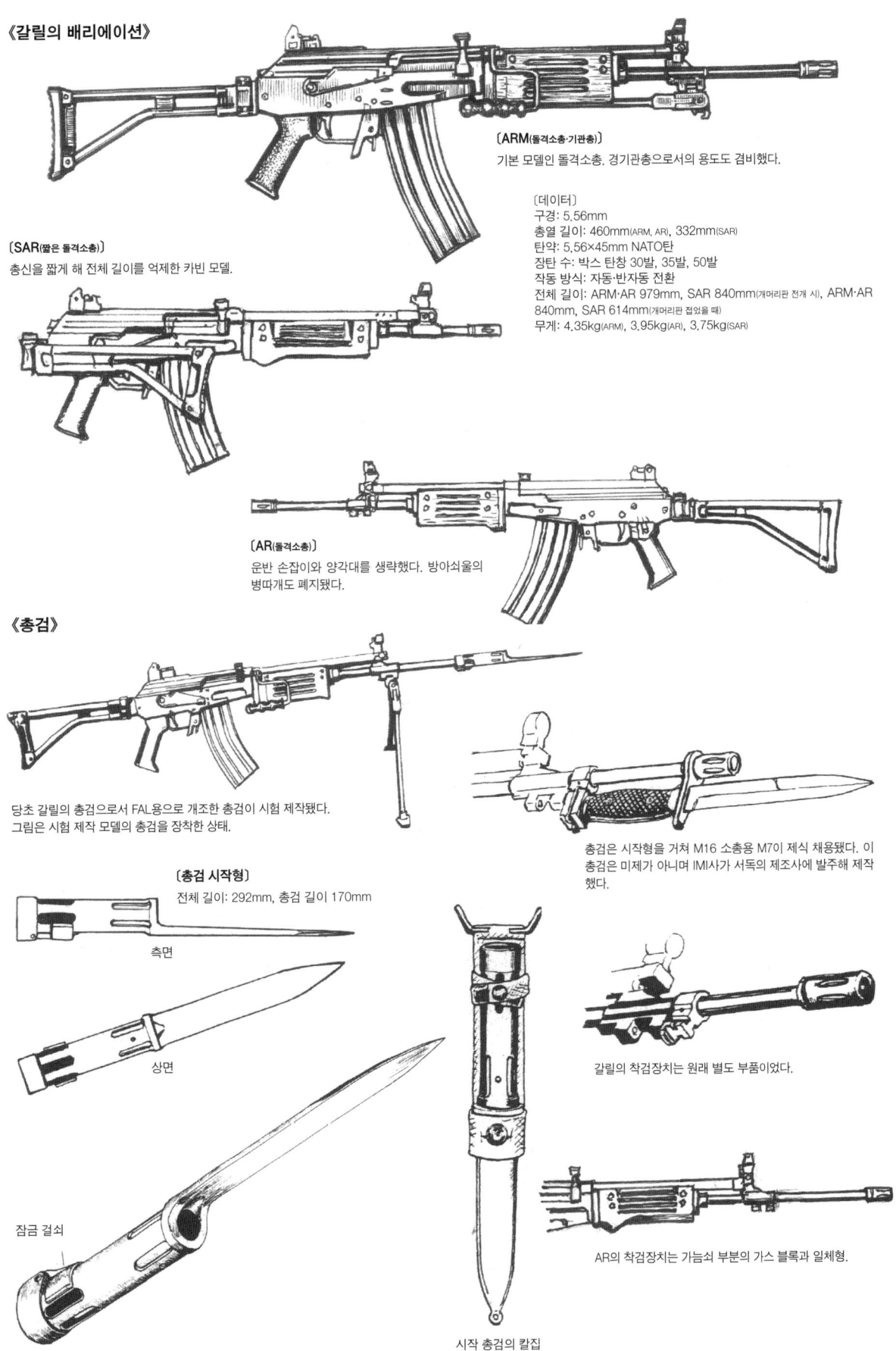

M16 돌격소총

《M16A1》

이스라엘군은 1972년 M16A1을 채용해 이듬해 제4차 중동전쟁 중 지급하기 시작했다. 1975년에는 미국과 군사 원조 협정을 맺어 6만 정을 수입했다. 이것은 생산이 늦어진 국산 돌격소총 갈릴의 부족을 보충하기 위한 조치였다.

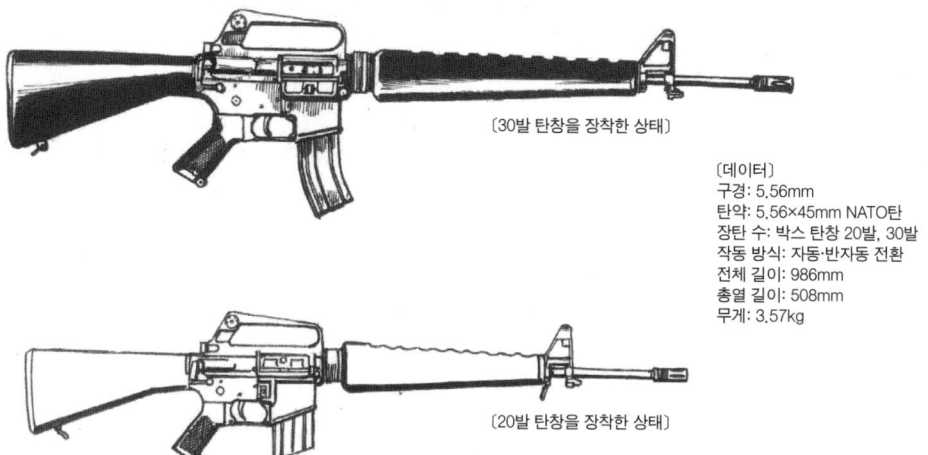

〔30발 탄창을 장착한 상태〕

〔20발 탄창을 장착한 상태〕

〔데이터〕
구경: 5.56mm
탄약: 5.56×45mm NATO탄
장탄 수: 박스 탄창 20발, 30발
작동 방식: 자동·반자동 전환
전체 길이: 986mm
총열 길이: 508mm
무게: 3.57kg

《총기 손질》

공이　노리쇠 뭉치　노리쇠 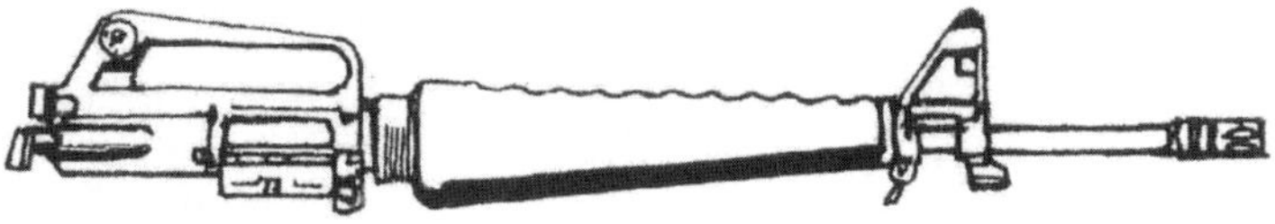　상부 리시버 그룹

하부 리시버 그룹　분해 핀　회전 핀　30발 탄창

〔XM177〕

이스라엘에서는 CAR15라고도 하며 1973년 M16A1과 함께 미국에서 수입했다. 당초에는 군 특수부대에만 지급했다. 2000년 M4 카빈을 채용해서 현재 XM177은 예비역 보병여단 등에서 사용하고 있다.

〔데이터〕
구경: 5.56mm
탄약: 5.56×45mm NATO탄
장탄 수: 박스 탄창 20발, 30발
작동 방식: 자동·반자동 전환
전체 길이: 719mm, 826mm(개머리판 연장 시)
총열 길이: 254mm
무게: 2.36kg

〔M16A1 카빈〕
콜트사가 제작한 총열 길이 370mm의 카빈 모델 M653. 이스라엘군에는 1990년대부터 지급됐다.

FAL보다 전체 길이가 짧고 가벼운 M16A1은 이스라엘 병사가 선호했다.

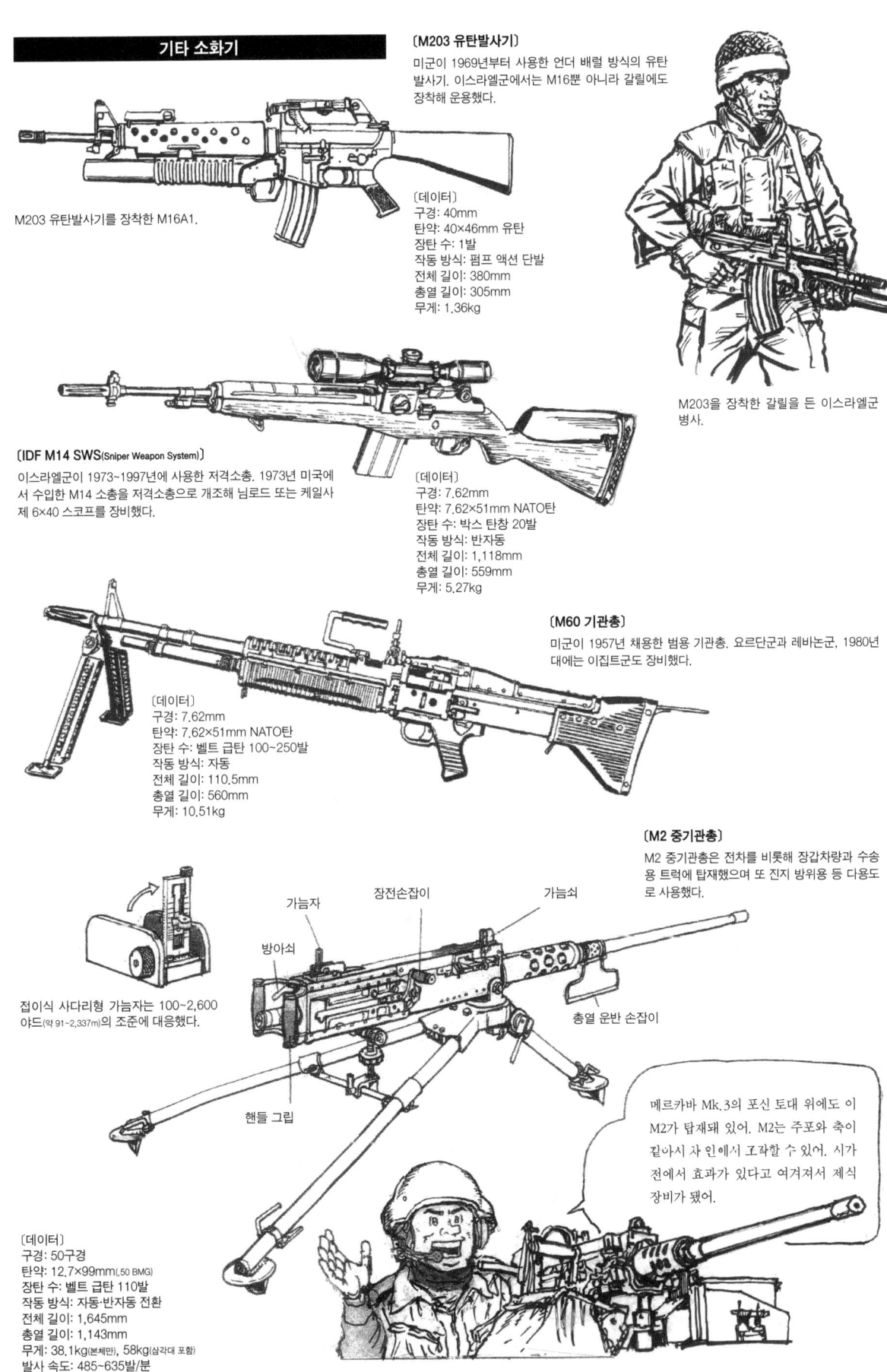

M16A1 사용법

이게 M16A1 돌격소총이야.

가늠자 / 가늠쇠 / 소염기 / 탄창(30발) / 개머리판 / 손잡이

이 M16은 소구경 고속탄을 사용하며, 유효 사거리 200m라는 근접 전투용 자동소총으로, 이스라엘군은 미국의 군사 원조를 받고 1975년부터 장비했어.

《안전 조작》

① 탄창멈치를 누르고 탄창을 뺀다.

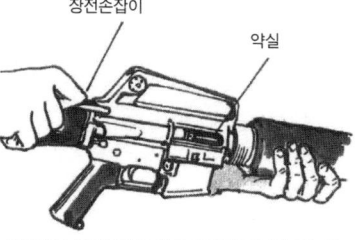
② 장전손잡이를 뽑고 약실 안에 탄이 남아 있는지 확인한다.

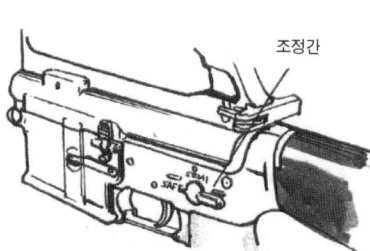
③ 조정간을 SAFE(안전) 위치에 둔다.

《조정간》

조정간은 SAFE(안전), SEMI(반자동), AUTO(자동)로 전환할 수 있으며 조정간이 안전 위치일 때 장전한다. 왼쪽에 있는 노리쇠멈치는 노리쇠를 후퇴 위치에 고정하는 것으로 노리쇠멈치 상부를 밀면 노리쇠는 전진 폐쇄된다. 장전손잡이를 후방으로 당기면 노리쇠와 노리쇠 뭉치가 후퇴한다.

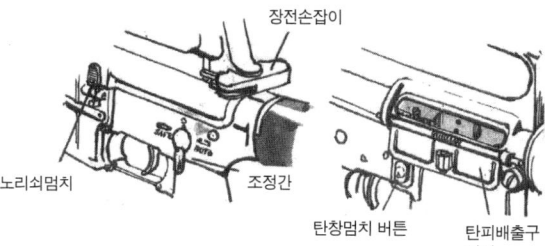

장전손잡이 / 노리쇠멈치 / 조정간 / 탄창멈치 버튼 / 탄피배출구 덮개

《탄피배출구 덮개》

트리거 상부의 탄창멈치를 밀면 탄창이 빠진다. 이젝션 포트(배출구)에는 탄피배출구 덮개가 있어 이물질이 들어가는 것을 막는다. 커버는 노리쇠가 후퇴하면 자동으로 열린다.

《방아쇠울》

방한장갑을 착용했을 때 방아쇠를 쉽게 당기기 위해 방아쇠울은 전방의 스프링 핀을 눌러 열 수 있다.

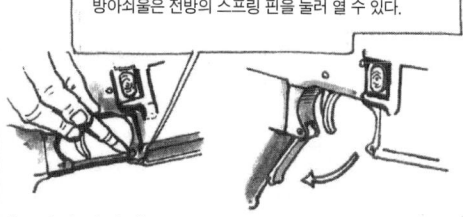

《가늠쇠(조성)》

가늠쇠는 높이를 조정할 수 있다. UP 화살표 방향에 스프링 핀을 눌러 내리고 돌린다. 100m는 2.8cm, 200m는 5.6cm로 착탄점을 조정할 수 있다.

《가늠자(조문)》

L형 핍 사이트(공조문)는 0~300m와 300~500m(L 각인이 있다)의 전환식. 좌우의 조정은 조정용 다이얼을 돌려서 한다.

《노리쇠 전진기》

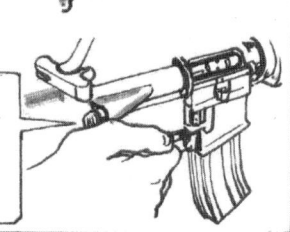

노리쇠 폐쇄가 불완전할 경우 노리쇠 전진기를 밀어 강제 폐쇄한다.

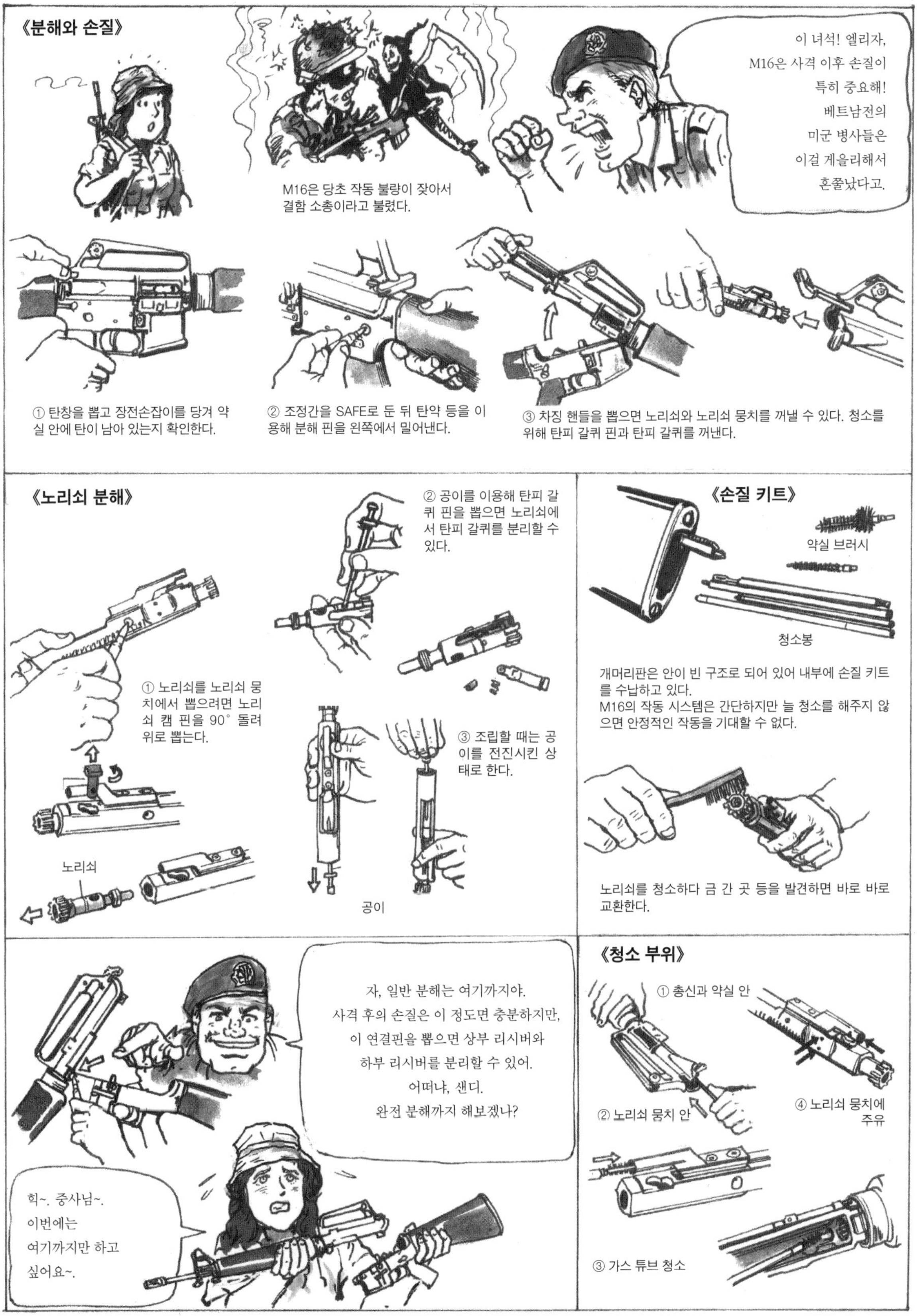

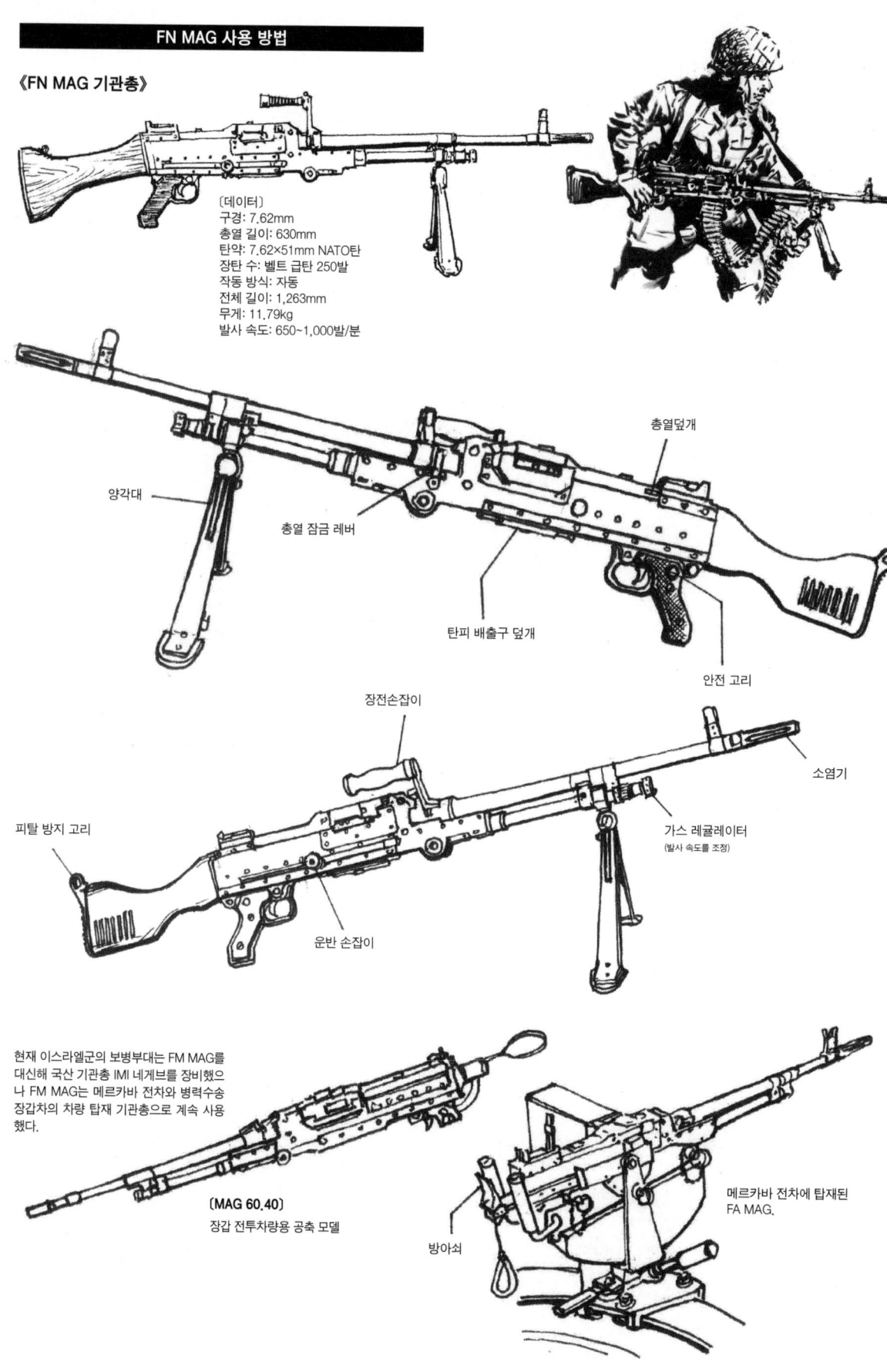

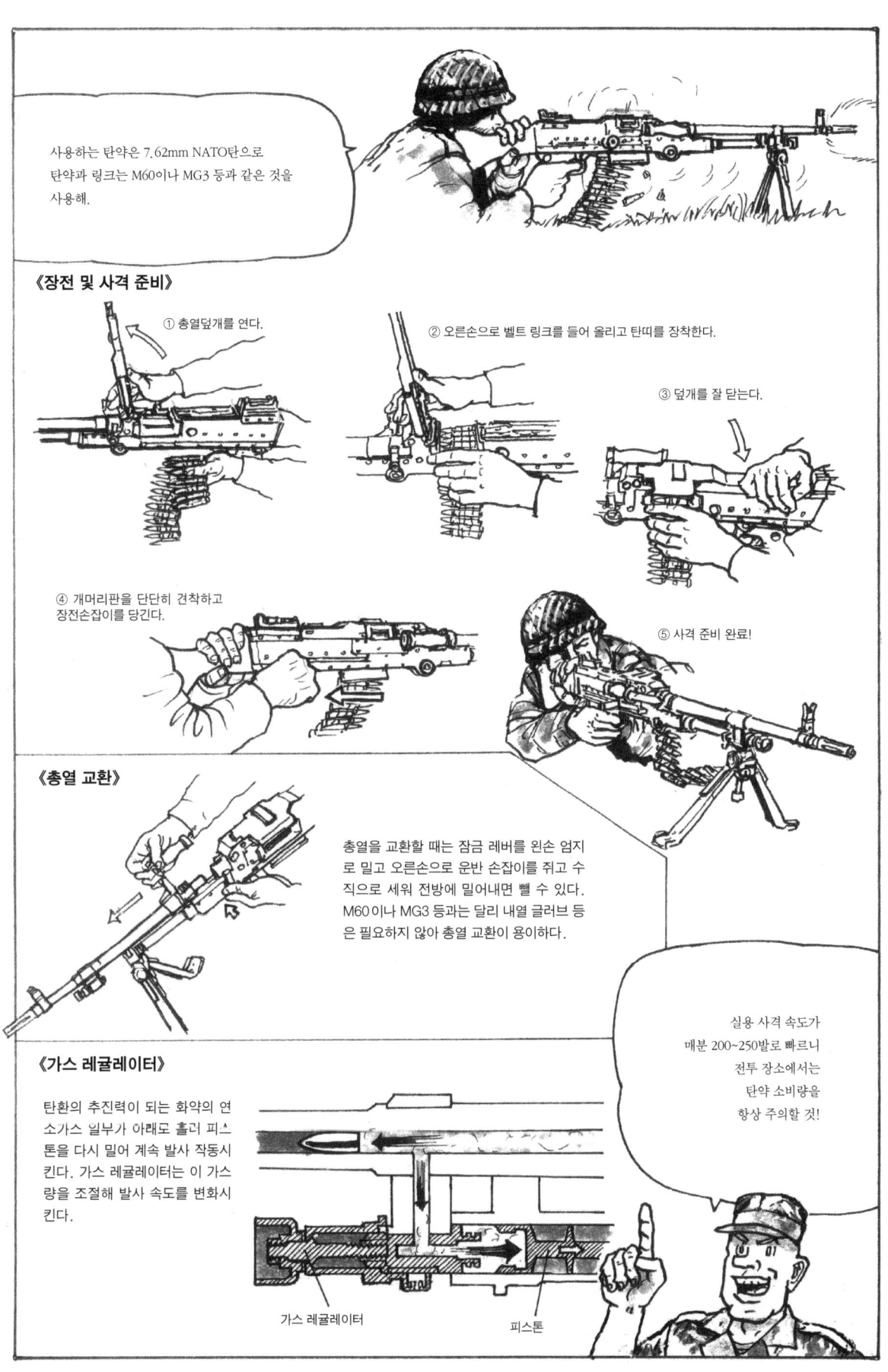

이스라엘군의 전투차량

이스라엘군 센추리온 전차

이스라엘은 1960년대 초에 영국에서 중고 센추리온 Mk.5를 60대 구입했다. 그 이후 이 전차를 운용하는 각국에서 잉여가 된 차량을 대량으로 사들여 센추리온은 M4 화력 강화형인 M50·M51 슈퍼 셔먼과 함께 이스라엘 기갑부대의 주력 전차로 배치됐다. 그러나 1964년 골란고원에서 벌어진 시리아군과의 전투에서 센추리온은 화력 부족과 낮은 기동 성능, 파워팩의 신뢰성 결여 등의 결점을 드러냈다. 그래서 이스라엘군은 급히 센추리온의 주포를 L7A1 105mm 전차포로 바꾸어 향상을 꾀했다. 그 뒤 엔진과 변속기를 미국제로 교체하고 최종적으로는 ERA를 장착해서 방어력을 강화하는 등 순차적인 성능 향상을 꾀했다. 이스라엘군에서는 오리지널인 20파운드포 탑재형과 L7A1 105mm 전차포를 탑재한 센추리온은 '숏', 파워 팩을 바꾸어 장착하면서 기관실의 레이아웃을 대폭 변경한 개량형은 '숏 칼'이라고 불렀다.

《제3차 중동전쟁 때의 센추리온》

[숏(Sho't)]

1964년 골란고원에서 얻은 교훈에 따라 주포인 20파운드포를 L7A1 105mm 전차포로 바꿔 화력 강화를 꾀했다. 그러나 문제가 지적된 엔진과 변속기 등 파워팩은 그대로였다.

[데이터]
전체 길이: 9.85m
전폭: 3.39m
전고: 2.94m
무게: 51.8t
엔진: 롤스로이스 미티어 Mk.IVB V형 12기통 액랭 가솔린
장갑 두께: 17~152mm
무장: L7A1 105mm 전차포×1, M1919A4 7.62 기관총×1
승무원: 4명

[데이터]
전체 길이: 9.85m
전폭: 3.39m
전고: 3.01m
무게: 53.82t
엔진: 콘티넨털 AVDS-1790 2A V형 12기통 공랭 디젤
장갑 두께: 17~152mm
무장: L7A1 105mm 전차포×1, M1919A4 7.62mm 기관총×1, M2 12.7mm 중기관총×1
승무원: 4명

《제4차 중동전쟁 때의 센추리온》

[숏 칼(Sho't Kal)]

기동 성능과 기관부의 신뢰성 향상을 위해 롤스로이스 미티어 가솔린 엔진을 미제 콘티넨털 AVDS-1790-2A 디젤 엔진으로 변경하고 또 메리트 브라운 Z51R 수동 변속기도 미제 앨리슨 CD-850-6 자동 변속기로 교체했다. 이런 엔진, 변속기 교체와 함께 차체 후부 기관실의 형상, 레이아웃도 대폭 변경했다. 이스라엘군의 제식 명칭은 '숏 칼'이지만 종종 '벤구리온'이라는 비공식 명칭으로 불리기도 했다.

이스라엘군의 슈퍼 셔먼

M4 셔먼은 중동전쟁 당초부터 이스라엘군의 주력 전차로서 활약했으나 1950년대 중반 이집트군을 비롯한 아랍 각국군에 T-34-85 등의 강력한 소련·동유럽제 전투차량이 제공되자 이스라엘은 이에 대항하기 위해 M4 76.2mm 전차포형(이스라엘군 호칭은 M1 슈퍼 셔먼)을 도입하면서 M4 화력 강화형 M50, M51 슈퍼 셔먼 개발을 추진했다.

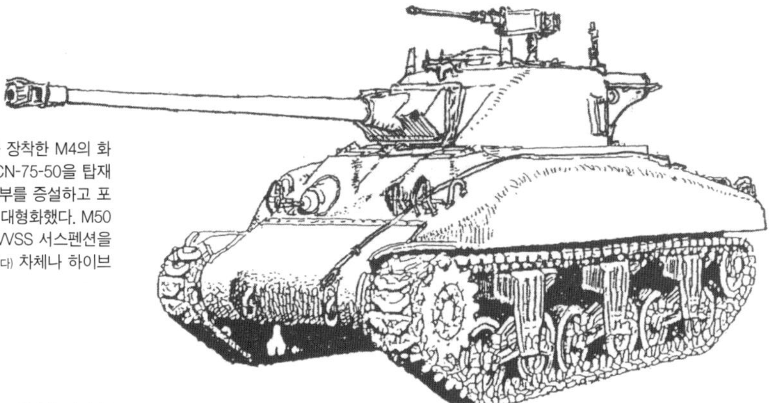

〔M50 Mk.Ⅰ 슈퍼 셔먼(Super Sherman)〕

AMX-13에 탑재된 프랑스제 CN-75-50 75mm 전차포를 장착한 M4의 화력 향상형으로, 제2차 중동전쟁부터 전장에 투입됐다. CN-75-50을 탑재하기 위해 포탑 전방에는 주조제 대포 손잡이 커버 돌출부를 증설하고 포탑 후부에는 카운터 웨이트를 겸한 주조제 베슬을 용접해 대형화했다. M50 Mk.Ⅰ은 기본적으로 콘티넨털 가솔린 엔진을 탑재하고 VVSS 서스펜션을 장비했다. 그림은 A1 차체지만 A2, A3, A4(이 타입이 가장 많다) 차체나 하이브리드 차체를 사용한 차량도 있었다.

〔데이터〕
무게: 34t
엔진: 콘티넨털 R-975-C4 성형 9기통 공랭 가솔린
무장: CN-75-50 75mm 전차포×1, M1919A4 7.62mm 기관총×1, M2 12.7mm 중기관총×1
승무원: 4~5명

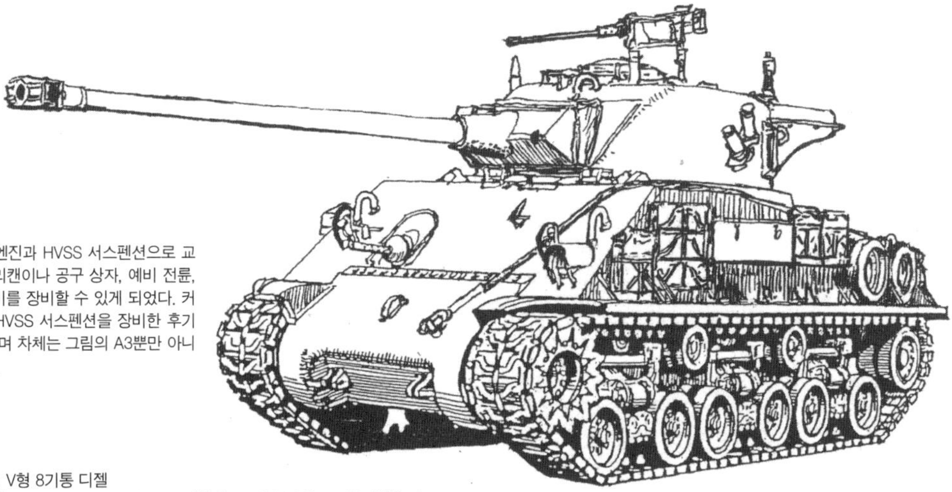

〔M50 Mk.Ⅱ 슈퍼 셔먼〕

1960년대쯤에 커민스 디젤 엔진과 HVSS 서스펜션으로 교체되고 또 차체 측면에는 제리캔이나 공구 상자, 예비 전륜, 예비 캐터필러 등의 외부 장비를 장비할 수 있게 되었다. 커민스 디젤 엔진을 탑재하고 HVSS 서스펜션을 장비한 후기 타입을 M50 Mk.Ⅱ로 구별하며 차체는 그림의 A3뿐만 아니라 M4 모든 타입이 사용됐다.

〔데이터〕
무게: 34t
엔진: 커민스 VT-80-460-B1 V형 8기통 디젤
무장: CN-75-50 75mm 전차포×1, M1919A4 7.62mm 기관총×1, M2 12.7mm 중기관총×1
승무원: 4~5명

〔M51 슈퍼 셔먼〕

1960년대가 되자 아랍 각국군에는 더 강력한 소련제 JS-3 스탈린 중전차와 최신 T-54, T-55가 대량으로 제공되었다. 이스라엘군은 이들에 대항하기 위해 M50보다 화력을 강화한 M51 슈퍼 셔먼을 개발했다. 탑재포로 프랑스가 AMX-30용으로 개발한 CN-105-F1 105mm 전차포를 토대로 포열 길이를 56구경에서 44구경으로 단축하고 또 반동을 줄이기 위해 머즐 브레이크를 장비한 개량형 D1505를 개발했다. 포탑은 내부 용적이 큰 76.2mm 전차포 탑재형 T23 포탑을 사용하고, 포방패는 같은 주포에 대응한 형태로 변경했으며, 또 후부 베슬은 카운터 웨이트를 겸한 대형으로 개량했다. M51은 대부분 A1 차체를 토대로 커민스 디젤 엔진, HVSS 서스펜션을 장비했다. M51은 제3차·제4차 중동전쟁에 투입돼 숏이나 마가크에 비해도 손색없는 활약을 보였다.

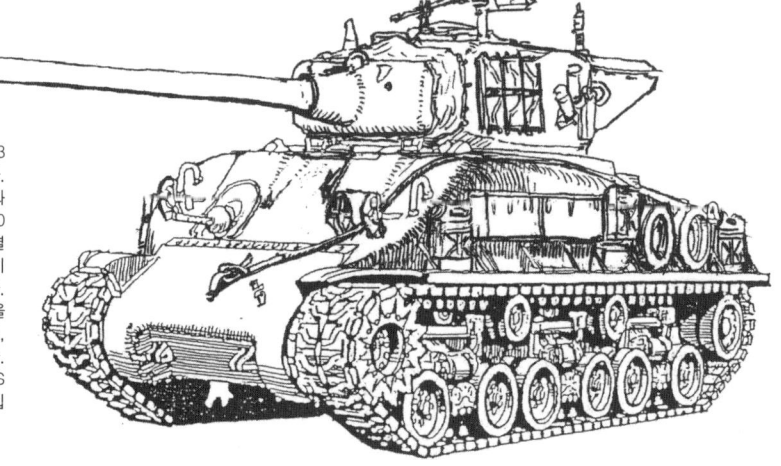

미제 M48 패튼 전차 시리즈

《M48 시리즈(마가크 1~5)》

이스라엘이 M50, M51 슈퍼 셔먼을 대신하는 새 주력 전차로서 센추리온과 함께 선택한 것이 미제 M48 패튼 전차였다. 이스라엘은 1960년대 전기부터 1970년대까지 서독과 미국에서 M48을 입수해 부대 배치를 추진했고, 제3차 중동전쟁 때 M48은 이스라엘군 주력 전차로서 센추리온과 함께 활약했다. 또 대치한 요르단군도 M48을 사용했으며 이 전쟁에서 이스라엘군은 요르단군의 M48을 수십 대 노획하고 이후 이들도 자국군 장비에 더했다. 또 제4차 중동전쟁 때 M48은 모든 차가 105mm 전차포형으로 개량됐다.

(M48)

1953년 미군이 제식 채용한 최초의 M48 양산형. 주포는 M41 90mm 전차포를 탑재했으며, 차장용 큐폴라는 키가 낮은 구형이다.

[데이터]
전체 길이: 8.81m
전폭: 3.63m
전고: 3.24m
무게: 44.9t
엔진: 콘티넨털 AV-1790-5B·7B·7C V형 12기통 공랭 가솔린
장갑 두께: 25.4~177.8mm
무장: M41 90mm 전차포×1, M1919A4E1 7.62mm 기관총×1, M2 12.7mm 중기관총×1
승무원: 4명

이스라엘군은 M48에 당초 E-48이라는 형식명을 사용했으나 이스라엘의 독자적인 개조가 이루어진 차량에는 새로 '마가크'라는 명칭이 주어졌다. M48A1의 개량형은 마가크1, M48A2의 개량형은 마가크2, M48과 M48A1·A2·A3의 105mm 전차포 교체형은 마가크3, M48A5는 마가크5라고 불렸다.

M1 큐폴라

(M48A3)

M48A1, M48A2에 이어 1963년 9월 제식화되었다. 차장용 큐폴라는 A1부터 채용된 총탑형 M1을 달고 파워팩과 유압식 포탑 제어 시스템은 개량형으로 변경됐다.

[데이터]
전체 길이: 8.68m
전폭: 3.63m
전고: 3.28m
무게: 48.54t
엔진: 콘티넨털 AVDS-1790-2A V형 12기통 공랭 터보 차지드 디젤
장갑 두께: 25.4~177.8mm
무장: M41 90mm 전차포×1, M73 7.62mm 기관총×1, M2 12.7mm 중기관총×1
승무원: 4명

(M48A5)

M48 시리즈 최종형인 A5는 신규 생산이 아니라 기존의 A1~A3를 개조해 만들어졌다. A5로의 개량 작업은 1975년 10월부터 시작해 최종적으로 2,500대의 M48이 M48A5로 개량됐다. 주포는 M68 105mm 전차포로 교체되고 차장용 큐폴라는 이스라엘이 설계한 우르단 큐폴라로 변경됐다.

[데이터]
전체 길이: 9.30m
전폭: 3.63m
전고: 3.06m
무게: 49t
엔진: 콘티넨털 AVDS-1790-2D V형 12기통 공랭 터보 차지드 디젤
장갑 두께: 25.4~177.8mm
무장: M68 105mm 전차포×1, M60D 7.62mm 기관총×2

《M48A1의 차내 구조》

① M2 12.7mm 중기관총
② 포수용 페리스코프
③ 거리측정기
④ M1919A4E 7.62mm 공축기관총
⑤ 무선기
⑥ M41 90mm 전차포
⑦ 포수석
⑧ 90mm 포수 선반(포탑 하부)
⑨ 90mm 포수 선반(차체 안)
⑩ 조종수석
⑪ 소화기
⑫ 기관총 탄약 상자
⑬ 공기 정화장치
⑭ 토션 바
⑮ 엔진
⑯ 조향 변속기
⑰ 견인 기구
⑱ 차외 전화 수납 상자
⑲ 배기 머플러
⑳ 페리스코프
㉑ 적외선 페리스코프
㉒ 기화기

아랍 각국군의 전투차량

1950년대 중반 이후, 아랍 각국군은 소련과 동유럽 등에서 대량의 병기를 제공받아 제3차 중동전쟁 때는 상당히 충실한 장갑 전력을 갖추었다.

이집트군의 전투차량

《T-34-85 중형전차》

제2차 세계대전 후기의 소련군 주력 전차가 된 T-34-85는 세계대전 이후에도 소련과 동유럽 각국에서 대량으로 운용되고 또 제3세계 각국에도 널리 제공됐다. 전후에는 폴란드와 체코슬로바키아에서도 라이선스로 생산해서 체코슬로바키아에서 만들어진 T-34-85는 이집트에도 약 820~830대가 수출됐다. 제2차 중동전쟁, 제3차 중동전쟁 때 T-34-85는 이집트군의 주력 전차 중 하나로 사용됐다.

〔데이터〕
전체 길이: 8.10m
전폭: 3.00m
전고: 2.72m
무게: 32t
엔진: V-2-34 V형 12기통 액랭 디젤
장갑 두께: 16~90mm
무장: ZiS-S-53 85mm 전차포×1, DT 7.62mm 기관총×2
승무원: 5명

67

《JS-3 스탈린 중전차》

〔데이터〕
전체 길이: 9.85m
전폭: 3.20m
전고: 2.45m
무게: 49t
엔진: V-11 V형 12기통 액랭 디젤
장갑 두께: 20~220mm
무장: D-25T 122mm 전차포×1, DT 7.62mm 기관총×1, DShK 12.7mm 중기관총×1
승무원: 4명

JS-3는 제2차 세계대전 후기인 1944년 4월 개발되기 시작해 그해 5월 최초의 선행 생산형 3대가 완성됐으나 전장에 도착하기 전에 종전했다. 전후 1952년까지 JS-3는 JS-3UKN(JS-3 1953년형)으로 개량되고 1950년대 후기에는 추가로 개량한 JS-3M이 되었다. 아랍 각국 중 JS-3를 사용한 국가는 이집트뿐이며, 이집트군에는 1956년부터 1960년대 초기까지 소련이 약 100대의 JS-3UKN을 제공했다. 1967년 6월 발발한 제3차 중동전쟁 때 이집트군은 처음으로 JS-3UKN을 실전에 투입했으나 75대를 잃고 그중 많은 차량이 비교적 양호한 상태로 이스라엘군에 노획돼버렸다. 이 전쟁 이후 이스라엘군은 노획한 JS-3UKN을 개조해 자국군 부대에서 활용하고, 그중에는 중견인차나 전차회수차로 사용하거나 또 수에즈운하 인근에 구축된 방어진지 포좌로 활용했다.

〔JS-3의 차내 구조〕
① DShK 중기관총
② 장전수용 해치
③ 주퇴복좌기
④ 리프팅 후크
⑤ 조종수용 해치
⑥ 계기판
⑦ 조종수석
⑧ 조향 레버
⑨ 차장용 해치
⑩ 분리 장약식 포탄(28발)
⑪ 외부 연료탱크
⑫ 차장석
⑬ 포탑 링 보호판
⑭ 잡화 수납공간
⑮ 포수석
⑯ 발사약 수납 선반

포탑 상면에 설치된 대공용 DShK 12.7mm 중기관총.

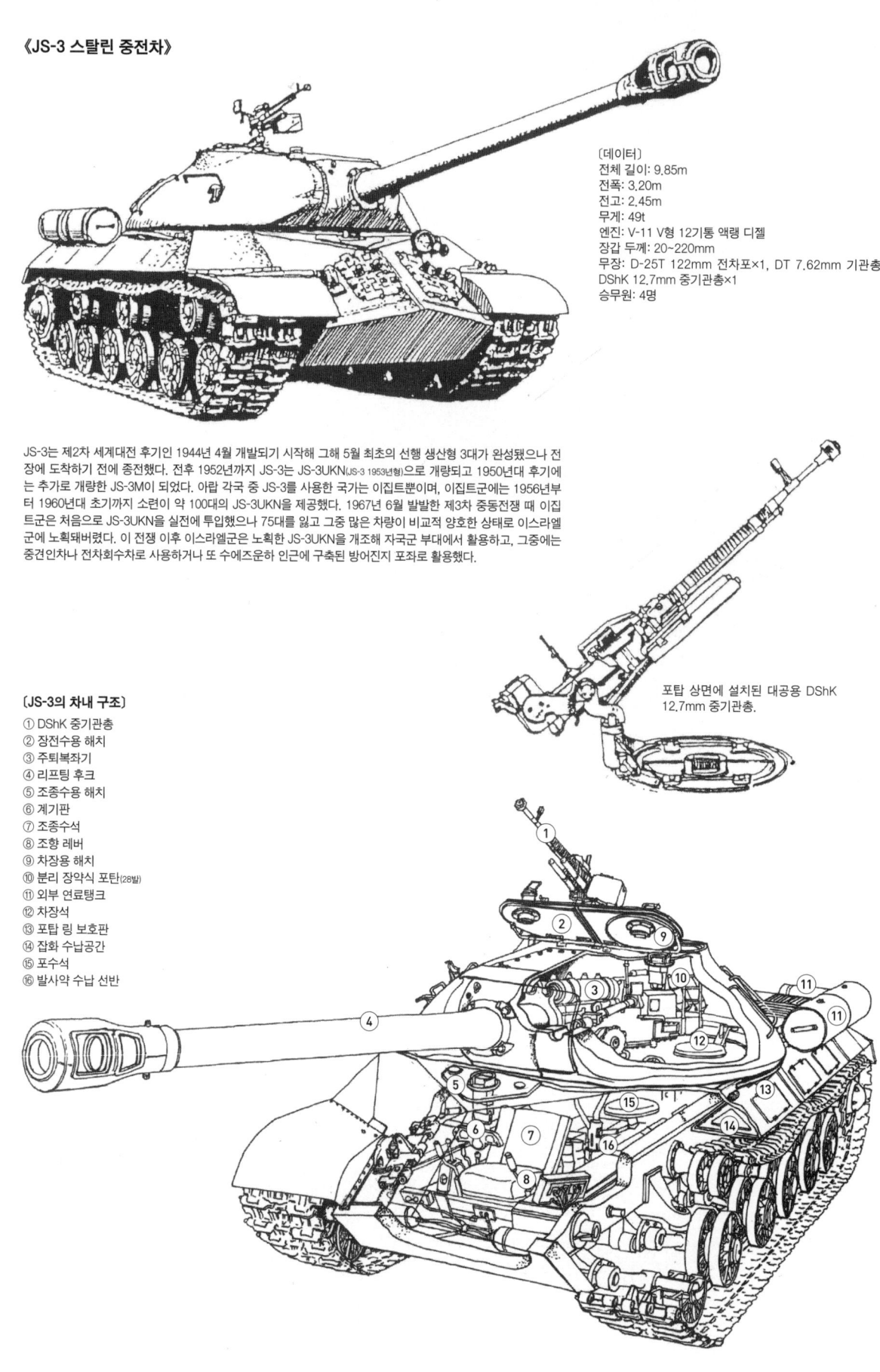

〔SU-100 구축전차〕

제2차 세계대전 때 소련군은 독일군의 티거, 판터를 격파할 수 있는 차량으로서 T-34를 토대로 D-5S 85mm 대전차포를 탑재한 SU-85 자주포를 1943년 여름 완성했다. 또 이듬해 1944년에는 SU-85의 디자인을 답습해 더 강력한 D-10S 100mm 대전차포를 탑재한 SU-100 개발에 착수해 1944년 9월부터 생산하기 시작했다. 전후에도 SU-100은 계속 양산돼 1946년까지 1,675대를 만들었으며 1950년대에는 체코슬로바키아에서도 라이선스로 생산해 이곳에서 만들어진 차량은 대부분 이집트에 수출됐다. SU-100에 탑재된 D-10S는 소련 전후 제1세대 주력 전차 T-54, T-55와 동등한 화력을 지녀 구식 차량이면서도 대전차전에서는 상당히 효과적인 병기였으며 실제로 이집트군은 제2차~제4차 중동전쟁까지 사용했다. 그림은 소련군의 SU-100이지만 체코슬로바키아에서는 SU-100M이라 불리며 전투실 오른쪽에 대형 잡화 상자를 달았다.

〔데이터〕
전체 길이: 9.45m
전폭: 3.00m
전고: 2.25m
무게: 31.6t
엔진: V-2-34 V형 12기통 액랭 디젤
장갑 두께: 18~45mm
무장: D-10S 100mm 대전차포×1
승무원: 4명

〔JSU-152 중자주포〕

제2차 세계대전 때 소련군 최강의 중자주포가 된 JSU-152는 JS-1, JS-2를 토대로 152.4mm 곡사포 ML-20S를 탑재한 강력한 차량으로 1943년 11월부터 1947년까지 2,825대가 생산됐다. 제2차 세계대전 후기의 독일군 추격전에서 활약한 JSU-152는 전후에도 계속 운용됐으며, 1950년대에 개조 작업을 거쳐 JSU-152K와 JSU-152M이라는 두 종류의 개량형이 만들어졌다. 이집트군은 소련에서 약 60~65대의 JSU-152M을 수령하고 제3차 중동전쟁과 제4차 중동전쟁 때 이를 사용했다. 그림은 개량 전의 JSU-152.

〔데이터〕
전체 길이: 9.18m
전폭: 3.07m
전고: 2.48m
무게: 46t
엔진: V-2-IS V형 12기통 액랭 디젤
장갑 두께: 20~90mm
무장: ML-20S 152.4mm 곡사포×1, DShK 12.7mm 중기관총×1
승무원: 5명

〔Mk.I 아처〕

제2차 세계대전 때 영국에서 1943년 중반에 생산하기 시작해 1944년 10월부터 영국군 부대에 배치됐다. 아처 대전차 자주포는 밸런타인 보병전차를 토대로 했으며, 차체 전부에 오픈탑식 전투실을 설치하고 후부에 17파운드 대전차포를 탑재했다. 제2차 세계대전 이후 중동 지역에 주둔한 영국군과 영연방군에 배치된 아처 대전차 자주포 중 200대가 이집트군에, 36대가 요르단군에 제공됐다.

〔데이터〕
전체 길이: 6.69m
전폭: 2.63m
전고: 2.25m
무게: 16.765t
엔진: GM 6-71 모델 6004 직렬 6기통 액랭 디젤
장갑 두께: 8~20mm
무장: 17파운드 대전차포×1, 7.7mm 브렌 기관총×1
승무원: 4명

시리아군이 사용한 제2차 세계대전 독일제 차량

〔IV호 전차 J형〕
제2차 세계대전 이후 일부 독일제 장갑차량은 유럽 각국에서 계속 사용됐다. 1950년대에 이스라엘에 대항하기 위해 군비를 증강한 시리아군은 체코슬로바키아을 비롯해 스페인, 프랑스 등에서 제2차 세계대전 때 운용한 중고 독일제 차량을 모아 전력화했다. 그 중 하나가 IV호 전차(J형이 사용됐다고 알려져 있지만 이 타입도 포함돼 있었다고 한다)였다. 차장용 큐폴라에 대공용 DShK 12.7mm 중기관총을 추가하고 펜더 위에 잡화 상자를 다는 등의 개조가 이루어졌다. 골란고원 진지에 놓인 IV호 전차는 이스라엘군의 M4 셔먼, 센추리온(숏)과 교전해 M4를 격파하는 기록도 남겼다.

〔데이터〕
전체 길이: 7.02m
전폭: 2.88m
전고: 2.68m
무게: 25t
엔진: 마이바흐 HL120TRM112 V형 12기통 액랭 가솔린
장갑 두께: 10~80mm
무장: KwK40 75mm 전차포×1, MG34 7.92mm 기관총×2, DShK 12.7mm 중기관총×1
승무원: 5명

〔IV형 구축전차 L·48〕
1950년대에 이스라엘과 대치하던 시리아군은 전력을 강화하기 위해 유럽 각국에서 잉여가 된 병기를 사 모았다. 세계대전이 끝난 지 얼마 되지 않은 시기였기도 해서 입수한 병기에는 세계대전 때의 독일제 차량도 포함됐다. IV호 구축전차는 유고슬라비아에서 입수한 것으로 그 수는 6대였다고 한다. 시리아군은 제3차 중동전쟁의 골란고원 전투에서 이들 IV호 구축전차를 진지 거치 고정 포대로 운용했다.

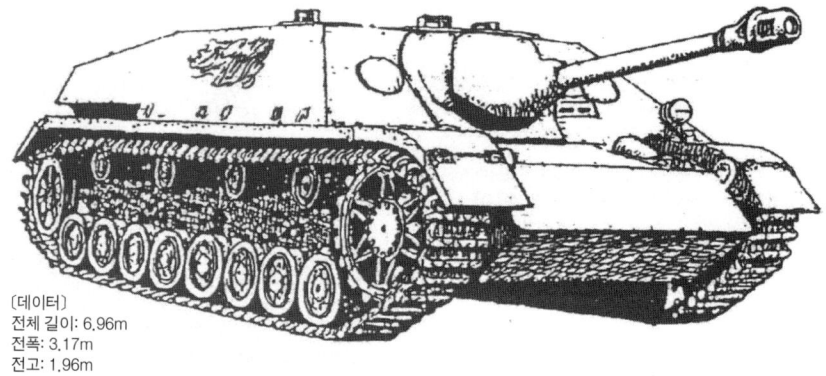

〔데이터〕
전체 길이: 6.96m
전폭: 3.17m
전고: 1.96m
무게: 24t
엔진: 마이바흐 HL120TRM V형 12기통 액랭 가솔린
장갑 두께: 10~80mm
무장: Pak39 75mm 대전차포×1, M42 7.92mm 기관총×1, M85 12.7mm 중기관총×1
승무원: 4명

〔데이터〕
전체 길이: 6.77m
전폭: 2.95m
전고: 1.85m
무게: 23.9t
엔진: 마이바흐 HL120TRM V형 12기통 액랭 가솔린
장갑 두께: 11~80mm
무장: StuK40 75mm 돌격포×1, MG34 7.92mm 기관총×1, DShK 12.7mm 중기관총×1
승무원: 4명

〔III호 돌격포 G형〕
1950년대에 시리아가 입수한 독일제 차량 중에는 III호 돌격포 G형도 포함됐으며 이들 III호 돌격포는 체코슬로바키아나 프랑스에서 입수한 것이라고 한다. 시리아군에서 운용할 때 포방패 위에 방어판, 펜더 위에는 잡화 상자, 또 차장용 큐폴라에는 대공용 DShK 12.7mm 중기관총이 추가됐다. 시리아군은 제3차 중동전쟁에서 사용한 뒤 골란고원에 설치한 진지의 고정 포대로 사용했다.

아랍 각국군 신 주력 전차 T-55

《T-55 전차》

[데이터 T-55A]
전체 길이: 9.00m
전폭: 3.27m
전고: 2.40m
무게: 36.5t
엔진: V-55V V형 12기통 액랭 디젤
장갑 두께: 20~200mm
무장: D-10T2S 100mm 전차포×1, PKT 7.62mm 기관총×1, DShKM 12.7mm 중기관총×1
승무원: 4명

소련의 전후 제1세대 주력 전차가 된 T-55는 1950년대 후기에 부대 운용이 시작돼 소련군과 바르샤바조약기구군은 물론 다른 사회주의 각국이나 소련의 영향 아래에 있던 여러 나라에서 쓰였다. 소련 이외에 체코슬로바키아, 폴란드에서도 라이선스로 생산돼 이 3국에서만 해도 약 3만7,000대의 T-55와 개량형 T-55A가 제조됐다. 중동에서는 이집트군과 시리아군이 T-55를 운용했다. 이집트군은 1964~1966년 동안 소련에서 150대의 T-55를 수령했으나 제3차 중동전쟁 때 그중 적어도 82대를 잃었다. 그래서 이집트군은 이 전쟁 직후 소련, 체코슬로바키아, 폴란드에 550대를 추가 발주했고 1969~1973년에 수령했다. 제4차 중동전쟁 때도 T-55는 T-62와 함께 이집트, 시리아 양군의 주력 전차로서 운용됐다. 또 제4차 중동전쟁 때는 대치한 이스라엘도 T-55를 운용했다. 제3차 중동전쟁 때 이집트군의 T-55를 여러 대 노획한 이스라엘군은 자국군 부대의 전차 부족을 개선하기 위해 이들을 효과적으로 활용하는 방안을 고안했다. 노획 차량의 일부에 포탑 상부 기관총을 증설하고 각종 선반과 수납 상자를 추가하는 등 자국군 부대에서 운용하기 적합하도록 개조해 새로 티란5 전차로서 자국군 부대에 배치했다. 제4차 중동전쟁에서 더 많은 T-55를 노획한 이스라엘군은 이것들도 티란5로 개조해 재이용했다.

《T-55A의 차내 구조》

① D-10T2S 100mm 전차포
② 조준기
③ 포수용 페리스코프
④ 차장석
⑤ 100mm 포탄 수납 선반
⑥ 엔진
⑦ 증가 연료탱크
⑧ 변속기
⑨ 장전수석
⑩ 포수석
⑪ 포탄 수납 선반
⑫ 조종수석

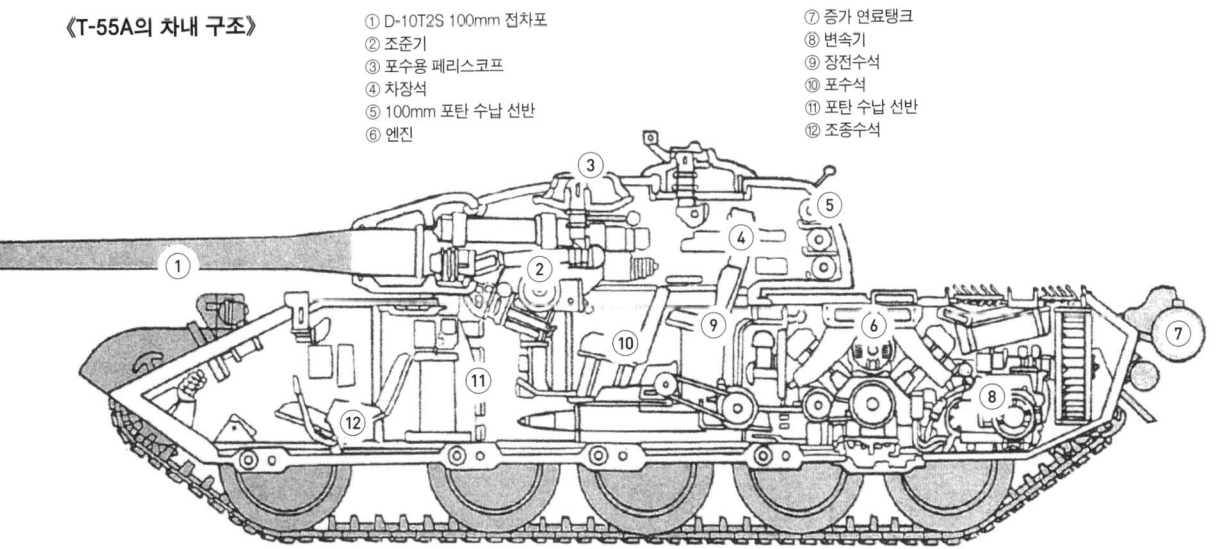

그 외의 소련제 장갑차량

〔PT-76 수륙양용 경전차〕

제2차 세계대전 이후 소련군이 두 번째로 개발한 수륙양용 경전차. 1949년 개발 착수, 1951년 양산되기 시작해 1969년까지 약 7,000대가 만들어졌다. 주포는 T-34 중형 전차의 F-34 76.2mm 전차포를 개량한 D-56T를 탑재해서 화력은 양호하고 기동 성능도 우수했기 때문에 소련을 비롯해 약 30개국에서 채용했다. 중동에서는 이집트군, 시리아군, 이라크군이 운용했으며 이스라엘군도 노획한 차량을 사용했다.

〔데이터〕
전체 길이: 7.63m
전폭: 3.14m
전고: 2.20m
무게: 14t
엔진: V-6 V형 6기통 액랭 디젤
장갑 두께: 6~15mm
무장: D-56T 76.2mm 전차포×1, SGMT 7.62mm 기관총×1
승무원: 3명

〔BTR-50PK 수륙양용 병력수송장갑차〕

PT-76을 토대로 1954년 개발된 수륙양용 병력수송장갑차. PT-76의 전투실 부분을 확대하고 전방에 조종수와 차장, 후방에 20명의 보병이 탑승할 수 있는 병력실이 마련됐다. 개발 당초에는 병력실이 오픈탑식이었으나 1958년부터 양산되기 시작한 BTR-50PK는 NBC 방어를 위해 병력실은 밀폐식으로 개조됐다. BTR-50 시리즈도 소련뿐만 아니라 동유럽과 소련의 우호국에도 수출됐으며, 제3차·제4차 중동전쟁 때는 이집트군과 시리아군이 BTR-50을 운용했다. 특히 제4차 중동전쟁 때 이집트군의 코만도 부대가 BTR-50을 사용해 수에즈운하를 건너가는 작전을 성공시켰던 것은 널리 알려져 있다. 또 이스라엘군도 전장에서 노획한 차량을 사용했다.

〔데이터〕
전체 길이: 7.08m
전폭: 3.14m
전고: 1.97m
무게: 14.2t
엔진: V-6V V형 6기통 액랭 디젤
장갑 두께: 6~10mm
무장: SGMB 7.62mm 기관총×1
승무원·병력: 2명·20명

〔OT-62〕

체코슬로바키아와 폴란드가 공동 개발한 BTR-50의 개량형. 1958년 개발에 착수해 1962~1972년 동안에 양산됐다. BTR-50과의 외관상 차이는 차체 전방 오른쪽에 왼쪽처럼 돌출돼 있는 것과 차체 좌우 측면에 승강용 해치가 달린 것이다. 또 BTR-50보다 출력이 높은 엔진을 채용해 속도 성능이 향상됐다. OT-62는 개발국인 체코슬로바키아, 폴란드뿐만 아니라 중동과 아프리카 각국에도 수출됐다. 중동에서는 이집트, 시리아, 이란, 이라크이 구입했으며 제3차·제4차 중동전쟁 때 이집트군과 시리아군이 전장에 투입했다. 또 이스라엘군은 제3차 중동전쟁 때 OT-62를 소수 노획해 제4차 중동전쟁 때는 자국군 장비로 사용했다. 그림은 T-21 81mm 무반동포를 탑재한 OT-62.

〔데이터〕
전체 길이: 7.1m
전폭: 3.14m
전고: 2.1m
무게: 13t
엔진: PV-6 V형 6기통 액랭 디젤
승무원·병력: 2명·16명

〔MT-LB 병력수송장갑차·견인차〕

병력수송차와 중형 야포 견인차 양쪽으로 사용할 수 있는 장갑차량으로 개발됐다. PT-76 및 BTR-50의 컴포넌트가 쓰였고 차내 전방 왼쪽에 조종수, 전방 오른쪽에 차장이 승차하며 차체 중앙부터 후부에 걸쳐 왼쪽에 기관실을 두고 오른쪽에는 11명의 병력 또는 포 조작 요원과 포탄 등을 두는 공간을 두었다. 엔진은 YaMZ-238V 4스트로크 V형 8기통 액랭 디젤을 채용해 최대 속도는 61.5km/h에 수상 항행 성능도 보유했다. 1964년에 양산되기 시작해 1970년대까지 만들어졌고, 다른 소련제 차량처럼 MT-LB도 많은 나라에 수출됐으며, 중동에서는 이라크군이 운용했다.

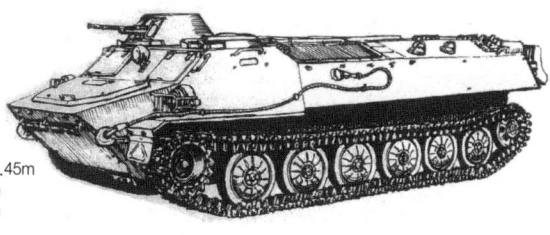

〔데이터〕
전체 길이: 6.45m
전폭: 2.75m
전고: 1.92m
무게: 12.2t
엔진: YaMZ-238V V형 8기통 액랭 디젤
장갑 두께: 8~10mm
무장: PKT 7.62mm 기관총×1
승무원·병력: 2명·11명

〔BRDM-2〕
1962년에 개발되기 시작한 소련제 4륜 장갑차로 차체 상부에 KPV 14.5mm 중기관총을 장비한 밀폐식 총탑을 탑재했다. 주차륜 사이에는 승강식 보조 전륜을 달아 험지 주파 성능을 높였으며, 또 워터 제트 추진장치를 달아 수상 항행 성능도 보유했다. 다양한 파생형이 있고 또 채용한 나라도 많아 그 수는 50개국을 넘는다. 중동에서는 이집트, 시리아, 이라크가 운용했으며, 전장에서 노획한 차량을 이스라엘군도 사용했다.

〔2P26 자주 대전차 미사일〕
소련제 4×4 경군용차 GAZ-69의 대전차형. 후부 카고 스페이스에 3M6 시멜(AT-1 스내퍼) 대전차 미사일의 4연장 발사기를 탑재했다.

〔데이터〕
전체 길이: 5.75m
전폭: 2.35m
전고: 2.31m
무게: 7t
엔진: GAZ-41 V형 8기통 액랭 가솔린
장갑 두께: 5~14mm
무장: KPVT 14.5mm 기관총×1, PKT 7.62mm 기관총×1
승무원: 4명

〔9P122〕
BRDM-2의 파생형 중 하나로 9M14M 말류트카(AT-3 사가)를 탑재한 대전차 미사일 탑재형. 총탑과 전투실 상면판을 폐지하고 내부에 9M14M 대전차 미사일을 6발 장비한 승강식 9K14M 발사기를 설치했다. 이 발사기 상부는 장갑 커버로 덮였으며, 미사일을 사용하지 않을 때는 전투실 상면을 커버로 덮게 되었다.

〔BTR-60PB〕
1960년대 차륜형 병력수송장갑차를 대표하는 차량으로 그림은 1966년부터 생산된 BTR-60 시리즈의 서드 모델. 차체 상면은 완전 밀폐식으로 KPVT 14.5mm 중기관총과 PKT 7.62mm 기관총을 단 총탑을 탑재했다. BTR-60 시리즈는 1960년부터 1976년까지 2만5,000대가 만들어져 소련은 물론 동유럽, 이집트, 시리아, 이란, 예멘이 BTR-60을 운용했다.

〔데이터〕
전체 길이: 7.56m
전폭: 2.83m
전고: 2.31m
무게: 10.3t
엔진: GAZ-49B 직렬 6기통 액랭 가솔린×2
장갑 두께: 5~9mm
무장: KPVT 14.5mm 중기관총×1, PKT 7.62mm 기관총×1
승무원·병력: 3명·8명

〔BTR-60P〕
1960년에 생산되기 시작한 BTR-60 시리즈 최초의 양산형. 차체는 오픈탑식으로 최전부에 PKT 7.62mm 기관총 또는 DShK 12.7mm 중기관총을 장비했다. 그림은 수상 항행하는 DShK 중기관총 탑재형.

1960년대 이후의 군장

이스라엘군의 군장

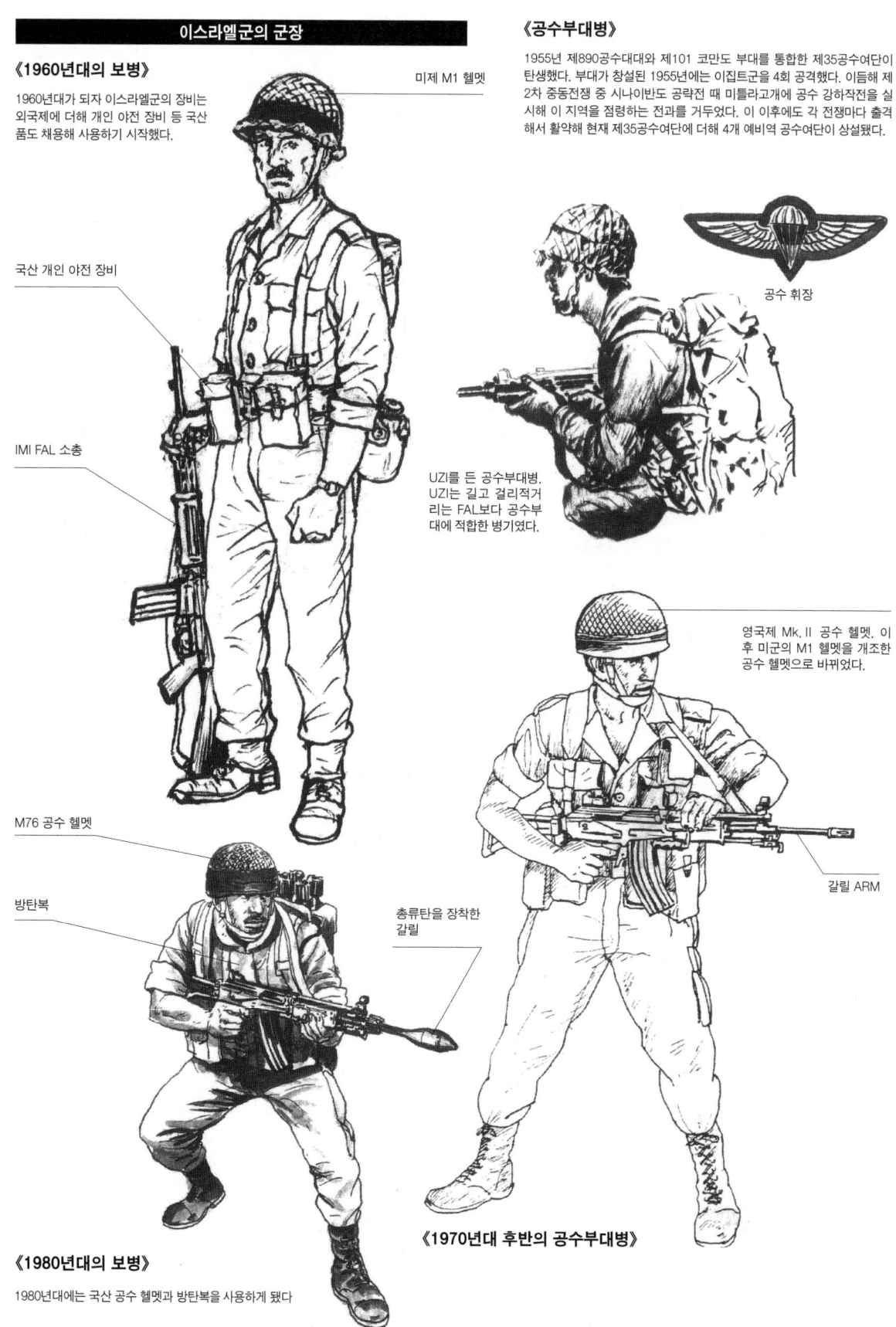

《1960년대의 보병》

1960년대가 되자 이스라엘군의 장비는 외국제에 더해 개인 야전 장비 등 국산품도 채용해 사용하기 시작했다.

- 미제 M1 헬멧
- 국산 개인 야전 장비
- IMI FAL 소총

《공수부대병》

1955년 제890공수대대와 제101 코만도 부대를 통합한 제35공수여단이 탄생했다. 부대가 창설된 1955년에는 이집트군을 4회 공격했다. 이듬해 제2차 중동전쟁 중 시나이반도 공략전 때 미틀라고개에 공수 강하작전을 실시해 이 지역을 점령하는 전과를 거두었다. 이 이후에도 각 전쟁마다 출격해서 활약해 현재 제35공수여단에 더해 4개 예비역 공수여단이 상설됐다.

- 공수 휘장
- UZI를 든 공수부대병. UZI는 길고 걸리적거리는 FAL보다 공수부대에 적합한 병기였다.
- 영국제 Mk.II 공수 헬멧. 이후 미군의 M1 헬멧을 개조한 공수 헬멧으로 바뀌었다.
- 갈릴 ARM

- M76 공수 헬멧
- 방탄복
- 총류탄을 장착한 갈릴

《1980년대의 보병》

1980년대에는 국산 공수 헬멧과 방탄복을 사용하게 됐다

《1970년대 후반의 공수부대병》

아랍 각국군의 군장

당초 군장은 영국군 색이 강했으나 1960년대 이후에는 각국의 독자적인 유니폼과 소련 타입의 장비를 사용하게 됐다.

《이집트군 보병》
개인 장비는 소련제를 사용.

《이집트군 공수부대병》
이집트 육군 공수부대의 역사는 1955년에 창설된 제75공수대대로 시작된다. 그 뒤 1961년에 최초의 제25공수여단이 편성됐다.

- 위장 커버를 씌운 헬멧
- 포트사이드 기관단총
- SSh-M40 헬멧
- 배낭
- AK-47
- AK-47 탄입대
- 삽
- 물통

중동전쟁 각국의 계급장

(미군 『데저트 실드』 매뉴얼에서 발췌)

[육군]

	소위	중위	대위	소령	중령	대령	준장	소장	중장	대장	참모장
이스라엘	SEGEN-MISHNEH	SEGEN	SEREN	RAV-SEREN	SGAN-ALUF	ALUF-MISHNEH	TAT-ALUF	ALUF	RAV-ALUF		
이집트	MULAZIM	MULAZIM AWWAL	NAQIB	RA'ID	MUQADDAM	'AQID	'AMID	LIWA'	FARIQ	FARIQ AWWAL	MUSHIR
시리아	MULAZIM	MULAZIM AWWAL	NAQIB	RA'ID	MUQADDAM	'AQID	'AMID	LIWA'	'IMAD	FARIQ AWWAL	
이라크	MULAZIM	MULAZIM AWWAL	NAQIB	RA'ID	MUQADDAM	'AQID	'AMID	LIWA'	FARIQ	FARIQ AWWAL	MUSHIR
레바논	MULAZIM	MULAZIM AWWAL	RA'IS	RA'ID	MUQADDAM	'AQID	'AMID	LIWA'		'IMAD	
요르단	MULAZIM	MULAZIM AWWAL	NAQIB	RA'ID	MUQADDAM	'AQID	'AMID	LIWA'	FARIQ	FARIQ AWWAL	MUSHIR
사우디아라비아	MULAZIM THANI	MULAZIM AWWAL	NAQIB	RA'ID	MUQADDAM	'AQID	'AMID	LIWA'	FARIQ	FARIQ AWWAL	MUSHIR

[공군]

	소위	중위	대위	소령	중령	대령	준장	소장	중장	대장	참모장
이스라엘	SEGEN-MISHNEH	SEGEN	SEREN	RAV-SEREN	SGAN-ALUF	ALUF-MISHNEH	TAT-ALUF	ALUF	RAV-ALUF		
이집트	MULAZIM	MULAZIM AWWAL	NAQIB	RA'ID	MUQADDAM	'AQID	'AMID	LIWA'	FARIQ	FARIQ AWWAL	MUSHIR
시리아	MULAZIM	MULAZIM AWWAL	NAQIB	RA'ID	MUQADDAM	'AQID	'AMID	LIWA'	'IMAD	FARIQ AWWAL	
이라크	MULAZIM	MULAZIM AWWAL	NAQIB	RA'ID	MUQADDAM	'AQID	'AMID	LIWA'	FARIQ	FARIQ AWWAL	MUSHIR
레바논	MULAZIM	MULAZIM AWWAL	RA'IS	RA'ID	MUQADDAM	'AQID	'AMID	LIWA'		'IMAD	
요르단	MULAZIM	MULAZIM AWWAL	NAQIB	RA'ID	MUQADDAM	'AQID	'AMID	LIWA'	FARIQ	FARIQ AWWAL	MUSHIR
사우디아라비아	MULAZIM THANI	MULAZIM AWWAL	NAQIB	RA'ID	MUQADDAM	'AQID	'AMID	LIWA'	FARIQ	FARIQ AWWAL	MUSHIR

[해군]

	소위	중위	대위	소령	중령	대령	준장	소장	중장	대장	참모장
이스라엘	SEGEN-MISHNEH	SEGEN	SEREN	RAV-SEREN	SGAN-ALUF	ALUF-MISHNEH	TAT-ALUF	ALUF			
이집트	MULAZIM	MULAZIM AWWAL	NAQIB	RA'ID	MUQADDAM	'AQID	'AMID	LIWA'	FARIQ	FARIQ AWWAL	MUSHIR
시리아	MULAZIM	MULAZIM AWWAL	NAQIB	RA'ID	MUQADDAM	'AQID					

노획 병기 AK 돌격소총

〔이스라엘군 교관〕

적대하는 아랍 각국군의 주력 화기가 된 AK 돌격소총에 대해 철저하게 알아보자.

AK는 구조가 간단하고 견고해서 흙탕물에 잠긴 직후에도 사용할 수 있다는 것으로도 알려져 있어.

이 AK는 구 소비에트 육군의 전차병이었던 미하일 칼라시니코프가 설계해 개발한 거야.

베트남전쟁 때도 우수성을 실증

습도가 높은 베트남의 정글 속에서도 AK의 작동은 확실해. 게다가 병사뿐만 아니라 초보 게릴라여도 쓸 수 있을 정도의 조작성과 튼튼함을 겸비했어.

베트남전쟁 때는 미국 병사도 적지에 잠입하는 은밀 행동을 할 때 이 AK를 선호해 사용했어. 신뢰성, 정확도, 내구성 등이 M16보다 뛰어나고 적이 총성을 들어도 아군으로 혼란스러워 해. 같은 전장의 미군 병사들은 이 AK를 '소독제'라고 불렀어.

〔베트남전쟁의 미국 특수부대〕

AK는 최소한의 손질과 정비로 사용할 수 있도록 설계됐다.

풀 오토 정확도는 상당히 떨어져서 반자동으로만 사격하는 걸 추천해. 반자동 사격이라면 탄도는 정확해. AK를 개량한 AKM은 소음기가 딸려 풀 오토 명중 정밀도가 크게 향상됐어.

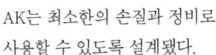

AK에도 단점이 있어!

적의 총만 칭찬하고 있지만 AK에도 단점이 있어.
① 풀 오토로는 총구가 튀어서 초탄 말고는 명중시키기 어려워.
② 가늠자가 노출돼 있어서 쉽게 망가져.
③ 노리쇠 고정 개방 기능이 없어서 탄창을 교환할 때 다시 장전손잡이를 당겨야 해.
④ 조정간이 오른쪽에 있어서 조작성이 나쁘고 조작할 때 소리도 커.
⑤ 총성이 크고, 긴 탄창은 엎드려쏴를 할 때 걸리적거려.

한편 이스라엘군도 사용한 AK 소총, M16은 오염에 약해 늘 청소가 필요하고 플라스틱제 총자루는 격투전 때 망가지기 쉬운 게 흠이라고 할 수 있어. 그리고 5.56mm 소구경탄은 강한 옆바람을 받으면 200m 앞의 명중도 위태로워져. 한편 AK는 보통 350m 이내에서는 옆바람으로 탄착이 흔들리지 않아.

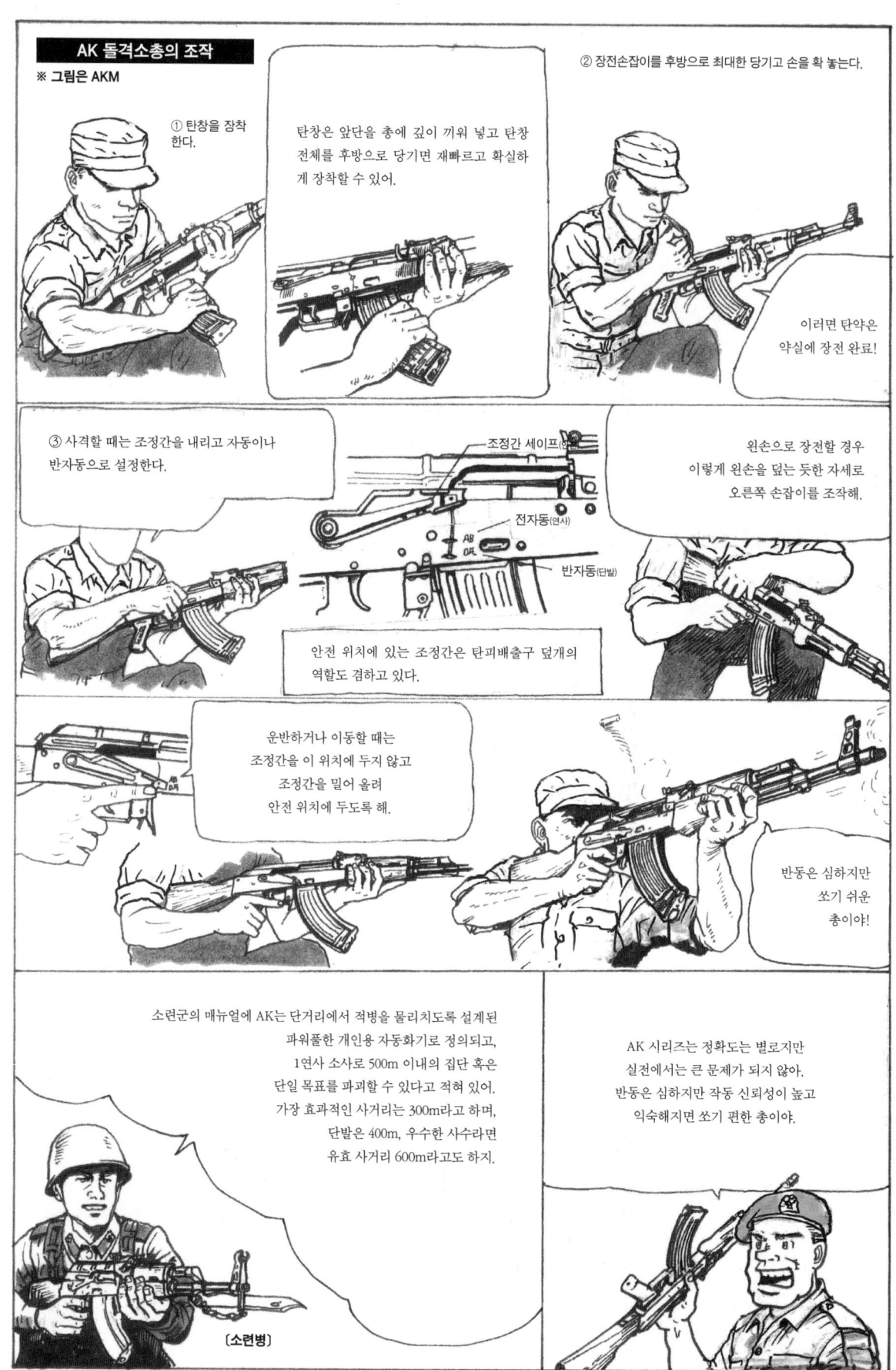

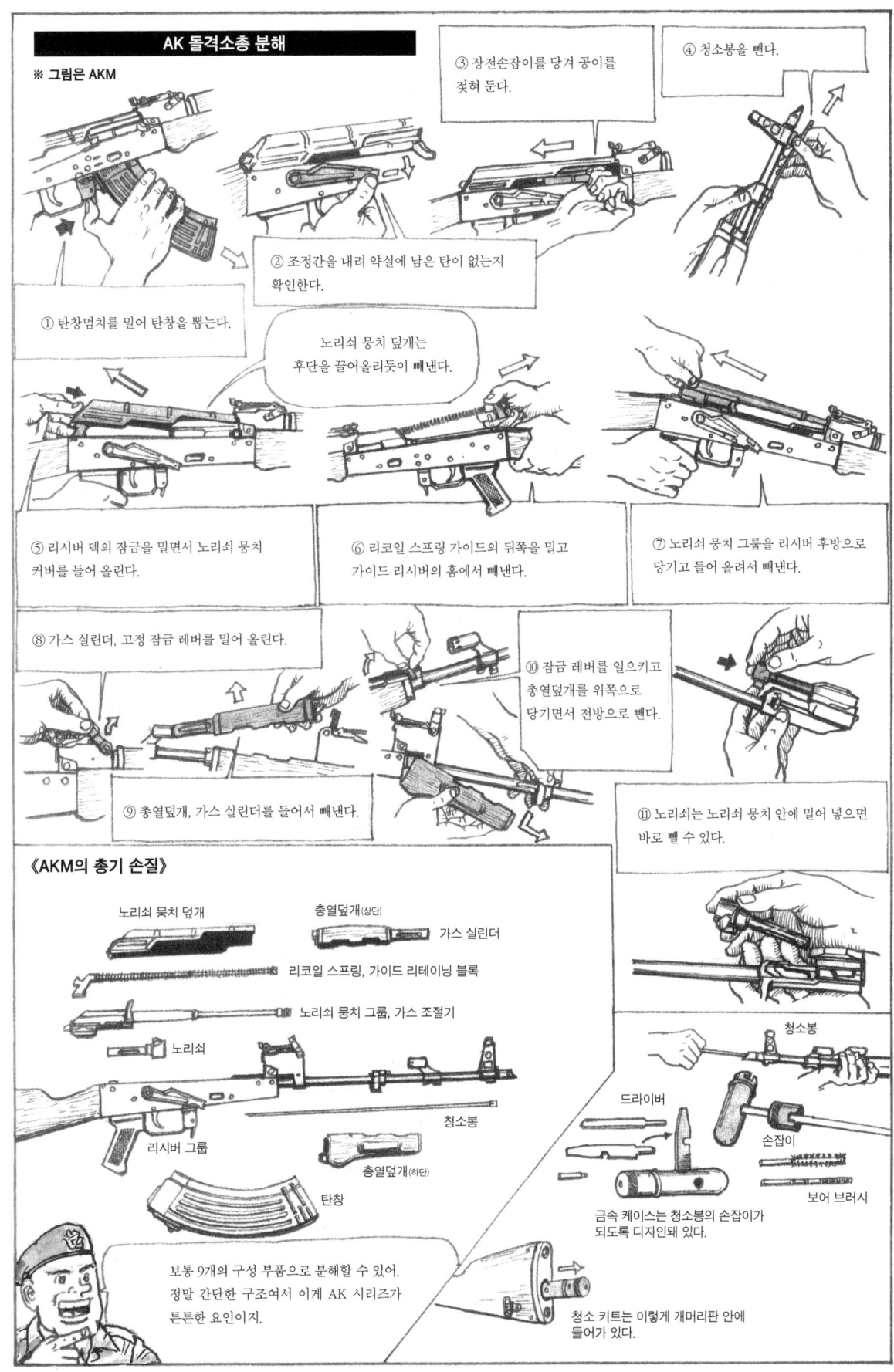

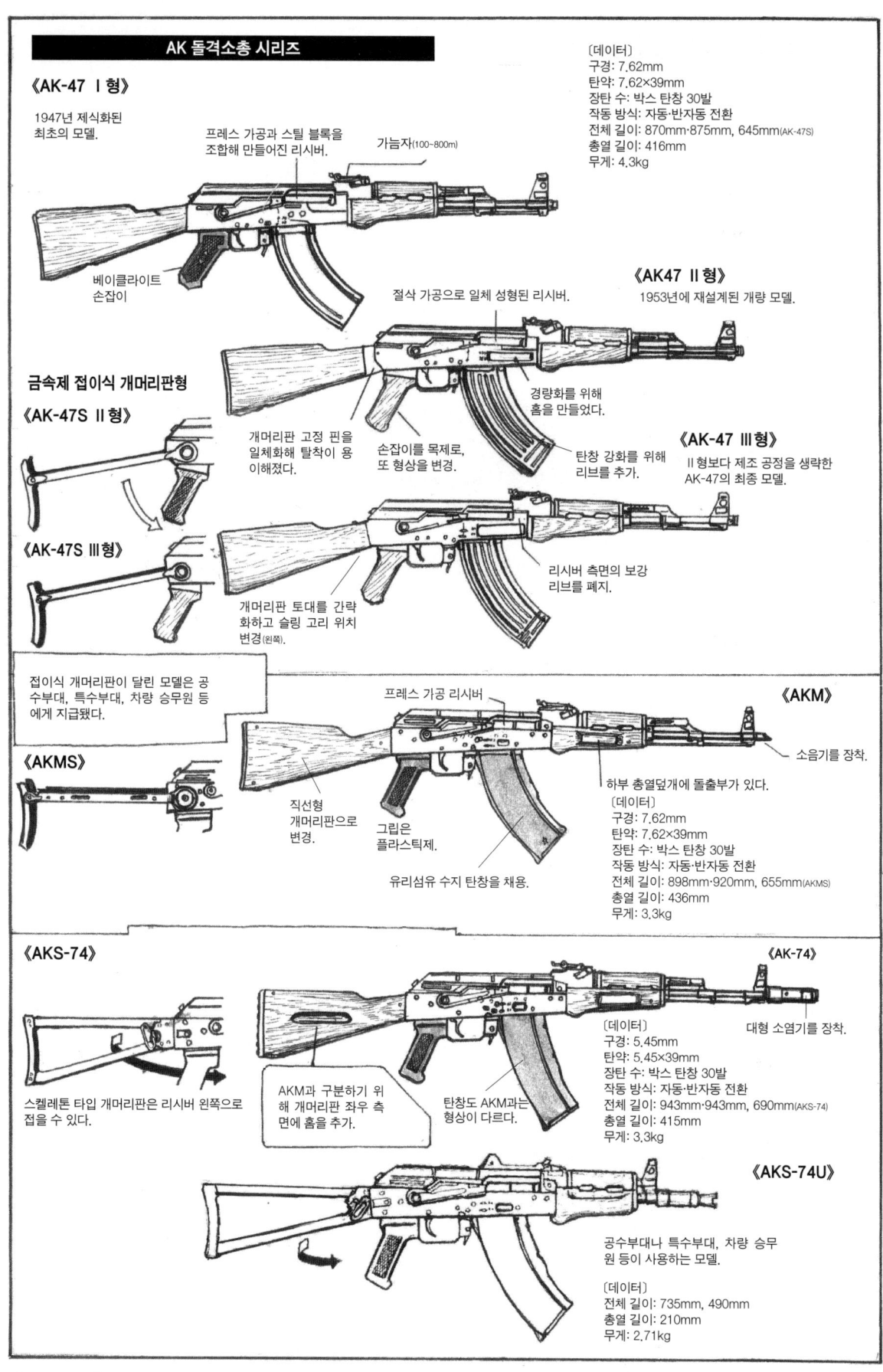

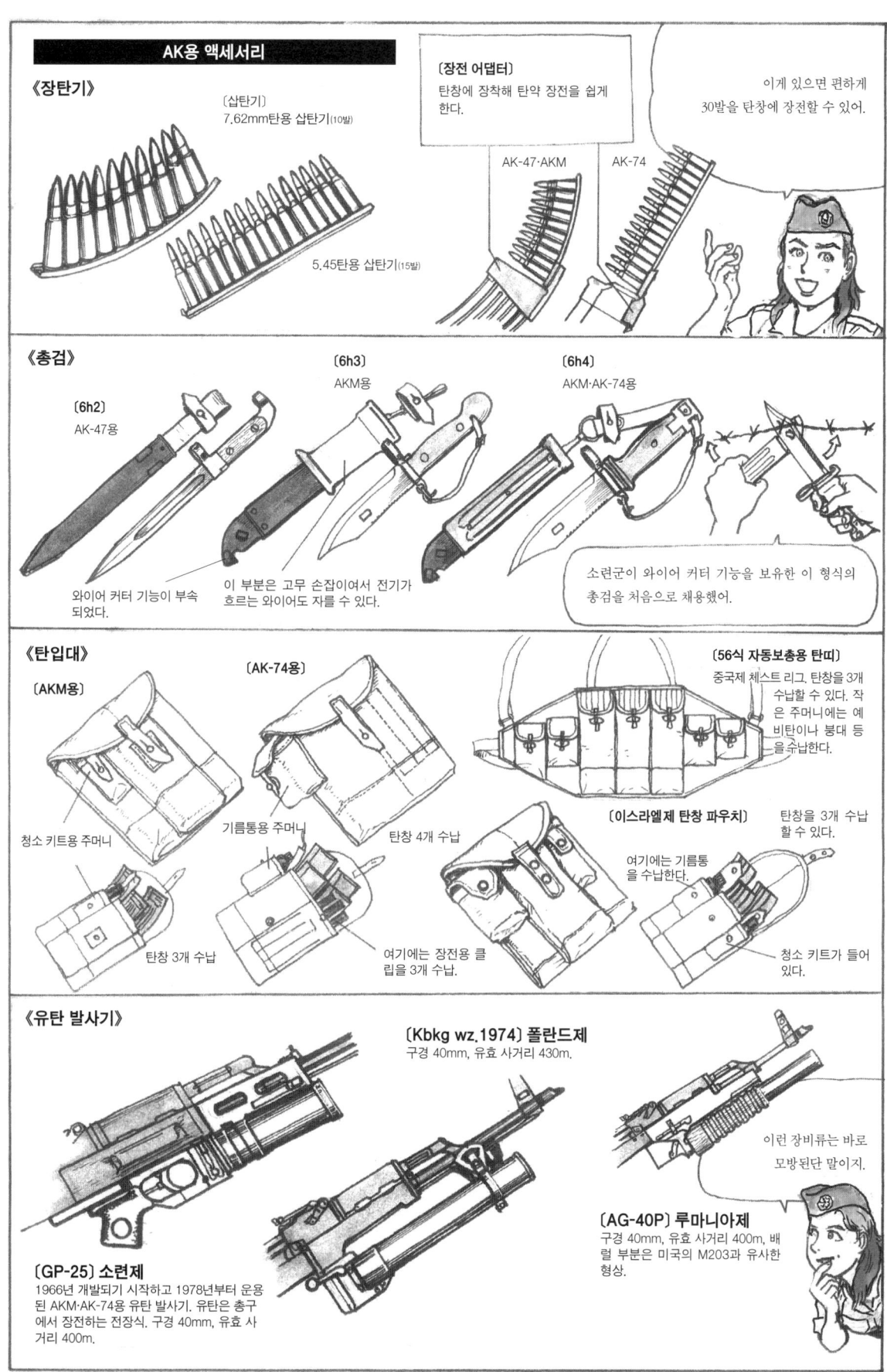

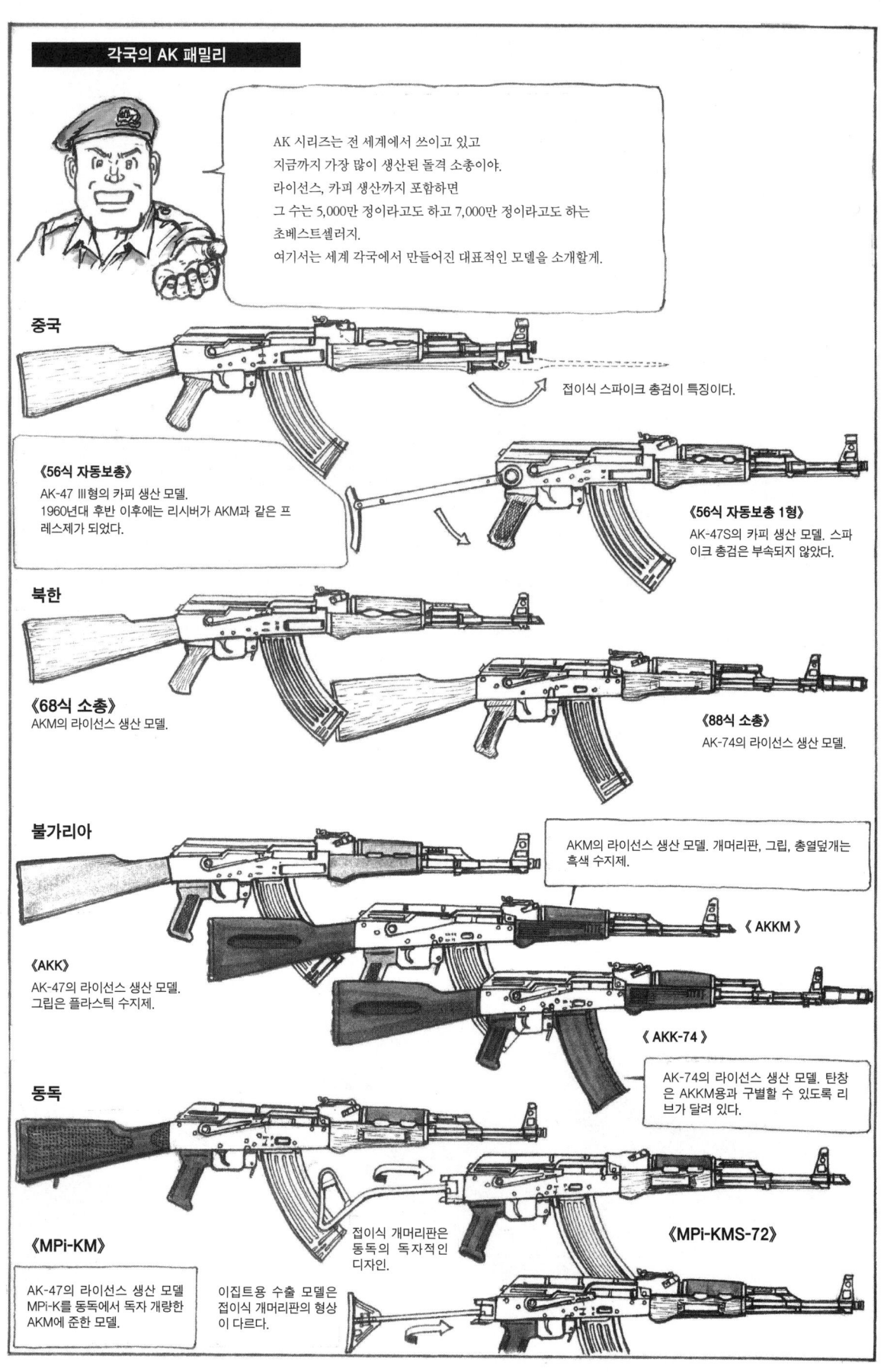

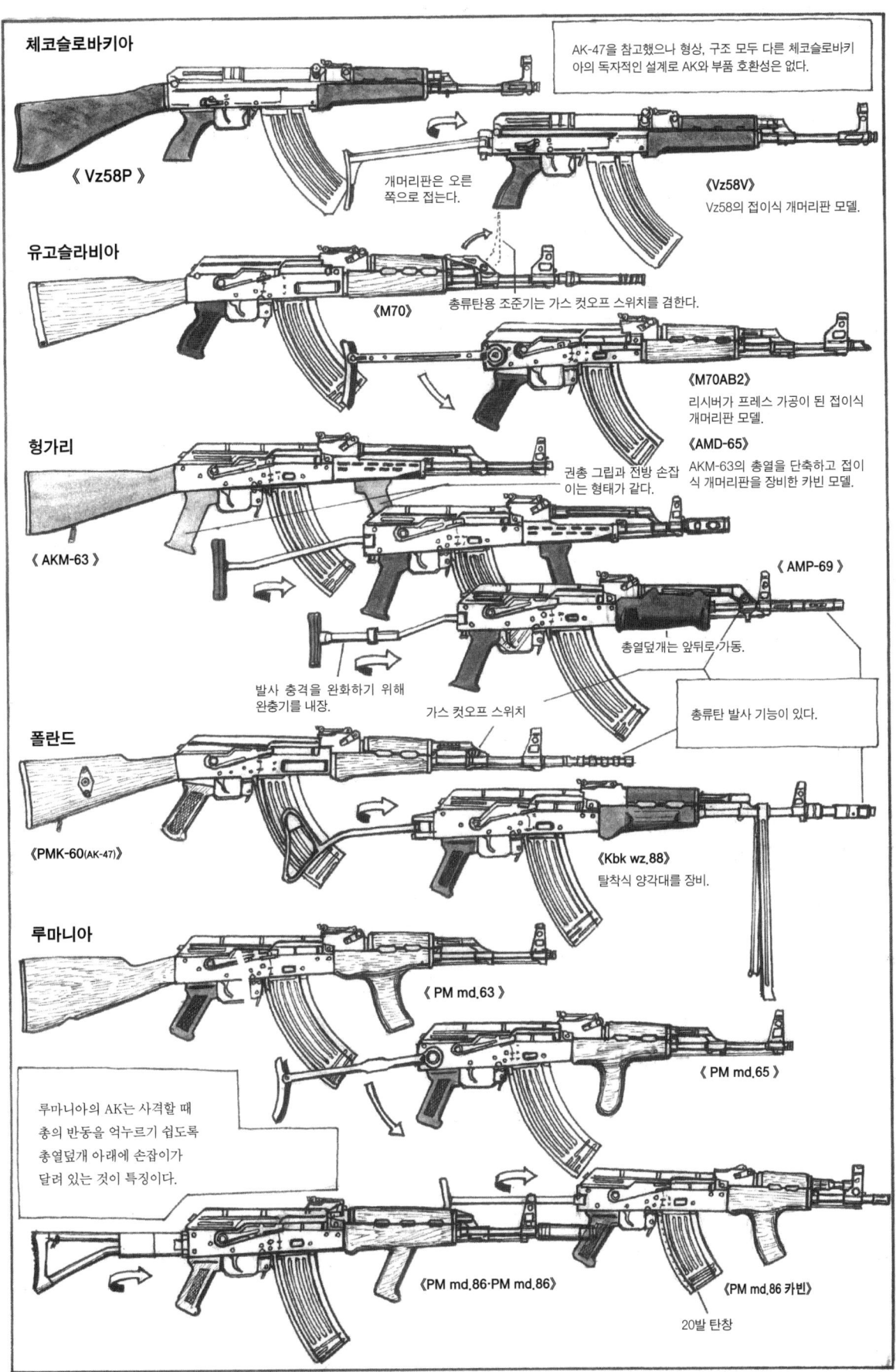

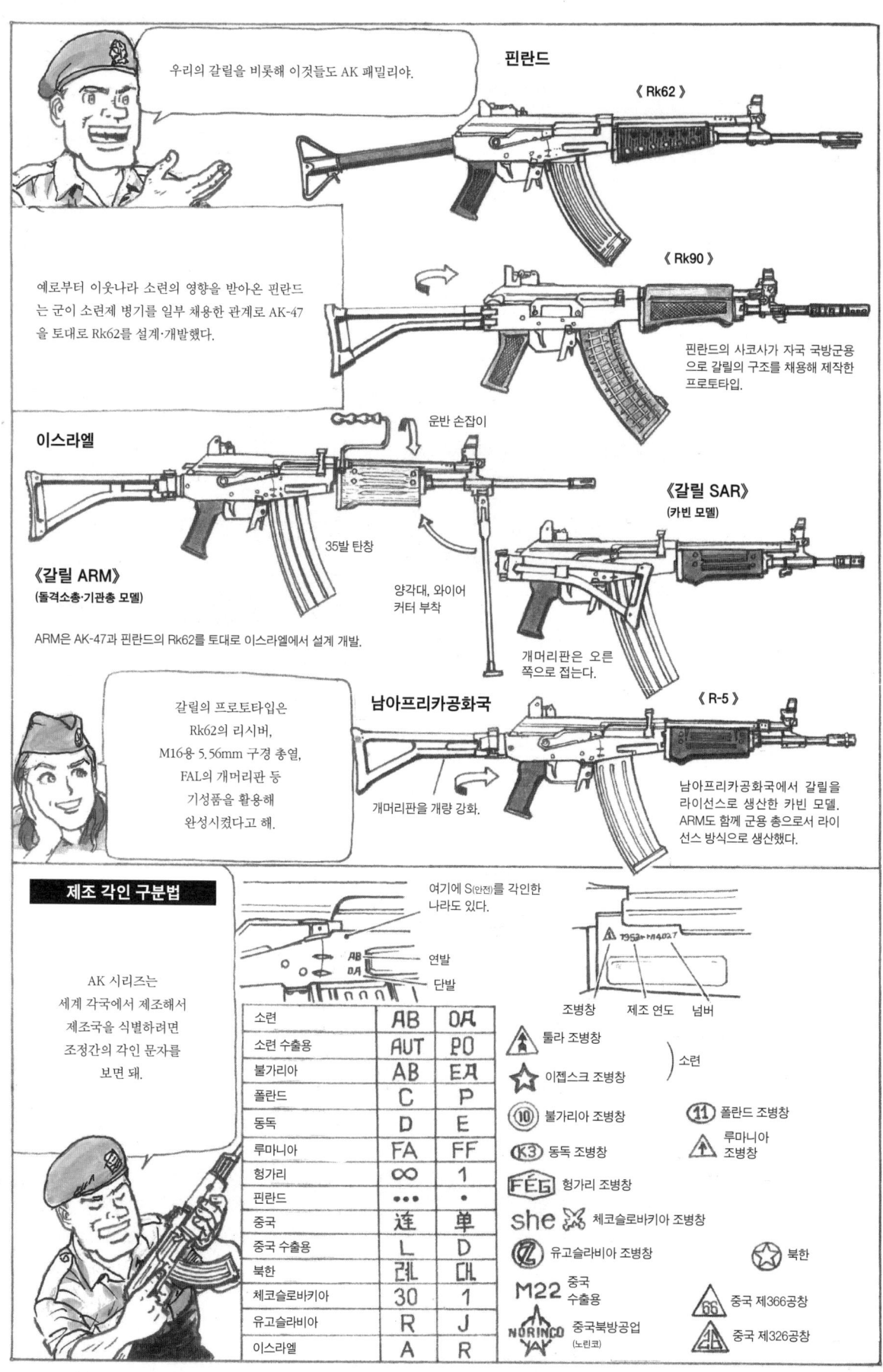

노획 병기 기타 화기

자동소총

《SKS 카빈》

1945년 소련군이 채용한 오토매틱 카빈. AK-47이 등장해 소련 제1선급 부대의 장비에서 제외됐으나 중동을 비롯한 각국에 수출되었으며, 해외에서도 라이선스 생산이나 카피 생산이 이뤄졌다.

〔나이프형 접이식 총검〕
총열 하방에 접어 수납할 수 있다.

〔후기 모델 스파이크형 총검〕

〔삽탄기를 사용한 탄약 장전 방식〕

클립을 끼워 넣고 탄약을 밀어 넣는다.

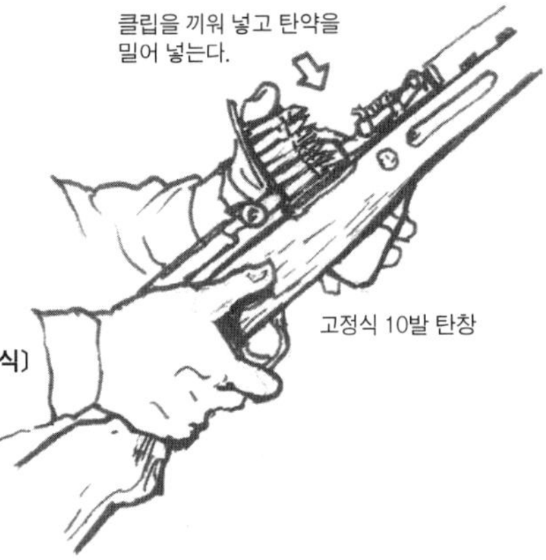

고정식 10발 탄창

《Vz.52·57》

사용 탄약을 바르샤바조약기구의 규격에 맞추기 위해 Vz.52를 1957년에 7.62×39mm탄 사용으로 개량한 모델.

총검은 개머리판 오른쪽 면에 수납할 수 있는 접이식.

〔총검을 편 상태〕

〔데이터〕
구경: 7.62mm
탄약: 7.62×39mmR탄
장탄 수: 박스 탄창 10발
작동 방식: 반자동
전체 길이: 1,005mm, 1,205mm(총검 전개 시)
총열 길이: 520mm
무게: 4.3kg

중기관총

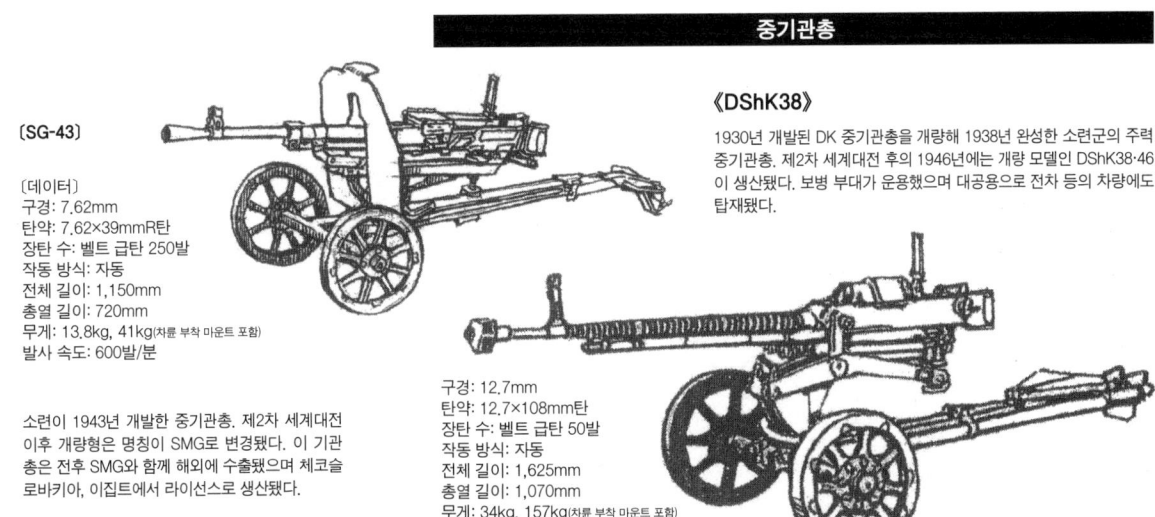

〔SG-43〕

〔데이터〕
구경: 7.62mm
탄약: 7.62×39mmR탄
장탄 수: 벨트 급탄 250발
작동 방식: 자동
전체 길이: 1,150mm
총열 길이: 720mm
무게: 13.8kg, 41kg(차륜 부착 마운트 포함)
발사 속도: 600발/분

소련이 1943년 개발한 중기관총. 제2차 세계대전 이후 개량형은 명칭이 SGM로 변경됐다. 이 기관총은 전후 SMG와 함께 해외에 수출됐으며 체코슬로바키아, 이집트에서 라이선스로 생산됐다.

《DShK38》

1930년 개발된 DK 중기관총을 개량해 1938년 완성한 소련군의 주력 중기관총. 제2차 세계대전 후의 1946년에는 개량 모델인 DShK38·46이 생산됐다. 보병 부대가 운용했으며 대공용으로 전차 등의 차량에도 탑재됐다.

구경: 12.7mm
탄약: 12.7×108mm탄
장탄 수: 벨트 급탄 50발
작동 방식: 자동
전체 길이: 1,625mm
총열 길이: 1,070mm
무게: 34kg, 157kg(차륜 부착 마운트 포함)
발사 속도: 600발/분

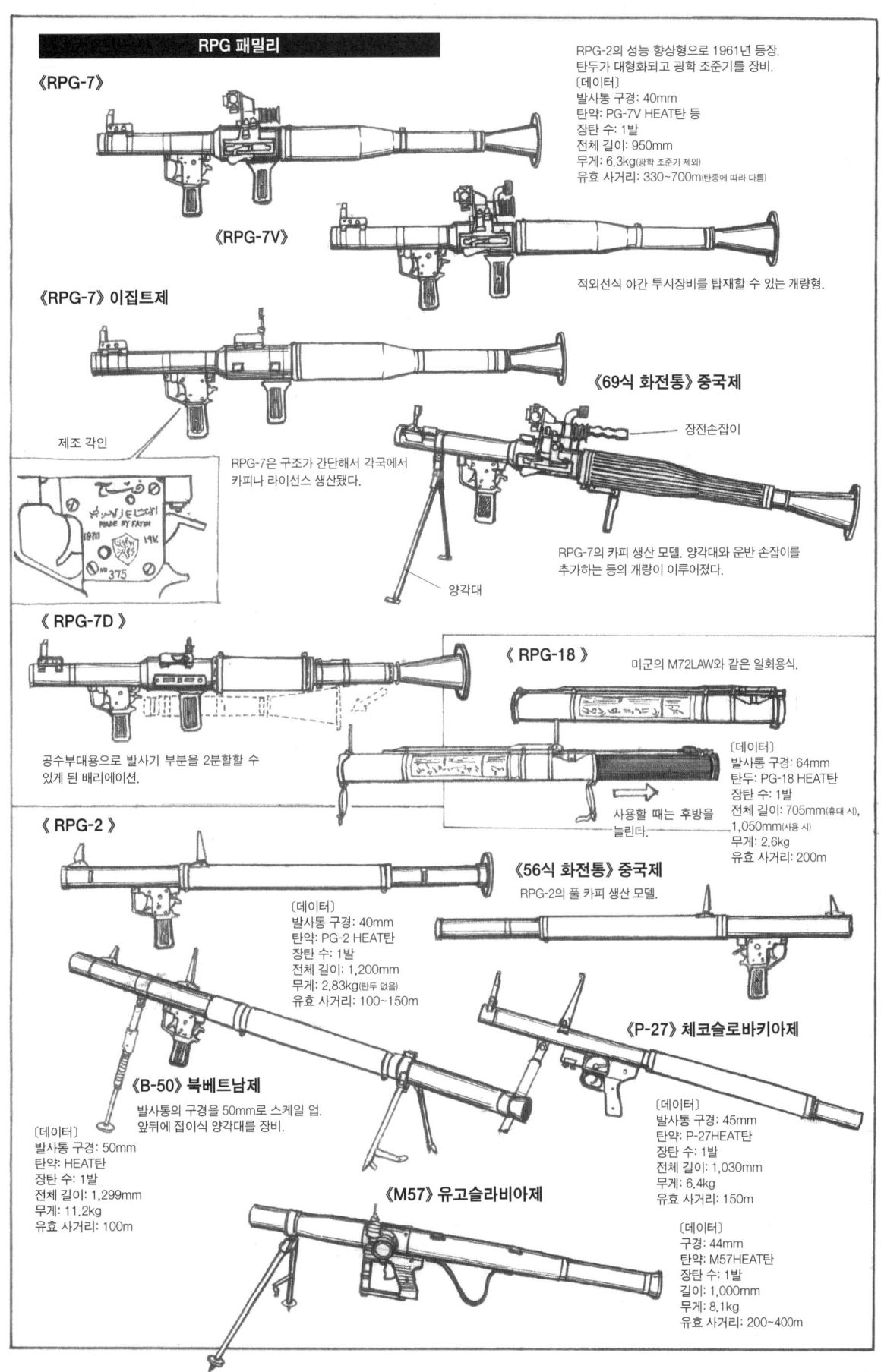

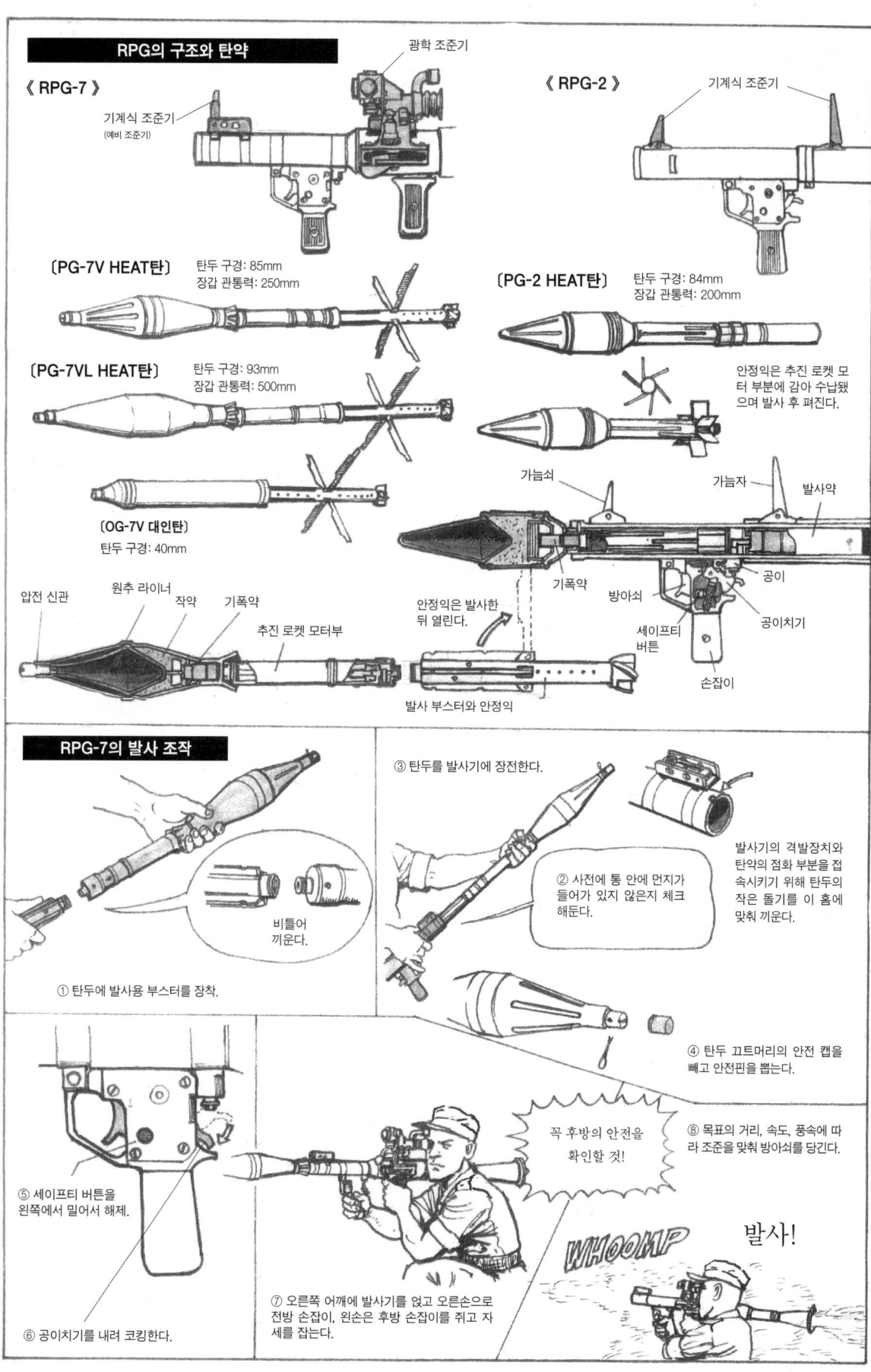

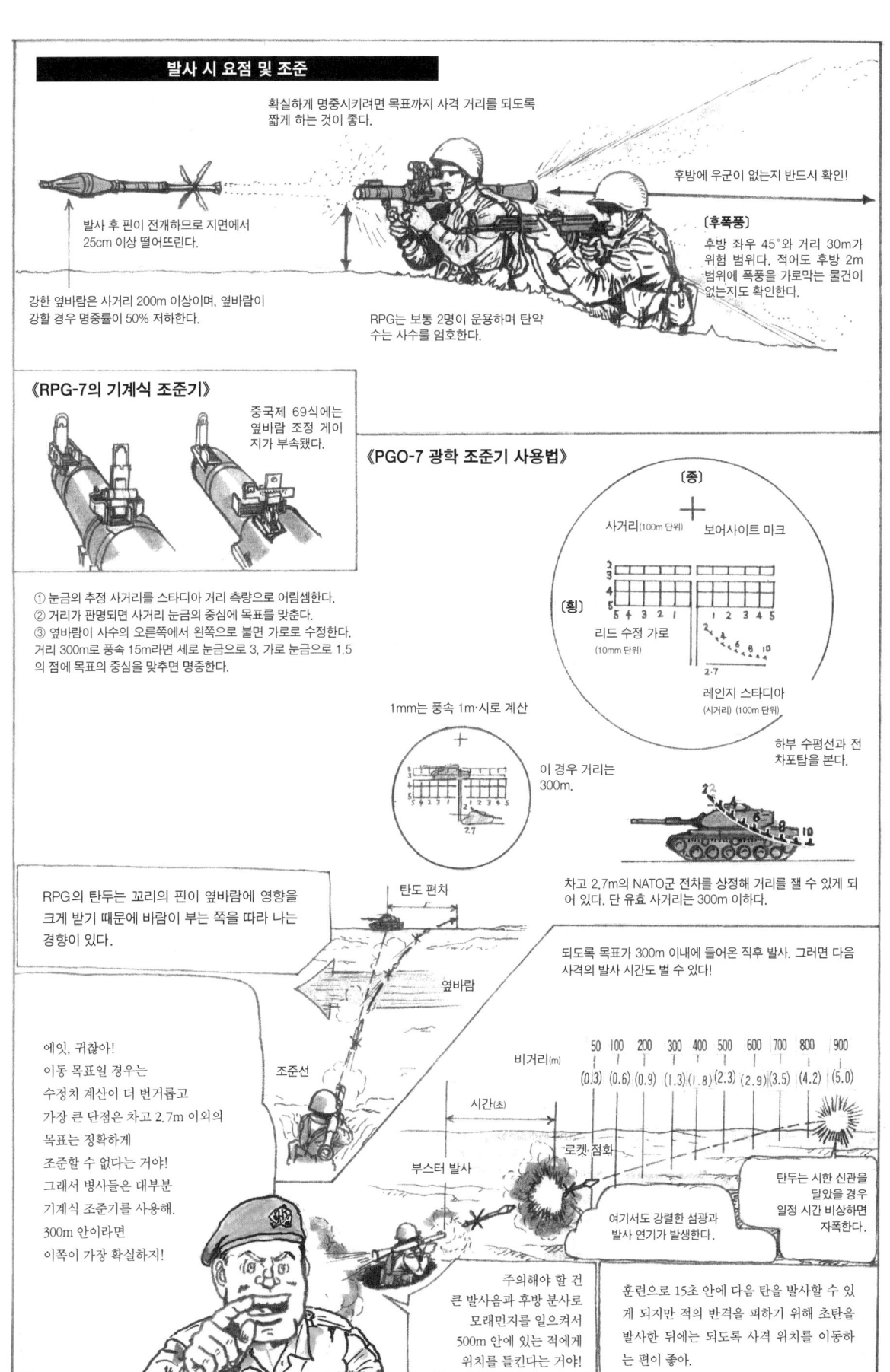

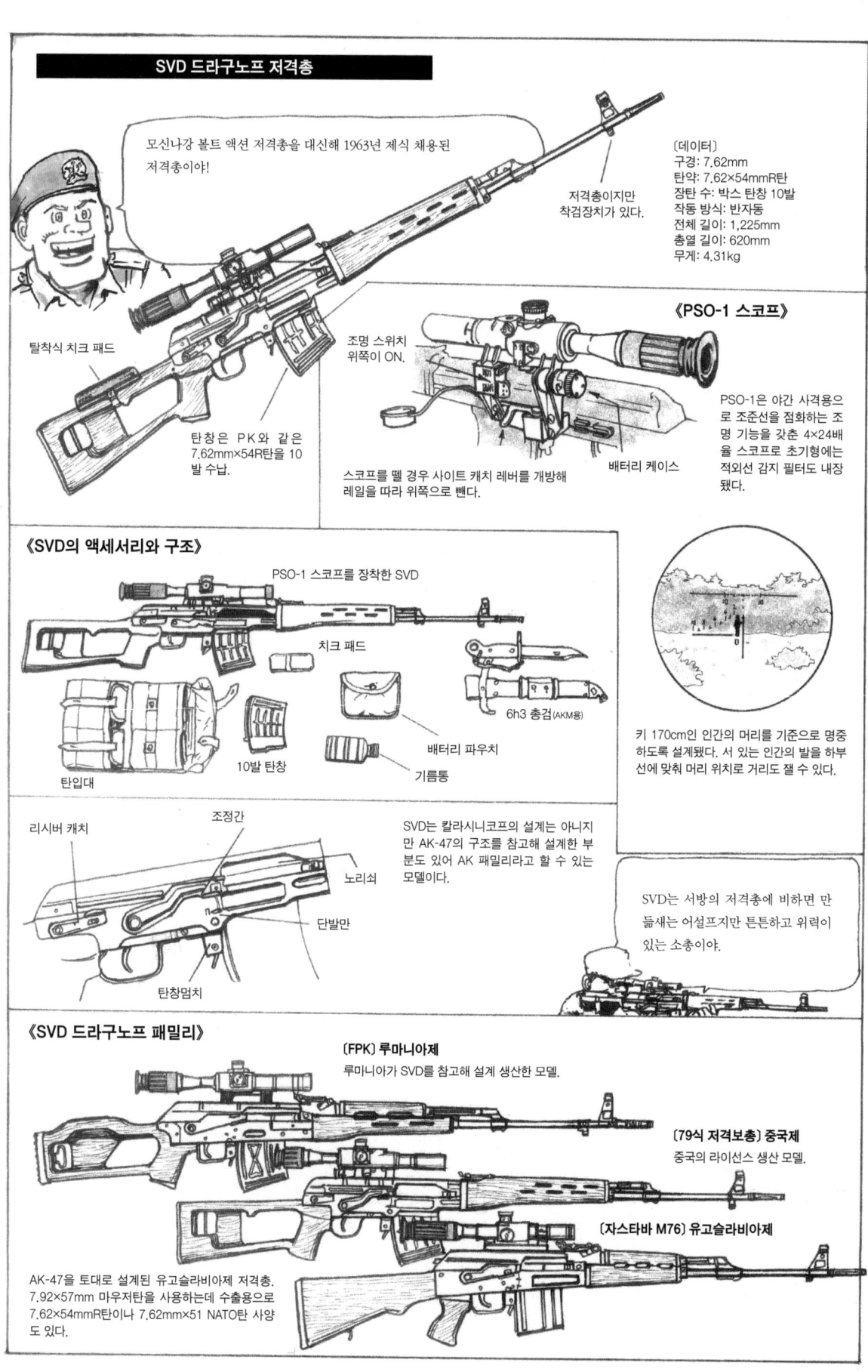

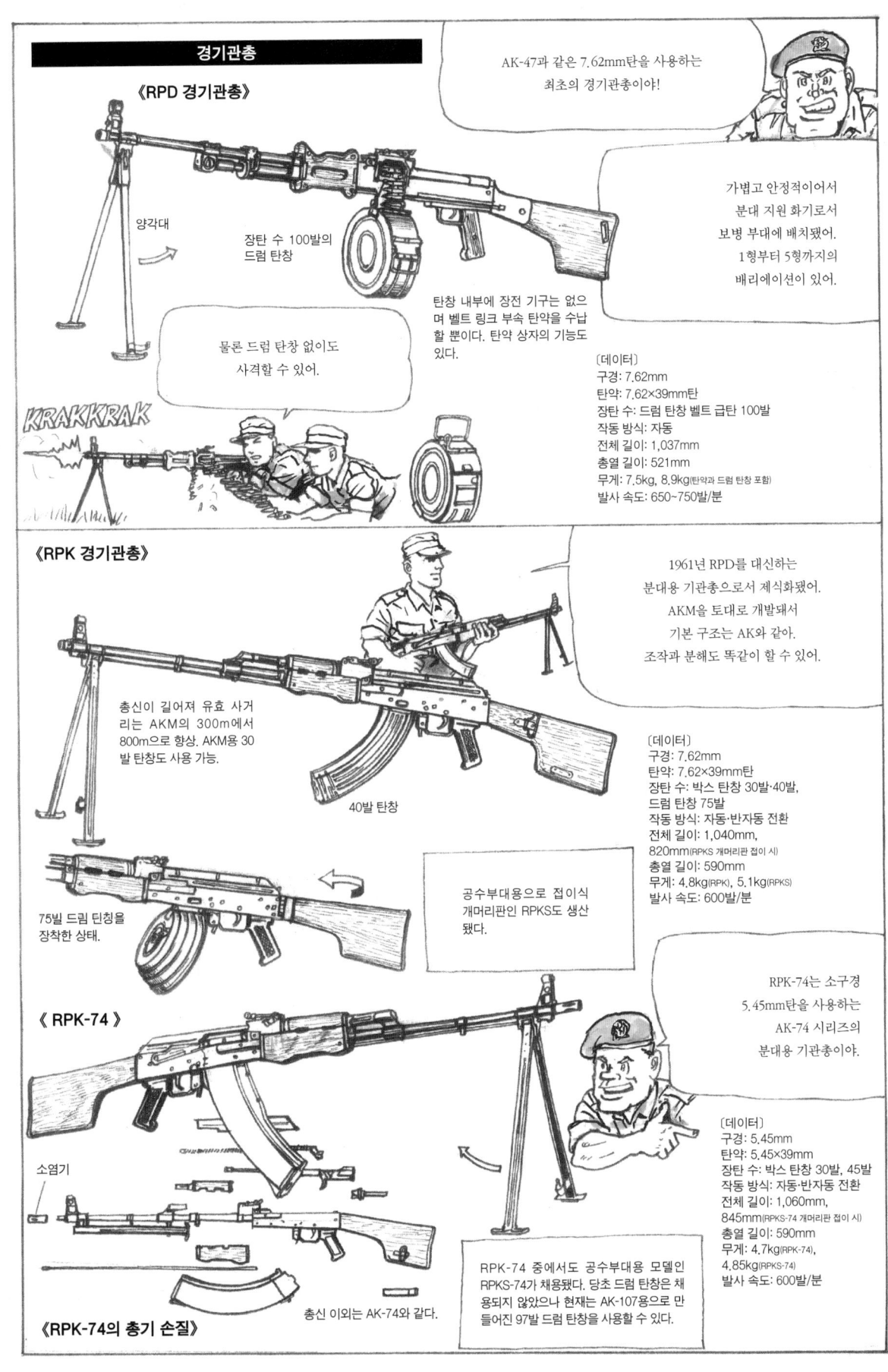

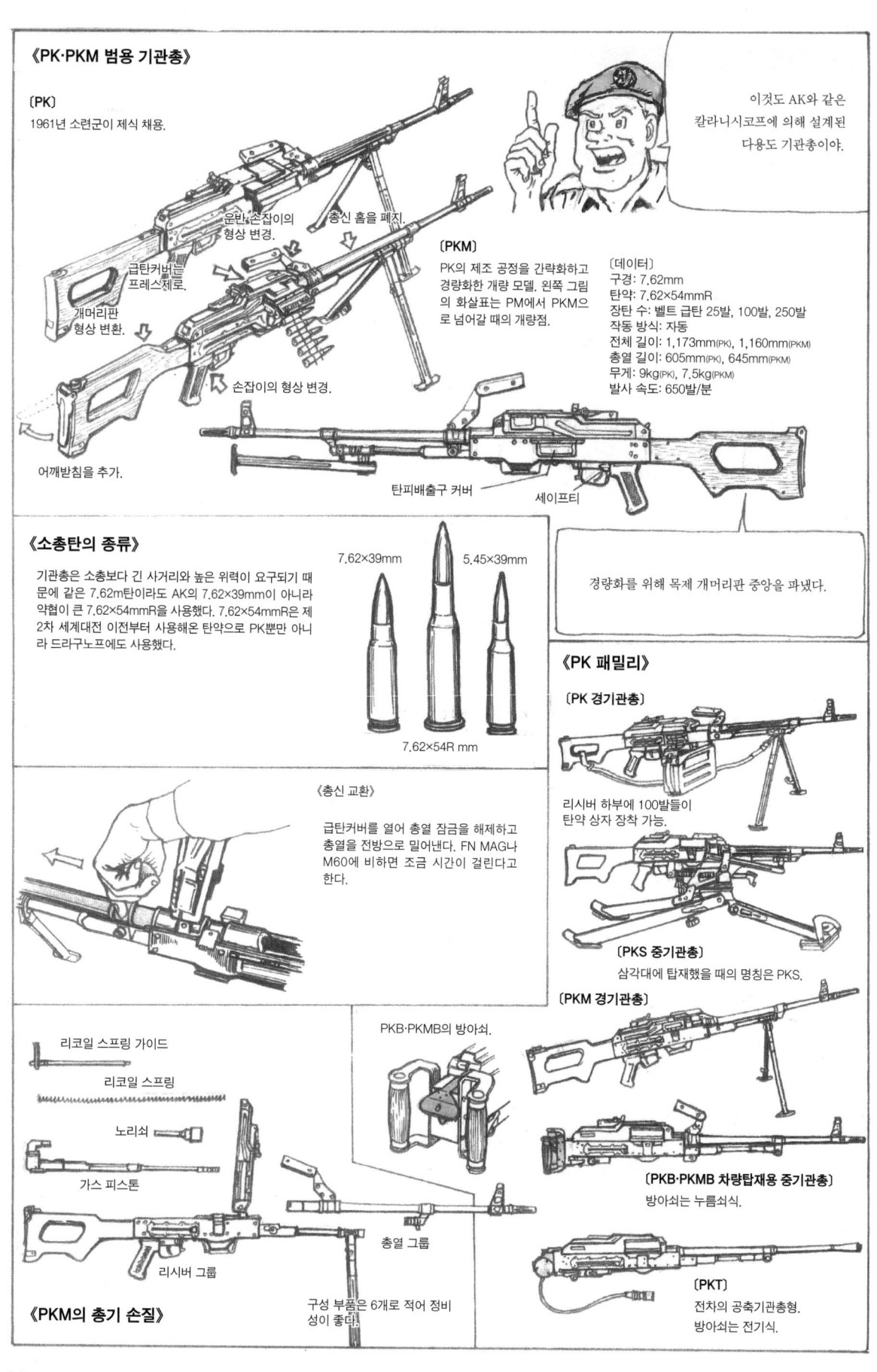

수류탄

《수류탄의 종류》

구조는 어느 나라든 같구나!

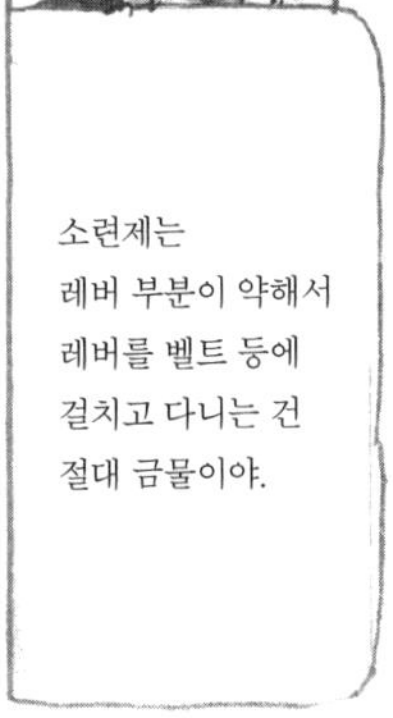

이게 아랍 각국군이 사용한 소련제 수류탄이야!

소련제는 레버 부분이 약해서 레버를 벨트 등에 걸치고 다니는 건 절대 금물이야.

〔RGD-5〕
1954년 채용된 소련군의 대인용 파편형 수류탄.
전체 길이: 117mm
직경: 58mm
무게: 310g
작약: TNT 110g

〔F1〕
프랑스군의 F1 수류탄을 토대로 소련에서 1941년부터 제조된 파편형 수류탄. 유효 살상 범위는 반경 20~30m.
전체 길이: 117mm
직경: 55mm
무게: 600g
작약: TNT 60g

〔RG-42〕
제2차 세계대전 중인 1942년 제식화된 공격형 수류탄.
전체 길이: 127mm
직경: 58mm
무게: 420g
작약: TNT 200g

수류탄 파우치

AK용 탄입대

〔수류탄 파우치〕
캔버스 옷감의 파우치로 파우치 안쪽에는 서스펜더와 벨트를 넣는 고리가 부속됐다.

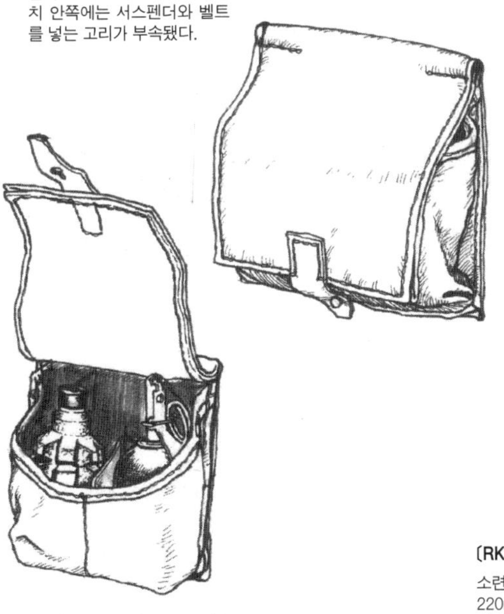

파우치에는 F1 또는 RGD-5를 2개 수납할 수 있다.

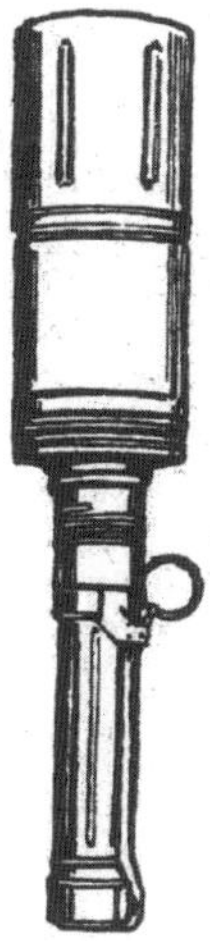

〔RKG-3 대전차 수류탄〕
소련군이 1950년 채용한 대전차 수류탄. 220mm 두께의 장갑 관통력을 지닌다.
전체 길이: 362mm
직경: 70mm
무게: 1.07kg
작약: TNT·RDX 567g

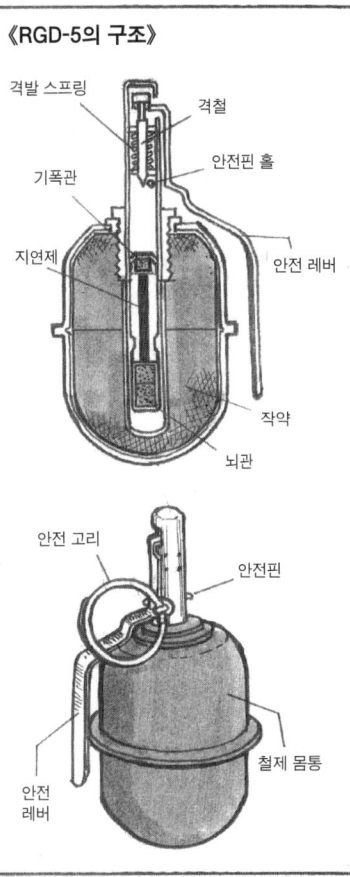

《RGD-5의 구조》

격발 스프링, 격철, 기폭관, 안전핀 홀, 지연제, 안전 레버, 작약, 뇌관

안전 고리, 안전핀, 안전 레버, 철제 몸통

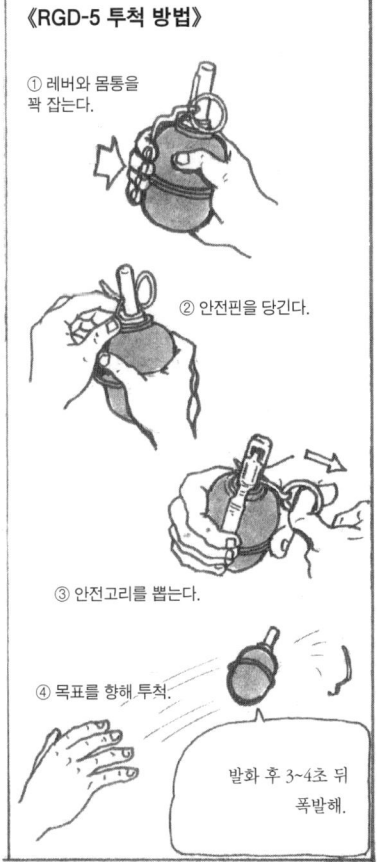

《RGD-5 투척 방법》

① 레버와 몸통을 꽉 잡는다.

② 안전핀을 당긴다.

③ 안전고리를 뽑는다.

④ 목표를 향해 투척.

발화 후 3~4초 뒤 폭발해.

제4차 중동전쟁 지상전

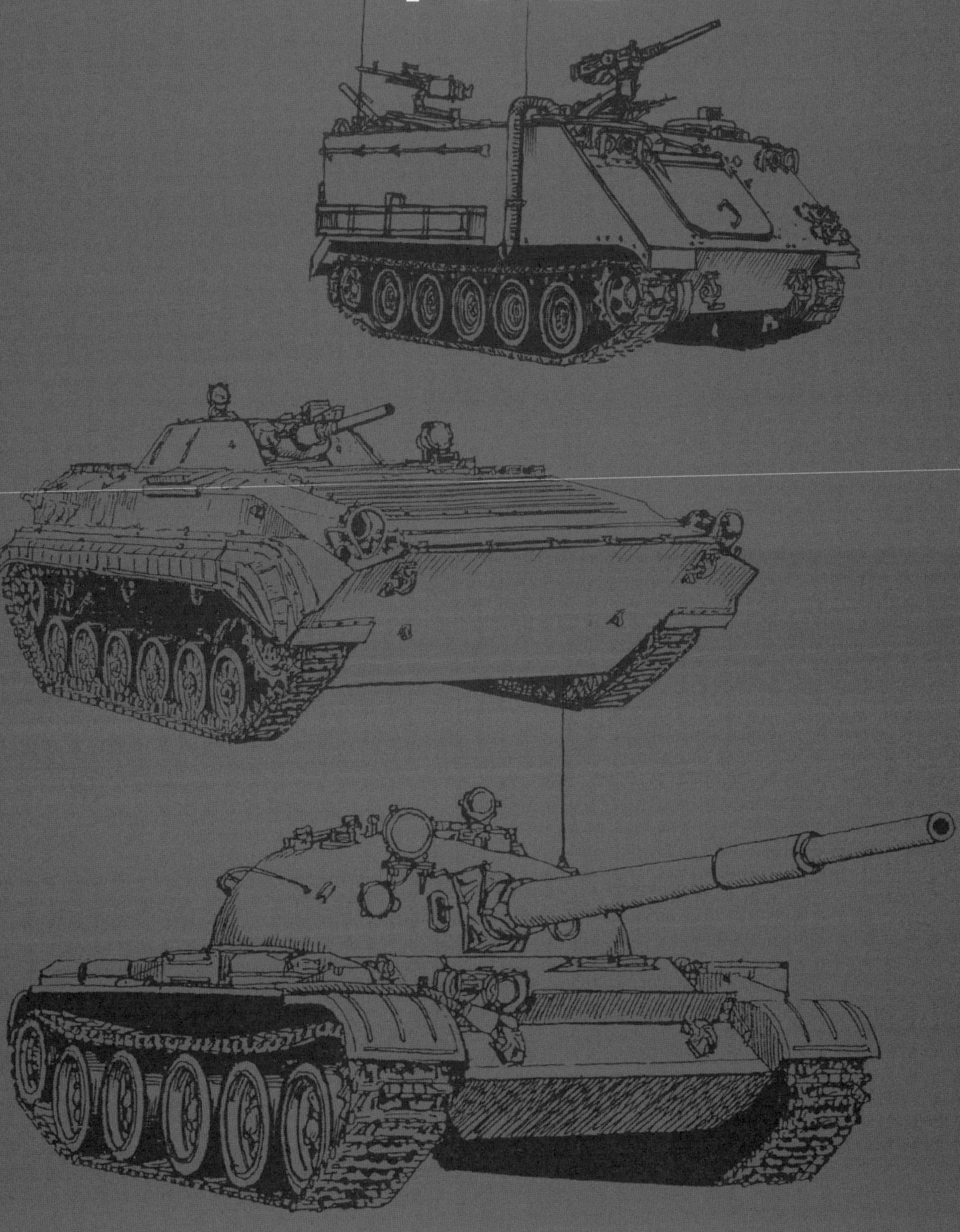

제4차 중동전쟁

■ **제4차 중동전쟁**
(1973년 10월 6~23일)

이집트와 시리아는 제3차 중동전쟁 때 이스라엘에 빼앗긴 시나이반도와 골란고원을 탈환하고자 1973년 10월 6일 기습공격에 나섰다. 제4차 중동전쟁의 시작이다. 이날은 유대교의 명절인 '속죄일(욤 키푸르)'이어서 이스라엘에서는 '욤 키푸르 전쟁', 아랍 진영에서는 '10월 전쟁'이라고도 부른다.

이스라엘 정보기관은 이집트군과 시리아군이 부대를 이동하고 국경선에 병력을 집중하는 등의 움직임을 탐지했으나, 개전 의도 등의 정보를 오관한 결과 기습공격을 허용해버렸다.

이집트군은 수에즈운하를 도하해 시나이반도에 진격했다. 매복하던 이집트군 부대의 대전차 미사일에 전차부대는 큰 손해를 입었으며, 믿고 있던 항공 지원도 이집트군 지대공 미사일 등의 대공 공격 때문에 활약하지 못하고 수에즈운하 동안에 이집트군이 교두보를 짓는 것을 용납할 수밖에 없었다. 그 뒤 이집트군이 확보한 운하 부근의 교두보에 머물러서 이스라엘군은 태세를 재정비하고 10월 14일 재개된 이집트군의 공세를 제2차 세계대전 중의 '쿠르스크 전투' 이래 최대 규모의 전차전으로 요격해 이집트군을 격파했다. 다음 날인 15일에는 반격을 시작해 수에즈운하를 역도하, 이집트령을 침공했다.

한편 10월 6일 골란고원에서 기습공격을 개시한 시리아군은 이스라엘군의 방위선을 돌파하고 다음 날인 7일까지 국경선에서 10km 이상 전진했다. 방위하는 이스라엘군은 골란고원의 지리적 조건상 이 지역을 잃으면 이스라엘 북부가 위험해지기 때문에 3배 이상의 적 전차를 상대로 결사 항전했다. 그리고 서서히 시리아군을 밀어내 10월 10일 반격을 개시했다.

그 뒤 시나이반도에서는 10월 22일, 골란고원에서도 23일에 정전해 전쟁은 종결됐다.

■ **골란고원 전투**

골란고원 전선에서 시리아군은 3개 보병사단, 5개 기갑사단에 전차 1,200대를 전개해 10월 6일 14시 5분 이스라엘군에 거센 준비 포격을 날린 뒤 침공하기 시작했다.

이에 맞서는 이스라엘군은 정전협정선(퍼플 라인) 인근에 2개 기갑여단을 배치했다. 전차의 수는 177대였다. 기습공격을 당해 혼란에 빠진 이스라엘군은 전력 차도 나고 특히 남부 전선에서의 전력은 6일 밤까지 반감하는 등의 손해를 내버렸다. 그 뒤 이스라엘군은 예비 병력을 투입하는 등 시리아군의 침공을 막는 데 성공하고 8일부터는 반격에 나섰다.

골란고원 북부에서 이스라엘군은 가파른 지형을 이용해 진격하는 시리아군 전차부대를 요격해 치열한 전차전이 전개됐다. 10월 8일 이스라엘군은 최후에 남은 전차 18대로 100대 이상의 시리아군 전차 공격을 저지했다. 전투는 다음 날인 10일 이스라엘군 증원부대가 도착하자 시리아군이 후퇴를 시작해서 종료됐다. 이 일련의 싸움으로 파괴된 쌍방의 전차는 260대, 그 외 차량 200대가 전장에 남겨져서 이후 이 전장은 '눈물의 계곡'이라고 불리게 됐다.

이스라엘군은 10월 10일부터 반격에 나서 골란고원을 탈환하고 퍼플 라인을 넘어 시리아를 침공하기 시작했다. 이스라엘군은 수도 다마스쿠스 30km 앞까지 전진했으나 정치적 판단 등으로 진격을 멈췄다. 그 뒤 이스라엘군은 시리아를 지원하는 요르단군, 이란군과도 교전하지만 이들도 격퇴해 23일 정전했다.

■ **시나이반도 전투**

제3차 중동전쟁 이후 1968년부터 1969년까지 이스라엘은 점령한 시나이반도 수에즈운하 부근에 '바레브 라인'이라고 불리는 장대한 방위선을 형성했다. 운하 동안에 모래를 쌓아 높이 20m, 정면 경사 45°의 둑을 구축한 것이다. 그리고 그 안쪽 33개 지점의 방어 거점을 지어 적이 운하를 건넜을 때 방위지대에서 진격을 늦추고 내륙의 기갑부대로 반격하는 것이 이스라엘의 방위 계획이었다.

이집트군은 개전하기 전에 작전 행동을 들키지 않도록 기만 공작을 벌여 1973년 10월 6일 14시 약 250기의 항공기로 기습공격을 감행해 이스라엘군의 군사 시설을 폭격했다. 그와 동시에 약 2,000문의 화포가 수에즈운하 동안을 포격해 '바드르 작전'을 시작했다. 수에즈운하를 도하한 이집트군은 동안의 둑을 폭약과 고압 방수로 파괴해서 길을 만들고 운하와 가교를 가설해 속속들이 시나이반도에 돌입했다.

이집트군의 수에즈운하 도하 보고에 이스라엘군은 침공한 이집트군을 단숨

《골란고원 전투》

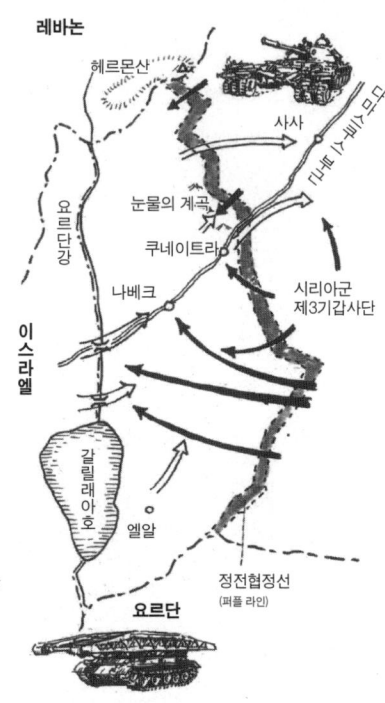

MTU-12 가교 전차

《아랍군 측의 신병기》

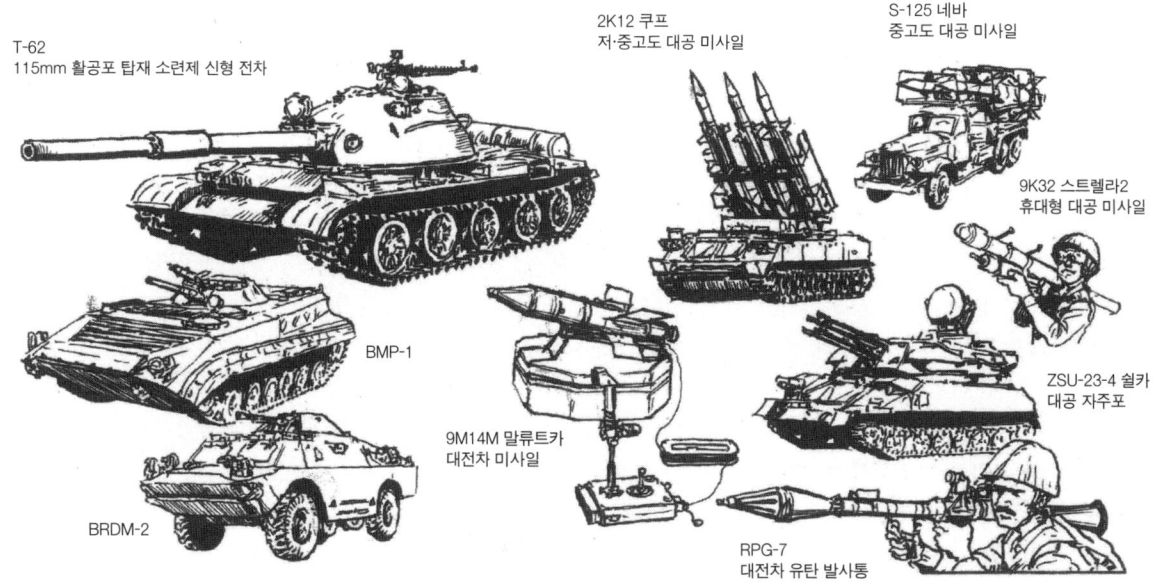

에 밀어내고자 전차부대로 반격하기 시작했다. 이집트군은 소련제 대전차 미사일을 장비한 부대로 이를 요격해 돌진하는 이스라엘군 전차를 연달아 파괴했다. 이스라엘군은 저녁까지 100대의 전차를 잃고 바레브 라인 방어부대의 전차여단은 괴멸적인 피해를 보았다. 그 뒤 전황은 이집트군이 수에즈운하 연안에 교두보를 짓기 위해 침공을 멈춰 교착 상태에 빠졌다.

그리고 골란고원의 시리아군을 지원하기 위해 이집트군은 10월 14일 침공을 재개했다. 이집트군은 이 작전에 약 1,000대의 전차를 투입하고 이스라엘군은 800대의 전차로 이에 대항해 대규모 전차전이 벌어졌다. 이 전투에서 이집트군은 전차 200대의 손해를 입고 공격은 실패로 끝났다. 치열한 반격 끝에 전차전에서 승리를 얻은 이스라엘군은 10월 15일 수에즈운하 역도하작전인 '가젤 작전'을 개시했다. 운하 서안으로 넘어간 이스라엘군은 동안에 진출한 이집트군을 포위하기 위해 이스마일리아와 수에즈 방면으로 진출했지만 미국과 소련, 유엔이 정전을 요구한 결과 정전이 맺어져 10월 28일 제4차 중동전쟁은 종결됐다.

《시나이반도 전투》

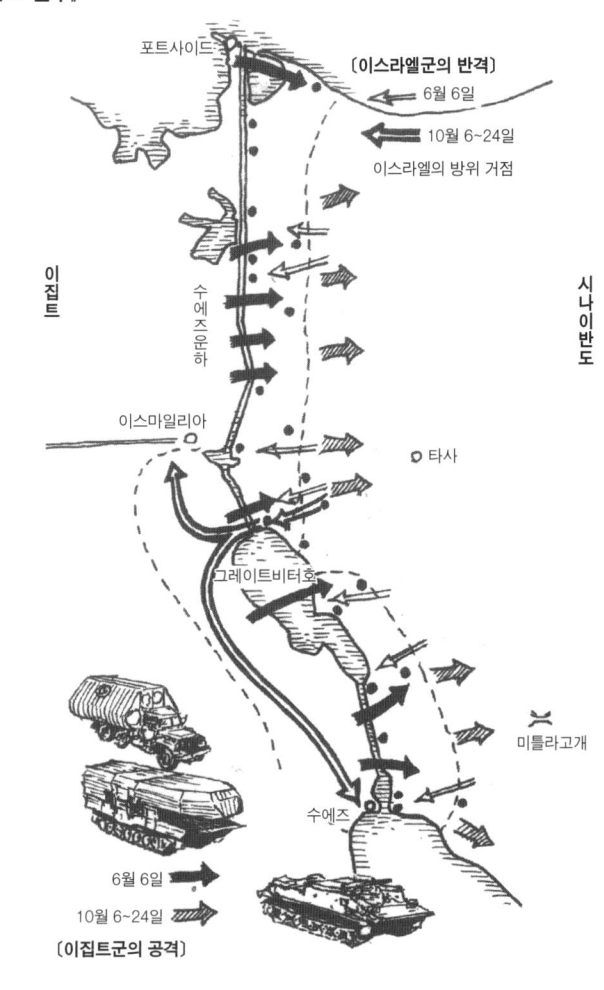

《이스라엘군의 신병기》

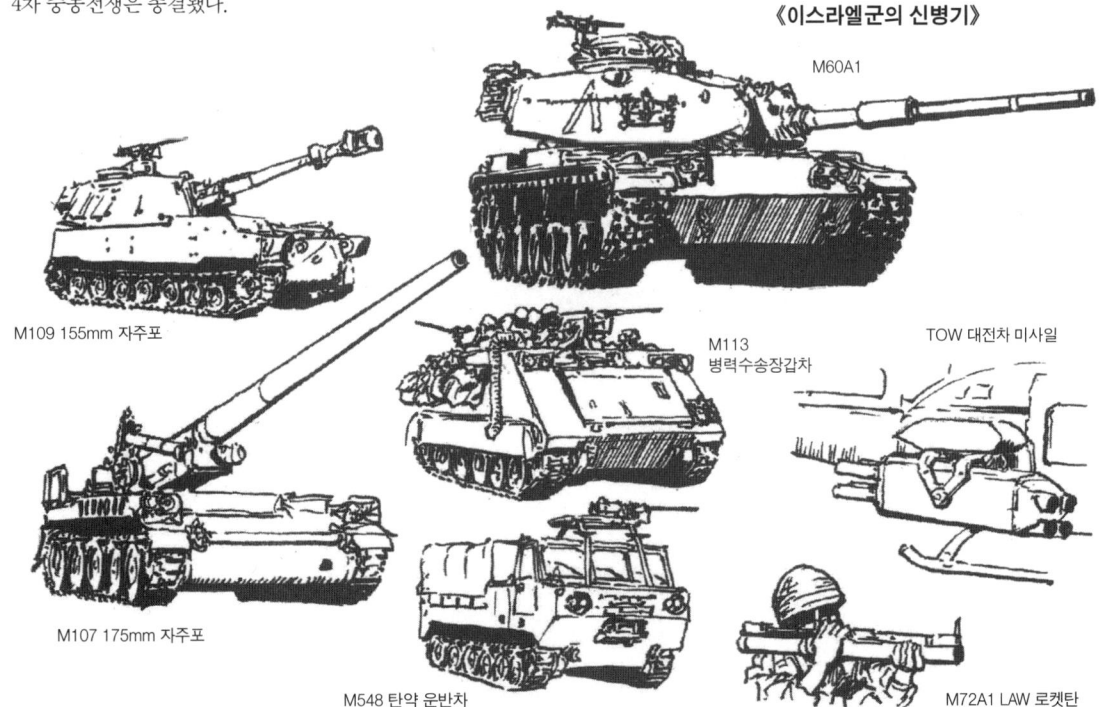

M109 155mm 자주포
M107 175mm 자주포
M548 탄약 운반차
M113 병력수송장갑차
M60A1
TOW 대전차 미사일
M72A1 LAW 로켓탄

이집트군의 수에즈운하 도하작전

1973년 10월 6일 이집트군의 기습공격으로 제4차 중동전쟁이 발발했다. 이집트군의 침공은 수에즈운하 도하작전 '바드르'로 시작했다. 이집트군은 지상부대 침공 전 공군의 폭격과 맹렬한 준비 포격을 벌이고 운하 서안에 전개한 5개 사단이 14시 20분 일제히 도하하기 시작했다. 공략 목표는 운하 인근에 이스라엘이 구축한 방위 진지 일대 '바레브 라인'이다. 그러나 지상부대가 이 목표를 공격하려면 운하 동안 부근에 이스라엘이 구축한 방호 흙벽을 파괴해야 했다. 그 임무를 맡은 공병대는 폭약과 강력한 소방펌프를 사용한 물 살포로 흙을 쌓아 지은 방호 흙벽을 파괴하고, 반도 안에 진출하기 위한 통로를 개척했다. 이집트군의 기습공격을 성공시킨 요인 중 하나는 이러한 공병대의 활약이었다.

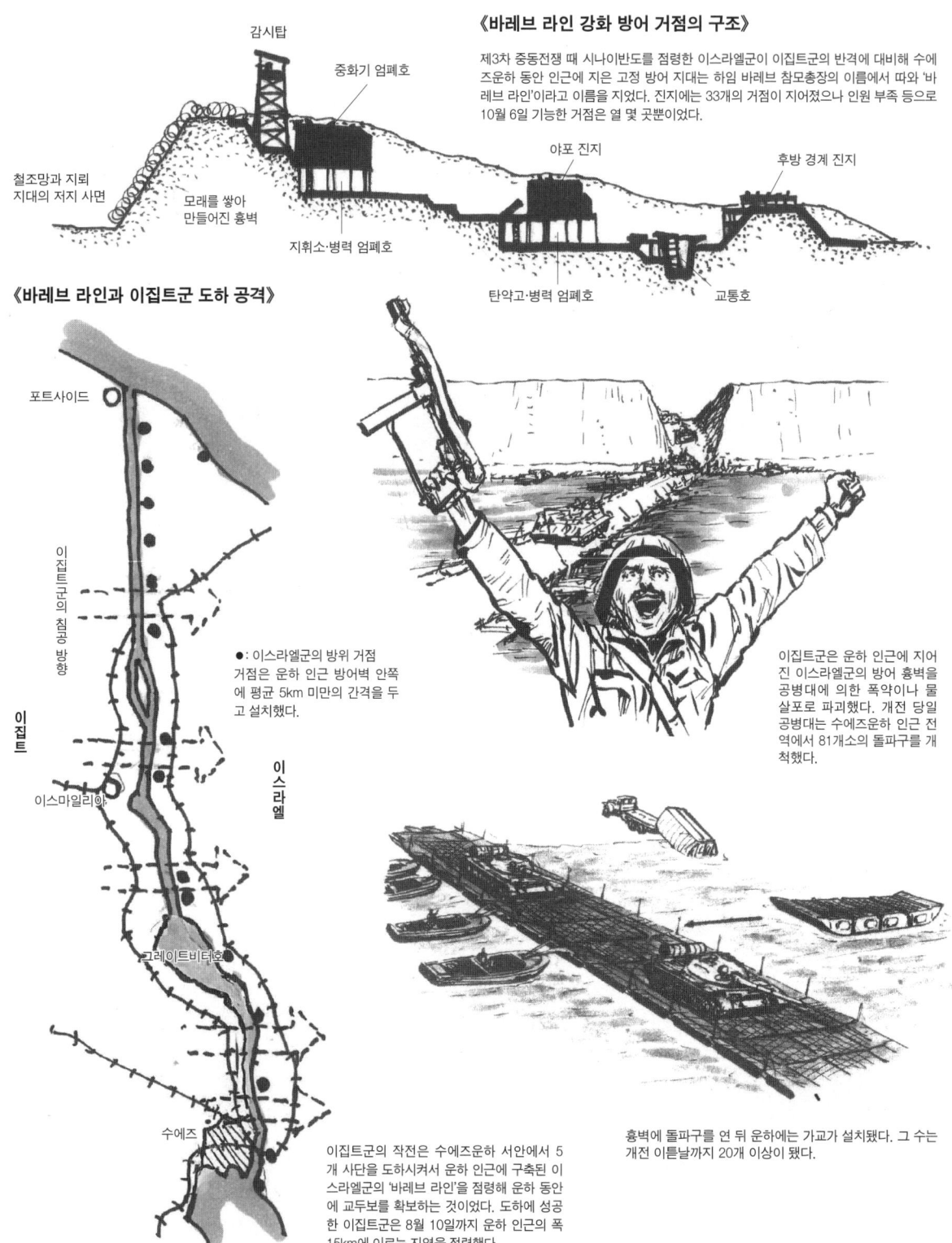

《바레브 라인 강화 방어 거점의 구조》

제3차 중동전쟁 때 시나이반도를 점령한 이스라엘군이 이집트군의 반격에 대비해 수에즈운하 동안 인근에 지은 고정 방어 지대는 하임 바레브 참모총장의 이름에서 따와 '바레브 라인'이라고 이름을 지었다. 진지에는 33개의 거점이 지어졌으나 인원 부족 등으로 10월 6일 기능한 거점은 열 몇 곳뿐이었다.

《바레브 라인과 이집트군 도하 공격》

●: 이스라엘군의 방위 거점
거점은 운하 인근 방어벽 안쪽에 평균 5km 미만의 간격을 두고 설치했다.

이집트군은 운하 인근에 지어진 이스라엘군의 방어 흙벽을 공병대에 의한 폭약이나 물 살포로 파괴했다. 개전 당일 공병대는 수에즈운하 인근 전역에서 81개소의 돌파구를 개척했다.

흙벽에 돌파구를 연 뒤 운하에는 가교가 설치됐다. 그 수는 개전 이튿날까지 20개 이상이 됐다.

이집트군의 작전은 수에즈운하 서안에서 5개 사단을 도하시켜서 운하 인근에 구축된 이스라엘군의 '바레브 라인'을 점령해 운하 동안에 교두보를 확보하는 것이었다. 도하에 성공한 이집트군은 8월 10일까지 운하 인근의 폭 15km에 이르는 지역을 점령했다.

《이집트군이 수에즈운하 도하에 사용한 소련제 공병용 차량》

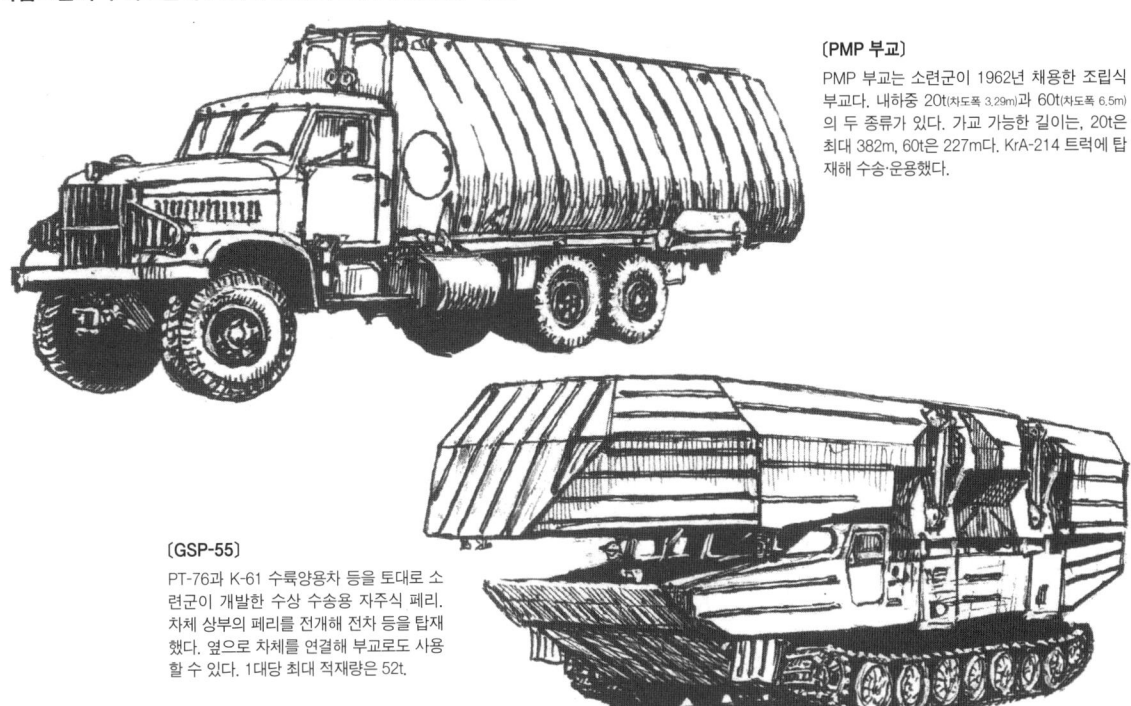

〔PMP 부교〕
PMP 부교는 소련군이 1962년 채용한 조립식 부교다. 내하중 20t(차도폭 3.29m)과 60t(차도폭 6.5m)의 두 종류가 있다. 가교 가능한 길이는, 20t은 최대 382m, 60t은 227m다. KrA-214 트럭에 탑재해 수송·운용했다.

〔GSP-55〕
PT-76과 K-61 수륙양용차 등을 토대로 소련군이 개발한 수상 수송용 자주식 페리. 차체 상부의 페리를 전개해 전차 등을 탑재했다. 옆으로 차체를 연결해 부교로도 사용할 수 있다. 1대당 최대 적재량은 52t.

《시리아군이 골란고원 방어선 공격에 사용한 차량》

이집트군의 수에즈운하 도하에 호응해 벌인 시리아군의 골란고원 방면 공격은 '소마지노선'이라고 불리는 대전차호와 지뢰 지대로 수비하는 이스라엘군의 방위 진지를 돌파해야 했다. 시리아군은 이러한 대전차 장애물에 대응하기 위해 가교 전차와 지뢰 제거장치를 장비한 전차를 투입했다.
시리아군의 3개 보병사단과 이를 지원하는 2개 기갑사단이 10월 6일 골란고원을 침공했다. 이스라엘 측의 대전차 장애물에 의한 혼란도 생겼으나 다음 날인 7일에는 방어 지대를 넘어 계속 침공했다.

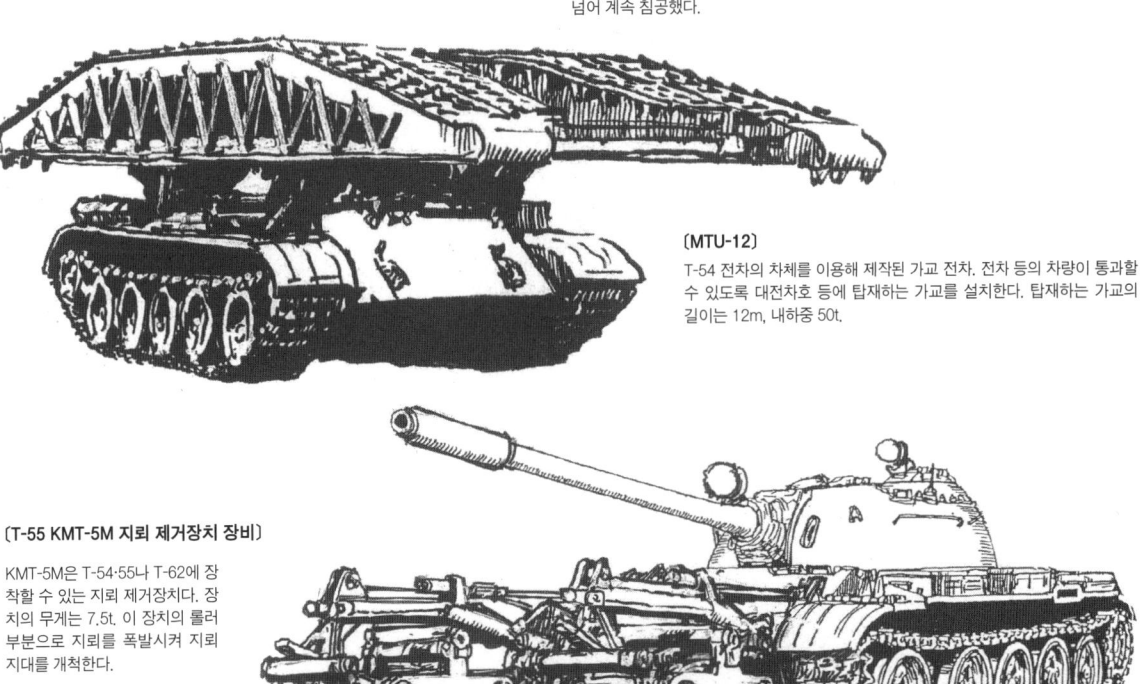

〔MTU-12〕
T-54 전차의 차체를 이용해 제작된 가교 전차. 전차 등의 차량이 통과할 수 있도록 대전차호 등에 탑재하는 가교를 설치한다. 탑재하는 가교의 길이는 12m, 내하중 50t.

〔T-55 KMT-5M 지뢰 제거장치 장비〕
KMT-5M은 T-54·55나 T-62에 장착할 수 있는 지뢰 제거장치다. 장치의 무게는 7.5t. 이 장치의 롤러 부분으로 지뢰를 폭발시켜 지뢰 지대를 개척한다.

격전! 골란고원

(시리아군 포병부대)

고고고...

쏴라!

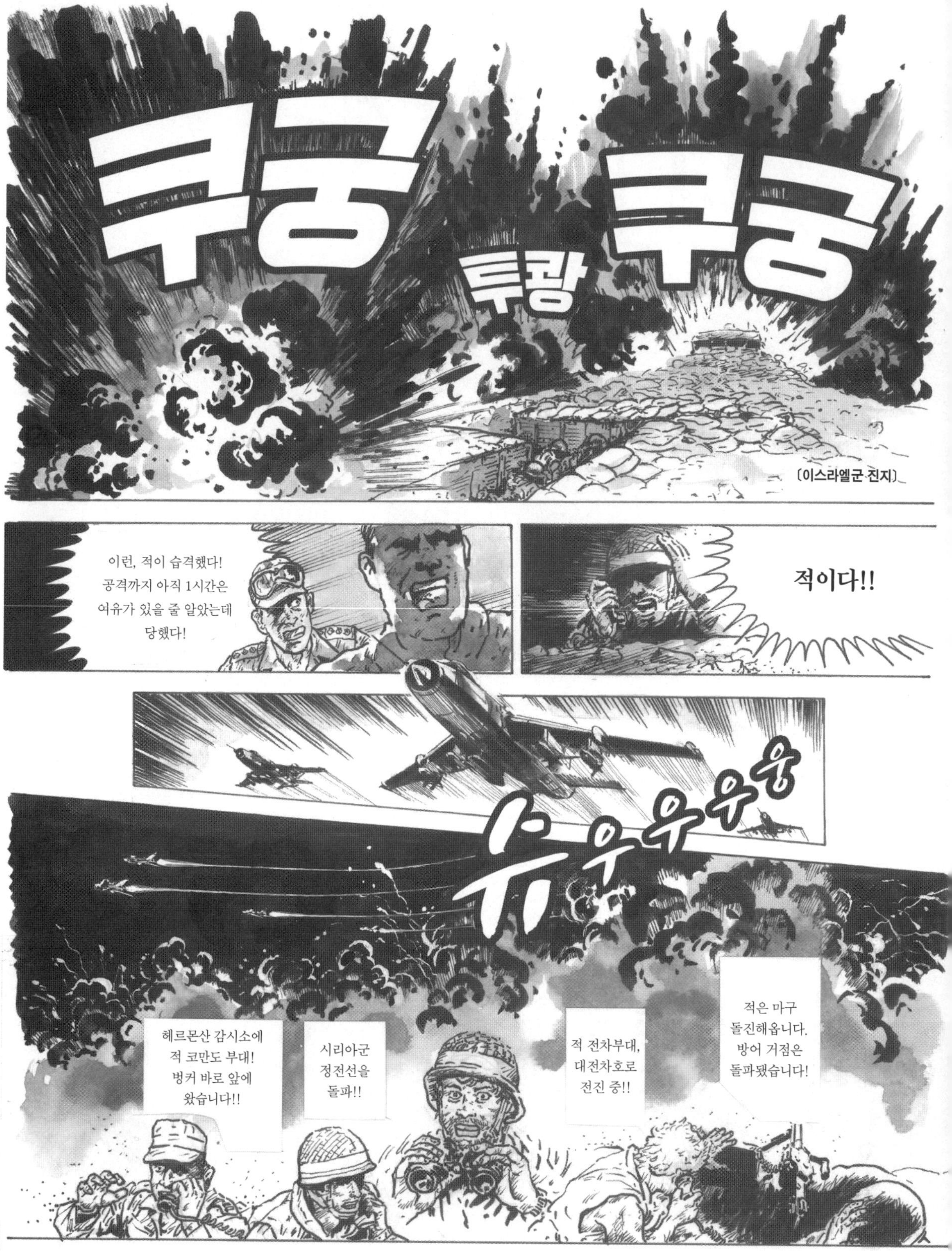

〔이스라엘군 전차부대〕

그나저나 증원 부대의 전차는 5대뿐입니까?

골란고원을 빼앗기면 이스라엘은 대위기라고요.

전선은 상당히 고전하고 있다더군. 신형 T-62 전차도 튀어나왔다고 해.

이 주변에는 적 코만도가 헬리콥터로 내려왔다고 하니 경계해!

저 녀석들을 봐…. 완전히 의욕을 잃은 게 마치 몽유병 환자 같아….

멀쩡한 차량도 내버려졌고…. 적의 선제공격이 상당히 타격이 컸나 보지.

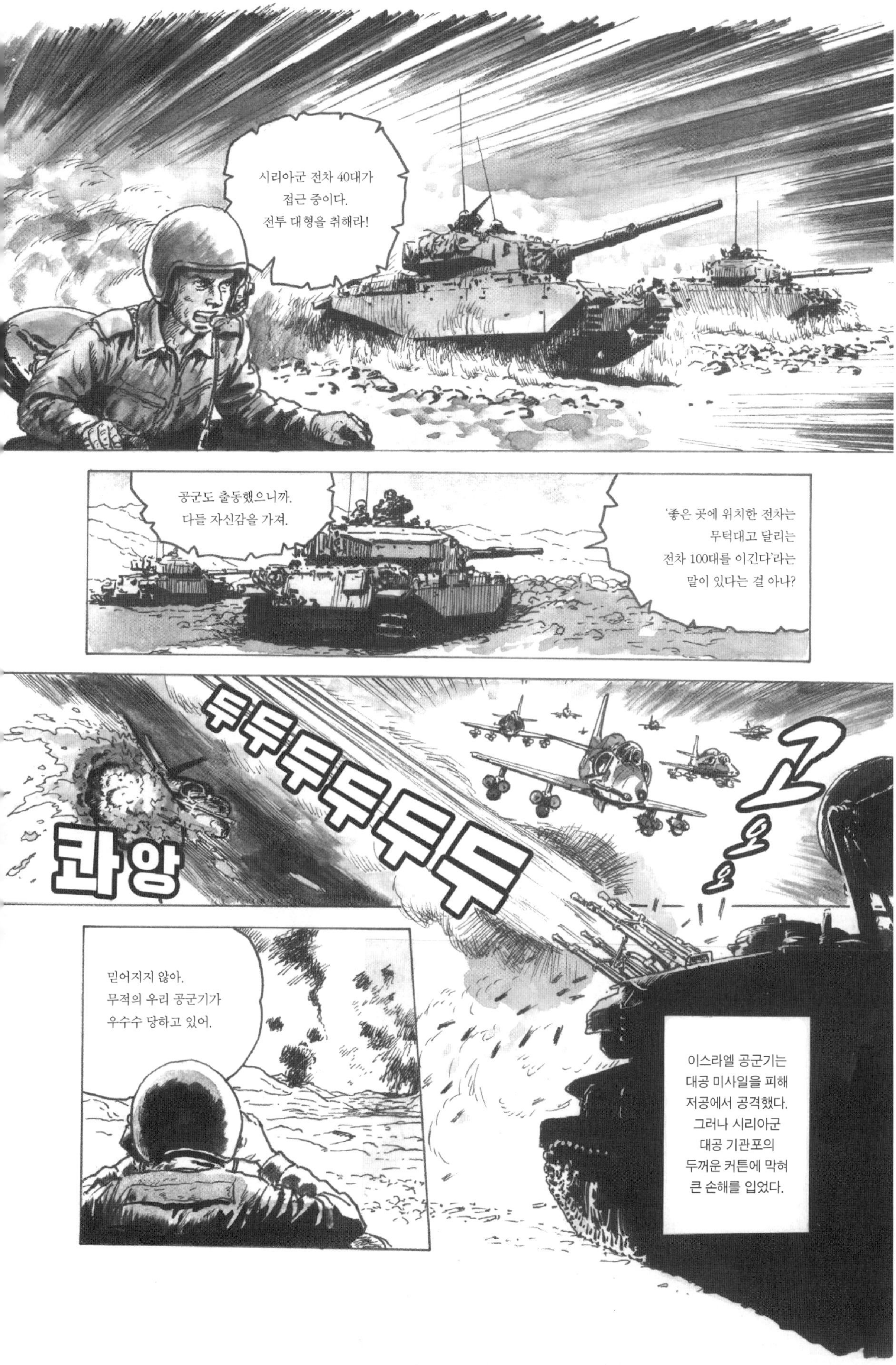

온다, 전투 준비!

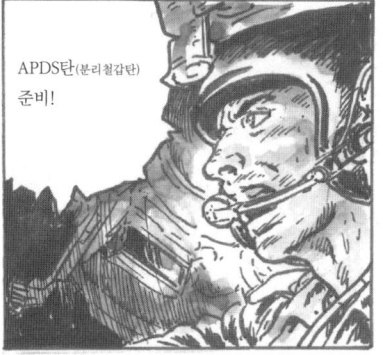
APDS탄(분리철갑탄) 준비!

목표 포착!

거리 2,000!

적이다!

쳐부숴라!
전 차량 돌격!!

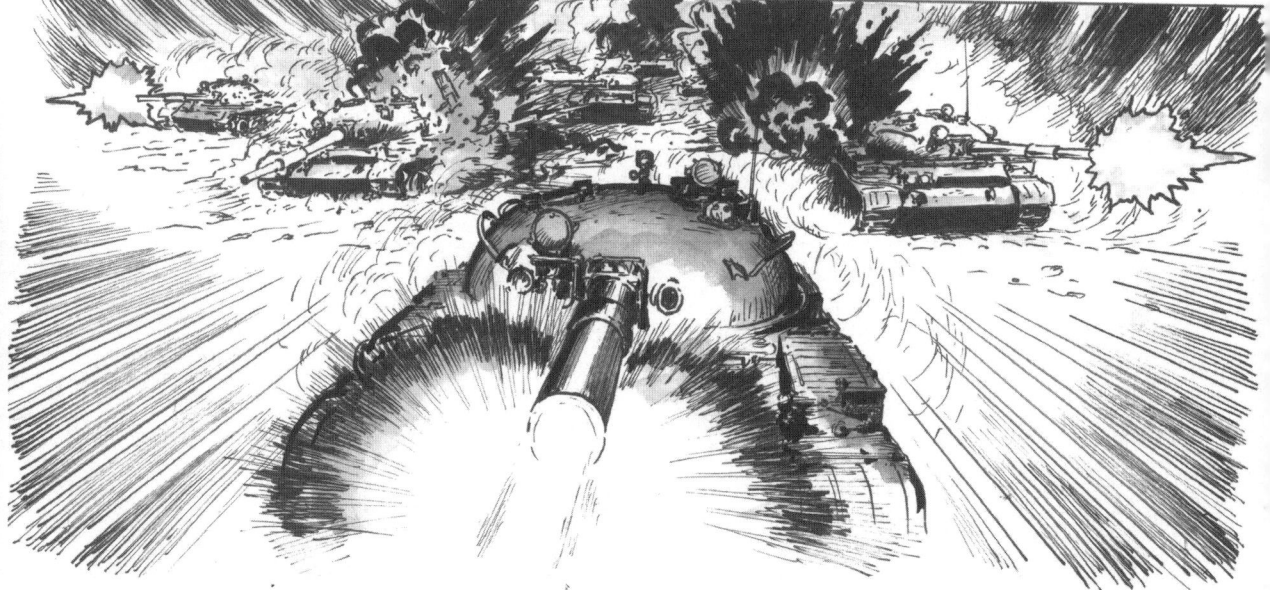

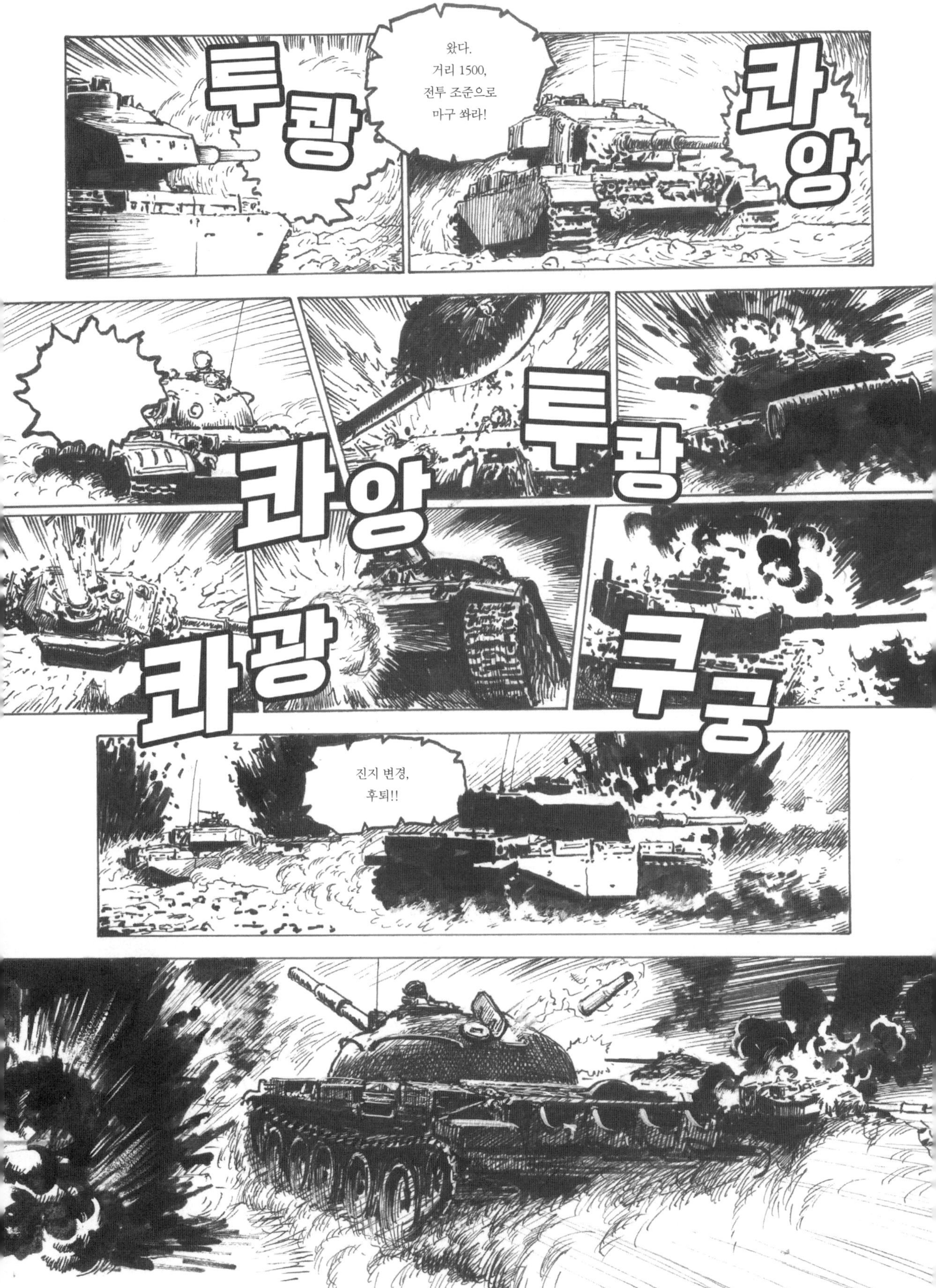

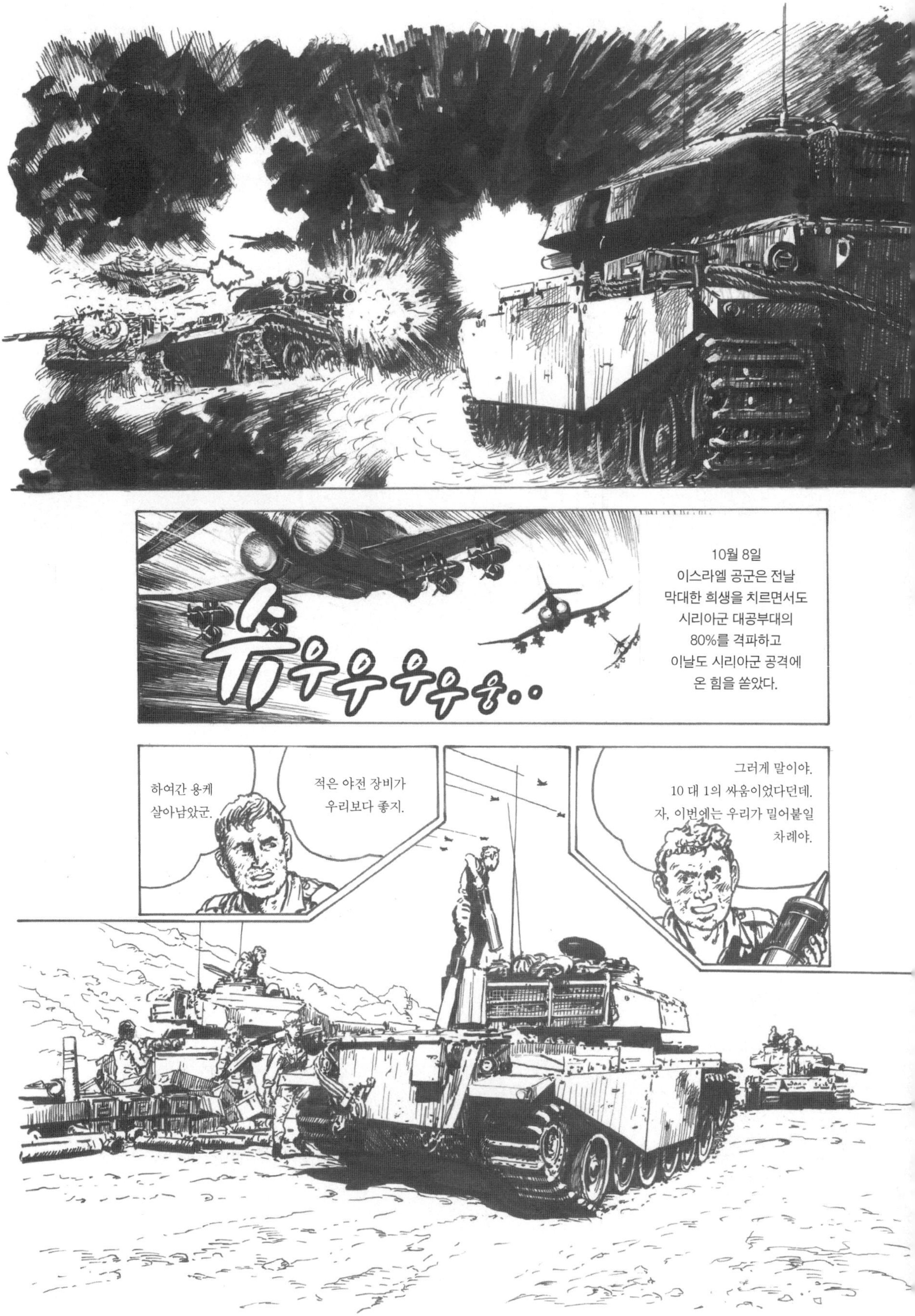

10월 8일 이스라엘 공군은 전날 막대한 희생을 치르면서도 시리아군 대공부대의 80%를 격파하고 이날도 시리아군 공격에 온 힘을 쏟았다.

하여간 용케 살아남았군.

적은 야전 장비가 우리보다 좋지.

그러게 말이야. 10 대 1의 싸움이었다던데. 자, 이번에는 우리가 밀어붙일 차례야.

1973년 10월 7~9일의 전투에서 전장은
이스라엘군과 시리아군 쌍방의 전차 260대,
그 외 차량 200대 이상의 잔해로 가득했다.
이 전차의 무덤은 '눈물의 계곡'이라고 불렸다.

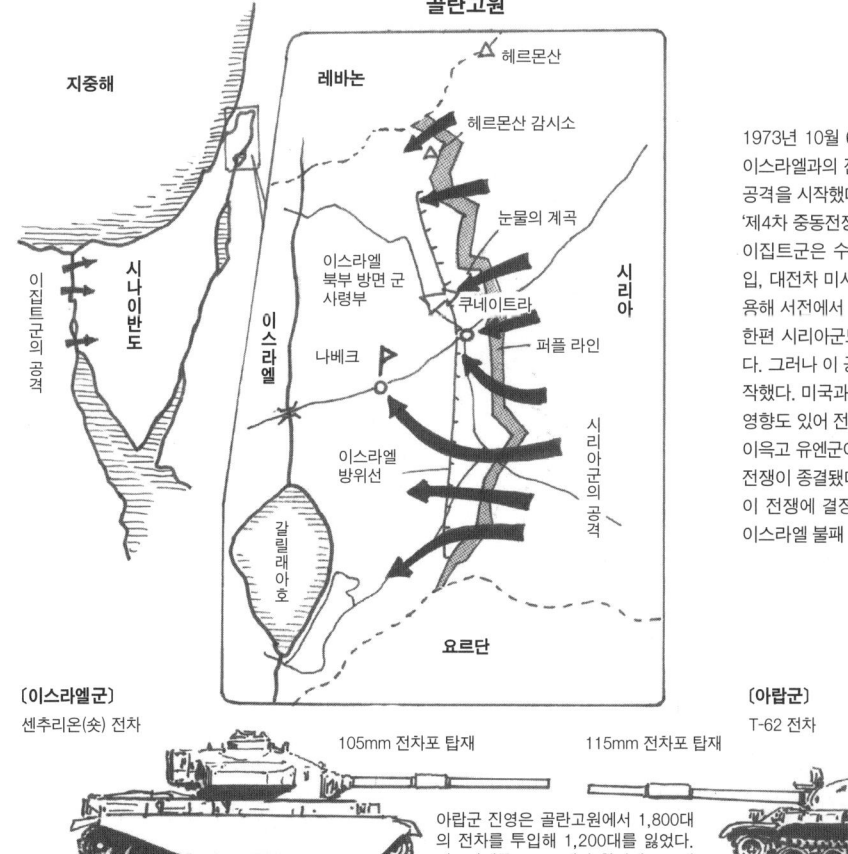

1973년 10월 6일 아랍 진영은 과거 세 번에 걸친 이스라엘과의 전쟁에서 패한 것을 설욕하고자 기습 공격을 시작했다.
'제4차 중동전쟁'이 발발한 것이다.
이집트군은 수에즈운하를 건너 시나이반도에 돌입, 대전차 미사일과 대공 미사일을 효율적으로 활용해 서전에서 이스라엘군을 압도했다.
한편 시리아군도 대기갑부대로 골란고원을 침공했다. 그러나 이 공격을 버틴 이스라엘군이 반격을 시작했다. 미국과 소련이 양 진영에 무기 보급을 멈춘 영향도 있어 전투는 열흘 뒤 진정됐다.
이윽고 유엔군이 파견돼 10월 28일에는 제4차 중동전쟁이 종결됐다.
이 전쟁에 결정적인 승패는 없었으나 그때까지의 이스라엘 불패 신화는 무너져버렸다.

〔이스라엘군〕
센추리온(숏) 전차
105mm 전차포 탑재

〔아랍군〕
T-62 전차
115mm 전차포 탑재

아랍군 진영은 골란고원에서 1,800대의 전차를 투입해 1,200대를 잃었다. 이스라엘군은 700대가 참전해 350대 이상의 손해를 입었다.

이스라엘군의 전투차량

M113 배리에이션

이스라엘군은 제3차 중동전쟁까지는 병력 수송차나 차륜 전투차량으로서 M2·M3 하프트랙을 토대로 한 다양한 차량을 사용했다. 1972년 미국이 대량의 M113 병력수송장갑차를 제공해 이스라엘군의 주력 범용 장갑차량은 M2·M3 하프트랙 시리즈에서 M113 시리즈로 바뀌었다. 이스라엘군에서는 가장 많은 시기에는 약 6,000대의 M113 시리즈를 운용했으며, 다른 차량과 마찬가지로 대부분은 증가 장갑이나 장비 추가 등 이스라엘군의 독자적인 개조가 더해졌다.

《표준적인 M113 패밀리》

〔M113 병력수송장갑차〕

미국에서 1950년대에 개발하기 시작해 1960년 제식 채용했다. 서방 각국의 표준 차량으로서 많은 나라가 채용했으며 파생형도 다양하다.

전체 길이: 4.864m
전폭: 2.6861m
전고: 2.496m
무게: 10.4t
엔진: 크라이슬러 75M V형 8기통 액랭 가솔린
무장: M2 12.7mm 중기관총×1
장갑 두께: 28.6~44.5mm
승무원·병력: 2명·11명

〔M577A1 지휘용 장갑차〕

M113의 지휘차형. 승무원이 선 상태로 작업할 수 있도록 병력실 위치를 높이고 내부에 지휘 통신기와 탁자 등을 설치했다. 병력실 전방 바깥에는 통신기재용 발전기도 증설했다. 이스라엘군 사양의 M577 무가프는 차체의 양쪽 하부에 화물 선반을 증설했다.

〔M901 ITV〕

차체 상부에 선회식 TOW 대전차 미사일 발사기를 탑재했다. 발사기 상부에는 BMG-71 TOW 대전차 미사일 2발을 장비했다.

〔M106A1 자주 107mm 박격포〕

병력실을 개조해 상면에 대형 개폐 해치를 설치하고 내부에 설치된 회전대에 107mm 박격포를 탑재했다. 안쪽 좌우에는 포탄 수납 선반도 증설했다.

《이스라엘군 M113 나그매시(젤다) 시리즈》

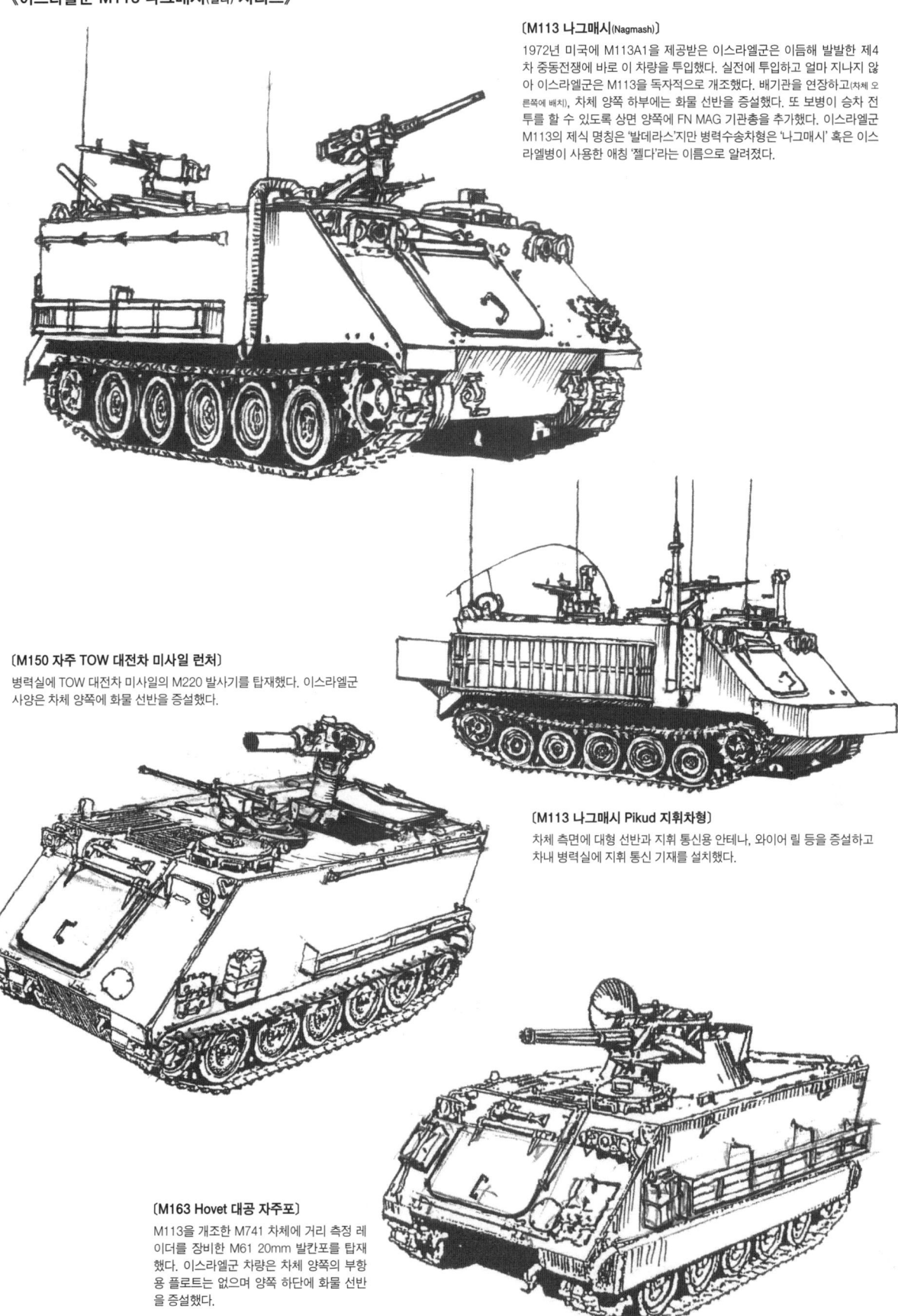

[M113 나그매시(Nagmash)]
1972년 미국에 M113A1을 제공받은 이스라엘군은 이듬해 발발한 제4차 중동전쟁에 바로 이 차량을 투입했다. 실전에 투입하고 얼마 지나지 않아 이스라엘군은 M113을 독자적으로 개조했다. 배기관을 연장하고(차체 오른쪽에 배치), 차체 양쪽 하부에는 화물 선반을 증설했다. 또 보병이 승차 전투를 할 수 있도록 상면 양쪽에 FN MAG 기관총을 추가했다. 이스라엘군 M113의 제식 명칭은 '발데라스'지만 병력수송차형은 '나그매시' 혹은 이스라엘병이 사용한 애칭 '젤다'라는 이름으로 알려졌다.

[M150 자주 TOW 대전차 미사일 런처]
병력실에 TOW 대전차 미사일의 M220 발사기를 탑재했다. 이스라엘군 사양은 차체 양쪽에 화물 선반을 증설했다.

[M113 나그매시 Pikud 지휘차형]
차체 측면에 대형 선반과 지휘 통신용 안테나, 와이어 릴 등을 증설하고 차내 병력실에 지휘 통신 기재를 설치했다.

[M163 Hovet 대공 자주포]
M113을 개조한 M741 차체에 거리 측정 레이더를 장비한 M61 20mm 발칸포를 탑재했다. 이스라엘군 차량은 차체 양쪽의 부항용 플로트는 없으며 양쪽 하단에 화물 선반을 증설했다.

자주포·탄약 운반차

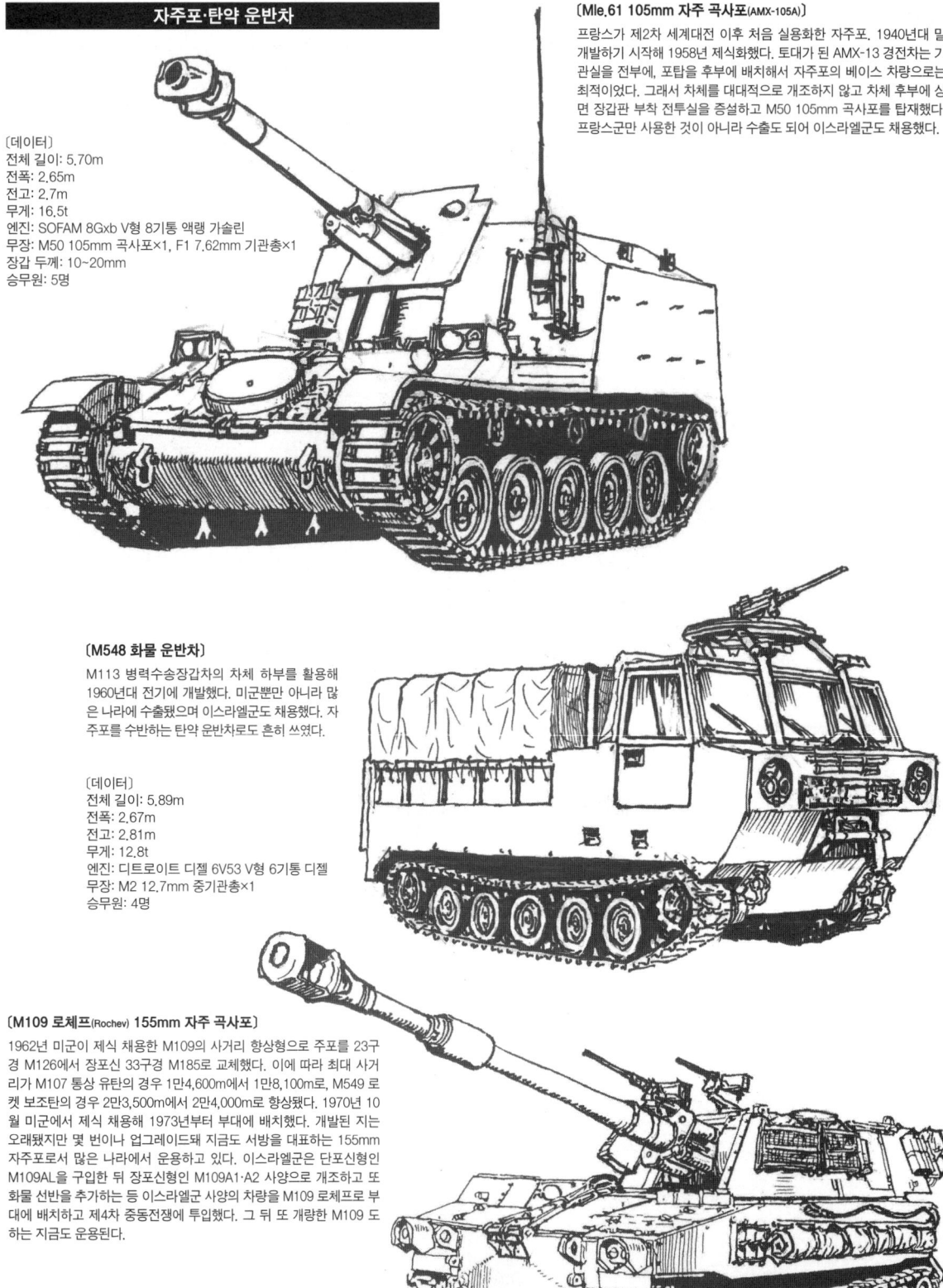

〔Mle.61 105mm 자주 곡사포(AMX-105A)〕

프랑스가 제2차 세계대전 이후 처음 실용화한 자주포. 1940년대 말 개발하기 시작해 1958년 제식화했다. 토대가 된 AMX-13 경전차는 기관실을 전부에, 포탑을 후부에 배치해서 자주포의 베이스 차량으로는 최적이었다. 그래서 차체를 대대적으로 개조하지 않고 차체 후부에 상면 장갑판 부착 전투실을 증설하고 M50 105mm 곡사포를 탑재했다. 프랑스군만 사용한 것이 아니라 수출도 되어 이스라엘군도 채용했다.

〔데이터〕
전체 길이: 5.70m
전폭: 2.65m
전고: 2.7m
무게: 16.5t
엔진: SOFAM 8Gxb V형 8기통 액랭 가솔린
무장: M50 105mm 곡사포×1, F1 7.62mm 기관총×1
장갑 두께: 10~20mm
승무원: 5명

〔M548 화물 운반차〕

M113 병력수송장갑차의 차체 하부를 활용해 1960년대 전기에 개발했다. 미군뿐만 아니라 많은 나라에 수출됐으며 이스라엘군도 채용했다. 자주포를 수반하는 탄약 운반차로도 흔히 쓰였다.

〔데이터〕
전체 길이: 5.89m
전폭: 2.67m
전고: 2.81m
무게: 12.8t
엔진: 디트로이트 디젤 6V53 V형 6기통 디젤
무장: M2 12.7mm 중기관총×1
승무원: 4명

〔M109 로체프(Rochev) 155mm 자주 곡사포〕

1962년 미군이 제식 채용한 M109의 사거리 향상형으로 주포를 23구경 M126에서 장포신 33구경 M185로 교체했다. 이에 따라 최대 사거리가 M107 통상 유탄의 경우 1만4,600m에서 1만8,100m로, M549 로켓 보조탄의 경우 2만3,500m에서 2만4,000m로 향상됐다. 1970년 10월 미군에서 제식 채용해 1973년부터 부대에 배치했다. 개발된 지는 오래됐지만 몇 번이나 업그레이드돼 지금도 서방을 대표하는 155mm 자주포로서 많은 나라에서 운용하고 있다. 이스라엘군은 단포신형인 M109AL을 구입한 뒤 장포신형인 M109A1·A2 사양으로 개조하고 또 화물 선반을 추가하는 등 이스라엘군 사양의 차량을 M109 로체프로 부대에 배치하고 제4차 중동전쟁에 투입했다. 그 뒤 또 개량한 M109 도하는 지금도 운용된다.

〔데이터〕
전체 길이: 9.05m
전폭: 3.15m
전고: 3.28m
무게: 24.07t
엔진: 디트로이트 디젤 8V-71T V형 8기통 액랭 슈퍼차지드 디젤
무장: M185 155mm 곡사포×1, M2 12.7mm 중기관총×1
장갑 두께: 31.75mm
승무원: 6명

《M109 155mm 자주 곡사포의 구조》

〔데이터〕
전체 길이: 9.68m
전폭: 3.92m
전고: 3.24m
무게: 28.85t
엔진: 디트로이트 디젤 8V-71T-LHR
V형 8기통 액랭 슈퍼차지드 디젤
무장: M284 155mm 곡사포×1,
M2 12.7mm 중기관총×1
장갑 두께: 31.75mm
승무원: 4명

※ M109A1도 주포 이외는 같다.
① 155mm 곡사포
② 포미
③ M2 12.7mm 중기관총
④ 155mm 유탄 수납 선반
⑤ 155mm 유탄 수납 후부 선반
⑥ 155mm 유탄 수납 전부 선반
⑦ 엔진
⑧ 변속기
⑨ 기동륜

〔M992 야전 화포 탄약 지원차〕
M109와 함께 개발된 탄약 운반차. M109를 토대로 하며 선회 포탑을 폐지하고 차체 후부에 대형 구조물을 증설했다. 내부에는 155mm 포탄(탄두, 장약, 신관)의 수납고와 탄약 급탄장치가 설치됐으며 탄약을 보급할 때는 후부의 벨트 컨베이어를 통해 M109 자주포에 최대 6발의 탄약을 자동으로 보급할 수 있다.

〔M107 175mm 자주포〕
미군의 요청으로 1956년 1월 개발하기 시작했다. 1961년 3월 제식 채용해 1980년 5월까지 524대를 생산했다. M107은 작은 차체와는 어울리지 않을 만큼 커다란 장포신 64.5구경 M113 175mm 캐논포를 탑재했으며, 통상탄 사용 자주포로서는 서방 최장인 최대 사거리 3만2,700m라는 성능을 지녔다. 차내에 탑재하는 탄약의 수가 고작 2발이었기 때문에 운용할 때는 탄약 보급 차량(미군에서는 M548 화물 수송차)을 반드시 수반해야 했다. 이스라엘군은 약 200대를 도입해 제4차 중동전쟁에 사용했다.

M4 베이스 파생 차량

〔M32 전차회수차〕

제2차 세계대전 중인 1943년 제식화된 M4 베이스 전차회수차. 포탑을 떼어내고 그곳에 포탑형 구조물을 증설했으며 차체 내부에 윈치를, 차체 전부에 A프레임형 대형 크레인을 장비했다. 세계대전 이후에도 M4와 함께 세계 각국에 제공됐다. 이스라엘에서는 M1 및 M50 슈퍼 셔먼을 토대로 M32에 준한 개조를 한 전차회수차(이들도 M32라고 불린다)가 만들어졌다.

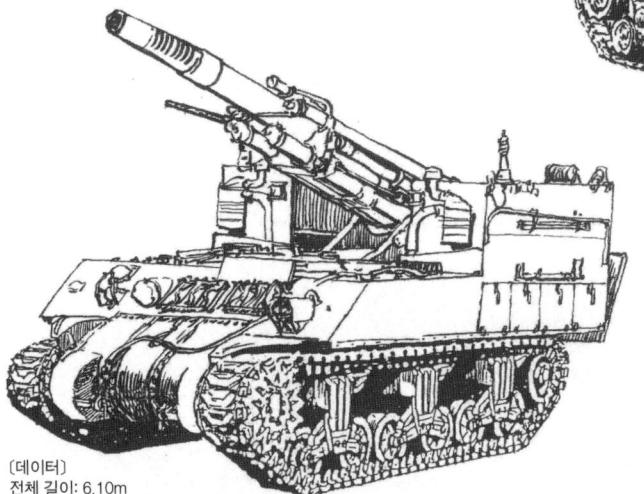

〔M50 155mm 자주 곡사포〕

M4 차체를 토대로 하지만 전부 오른쪽에 기관실, 전부 왼쪽에 조종실을 두고 후부에 오픈탑식 전투실을 설치했다. 전투실 전부에 M50 155mm 곡사포를 탑재하고 부무장으로 좌우에 FN MAG 기관총 혹은 M2 중기관총을 장비했다. 1963년부터 이스라엘군 부대에 배치해 제3차 중동전쟁에 투입했다. 또 엔진을 교체한 개량형이 제4차 중동전쟁에도 투입됐다.

〔데이터〕
전체 길이: 6.10m
전폭: 2.98m
전고: 2.80m
무게: 31t
엔진: 커민스 VT8-460-B1 V형 8기통 액랭 디젤
무장: M50 155mm 곡사포×1, FN MAG 7.62m 기관총 또는 M2 12.7mm 중기관총×2
승무원: 8명

〔L33 155mm 자주 곡사포〕

이스라엘의 솔탐사와 핀란드의 탐펠라사가 공동 개발한 M68 155mm 곡사포를 탑재한 M4 베이스의 자주포. 차체 중앙의 포탑 링을 막고 그 위에 M68을 설치해 차체 상부 전체를 둘러싸는 형태로 밀폐식 전투실을 설치했다. 엔진은 커민스사제 VT8-460-B1으로 교체하고 서스펜션은 HVSS를 사용했다. 1973년 초부터 부대 배치를 시작해 제4차 중동전쟁 때 실전 데뷔했다.

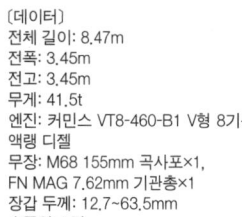

〔데이터〕
전체 길이: 8.47m
전폭: 3.45m
전고: 3.45m
무게: 41.5t
엔진: 커민스 VT8-460-B1 V형 8기통 액랭 디젤
무장: M68 155mm 곡사포×1, FN MAG 7.62m 기관총×1
장갑 두께: 12.7~63.5mm
승무원: 8명

〔M7B1 프리스트 105mm 자주 곡사포〕

이스라엘군은 1960년대 중반 프랑스에서 M7B1을 구입해 1967년까지 이들을 부대에 배치, 1973년 제4차 중동전쟁에 투입했다.

〔마크마트 160mm 자주 박격포〕

1960년대 후반에 M4 전차를 토대로 개발한 자주 박격포. 1969년부터 이스라엘의 솔탐사가 개발해 1970년대 초부터 부대에 배치됐다. 베이스 차체는 M50 슈퍼 셔먼 전차와 프랑스에서 구입한 M7B1 105mm 자주 곡사포를 사용했으며, 차체 상부 전체를 둘러싸는 오픈탑식 전투실을 설치했다. 전투실 안 최전부에 솔탐사제 M66 160mm 박격포를 탑재하고 부무장으로 전투실 전면 오른쪽에 M2 12.7mm 중기관총을, 좌우 양쪽에 FN MAG 7.62mm 기관총을 장비했다. 엔진은 커민스사제 VT8-460-B1 디젤 엔진으로 변경했으며 바퀴 부분은 HVSS 서스펜션이다.

〔데이터〕
전체 길이: 6.02m
전폭: 2.87m
전고: 2.95m
무게: 22.7t
엔진: 포드 GAA V형 8기통 액랭 가솔린
무장: M2A1 105mm 곡사포×1, M2 12.7mm 중기관총×1
장갑 두께: 12.7~107.95mm
승무원: 7명

M60 시리즈

이스라엘군은 미국에서 M48에 이어 미국제 전후 제2세대 주력 전차인 M60을 제공받아 제4차 중동전쟁에 센추리온, M48과 함께 주력 전차로 투입했다. 이스라엘군은 M60에 E-60이라는 형식명을 사용했으며 M60은 E-60, M60A1은 E-60A, 도저 블레이드를 장비한 A1은 E-60AD, M60A3은 E-60B가 되었다. 또 우르단 큐폴라로 변경하는 등 이스라엘이 독자로 개조한 차량은 M48처럼 '마가크'라는 명칭을 부여해 M60 개조형은 마가크6, M60A1 개조형은 마가크6A, M60A1 RISE 개조형은 마가크6B, M60A3 개조형은 마가크6C가 되었으며 또 세부 사양을 변경한 6B 갈·갈 베테시·바즈, 6R, 6M 등도 있다. 또 장갑 방어 강화형에는 마가크 7A·7B·7C라는 명칭이 지어졌다. 그 뒤에도 M60은 M48과 함께 꾸준히 개량돼 메르카바 전차가 부대 배치되는 1980년대 초까지는 센추리온과 함께 이스라엘군 주력 전차로 운용됐다.

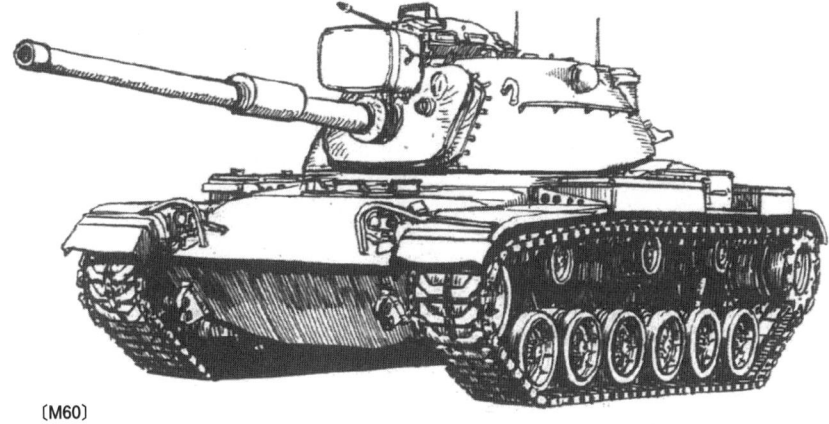

〔M60〕
M48과 같은 귀갑형 주조 포탑을 단 M60 시리즈 최초의 양산형. 1959년부터 생산돼 1962년까지 1,000대 이상 제조됐다. 엔진은 650hp의 AVDS-1790-2를 탑재했다.

〔데이터〕
전체 길이: 9.31m
전폭: 3.63m
전고: 3.21m
무게: 46.3t
엔진: 콘티넨털 AVDS-1790-2 V형 12기통 공랭 터보 차지드 디젤
장갑 두께: 12.7~177.8mm
무장: M68 105mm 전차포×1, M73 7.62mm 기관총×1, M85 12.7mm 중기관총×1
승무원: 4명

《M60 시리즈의 변천》

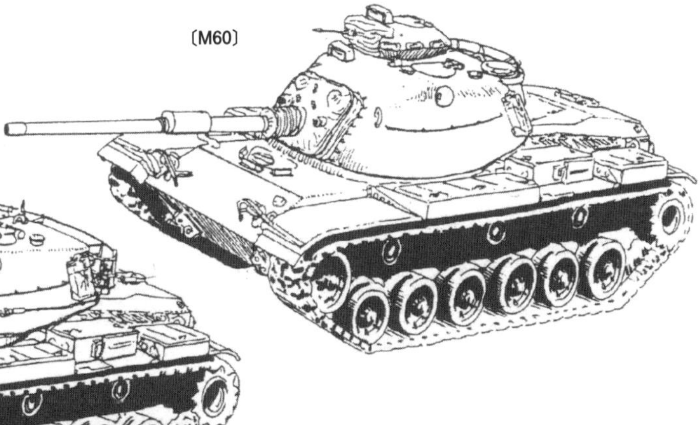

〔M60A1〕
1962년부터 생산됐다. 포탑은 정면 피탄 면적을 감소시킨 신형 롱노즈형으로 변경했다. 변속기를 개량하면서 엔진도 고출력형 AVDS-1790-2SA(750hp)를 탑재했다.

〔M60〕

NBC 방어 성능을 향상하기 위해 에어클리너를 신형으로 바꾸었다.

엔진을 AVDS-1790-2C로 변경했다.

〔M60A1 REISE〕
M60A1의 근대화 개조형. 주포 안정장치, 서치라이트, 에어클리너, 엔진, 캐터필러 등을 신형으로 변경하고 연막탄 발사기 추가, 공축기관총 변경 등도 실시했다. 1971~1979년에 약 5,000대를 A1 RISE로 개조했다.

《차외 장비 변화》

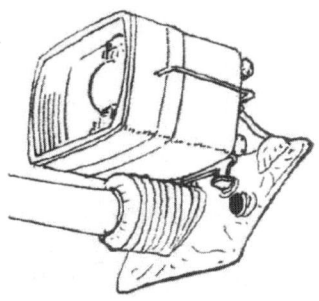

M60, M60A1에 장비된 GE사제 AN·VSS-1 24인치 서치라이트

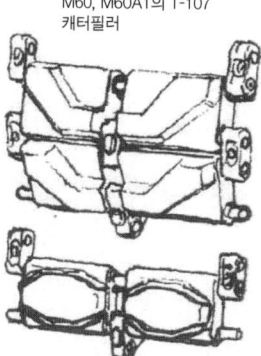

M60, M60A1의 T-107 캐터필러

M60A1 RISE의 T-142 캐터필러

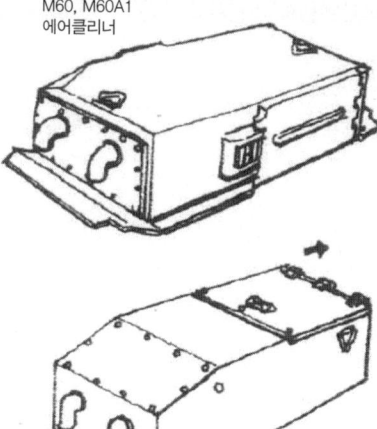

M60, M60A1 에어클리너

M60A1 RISE의 신형 에어클리너

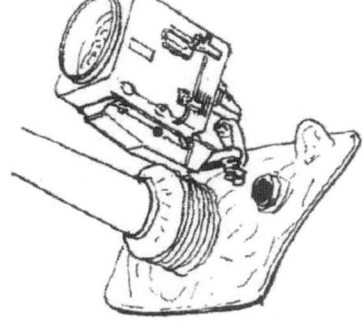

M60A1 RISE에 장비된 소형 AN·VSS3A 서치라이트

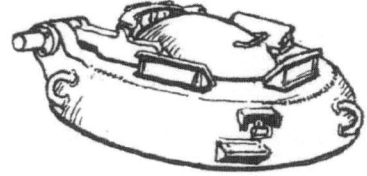

이스라엘 마가크에 사용된 우르단사제 차장용 큐폴라.

차외 전화기

《M60 차내 구조》

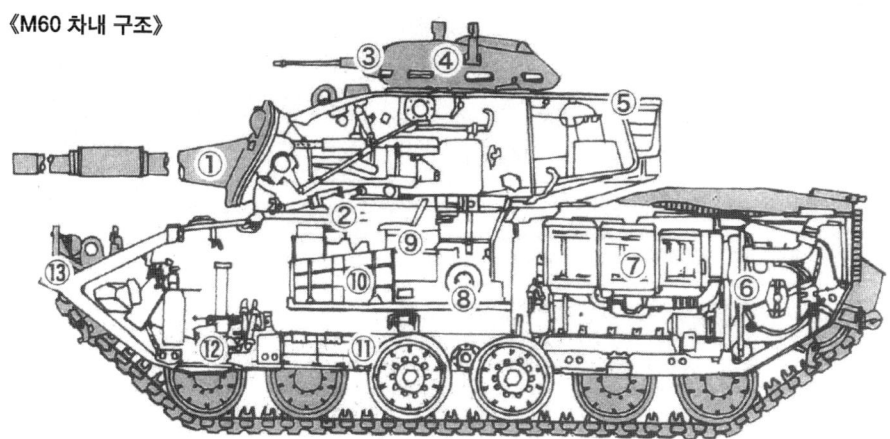

① M68 105mm 전차포
② 전자기기
③ M85 12.7mm 차재 중기관총
④ 차장용 큐폴라
⑤ 화물용 바스켓
⑥ 조향 변속기
⑦ 엔진
⑧ 상부 지지 전륜
⑨ 포수석
⑩ 105mm 포탄 선반
⑪ 가교장치
⑫ 조종수석
⑬ 헤드라이트

《M60의 파생형》

[M728 CEV]
M60A1을 토대로 한 전투 공병차. 주포를 M135 165mm포로 변경, 차체 전부에는 D7 도저 블레이드 또는 지뢰 처리장치를 장착할 수 있다. 그림은 D7 도저 블레이드를 장착한 상태.

[M60 AVLB]
포탑을 제거한 M60 차체에 접이식 가교를 설치한 가교 전차.

아랍 각국군의 신형 전투차량

소련제 T-62 전차

〔데이터〕
전체 길이: 9.34m
전폭: 3.33m
전고: 2.40m
엔진: V-55V V형 12기통 액랭 디젤
장갑 두께: 20~242mm
무장: U-5TS 115mm 활공포×1, PKT 7.62mm 기관총×1, DShKM 12.7mm 중기관총×1
승무원: 4명

1960년대 후기부터 소련 주력 전차는 T-55 시리즈부터 전후 제2세대 주력 전차인 T-62로 이행했다. T-62는 1962년 7월부터 생산돼 1975년까지 약 2만 대가 생산됐다. 또 T-55처럼 체코슬로바키아에서도 라이선스로 생산돼 1,500대를 완성했으나 이들은 모두 소련과 중동 각국에 수출됐다. 중동에서는 제4차 중동전쟁 때 이집트군과 시리아군이 처음으로 T-62를 실전 투입했다. 서방의 105mm 전차포 화력을 능가하는 115mm 활공포를 탑재한 동방 최신예 전차인 T-62는 이스라엘군 전차를 거뜬히 웃도는 성능을 지녔으나 전차병의 기량이 우수한 이스라엘군에 참패해 다수의 T-62를 잃었다. 이스라엘군은 주로 골란고원 전투에서 시리아군으로부터 100대 이상의 T-62를 노획하고 그중 일부는 T-55, 티란 5와 마찬가지로 이스라엘군 사양으로 개조(주포는 그대로 둠)해 티란 6와 신편 제320 예비역 기갑여단에 집중 배치했다. 단 티란 5와는 달리 티란 6은 실전에서 사용하지 않았다.

《T-62 차내 구조》

① U-5TS 115mm 활공포
② L-2G 서치라이트
③ PKT 7.62mm 공축기관총 (포미 오른쪽)
④ 장전수용 해치
⑤ 대공용 DShK 12.7mm 중기관총
⑥ 탄피 배출구
⑦ 배연기
⑧ 외부 연료탱크
⑨ 엔진
⑩ 라디에이터
⑪ 증가 연료탱크
⑫ 험지 탈출용 통나무
⑬ 엔진 배기구
⑭ 보조 윤활유 탱크
⑮ 차장석
⑯ 차장용 조준 페리스코프
⑰ 포수용 조준 페리스코프
⑱ 포수석
⑲ 조종수석
⑳ 잡화 상자

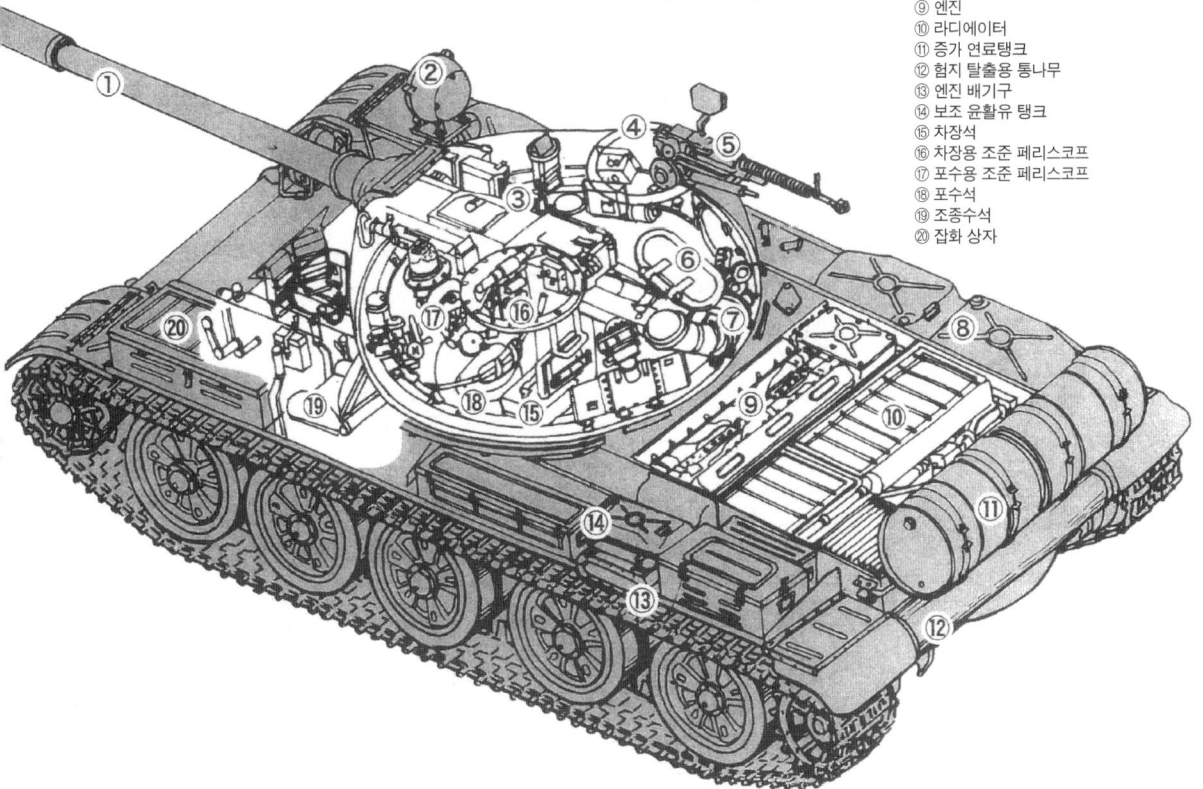

소련제 BMP-1

《BMP-1 보병 전투차》

〔데이터〕
전체 길이: 6.46m
전폭: 2.94m
전고: 1.88m
무게: 12.6t
엔진: UTD-20 V형 6기통 액랭 디젤
장갑 두께: 6~26mm
무장: 2A28 73mm 저압 활공포×1, PKT 7.62mm 기관총×1, 9M14M 말류트카 대전차 미사일 발사 런처×1기
승무원·병력: 3명·8명

소련은 1950년대~1960년대 초 보병 전투차 개발에 착수해 1966년 BMP-1을 제식화했다. 보병 전투차는 서독, 프랑스에서 부대 운용이 추진됐으나 당시로서는 아직 새로운 카테고리여서 BMP-1은 탑승 보병이 해치에서 몸을 내밀지 않고 NBC 환경하에서도 차내에서 승차 전투를 할 수 있다는 점에서 획기적인 차량이었다. BMP-1은 1983년까지 파생형을 포함해 보병 전투차로서는 가장 많은 약 2만 대가 만들어져 소련군뿐만 아니라 바르샤바조약기구 가맹국을 필두로 다른 많은 나라에서도 채용됐다. 또 라이선스로 생산한 나라도 있어 체코슬로바키아에서는 약 1만8,000대, 인도에서는 약 800대, 루마니아에서는 약 170~180대가 생산됐다. BMP-1은 중동에도 수출됐으며 최다 보유국이었던 이라크를 필두로 이집트, 이란, 이라크, 시리아 각국에서 운용했다. 제4차 중동전쟁 때는 이집트군 차량 230대, 시리아군 차량 약 100대의 BMP-1이 전장에서 사용됐다. 그러나 T-55나 T-62의 경우처럼 양군 탑승원의 숙련도가 부족하고 대치하는 이스라엘군 병사의 기량이 우수해 BMP-1의 손실은 적지 않았다.

〔BMP-1의 차체 후부〕
후면에 좌우 개폐식 해치를 설치했다. 해치 상부에는 외부 시찰용 페리스코프가 설치됐으며 왼쪽 해치에는 개폐식 건 포트가 설치됐다.

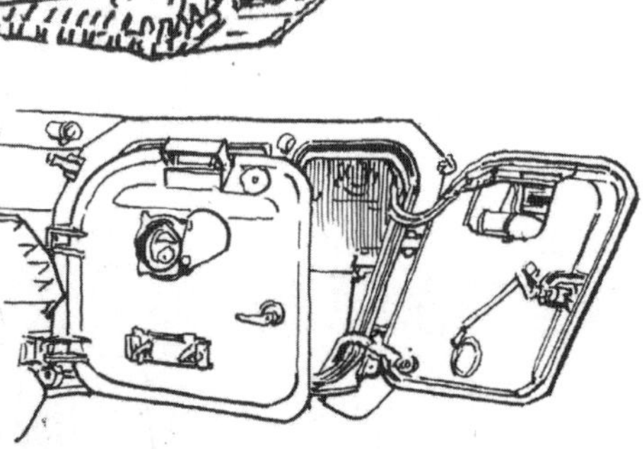

〔BMP-1의 포탑〕
주포는 2A28 73mm 저압 활공포, 오른쪽에는 PKT 7.62mm 공축기관총을 장비했다. 포방패 상부에는 9M14M 말류트카 대전차 미사일의 9S415 발사기를 설치했다. 9M14M은 포방패 바로 뒤의 개폐 해치를 열어 재장전할 수 있다.

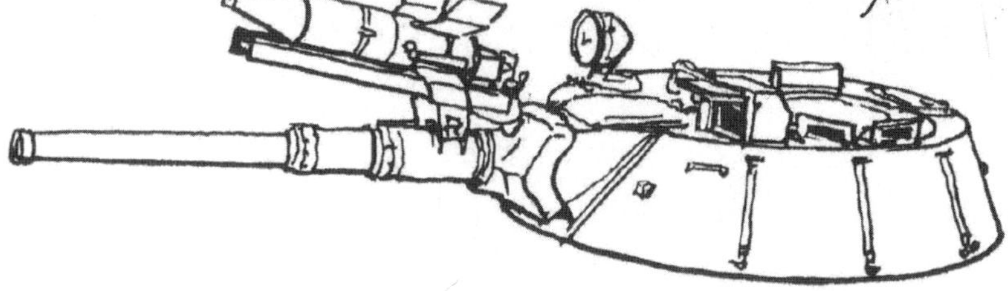

《BMP-1의 차내 구조》

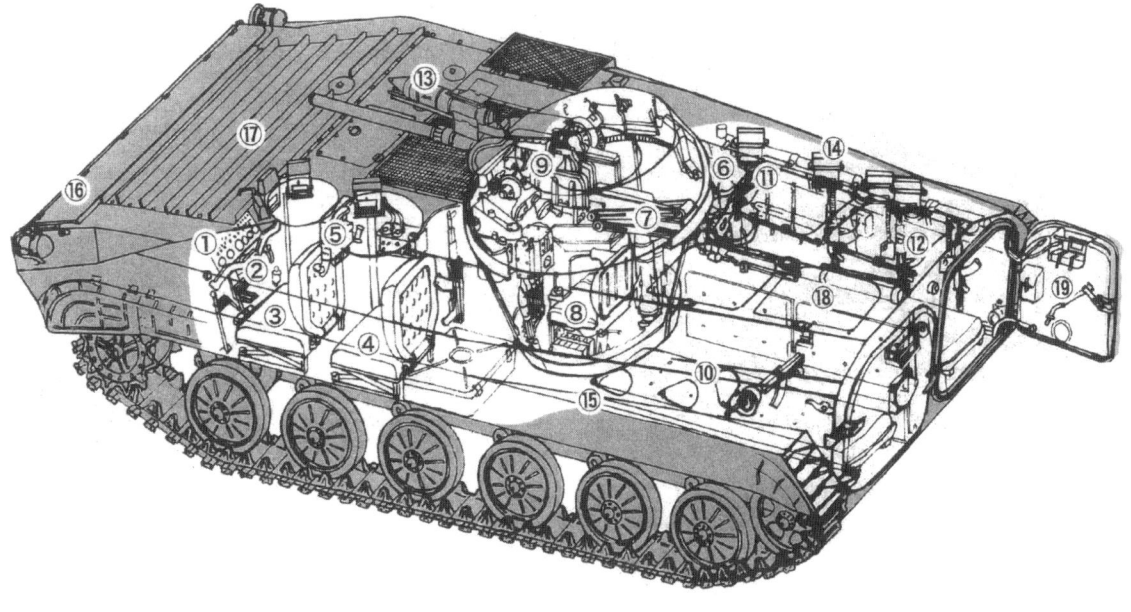

① 계기판
② 조향 핸들
③ 조종수석
④ 차장석
⑤ TKH3 사이트
⑥ 9M14M(차내 수납)
⑦ 양탄장치
⑧ 포수석
⑨ 2A28 73mm 저압 활공포
⑩ 탑승 보병석
⑪ PKM 7.62mm 기관총
⑫ AKM 돌격소총
⑬ 9M14M 대전차 미사일
⑭ 탑승 보병용 페리스코프
⑮ AKM용 건 포트
⑯ 방파판
⑰ 엔진 룸
⑱ 연료탱크
⑲ 승강 해치

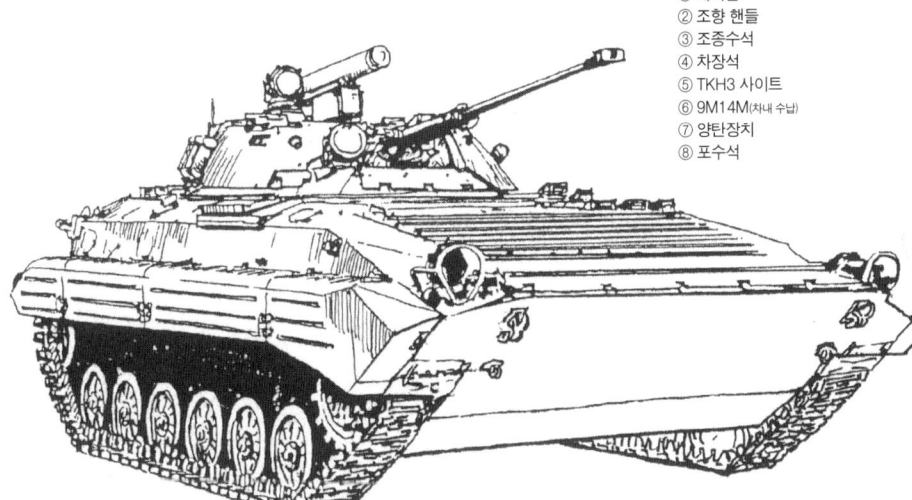

《BMP-2 보병 전투차》

BMP-1의 등장은 서방 각국에 큰 충격을 주어 서독의 마르더와 프랑스의 AMX-10P 등 본격적인 서방제 보병 전투차를 등장시키는 원인이 되었다. 소련군은 서방 보병 전투차의 성능과 개발 동향을 자세히 조사하고 1972년 BMP-1 개량형 개발에 착수했다. 개발 도중 발발한 제4차 중동전쟁 때 이집트 육군, 시리아 육군의 BMP-1 운용 결과에 따라 BMP-1은 허약한 장갑 방어, 73mm 저압 활공포의 낮은 장거리 정확도, 9M14 대전차 미사일 유도 조작의 어려움 등이 판명됐다. 소련군은 그런 문제점을 개선한 신형 시작 차량인 오비트 675를 완성해 1980년 아프가니스탄 전쟁에 시험 투입한 뒤 그해 8월 BMP-2로서 제식 채용했다. BMP-2는 소련, 러시아뿐 아니라 체코슬로바키아와 인도에서 라이선스로 생산돼 모두 약 1만 2,000대가 생산됐다. BMP-1처럼 BMP-2도 소련·러시아제나 구소비에트 연방 각국, 동유럽 등 수많은 나라에서 사용하며 중동에서는 시리아, 요르단, 이란, 쿠웨이트가 채용했다.

〔데이터〕
전체 길이: 6.74m
전폭: 3.15m
전고: 2.07m
무게: 14t
엔진: UTD-20S1 V형 6기통 액랭 디젤
장갑 두께: 6~26mm
무장: 2A42 30mm 기관포×1, PKT 7.62mm 기관총×1, 9M113 콘쿠르스 대전차 미사일 발사 런처×1기
승무원·병력: 3명·7명

《BMP-1·2의 승무원·탑승 보병의 배치》

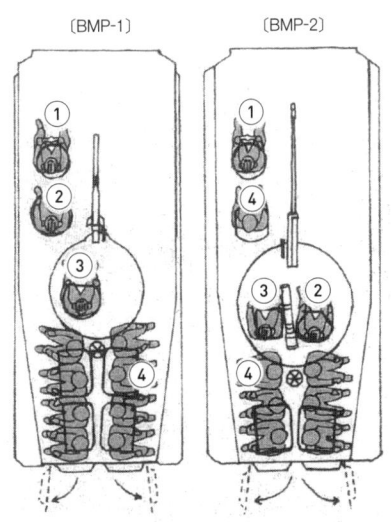

① 조종수 ② 차장 ③ 포수 ④ 탑승 보병

소련 전차 T-62와의 전투 방법

《T-62의 공격 포인트》

[T-62 전차는 왼쪽 전면을 노린다!]
4명의 탑승원 중 3명이 차내 왼쪽에 배치돼 있어서 차체 전부 왼쪽에 명중시키면 조종수를, 포탑 전면 왼쪽이라면 포수와 차장을 살상할 수 있다.

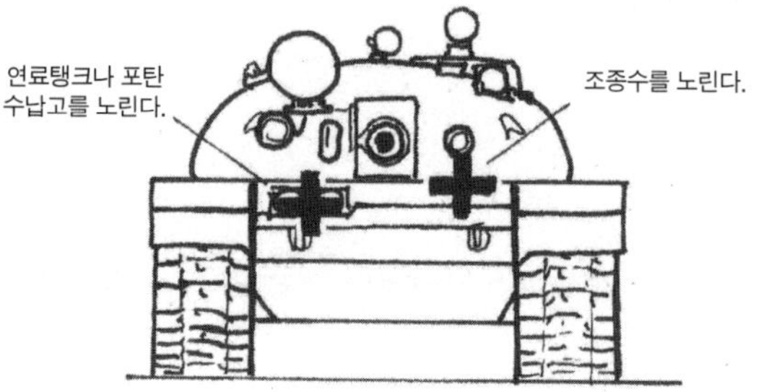

[정면의 공격 포인트]

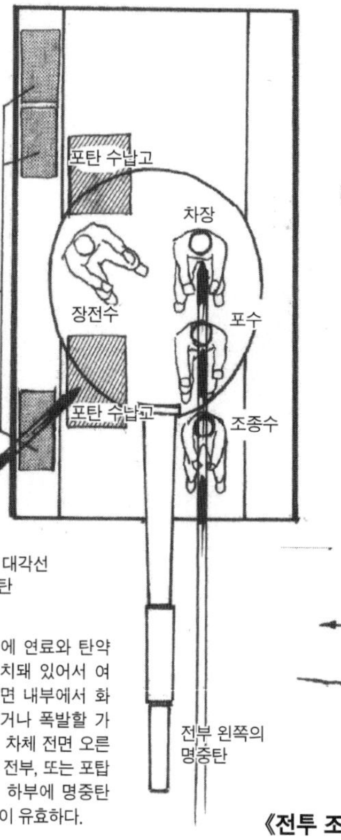

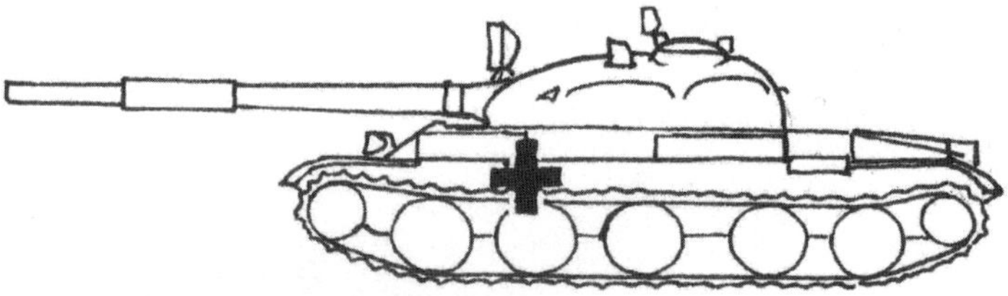

[측면의 공격 포인트]
오른쪽, 왼쪽 관계없이 차체 전면 하부에 조준을 맞추는 것이 가장 확실하다.

차체 오른쪽에 연료와 탄약 수납고가 배치돼 있어서 여기에 피탄하면 내부에서 화재가 일어나거나 폭발할 가능성이 높다. 차체 전면 오른쪽, 오른쪽면 전부, 또는 포탑 전면 오른쪽 하부에 명중탄을 맞히는 것이 유효하다.

《주포의 부앙각》

숏(센추리온) +20°~-10°
T-62 +15°~-3°

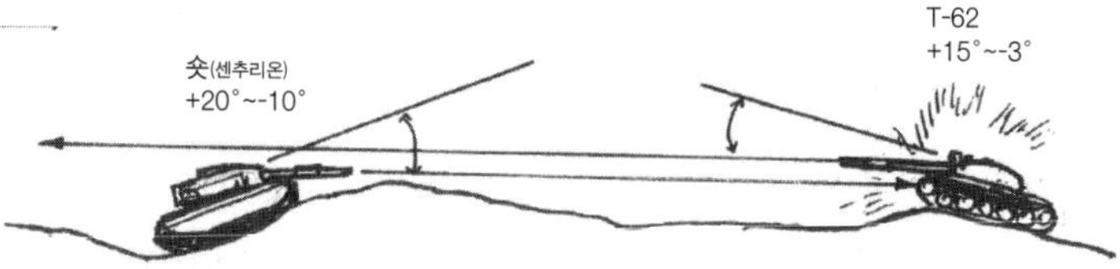

주포 부앙각의 크기는 전투 시 지형에 따라 중요한 의미를 지닌다. 특히 지면의 기복을 이용해 매복 공격을 할 때 앙각을 크게 잡을 수 있는 이스라엘군 전차가 유리해졌다.

《전투 조준》

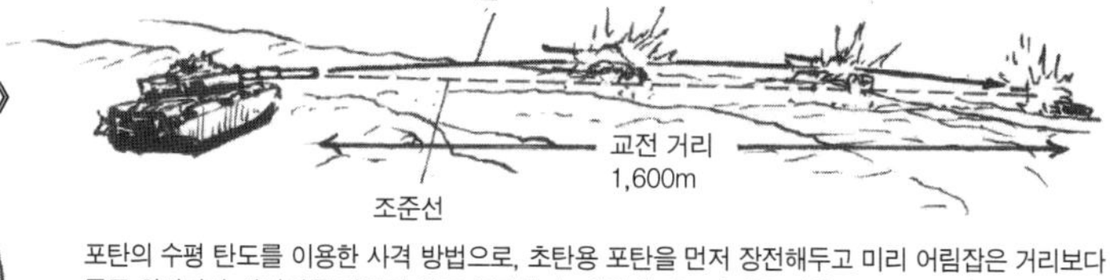

교전 거리 1,600m

포탄의 수평 탄도를 이용한 사격 방법으로, 초탄용 포탄을 먼저 장전해두고 미리 어림잡은 거리보다 안쪽의 적에 목표 하나마다 사거리를 바꾸지 않고 포격한다. 예컨대 이스라엘군 전차 105mm 전차포의 APDS탄은 1,600m, HEAT탄이라면 유효 사거리가 1,100m이며 탄도는 거의 수평이므로 이 유효 사거리 안에 들어온 적 전차라면 어느 위치에 있든 사거리를 변경할 필요가 없다.

《소련제 전차·대전차 병기의 유효 사거리》

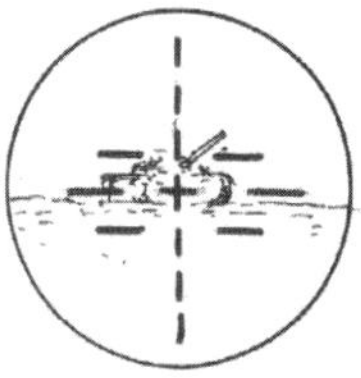

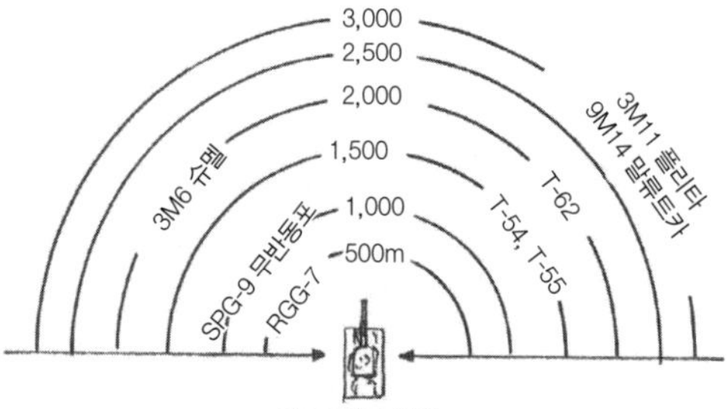

3M6 슈멜 / 3M11 플라이터 / 9M14 말류트카
SPG-9 무반동포 / RPG-7 / T-62 / T-54, T-55

[기본은 자신과 가장 가까운 위치에 있는 적부터 격파하라!]
300m 이내의 RPG-7 사수, 1,000m 이내의 전차, 3,000m 이내의 대전차 미사일은 매우 위험하다.

《전차포탄》

[아랍 각국군이 사용한 포탄]
- 100mm AP탄
- 115mm APDS탄

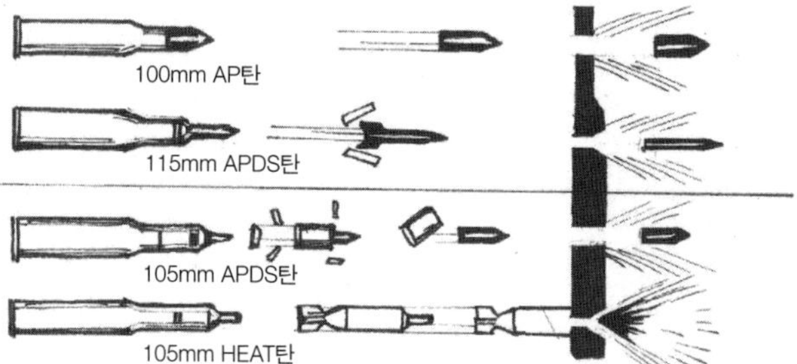

[이스라엘군이 사용한 포탄]
- 105mm APDS탄
- 105mm HEAT탄

제4차 중동전쟁 즈음 이스라엘군 대부분의 전차는 105mm 전차포를 탑재했으며, 이에 대항할 수 있는 T-62의 배치 수는 아랍 각국군 전차의 약 25%였다고 한다.

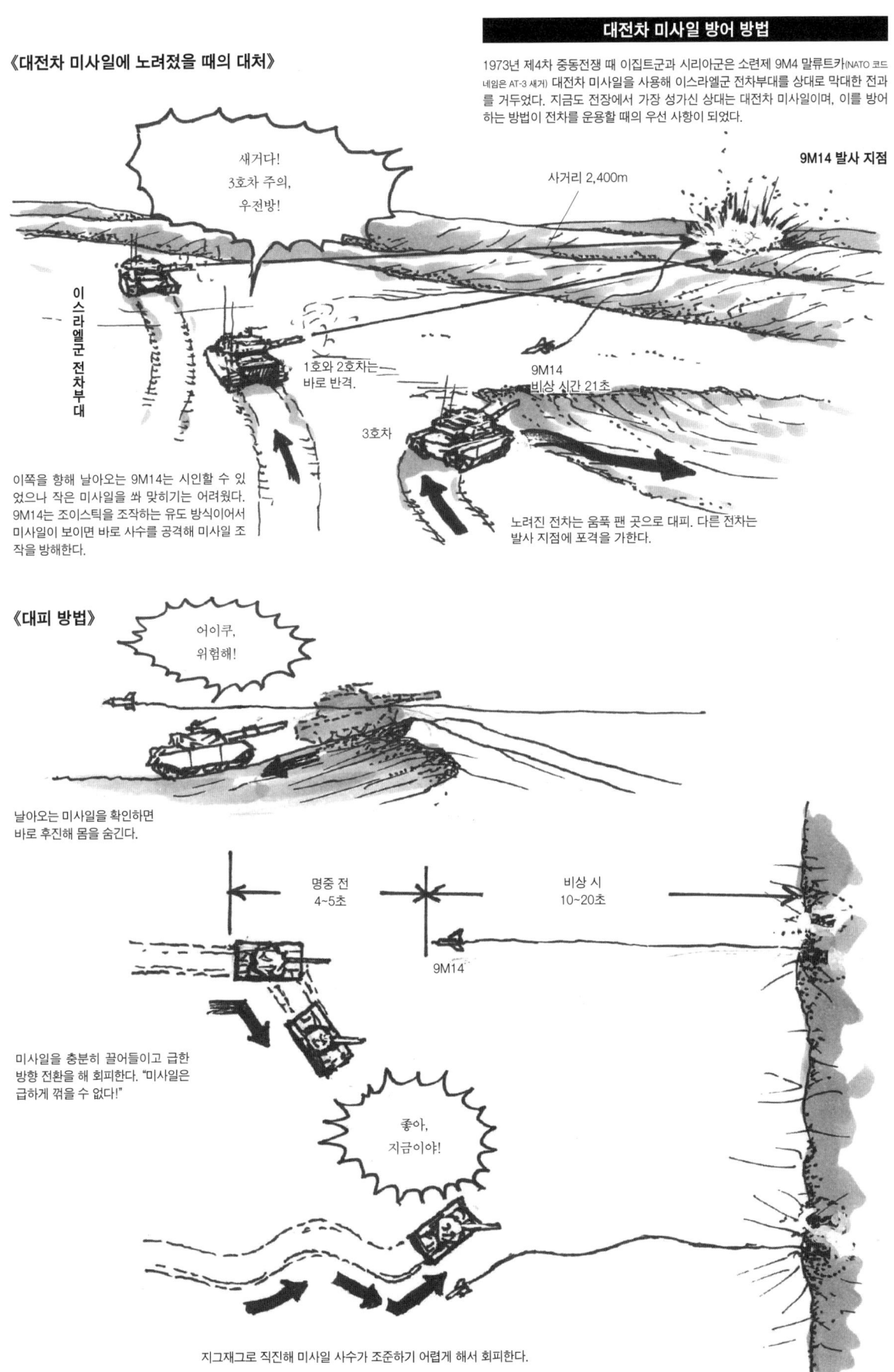

양 진영의 헬멧

이스라엘군의 헬멧

건국 당시부터 1960년대까지 여러 나라의 헬멧을 사용해온 이스라엘군은 1960년대 말 미제 M1 헬멧을 채용해 통일했다. 1970년대에는 국산 모델을 개발하기 시작해 1977년 국산 M76을 채용했다.

M76 헬멧을 쓰고 방탄복을 착용한 1982년 레바논 침공 당시 이스라엘 육군 병사. 채용 당초 M76은 공수부대와 제1선 부대에 우선 배치됐으며, 전 부대에는 1980년대 후반부터 지급됐다.

〔Mk.Ⅱ 헬멧〕
영국군의 헬멧으로 M1을 채용한 뒤 전투부대는 사용하지 않게 되나 1980년경까지 여성 부대 등에서 계속 사용했다.

〔Mk.Ⅲ 헬멧〕
이것도 영국제 헬멧으로 Mk.Ⅱ보다 신형인 모델이었으나 이스라엘군이 사용한 수량은 적었다.

〔M1 헬멧〕
1948년 독립 시기부터 소수가 사용했으나 1967년 이후 제식 채용이 확정되자 1960년대 말기부터는 이스라엘에서 생산되었다.

턱끈은 당초 미제 오리지널과 같았으나 영국군의 Mk.Ⅱ 공수 헬멧과 같은 스타일인 3점식으로 개조돼 국산화에 따라 표준 스타일이 되었다.

〔Mk.Ⅱ 공수 헬멧〕
공수부대나 코만도 부대가 사용했다.

이스라엘 병사는 헬멧 커버나 네트 고정용 고무 밴드를 많이 썼다.

라이너를 이용한 MP 헬멧. 흰 바탕에 빨간색 라인과 헤브라이어 MP 문자가 마킹돼 있다.

〔M1951 헬멧〕
프랑스제 헬멧. 1950년대부터 1960년대까지 일부 부대가 사용했다.

《M76 헬멧》

이스라엘이 1970년대에 개발해 실용화한 세계 최초의 방탄 수지 헬멧. 최초의 모델은 8mm 두께의 강화 유리섬유로 만들어졌다. 첫 실전 사용은 1976년 7월 4일 하이잭 사건 때 인질이 된 승객 탑승원을 우간다의 엔테베 공항에서 구출하는 작전으로, 출동한 특수부대원이 장비했다.

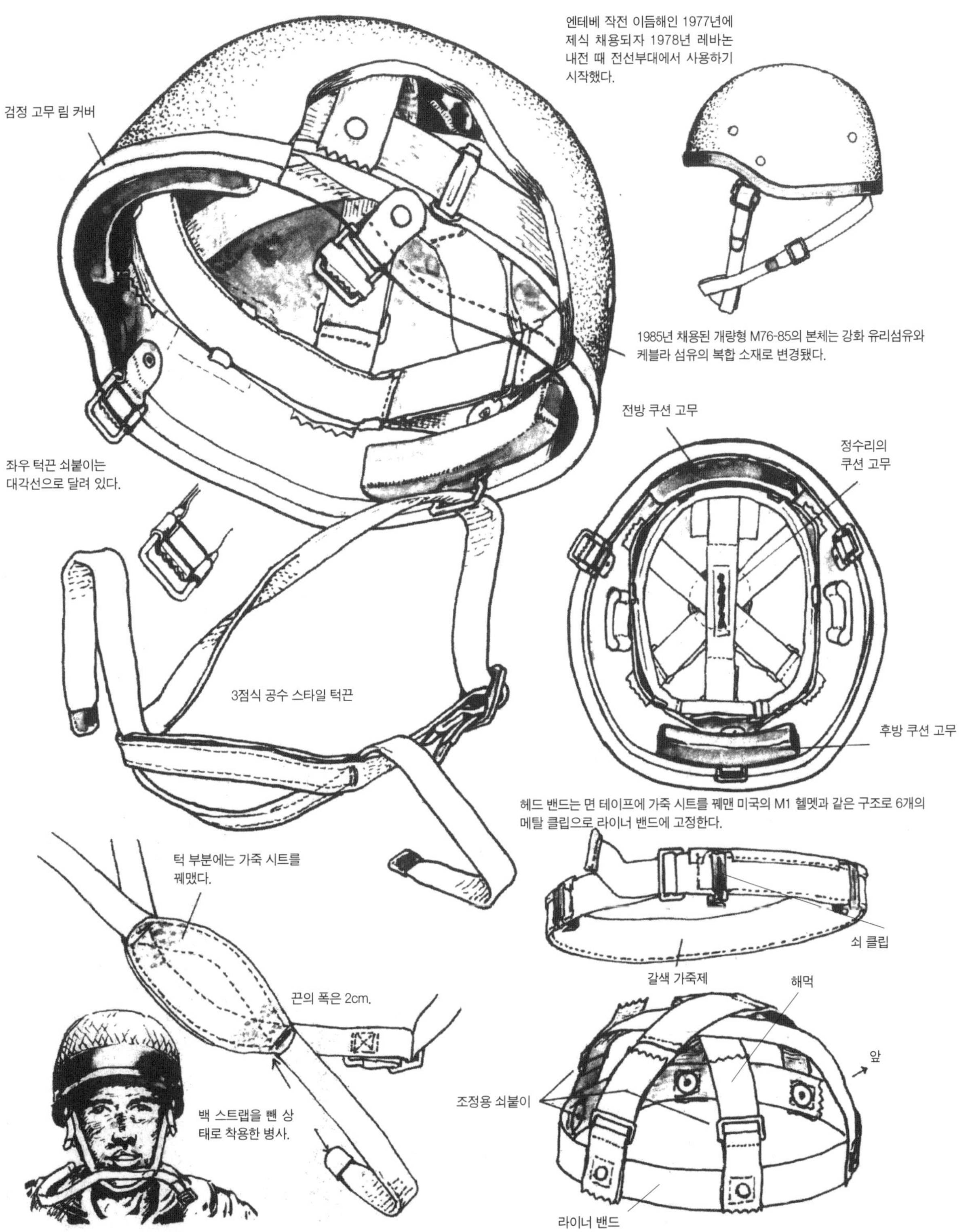

엔테베 작전 이듬해인 1977년에 제식 채용되자 1978년 레바논 내전 때 전선부대에서 사용하기 시작했다.

검정 고무 림 커버

1985년 채용된 개량형 M76-85의 본체는 강화 유리섬유와 케블라 섬유의 복합 소재로 변경됐다.

전방 쿠션 고무

정수리의 쿠션 고무

좌우 턱끈 쇠붙이는 대각선으로 달려 있다.

3점식 공수 스타일 턱끈

후방 쿠션 고무

헤드 밴드는 면 테이프에 가죽 시트를 꿰맨 미국의 M1 헬멧과 같은 구조로 6개의 메탈 클립으로 라이너 밴드에 고정한다.

턱 부분에는 가죽 시트를 꿰맨다.

끈의 폭은 2cm.

쇠 클립

갈색 가죽제

해먹

앞

조정용 쇠붙이

백 스트랩을 뗀 상태로 착용한 병사.

라이너 밴드

이스라엘군의 계급장

| 상등병 | 하사 | 중사 | 상사 | 상급상사 | 선임 상급 상사 | 소위 | 중위 | 대위 | 소령 | 중령 | 대령 | 준장 | 소장 | 중장 |

아랍 각국군의 헬멧

아랍 각국군은 유니폼이나 개인 장비와 마찬가지로 중동전쟁 초기에는 영국군의 헬멧을 사용했다. 1950년대부터 소련의 군사 원조가 시작되자 헬멧도 소련이나 공산군제 모델이 주류가 되었다.

《SSh-40》
제2차 세계대전 때 소련군이 채용한 헬멧.

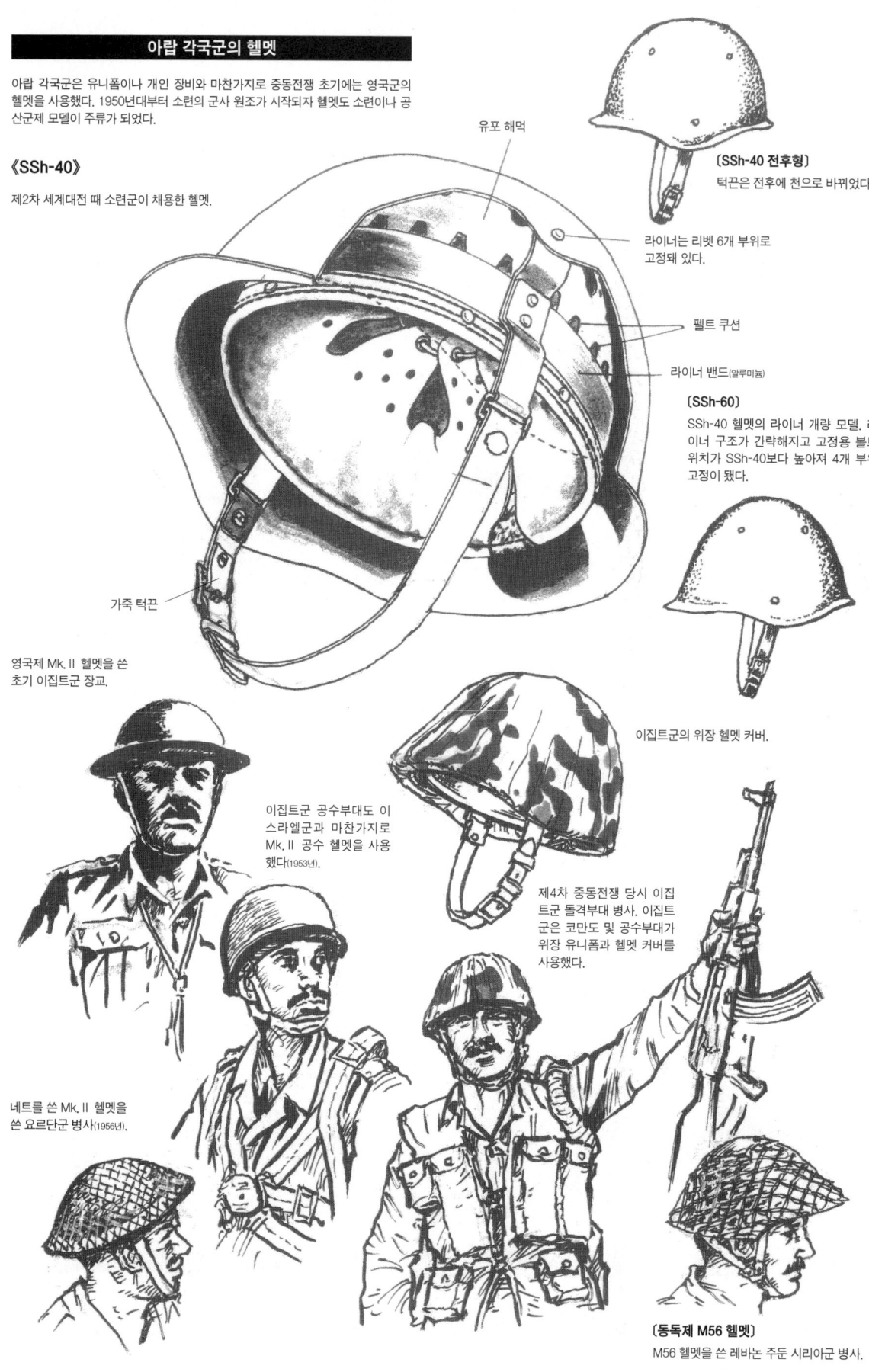

유포 해먹

〔SSh-40 전후형〕
턱끈은 전후에 천으로 바뀌었다.

라이너는 리벳 6개 부위로 고정돼 있다.

펠트 쿠션

라이너 밴드(알루미늄)

〔SSh-60〕
SSh-40 헬멧의 라이너 개량 모델. 라이너 구조가 간략해지고 고정용 볼트 위치가 SSh-40보다 높아져 4개 부위 고정이 됐다.

가죽 턱끈

영국제 Mk.Ⅱ 헬멧을 쓴 초기 이집트군 장교.

이집트군 공수부대도 이스라엘군과 마찬가지로 Mk.Ⅱ 공수 헬멧을 사용했다(1953년).

이집트군의 위장 헬멧 커버.

제4차 중동전쟁 당시 이집트군 돌격부대 병사. 이집트군은 코만도 및 공수부대가 위장 유니폼과 헬멧 커버를 사용했다.

네트를 쓴 Mk.Ⅱ 헬멧을 쓴 요르단군 병사(1956년).

〔동독제 M56 헬멧〕
M56 헬멧을 쓴 레바논 주둔 시리아군 병사.

레바논 침공

레바논 침공

■ 레바논 침공
(1982년 6~9월)

중동 각국 중 기독교도가 많은 레바논은 제1차 중동전쟁 이후 매우 불안정한 정치 상황에 놓였다. 1970년대가 되자 이스라엘의 지원을 받는 기독교 우파 그룹과 시리아의 지원을 받은 PLO 양대 조직 간에 내전이 발발했다. 1976년 시리아군이 베이루트에 주둔하면서 이 분쟁은 잠시 진정됐으나 두 조직에는 다수의 파벌이 소속돼 있어 기독교와 이슬람교계 각각의 파벌 간 항쟁이 빈번해졌다. 또 국내 항쟁뿐만 아니라 이슬람교계 최대 조직인 PLO는 남부 레바논을 거점으로 이스라엘 국경 너머를 포격하거나 게릴라식 공격을 반복했다.

1982년 6월 6일 이스라엘군이 공격하면서 레바논 침공이 시작됐다. 이스라엘군의 목적은 PLO의 군사 조직을 파괴하고 레바논 국내에서 PLO를 배제하는 것이었다. 침공을 시작한 이스라엘군은 국경을 넘고는 유엔 임시군 부대를 지나쳐 베이루트를 향해 진격했다. 작전이 시작된 지 며칠 만에 이스라엘군은 PLO 지배 지역을 연달아 제압하고 6월 13일에는 베이루트 교외에 이르렀으며 다음 날에는 베이루트를 포위했다.

그동안 레바논 주둔 시리아군과의 사이에도 전투가 발생했다. 이스라엘 공군은 시리아 공군기를 격추하고 대공 진지를 격파했으며, 지상전에서는 처음으로 실전 투입된 이스라엘 국산 메르카바 전차가 소련제 최신 전차 T-72를 다수 파괴하는 등 땅과 하늘에서의 싸움은 이스라엘군의 압승이었다.

시리아군과의 전투는 6월 25일 정전이 성립했다. 베이루트에서 포위되었던 PLO는 2개월간 저항했으나 8월 레바논에서 철수하는 것에 합의했다. 그리고 유엔 평화유지군의 감시하에 9월까지 시리아, 요르단, 이라크 등에서 출국해 PLO는 본부를 튀니지로 옮겼다.

이스라엘군은 레바논 침공작전에 성공했으나 그 뒤에도 계속 주둔했다. 이 때문에 이슬람계 민병 조직이 이스라엘군을 여러 차례 공격해 이스라엘군은 1985년 6월 5일까지 단계적으로 남레바논으로 철수했다. 그러나 그 뒤에도 민병의 파벌 항쟁이 수그러들지 않고 또 남베이루트의 이스라엘군에 대한 공격 등 소규모 전투가 발생해 레바논 내전은 1990년까지 계속됐다.

《이스라엘군의 장비》

3개 기갑사단을 세 방면에서 투입했다. 해안 지대에서는 해군 함정의 상륙작전을 벌였다.

〔휴즈(Hughes) 500MD·TOW 디펜더〕
TOW 대전차 미사일을 장비.

〔RPV(무인 정찰기)〕
시리아군의 대공 진지대 등을 정찰 비행. 이스라엘은 1년 전부터 정보를 수집하며 레바논 침공을 준비했다.

〔AH-1 휴이 코브라(Huey Cobra)〕
베카고원 전투에서는 50대를 투입 전과를 거두었다. TOW 대전차 미사일을 장비.

〔M3 하프트랙〕
부대 지휘 통신차로서 아직 소수가 사용되고 있었다.

〔숏 칼 전차〕
차체와 포탑 전방에 블레이저 폭발 반응 장갑을 장착해 방어력을 강화하고 기관총, 연막탄 발사기도 증설됐다.

〔M109 155mm 자주 곡사포〕

〔M113 병력수송장갑차〕

〔마가크6〕
M60A1을 토대로 폭발 반응 장갑 등을 증설하는 등 이스라엘군이 독자적으로 개량한 모델.

〔M163 20mm 대공 자주포〕

〔M113 나그매시 Vayzata〕
M113의 토마 공간장갑 장착형.

〔메르카바 Mk.1〕
탑재한 105mm포는 당초 T-72에 대해 위력이 충분할지 불안하게 여겨졌으나 실전에서는 다수의 T-72를 격파했다.

〔전차 트랜스포터〕
다면 작전을 전개하는 이스라엘군은 전차 트랜스포터를 다수 소유해 전차부대의 긴급 수송에 대응했다.

〔지상전에서 양군이 입은 손해〕

	이스라엘군	시리아군	PLO
전차	80대	450대	—
병력	약 300명	약 400명	약 1,000명
포로	1명	약 250명	약 6,000명
항공기	20기	약 70기	—

〔마가크 6·MCRS 지휘 처리장치 장비형〕

이스라엘군은 개전 5일차에 시리아군과 공중전을 벌이고 SAM 진지를 파괴해 항공전에 승리했다. 다음 날부터 시리아군은 베카고원의 대전차 전투에서 방위에 유리한 지형을 이용해 대전차 화기를 장비한 코만도 부대를 투입했다. 그러나 이스라엘군의 대전차 헬리콥터도 활약해 이스라엘군은 베카고원의 전차전(이스라엘군 약 250대, 시리아군 약 600대)에서 승리했다. 이 승패가 시리아군의 정전으로 이어졌다.

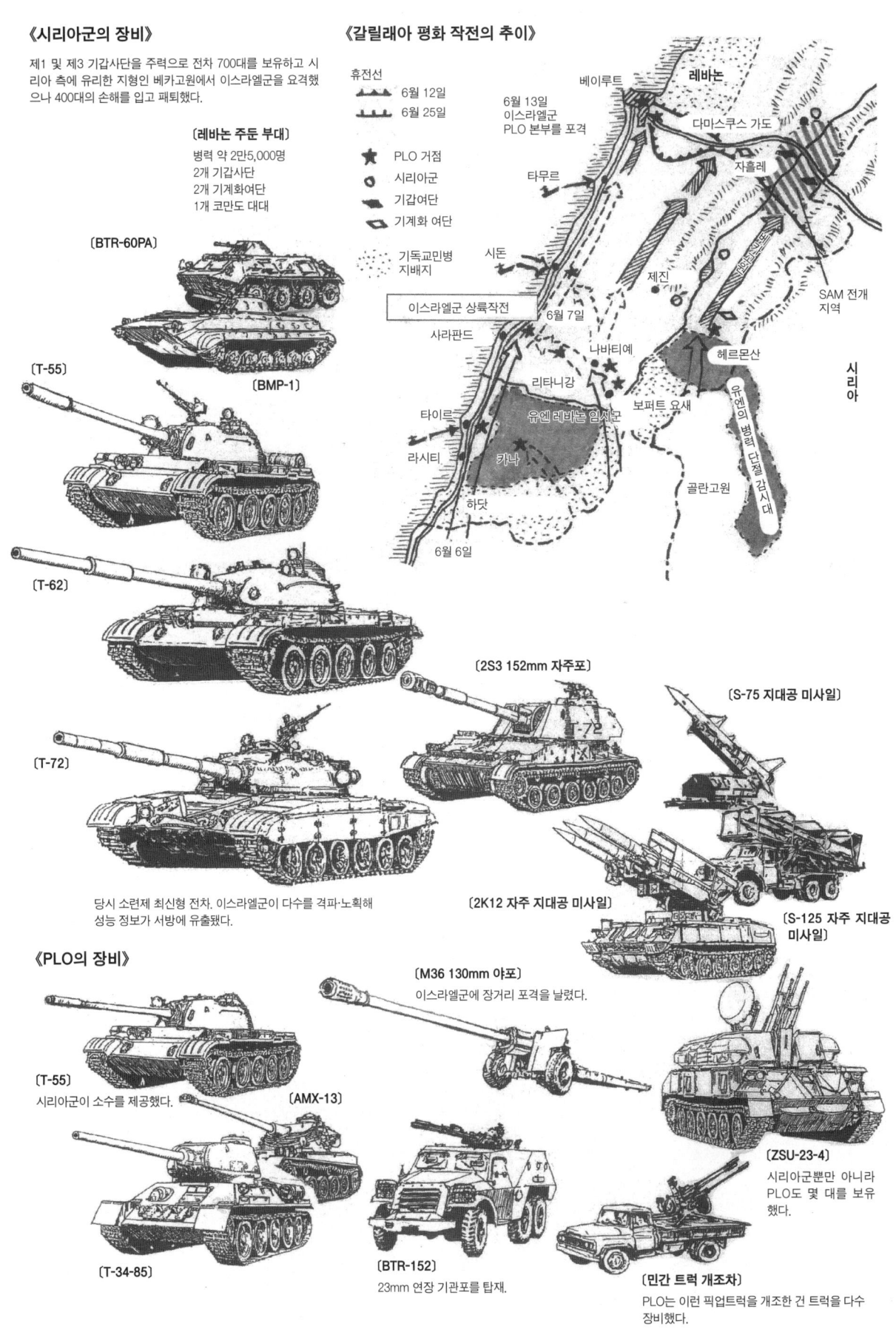

이스라엘군의 전투차량

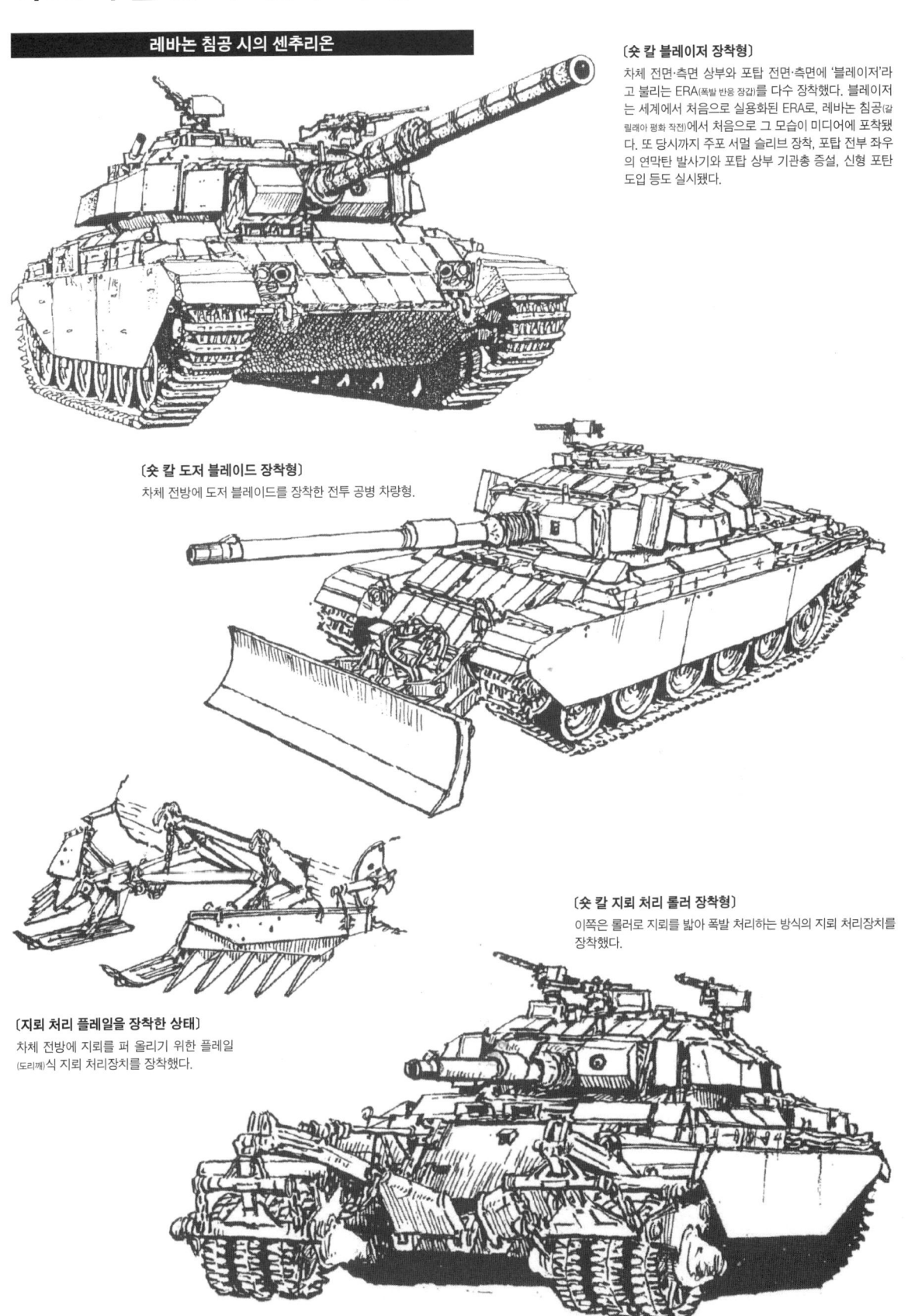

레바논 침공 시의 센추리온

〔숏 칼 블레이저 장착형〕
차체 전면·측면 상부와 포탑 전면·측면에 '블레이저'라고 불리는 ERA(폭발 반응 장갑)를 다수 장착했다. 블레이저는 세계에서 처음으로 실용화된 ERA로, 레바논 침공(갈릴래아 평화 작전)에서 처음으로 그 모습이 미디어에 포착됐다. 또 당시까지 주포 서멀 슬리브 장착, 포탑 전부 좌우의 연막탄 발사기와 포탑 상부 기관총 증설, 신형 포탄 도입 등도 실시됐다.

〔숏 칼 도저 블레이드 장착형〕
차체 전방에 도저 블레이드를 장착한 전투 공병 차량형.

〔숏 칼 지뢰 처리 롤러 장착형〕
이쪽은 롤러로 지뢰를 밟아 폭발 처리하는 방식의 지뢰 처리장치를 장착했다.

〔지뢰 처리 플레일을 장착한 상태〕
차체 전방에 지뢰를 퍼 올리기 위한 플레일(도리깨)식 지뢰 처리장치를 장착했다.

메르카바는 이스라엘이 중동에서 여러 전쟁 교훈을 받아들여 만반의 준비를 하고 개발한 국산 전차다. 1979년 Mk.1의 부대 배치가 시작되고 Mk.2~Mk.4로 발전했다. 2023년에는 최신형 Mk.5(제식 명칭은 바락)가 등장했다.

〔소련제 T-62〕
115mm 활공포를 탑재했다. 메르카바 전차의 개발이 결정된 당시에는 이 T-62 전차가 세계 최강이라고 불렸다.

〔영국제 치프틴〕
이스라엘이 차기 주력 전차로 주목했다. 1963년부터 생산된 신예 전차 치프틴은 120mm 라이플포를 탑재한 서방 최강의 전차였다.

〔이스라엘 국산 메르카바 Mk.1〕
시작차가 1974년 완성, 1976년 생산 개시, 1979년부터 부대에 배치됐다.

메르카바 전차의 개발

■ 이스라엘 첫 국산 전차

1960년대에 아랍 각국에는 소련 등에서 새로운 전투차량이 잇따라 대량으로 제공되었다. 이스라엘은 자국군의 M4, 센추리온, M48의 개량형으로는 불충분하다는 것을 인식해 신형 전차 획득을 노렸다. 이스라엘은 당시 영국에서 개발 중이던 최신 주력 전차 치프틴을 주목했다. 치프틴은 중장갑으로 서방 주력 전차로서는 최강의 화력을 지녔다. 1963년 이스라엘은 영국과 치프틴을 토대로 한 이스라엘군용 개량형 전차의 공동 개발에 관한 협약을 체결했다. 그러나 아랍 각국이 영국에 압력을 행사해 그 개발 계획은 좌절돼버렸다.

그래서 이스라엘은 1970년 국산 신형 전차 개발을 결정했다. 그때까지의 전투에서 얻은 교훈을 받아들여 신형 전차의 설계 골자는 무엇보다 방어력과 탑승원의 생존성을 중시했다. 1974년 완성된 시작차는 타국의 주력 전차와는 디자인이 크게 달라 프론트 엔진 배치로 차체 후부에 전투실을 두고 그 위에 포탑을 탑재했다. 테스트 결과에 만족한 이스라엘은 '메르카바'로서 제식 채용해 1976년부터 선행 생산이라는 형태로 양산을 시작했다.

양산형 메르카바 Mk.1은 이스라엘군 부대에서 1979년 4월부터 운용돼 1982년 레바논 침공이 첫 출진이 되었다.

메르카바 전차의 개발 경과

1970년 8월 메르카바 전차의 개발이 결정돼 목업, 디자인 검토용 시작차량에 이어 1974년 테스트용 시작 차량 2대가 완성됐다. 그해 7월부터 이들은 평가 테스트를 받고 양호한 결과를 거둬 제식 채용이 결정되고 1976년부터 선행 생산형이 제조되기 시작했다.

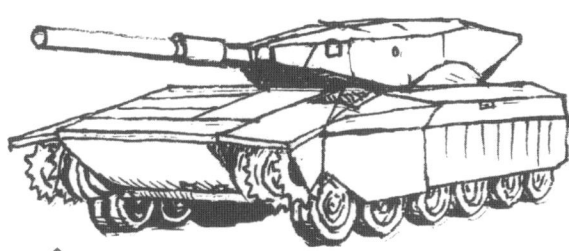

《실물 크기 목업》
1971년 4월 만들어진 실물 크기 목업. 이 단계에서 기본 디자인이 확립됐다는 것을 알 수 있다.

《최초의 디자인 검토용 시작 차량》
센추리온의 차체와 포탑을 활용해 만들어졌다. 차체는 프론트 엔진 배치로 개조됐다.

《두 번째로 만들어진 디자인 검토용 시작 차량》
새로 설계한 차체에 M48(마가크) 포탑을 탑재해 만들어졌다.

《디자인 최종 체크용 시작 차량》
신규 설계 차체에 목업 포탑을 탑재했다. 이 차량으로 디자인이 최종 결정됐다.

《메르카바 시작 차량》
이 차량을 평가 테스트한 결과를 받아들여 추가로 개량해 생산형이 만들어졌다.

《메르카바 Mk.1 선행 생산형》
1976년부터 제조가 시작된 선행 생산형. 이후의 표준형과는 약간 차이가 있어 보인다.

이 위치에 예비 캐터필러를 매단 차량도 있다.

발받침
발받침

《메르카바 Mk.1 양산형》
1979년 4월 부대 배치가 시작됐다.

전륜은 3종류 만들어져 최종적으로 왼쪽 타입이 제식 채용됐다.

메르카바 전차의 구조

〔데이터〕
전체 길이: 8.63m
전폭: 3.72m
전고: 2.64m
무게: 60t
엔진: 텔레다인 콘티넨털 AVDS-1790-5A V형 12기통 공랭 터보 차지드 디젤
무장: M68 105mm 전차포×1, FN MAG 7.62mm 기관총×3, C07 60mm 박격포×1
승무원: 4명

〔메르카바 Mk.1〕
1979년 4월부터 이스라엘군 전차부대에 배치된 메르카바 전차 시리즈 최초의 양산형. 메르카바는 방어 성능과 탑승원의 생존성을 최우선시한 설계로 타국의 주력 전차와는 디자인이 크게 다르다. 처음 실전 투입된 1982년 레바논 침공 때는 높은 방어 성능을 증명하고 당시 세계 최강의 주력 전차라고 평가된 소련제 T-72를 다수 격파해 훌륭히 첫 출전을 장식했다.

《메르카바 Mk.1의 차내 레이아웃》

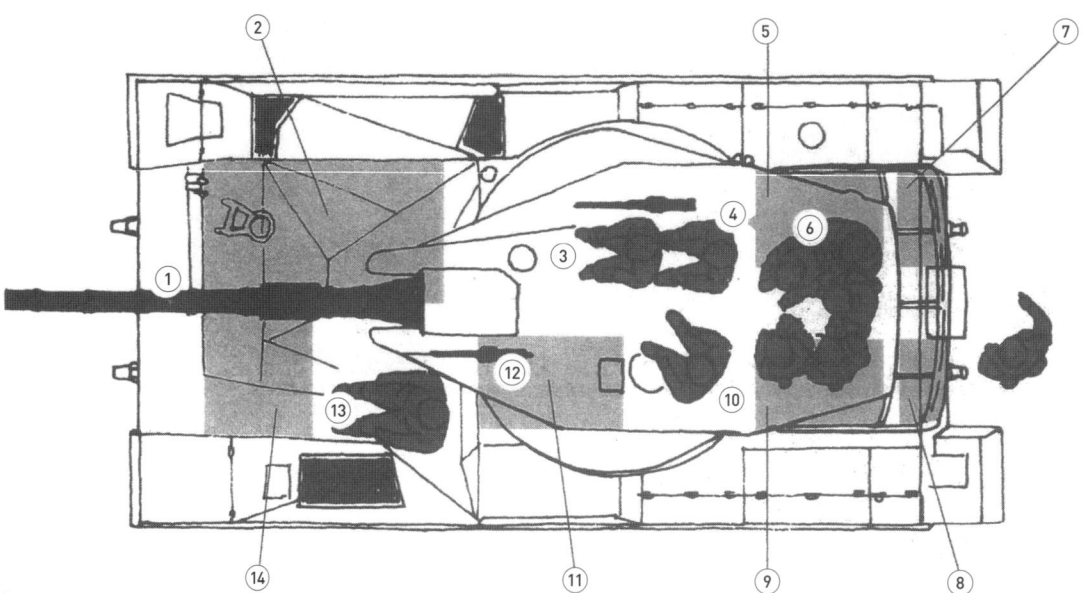

① M68 105mm 전차포
② 엔진
③ 포수
④ 차장
⑤ 차내 오른쪽 탄약 컨테이너
⑥ 탑승병 (탄약 컨테이너 미장비일 경우)
⑦ NBC 방어장치
⑧ 배터리
⑨ 차내 왼쪽 탄약 컨테이너
⑩ 장전수
⑪ 탄약 컨테이너 (즉응탄)
⑫ FN MAG 7.62mm 공축기관총
⑬ 조종수
⑭ 동력실

차체 후면에는 해치가 설치돼 있다. 탄약을 적재하는 용도뿐만 아니라 포탄이 오가는 전장에서 탑승원이 안전하게 탈출할 때도 이용할 수 있다.

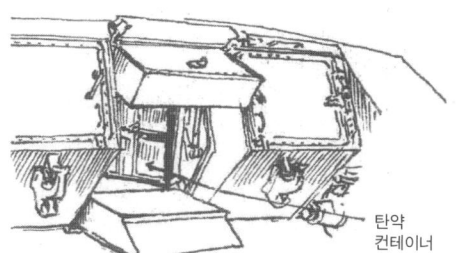

차체 후면 좌우에는 탄약 컨테이너 적재 가능, 또 이 컨테이너를 장비하지 않았을 경우 보병 4~6명이 탑승 가능.

《메르카바 Mk.2 차내 구조》

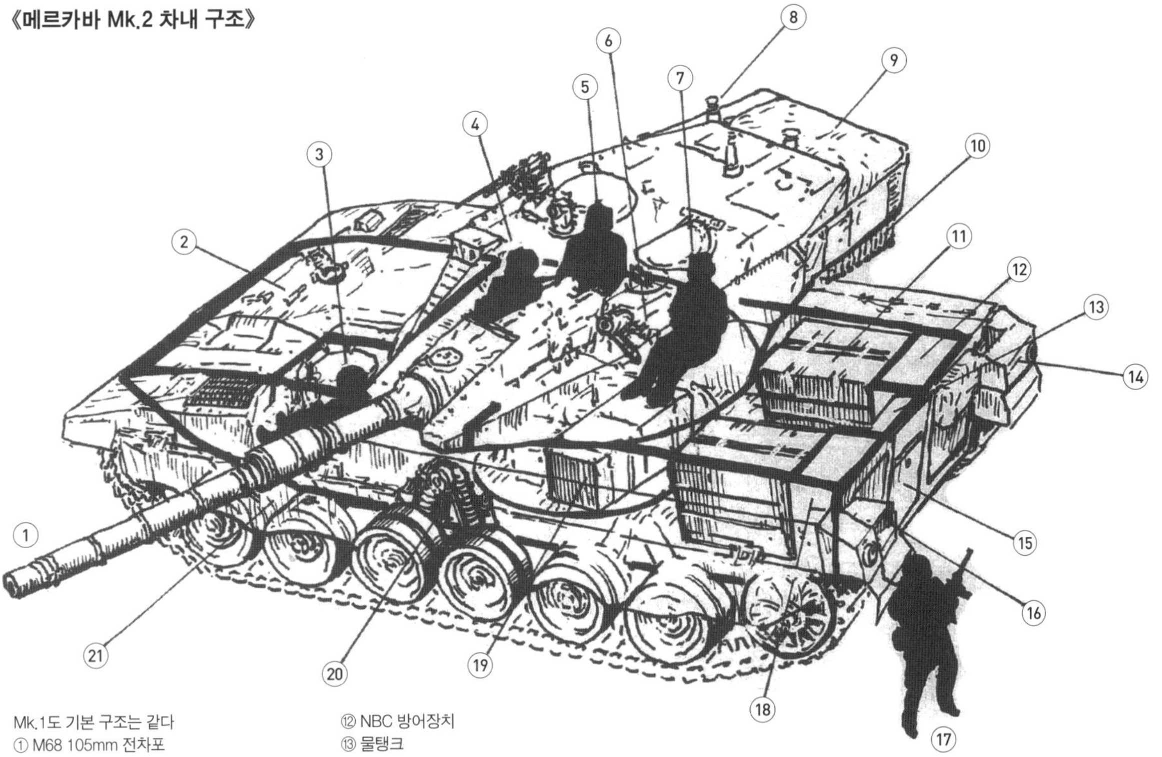

Mk.1도 기본 구조는 같다
① M68 105mm 전차포
② 파워팩
③ 조종수
④ 포수
⑤ 차장
⑥ 전투실(거주 성능을 중시해 넓다)
⑦ 장전수
⑧ 환경 센서
⑨ 화물 선반
⑩ 체인 커튼
⑪ 탄약 컨테이너
⑫ NBC 방어장치
⑬ 물탱크
⑭ 구급상자
⑮ 후부 해치
⑯ 차외 통화기
⑰ 차외 통화기를 사용해 전차 내 탑승원과 통화하는 보병
⑱ 배터리
⑲ 탄약 컨테이너(즉응탄)
⑳ 서스펜션
㉑ 사이드 스커트

메르카바 공격용 아랍 진영 병기

〔공격 헬리콥터〕
대전차 미사일을 장비한 소련제 Mi-24 하인드나 Mi-8·17, 프랑스제 SA342 등. 그림의 SA342M 가젤은 HOT 대전차 미사일을 6발 장비해 레바논 내전에서는 시리아군이 사용했다.

〔T-72〕
메르카바의 직접적인 상대는 아랍 각국군이 장비한 전차와 전투차량이다.

〔IED〕
보유한 폭탄, 탄약을 이용해 만들어진 간이 수제 설치 폭탄.

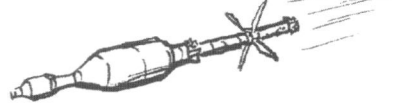

〔RPG-7의 PG-9VL 탄두〕
보병 휴대식 대전차 로켓탄 발사기 RPG-7의 탄두.
최대 사거리 약 920m, 유효 사거리 100~150m, 관통력은 250~300mm.

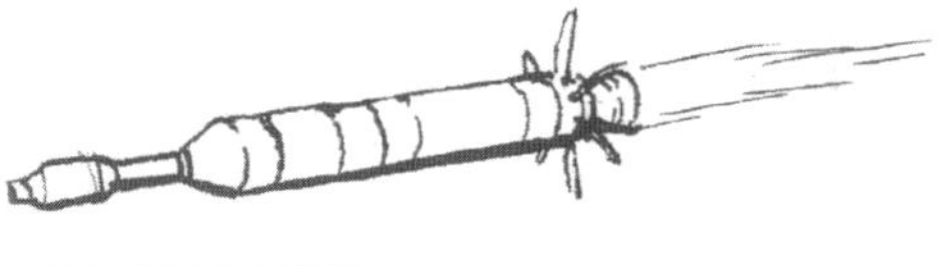

〔RPG-29의 PG-29PV〕
보병 휴대식 대전차 로켓탄 발사기 RPG-29의 탠덤식 탄두.
유효 사거리 50m, 관통력 750mm(ERA 장착 시 600mm).

〔9M 111 파곳 대전차 미사일〕
1970년부터 배치된 소련제 대전차 미사일. 사거리 70~2,500m, 관통력 400mm.

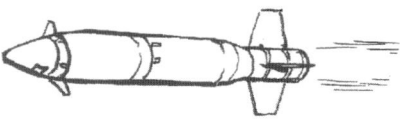

〔9M 113 콘크루스 대전차 미사일〕
1974년부터 배치된 소련제 대전차 미사일.
사거리 70~3,600m. 관통력 1,000mm.

메르카바 전차 시리즈의 변천

메르카바 전차는 1970년 8월 개발이 결정되고 약 9년의 세월에 걸쳐 1979년 4월부터 메르카바 Mk.1이 부대 운용되기 시작했다. 1982년 레바논 침공 초기부터 이스라엘군의 군사작전에서 중요한 역할을 맡아온 메르카바는 Mk.1부터 120mm 활공포를 탑재한 Mk.3로 진화하고, 현재는 장갑 방어를 더 강화한 Mk.4를 운용하고 있다.

〔메르카바 Mk.1〕
1974년 시작차가 완성됐다. 1976년부터 양산된 최초의 메르카바 양산형. 주포는 당시 서방 주력 전차의 표준 화포 105mm 전차포(M68 라이플포)를 탑재했다.

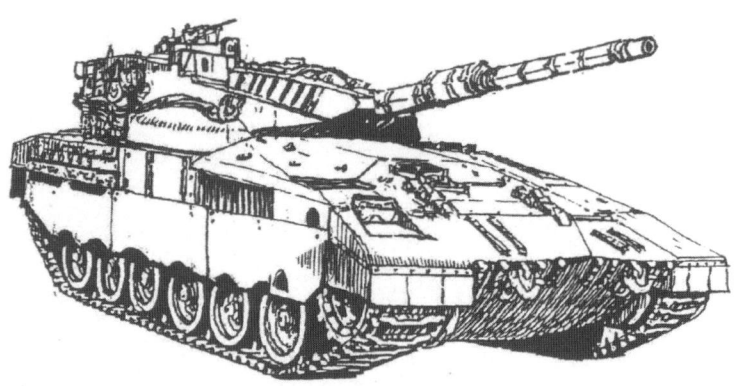

〔메르카바 Mk.2〕
메르카바 전차의 첫 출전이 된 1982년 레바논 침공의 교훈을 받아들인 개량형으로, 1983년부터 부대에 배치됐다. Mk.2는 Mk.1을 토대로 했으나 포탑 전방 및 좌우 측면에 증가 장갑을 장착해 방어 성능을 높였다. FCS를 신형으로 바꾸고 레이저 경계 시스템을 추가했으며, 60mm 박격포를 외장식에서 내장식으로 교체했다. 또한 사이드 스커트와 변속기를 변경하는 등으로 기동 성능을 개선하고 신형 포탄도 도입했다.

〔메르카바 Mk.2B〕
1980년대 후기에 등장한 Mk.2의 개량형. FCS를 개량하고 열전 영상장치를 탑재했다. 또 사이드 스커트를 Mk.3와 같은 형태로 변경했다.

〔메르카바 Mk.2 바타시(BATASH)〕
포탑의 증가 장갑을 더 강화한 것으로 변경하고 차체 전방 상면의 조종실 전면에도 증가 장갑을 추가했다. 또 주포에서 발사할 수 있는 LAHAT 레이저 유도식 대전차 미사일의 운용 능력도 부가됐다.

〔메르카바 Mk.3〕
1983년 개발을 시작해 1989년 양산 개시, 1990년부터 실전 배치된 신형으로 차체, 포탑 모두 Mk.1, Mk.2와 다른 새로운 설계다. 포탑 전면과 좌우에 모듈식 증가 장갑을 장착, 사이드 스커트는 복합 장갑 타입이 되고 또 대전차 미사일 탐지용 LWS-2 레이저 경계 시스템도 탑재됐다. 엔진도 출력 향상형으로 변경됐으며, 주포는 IMI사가 개발한 국산 MG251 120mm 활공포(LAHAT 대전차 미사일도 발사 가능)를 채용해 방어력뿐 아니라 기동력, 화력도 대폭 강화했다.

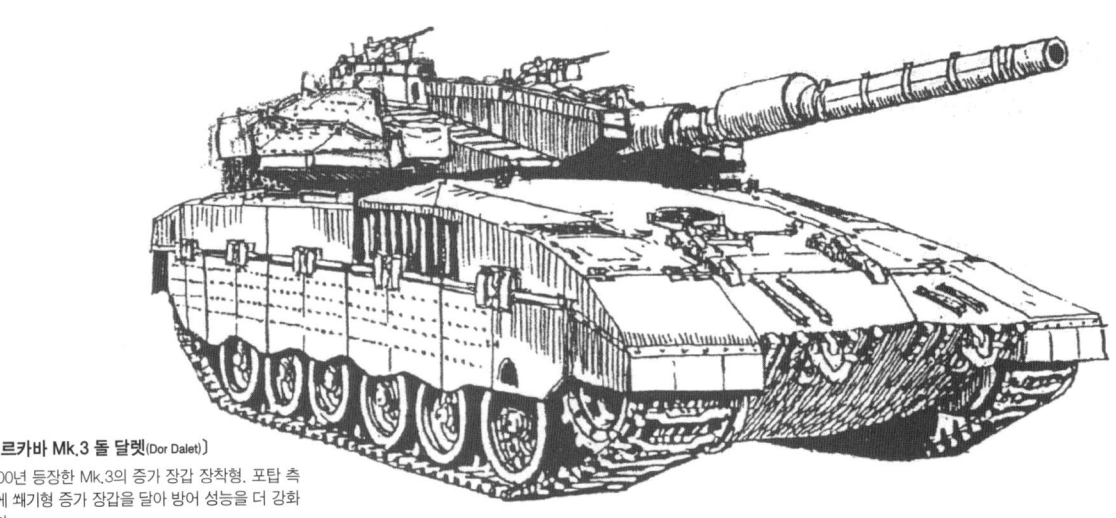

〔메르카바 Mk.3 돌 달렛(Dor Dalet)〕
2000년 등장한 Mk.3의 증가 장갑 장착형. 포탑 측면에 쐐기형 증가 장갑을 달아 방어 성능을 더 강화했다.

〔메르카바 전차 회수차〕
포탑을 폐지하고 대형 크레인을 장비.

〔나메르(Namer) 병력수송 중장갑차(시작형)〕
시작형은 메르카바 Mk.1을 토대로 했으며 승무원 3명과 보병 8명이 탑승할 수 있다.

〔메르카바 Mk.4 지뢰 처리장치 장비형〕
도저 블레이드도 장착 가능.

〔메르카바 Mk.4〕
2004년 부대 배치를 시작해 현재 이스라엘 군의 주력 전차가 되었다. 방어 성능을 더 추구한 결과 모듈식 증가 장갑을 단 포탑은 대형화되고 액티브 방어 시스템 '트로피'를 장비. 또 FCS는 신형이 되고 C4I 시스템도 탑재됐다.

실전을 거듭하며 꾸준히 개량돼온 메르카바는 방어력으로는 세계 제일! 참고로 메르카바는 히브리어로 '채리엇(고대의 전차)'이라는 뜻이야.

《메르카바 Mk.3》

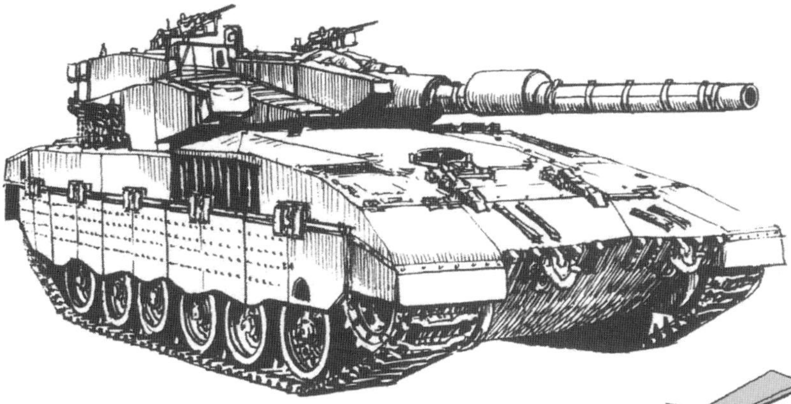

〔데이터〕
전체 길이: 8.78m
전폭: 3.72m
전고: 2.66m
무게: 62t
엔진: 텔레다인 콘티넨털 AVDS-1790-9AR V형 12기통 공랭 터보 차지드 디젤
무장: MG251 120mm 활공포×1, FN MAG 7.62mm 기관총×3, M2 12.7mm 중기관총×1, C04 60mm 박격포×1
승무원: 4명

Mk.3B형은 포탑 상면에 4장의 증가 장갑이 추가됐다.

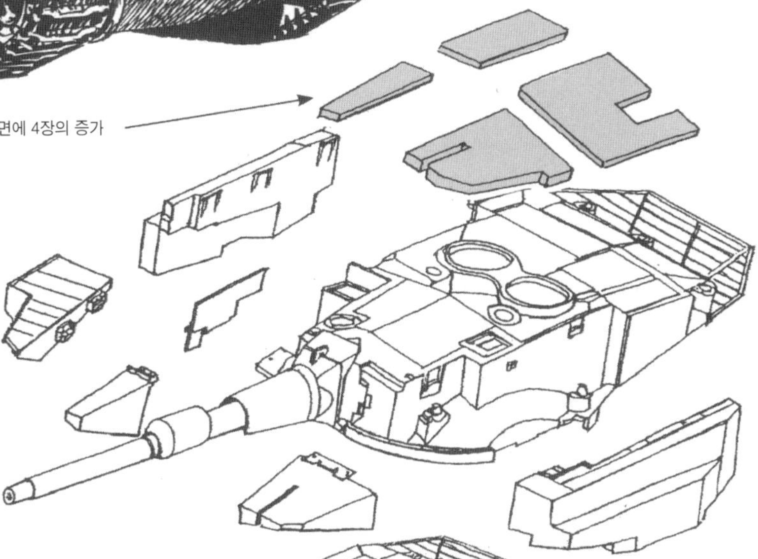

《메르카바 Mk.3·3B의 모듈식 증가 장갑》

Mk.3의 포탑은 전면·좌우 측면이 모듈식 증가 장갑이 되었다. 성형 작약탄뿐 아니라 초고속 철갑탄에도 유효하며 피탄해도 피탄된 부분만 교환하면 되기 때문에 수리·정비가 용이했다.

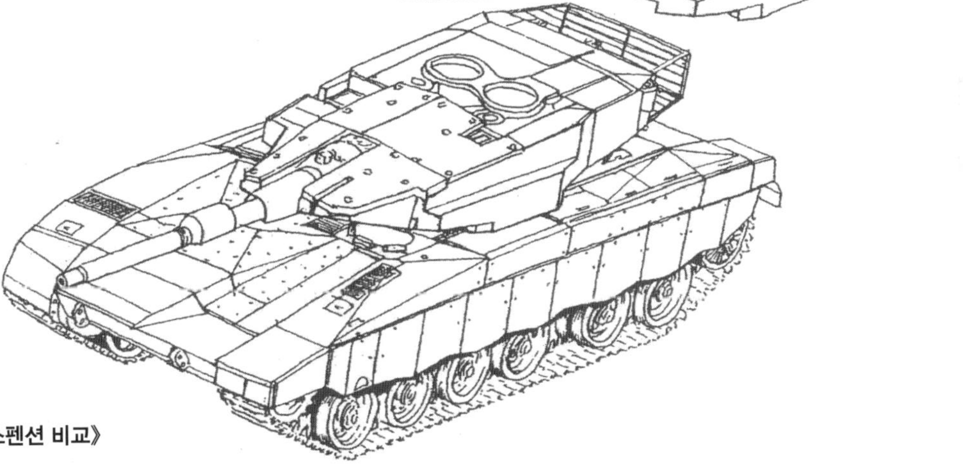

《Mk.1·Mk.2와 Mk.3의 서스펜션 비교》

〔Mk.1·Mk.2〕

세로 설치 코일 스프링과 보기륜을 사용해 전륜 2개 1조로 현가하는 홀스트만식 서스펜션을 채용했다.

〔Mk.3〕

공축 코일 스프링과 트레일링 암을 조합한 독립 현가 방식으로 변경. Mk.1, Mk.2의 경우처럼 차내 공간을 점유하지 않는 외장식.

《메르카바 Mk.3 포탑》

포탑 상면에 증가 장갑을 장착.

〔메르카바 Mk.3B〕
Mk.3의 생산 제3 배치부터 상부 공격 대책을 위해 포탑 상면에 모듈식 증가 장갑을 추가(위 그림 참조).

차장용 사이트를 추가.

〔메르카바 Mk.3 바즈〕
1995년 등장. FCS를 갱신하고 차장용 대형 사이트를 추가. 표적 자동 추적 기능이 부가돼서 헬리콥터 등의 고속 이동 목표에도 대처할 수 있게 됐다.

이스라엘군 독자 개조 M113 시리즈

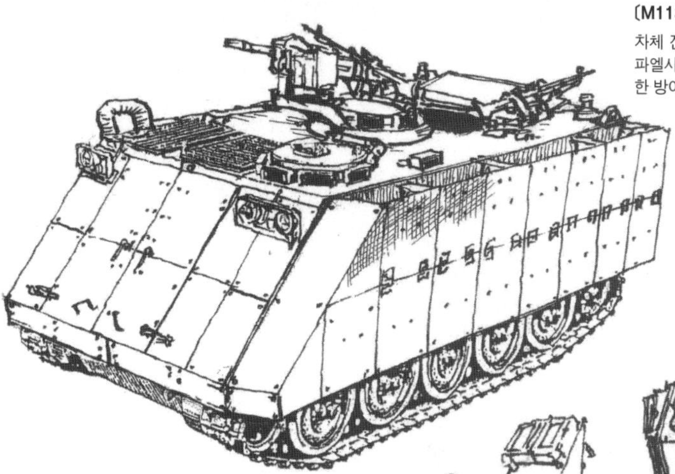

〔M113 나그매시 Vayzata〕
차체 전면에서 좌우 양쪽을 덮는 듯한 형태로 이스라엘 라파엘사제 공간 장갑 '토가(경량화를 위해 펀칭 메탈판을 사용)'를 장착한 방어력 강화형.

〔M113 나그만(Nagman)〕
M113 나그매시 Vayzata의 차장용 큐폴라 주위와 병력용 해치 좌우 양쪽에 방탄유리 내장 방어 실드를 증설한 타입.

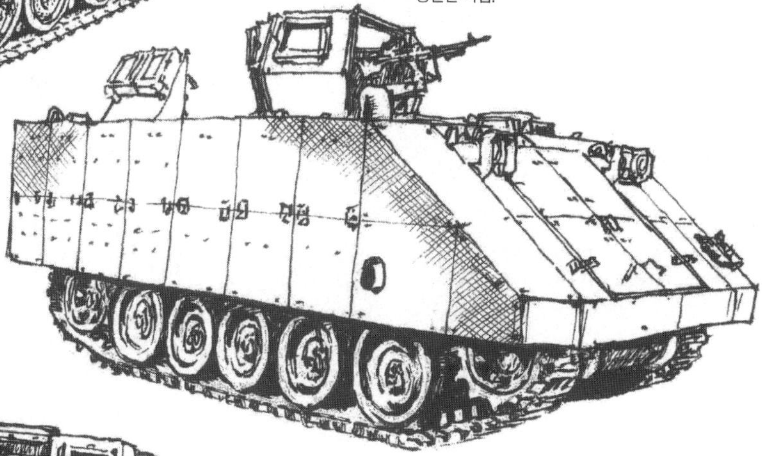

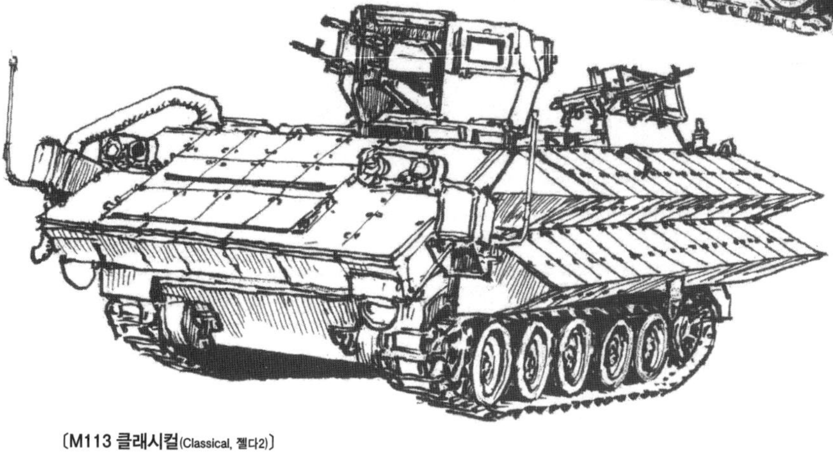

〔M113 클래시컬(Classical, 겔다2)〕
차체 전면·측면에 라파엘사제 폭발 반응 장갑을 장착한 방어 성능 향상형. 그리고 차체 상면의 차장용 큐폴라 주변과 병력용 해치 좌우 측면에는 방탄유리 내장 방어 실드가 증설됐다.

〔M113 방어 실드 장착형〕
차체의 증가 장갑은 장착하지 않았으나 차체 상면의 차장용 큐폴라 주위와 병력용 해치 좌우 양쪽에는 방탄유리 내장 방어 실드를 증설했다.

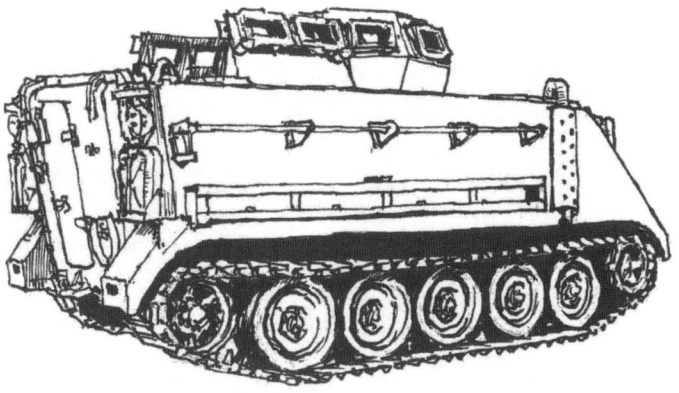

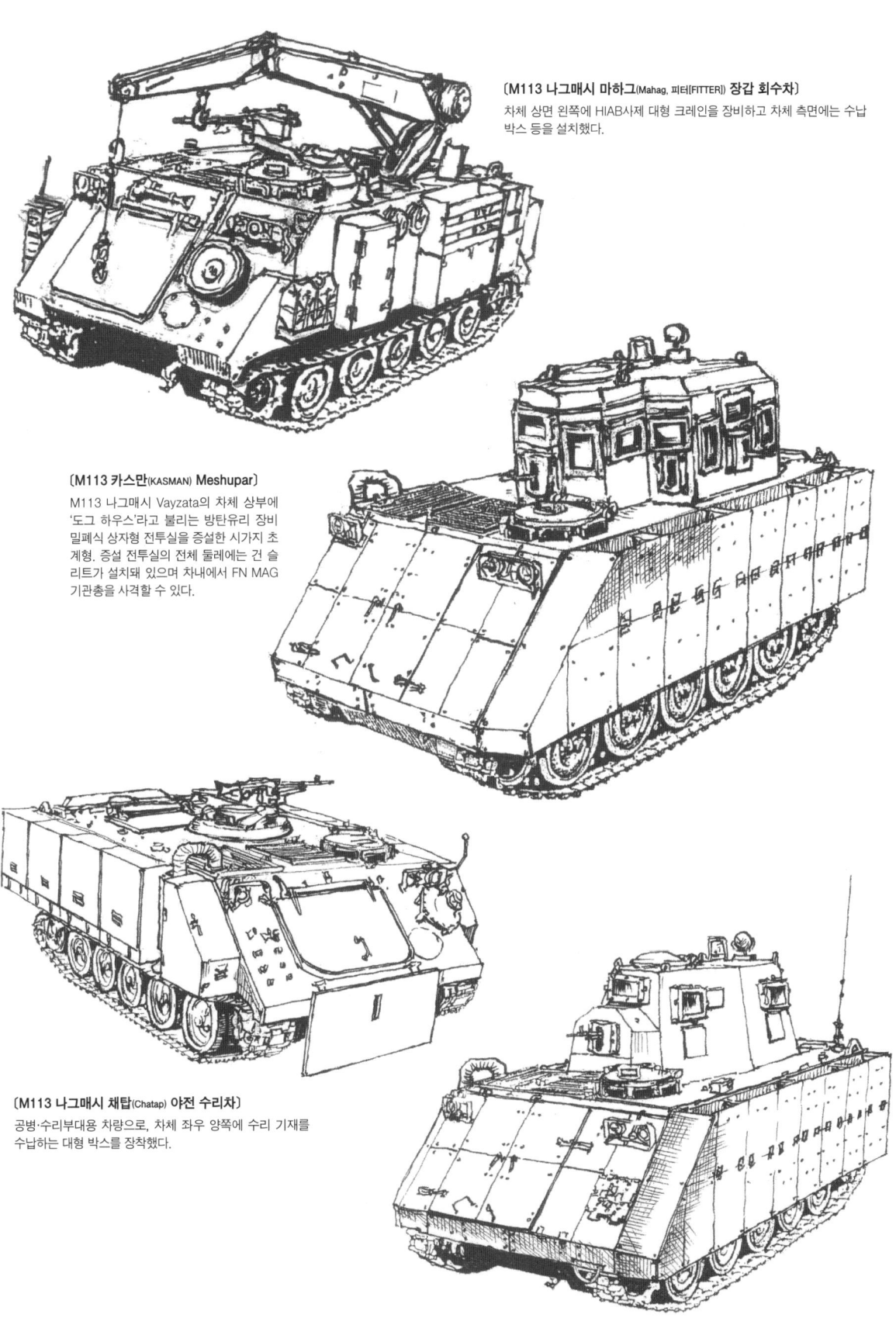

〔M113 나그매시 마하그(Mahag, 피터(FITTER)) 장갑 회수차〕
차체 상면 왼쪽에 HIAB사제 대형 크레인을 장비하고 차체 측면에는 수납 박스 등을 설치했다.

〔M113 카스만(KASMAN) Meshupar〕
M113 나그매시 Vayzata의 차체 상부에 '도그 하우스'라고 불리는 방탄유리 장비 밀폐식 상자형 전투실을 증설한 시가지 초계형. 증설 전투실의 전체 둘레에는 건 슬리트가 설치돼 있으며 차내에서 FN MAG 기관총을 사격할 수 있다.

〔M113 나그매시 채탑(Chatap) 야전 수리차〕
공병·수리부대용 차량으로, 차체 좌우 양쪽에 수리 기재를 수납하는 대형 박스를 장착했다.

〔M113 카스만 Maoz〕
M113 나그매시 Vayzata를 토대로 한 시가지 초계형이지만 차체 상면에 증설된 전투실은 카스만 Vayzata와는 디자인과 구조가 다르다. 이 차량도 차내에서 FN MAG 기관총 사격을 할 수 있다.

143

중장갑 병력 수송차·중보병 전투차

《숏 칼 전차 베이스 개조 차량》

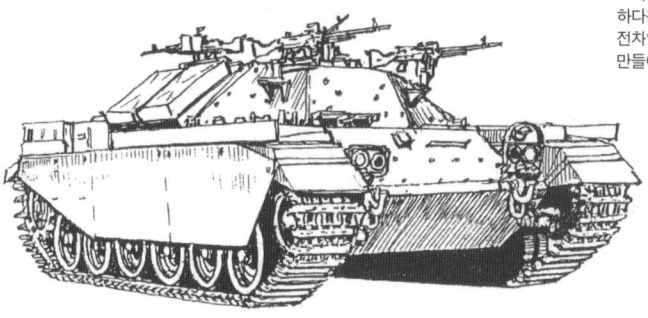

〔데이터〕
전체 길이: 7.55m
전폭: 3.39m
전고: 3.0m
무게: 51t
엔진: 콘티넨털 AVDS-1790-2A V형 12기통 공랭 터보 차지드 디젤
무장: FN MAG 7.62mm 기관총×3
승무원·병력: 2명+8명

〔나그마숏(Nagmashot) 병력수송장갑차〕
1980년대에 이미 제1선에서 제외된 숏 칼 전차의 차체를 토대로 개발됐다. 포탑을 떼어내고 차체 중앙의 전투실을 개조하고 키가 낮은 오픈탑식 병력실이 증설됐다. 병력실의 장갑 두께는 76~118mm로 당시의 주력 전차급이었으나 한편 차체 후부 해치가 없어서 탑승병은 총화에 노출되기 쉬운 전투실 상부로 오르내려야 한다는 결점이 있었다.

〔나그마촌(Nagmachon) 병력수송장갑차〕
포탑을 제거한 숏 칼 전차의 차체를 이용해 차체 중앙에 병력실을 증설했다. 이 차량은 팔레스타인에서 폭동 진압 경비 차량으로서 설계되어 시찰 용이성을 고려해 병력실은 나그마 숏이나 나크파돈보다 높으며, 또 상부는 방탄유리 내장 방어 실드로 둘러싸여 있다. 병력실 상부 좌우에는 FN MAG 기관총을 장비했다.

〔나크파돈(nakpadon) 병력수송장갑차〕
1990년대 초에 부대 운용이 시작된 숏 칼 전차 베이스 병력수송장갑차로, 포탑을 철거한 차체의 중앙에 병력실을 증설했다. 병력실은 밀폐식으로 상면 승강용 해치를 설치하고 병력실 전면과 측면에는 모듈식 증가 장갑을 장착했다. 또한 차체 측면의 사이드 스커트는 복합 장갑이 되어 같은 차체를 토대로 한 나그마숏보다 방어성이 높았다. 그러나 전차 차체를 활용한 것이어서 나그마숏처럼 후부 해치가 설치되지 않아 보병은 병력실 상부에서 오르내려야 한다는 결점이 있었다.

〔데이터〕
무게: 55t
엔진: 콘티넨털 AVDS-1790-2A V형 12기통 공랭 터보 차지드 디젤
무장: FN MAG 7.62mm 기관총×4, C04 60mm 박격포×1
정원·승무원: 2명·10명

〔데이터〕
전체 길이: 7.84m
전폭: 3.38m
무게: 52t
엔진: 콘티넨털 AVDS-1790-2A V형 12기통 공랭 터보 차지드 디젤
장비: FN MAG 7.62mm 기관총×2~4
정원·승무원: 2명·10명

〔푸마(Puma) 전투공병전차〕
1991년 부대 배치된 숏 칼 전차 베이스 전투공병전차. 차체 중앙에는 밀폐식으로 높이를 제한한 공병 승차 및 공작 기재 수납공간을 증설하고 상면에는 FN MAG 기관총을 1정 장비한 라파엘사제 OWS에 추가로 FN MAG 3정, 60mm 박격포 1문을 장비했다. 상부 구조물과 사이드 스커트는 복합 장갑이 되었으며 상부 구조물 측면에는 ERA를 장착할 수도 있다. 차체 전면에는 지뢰 제거장치나 도저 블레이드 장착 기부가 증설됐으며, 서스펜션은 기동 성능을 개선하기 위해 메르카바 Mk.1·Mk.2와 같은 신형 홀스트만식 서스펜션으로 변경됐다.

〔데이터〕
전체 길이: 7.55m
전폭: 3.38m
전고: 2.65m
무게: 51t
엔진: 콘티넨털 AVDS-1790-2A V형 12기통 공랭 터보 차지드 디젤
무장: FN MAG 7.62mm 기관총×4, C04 60mm 박격포×1
정원·공병: 3명·5명

1972년부터 이스라엘 군부대에서 운용된 M113 나그마시는 제4차 중동전쟁, 레바논 침공 등 여러 차례 실전을 거듭하며 방어력이 향상됐다. 이 차량은 최전성기에는 6,000대에 이를 만큼 이스라엘군에 없어서는 안 될 존재였으나 이스라엘군의 군사 작전이 점차 시가전 전투로 이행하자 방어 성능이 더 높은 차량의 필요성이 커졌다. 그때까지의 전투 경험을 토대로 병력수송차에도 주력 전차급의 높은 방어력이 필요하다는 결론에 이르러, 군에서 구식화되었던 숏 칼(센추리온)과 메르카바 Mk.1, 또 노획 전차인 T-54와 T-55(틸란 4·5)의 차체를 사용한 중장갑 병력 수송차와 보병 전투차가 만들어지게 되었다.

《그 외 중장갑병력수송차》

〔데이터〕
전체 길이: 6.20m
전폭: 3.60m
전고: 2.0m
무게: 44t
엔진: 디트로이트 디젤 8V-92TA·DDCⅢ V형 8기통 액랭 터보 차지드 디젤
무장: FN MAG 7.62mm 기관총×4
승무원·병력: 3명·7명

〔아흐자리트(Achzarit) 중장갑보병수송차〕

숏 칼 전차를 토대로 한 중장갑병력수송차는 방어력 면에서는 손색이 없었으나 보병은 차체 상부에서 하차해야 해서 전장에서 병사의 안전성에 문제가 있었다. 그래서 개발된 것이 티란 4·5(T-54, T-55)를 토대로 한 아흐자리트다. 아흐자리트는 1980년대 초 개발에 착수해 1988년에 부대 운용이 시작됐다. 포탑을 철거하고 전투실을 병력실로 개조했으며, 공간식 증가 장갑으로 차체를 둘러싼 구조가 되고 병력의 승강구는 차체 후부 오른쪽에 설치됐다. 엔진을 교체하고 밑 부분도 강화했다.

아흐자리트의 차체 후부. 보병 승강구는 이렇게 개폐한다. 후부 왼쪽 기관실을 가로지르는 형태로 사용감이 좋다고는 할 수 없으며, 또 상부 해치가 올라가서 떨어진 장소에 있는 적차 병사가 하차하고 있다는 것을 알아차려버린다는 결점도 있다.

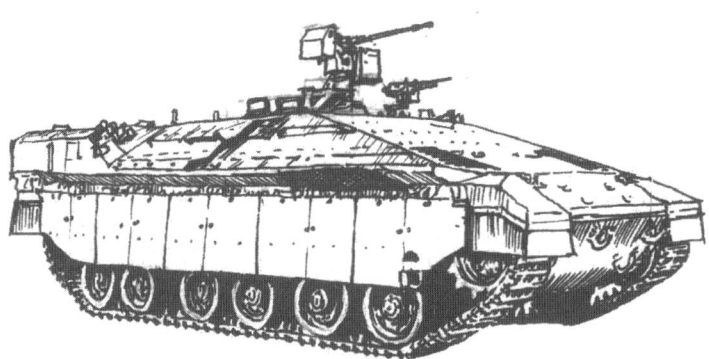

〔데이터〕
전체 길이: 7.60m
전폭: 3.70m
전고: 2.50m
무게: 62t
엔진: 텔레다인 콘티넨털 AVDS-1790-9AR V형 12기통 공랭 터보 차지드 디젤
무장: M2 12.7mm 중기관총 또는 Mk.19 40mm 오토매틱 그레네이드 런처×1, FN MAG 7.62mm 기관총×1, C04 60mm 박격포×1
탑승원·병력: 3명·9명

〔나메르 병력수송장갑차〕

2008년 부대 배치가 시작된 메르카바 Mk.1, Mk.2 베이스 중장갑보병수송차. 원래는 중장갑으로 알려진 메르카바를 토대로 한 만큼 기존의 숏 칼이나 티란 전차 베이스 차량보다 방어 성능이 훨씬 높으며 구조적으로도 원래 병력 탑승 공간, 또 후부 승강용 해치가 설치되어 있었기 때문에 병력 수송차로서 적합한 레이아웃이 되었다. 포탑을 철거하고 상부를 밀폐식으로 했으며, 메르카바보다 거주성을 개선하기 위해 차체 상면을 높였다. 차체 상면에 차장용과 총수용 큐폴라를 설치하고 전면에 라파엘 사세 샘슨 RWS(원격 조작식 무장 스테이션)와 FN MAG 7.62mm 기관총을 장착했다. 차체 상면과 좌우 양측면의 상부는 모듈식 복합 장갑이 되었다.

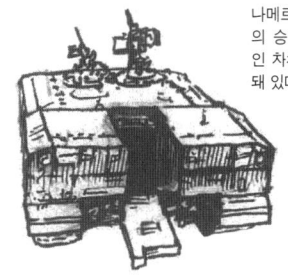

나메르의 차체 후부. 병력의 승강용 해치는 상식적인 차체 후면 중앙에 배치돼 있다.

티란 5·6

〔티란 6〕

제4차 중동전쟁 때 시리아군에서 노획한 T-62를 이스라엘군 사양으로 개조해 자국군 장비로 삼았다. 개조 내용은 티란 5와 거의 같았으나 주포는 오리지널인 115mm 활강포를 그대로 썼으며, L7계 105mm 전차포로의 교체는 실시하지 않았다.

〔티란 5〕

제3차·제4차 중동전쟁에서 노획한 T-55를 이스라엘군 사양으로 개조하고 자국군 부대에서 운용했다. 주포는 서방 주력 전차 표준 L7 105mm 전차포로 교체하고 그에 맞춰 공축기관총은 7.62mm SGMT 중기관총에서 7.62mm M1919 기관총으로, 차장용 큐폴라의 12.7mm DShK38 중기관총도 12.7mm M2 중기관총으로 변경했다. 또 장전수용 해치 옆에 7.62mm M1919 중기관총을, 포탑 오른쪽에 60mm 박격포를 증설했다. 포탑 측면에 잡화 상자류를, 포탑 후부에는 화물용 대형 선반을 추가하는 등의 개조가 이루어졌다.

이스라엘군의 M60 증가 장갑 장착형

〔마가크 6A 블레이저 ERA 장착형〕
1982년 레바논 침공 시 마가크 6A, 차체 전방과 포탑 전방·측면에 블레이저 ERA를 장착했다.

〔마가크 7A〕
1982년 레바논 침공 때 철갑탄에 대해서는 블레이저 ERA가 거의 무력하다는 것이 판명돼 새로 모듈식 증가 복합 장갑을 개발했다. 그렇게 최초로 만들어진 증가 복합 장갑 장착형이 마가크 7A다. 마가크 7A는 귀갑형 포탑인 M60을 토대로 하며 차체 전방 상면·하면·측면 상부, 포탑 전면·측면에 증가 복합 장갑을 장착했다. 또 차체 측면에는 공간장갑식 사이드 스커트를 장착했다. 또 캐터필러를 메르카바 전차와 같은 강철제 싱글 핀식으로 변경하고 FCS도 개량됐다.

〔마가크 7C〕
베이스 차량은 마가크 7A와 같은 M60으로, 증가 복합 장갑 시공 부위도 마가크 7A와 같으나 포탑의 장갑 형상을 쐐기형으로 바꿔 방어 성능을 더 향상시켰다. 또 엔진을 900hp AVDS-1790-5A로 변경해 장갑 무게 증가에 따른 기동력 저하에 대처했다.

〔사브라(Sabra) Mk. I〕
M60A1·A3를 토대로 하며 증가 복합 장갑을 장착했다. 또 장갑 방어뿐만 아니라 공격력 향상도 꾀해 주포를 메르카바 Mk.III 전차의 120mm 활공포로 교체했다. 또 신형 FCS를 갖추고 서스펜션도 강화했다.

아랍 각국군의 최신 전차 T-72

소련제 T-72 주력 전차

T-72는 소련군의 전후 제3세대 주력 전차로 1973년 8월 7일 제식 채용돼 부대에 배치됐다. T-72는 꾸준히 개량돼 지금까지 약 3만 대가 만들어졌다. 이는 제2차 세계대전 이후의 전차로서는 T-54, T-55 시리즈에 다음가는 생산량이다. T-72는 현용 주력 전차 중에서 가장 오래 사용된 차량 중 하나로, 지금도 많은 나라에서 운용되고 있다. 중동에서는 시리아, 이라크, 이란이 운용 중이다.

〔데이터 T-72A〕
전체 길이: 9.53m
전폭: 3.59m
전고: 2.19m
무게: 41.5t
엔진: V-46 V형 12기통 액랭 슈퍼차지드 디젤
무장: 2A46 125mm 활공포×1, PKT 7.62mm 기관총×1, NSVT 12.7mm 중기관총×1
승무원: 3명

《시작차에서 T-72B까지의 변천》

〔오비옉트(Объект) 167 시작차〕
1960~1961년

오비옉트 167은 약간 개량을 더한 T-62 포탑을 탑재했다.

〔T-72 우랄 1〕
1975~1976년

스테레오식 거리 측정기

2A46 125mm 활공포

〔T-72A〕 1970년대 후기

902A 투차 연막탄 발사기를 장비.

L-4A 루나 적외선 서치라이트

싱글 핀식 강철제 캐터필러.

솔리드 러버제 사이드 스커트로 변경.

캐터필러를 보호하기 위한 전개식 금속·고무제 사이드 스커트.

〔T-72B〕

차체 전방의 장갑을 보강하고 포탑 앞부분의 복합 장갑도 더 강화(US 코드네임 'Super Dolly Parton')해 장갑 방어력을 향상시켰다. 주포는 2E42-2 안정장치를 갖춘 신형 2A46M을 채용했다.

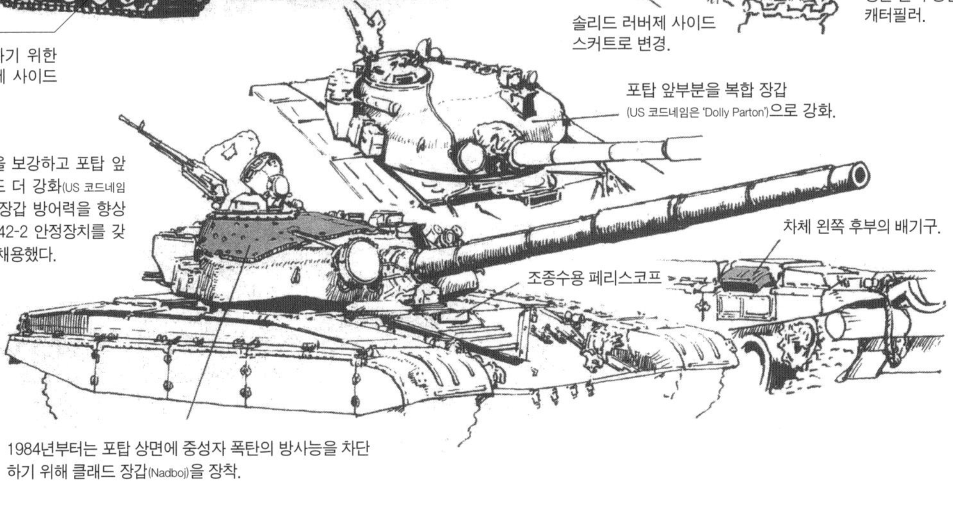

포탑 앞부분을 복합 장갑
(US 코드네임은 'Dolly Parton')으로 강화.

차체 왼쪽 후부의 배기구.

조종수용 페리스코프

1984년부터는 포탑 상면에 중성자 폭탄의 방사능을 차단하기 위해 클래드 장갑(Nadboj)을 장착.

147

《T-72 차내 구조》

① 헤드라이트
② 주차 브레이크
③ 조향 레버
④ 변속 레버
⑤ NBC 방어장치
⑥ NBC 정화장치
⑦ 주포 부앙장치
⑧ 포수용 사이트
⑨ 포수용 야간 사이트
⑩ 서치라이트
⑪ 포수석
⑫ 선회 베이스
⑬ 장전기
⑭ 포탄 장약 수납 선반
⑮ 엔진
⑯ 변속기

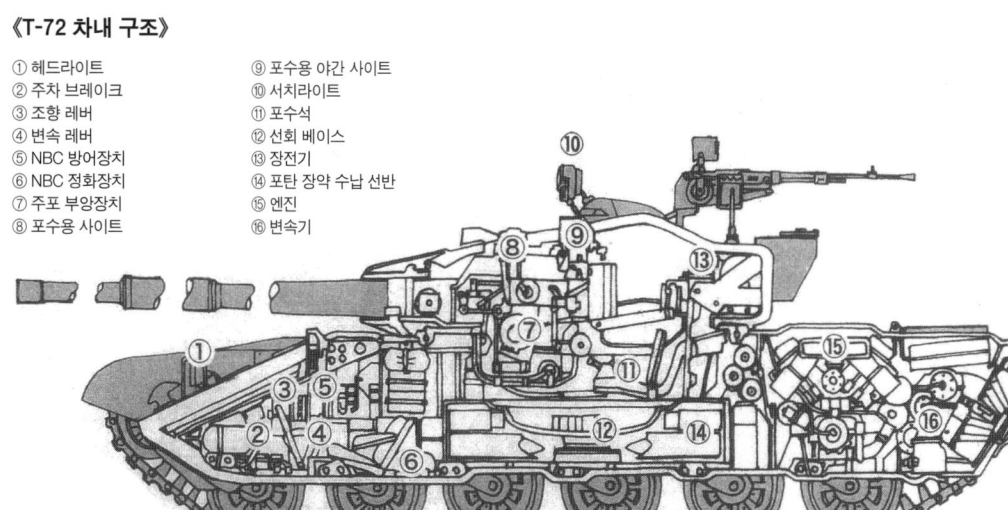

《포탑의 변천》

〔T-72 우랄1〕
스테레오식 거리 측정기

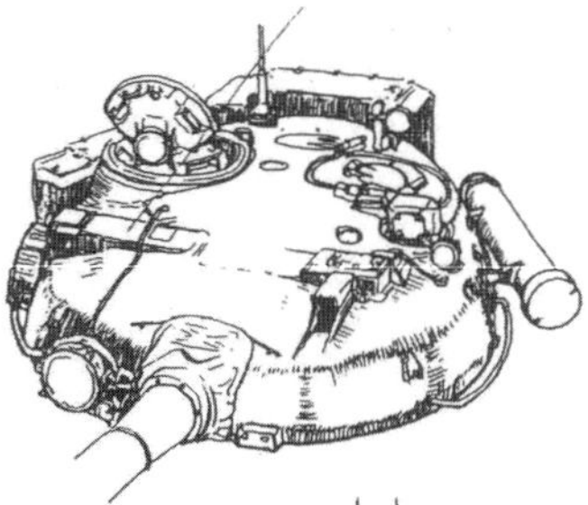

〔T-72A〕
레이저 거리 측정기를 내장한 TPD-K1 포수용 사이트 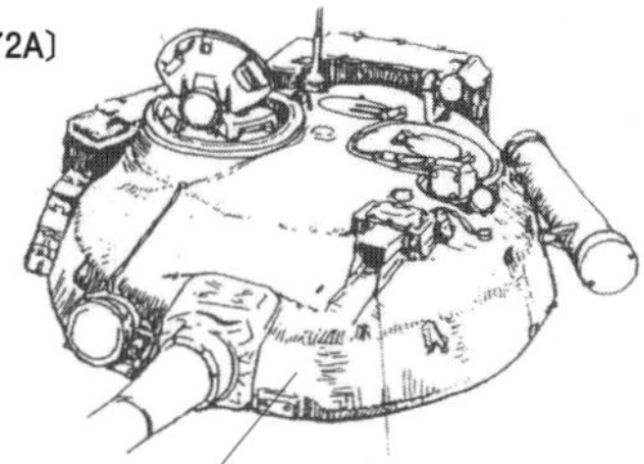
포탑 전면은 복합 장갑으로 강화.

〔T-72B〕
중성자 폭탄의 방사능을 차단하기 위한 클래드 장갑(Nadboj)을 장착. 
포탑 전면의 복합 장갑을 더욱 강화.
대전차 미사일 유도 성능과 야간 사이트 기능을 겸비한 신형 1K13-49로 변경.

〔슈노켈 장착 상태〕
도하용 슈노켈은 장전수 해치에 달린 작은 해치 개구부에 장착한다.

슈노켈을 장착한 장전수용 해치의 뒤쪽. 아래 그림은 슈노켈을 젖힌 상태.

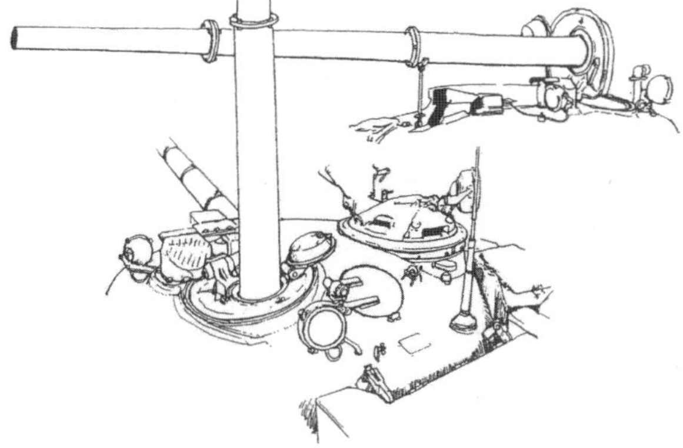

포탑 상면의 후부 중앙에는 빈 약협 배출용 해치가 설치돼 있다.

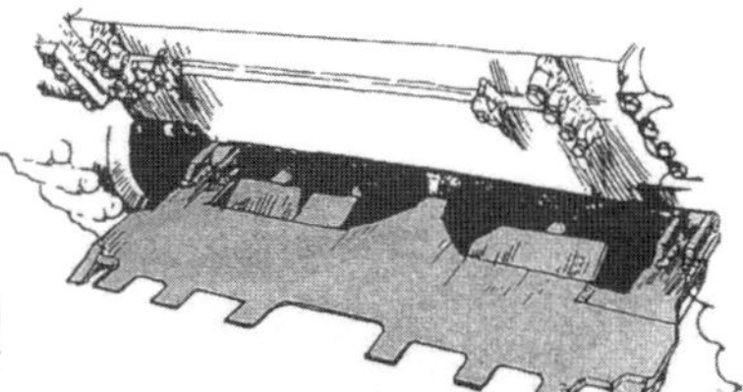

《차체 전면》

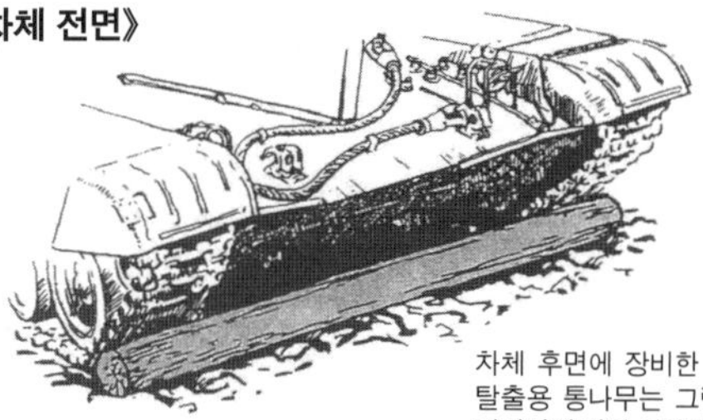

차체 후면에 장비한 연약지반 탈출용 통나무는 그림처럼 캐터필러에 끼워 사용한다.

차체 전면 하부에 장비한 도저 블레이드를 내린 상태.

차체 전면 좌우에 KMT-6 지뢰 제거장치를 장착한 상태.

레바논의 전투차량

1982년 이스라엘 침공 시 레바논 국내에는 레바논군 이외에 주둔 시리아군, 팔레스타인해방기구(PLO)에 소속한 이슬람교계 조직, 이에 대립하는 기독교계 조직 등 여러 민병 그룹이 활동했다. 특히 PLO는 아랍 각국에서 군사 원조로 받거나 전투로 노획한 병기를 장비했으며, 그 종류는 소화기부터 로켓포 등의 중화기, 장갑 차량까지 신구를 불문하고 다양했다.

《전차》

〔T-34-85〕 PLO
중동전쟁의 베테랑 전차. PLO는 거점 방어용으로 포대를 대신해 사용했다.

〔FV4101 채리어티어(Charioteer)〕 레바논군·PLO
레바논군이 영국과 요르단에서 수입한 20파운드(83.4mm)포 장비 포탑을 탑재한 영국제 구축전차. PLO는 이 차를 레바논 내전 때 레바논군에서 여러 대를 노획해 사용했다.

〔T-54, T-55〕 레바논군·PLO
레바논은 내전 때문에 일시적으로 미국의 병기 공급이 멈췄기 때문에 이라크에서 T-54, T-55를 포함한 소련제 병기를 제공받았다. 또 레바논군에서 노획한 것을 PLO도 소수 사용했다. 레바논군의 T-54, T-55는 차장용 큐폴라 앞쪽에 기관총 마운트를 증설하고 DShKM 중기관총을 탑재했다.

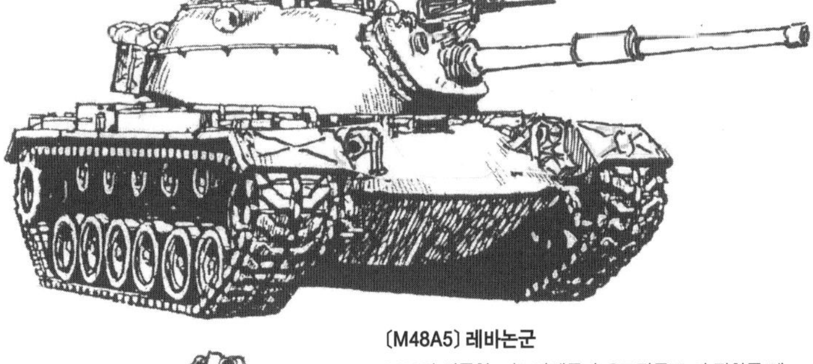

〔AMX-13 경전차〕 레바논군
레바논군은 75mm, 90mm 105mm포를 탑재하는 세 타입을 장비했다. 또 복수의 민병 그룹이 레바논군에서 노획하거나 해서 전투에 투입했다.

〔M48A5〕 레바논군
M48의 최종형. 이스라엘군과 요르단군도 이 전차를 채용했다. 주포 포방패 위에는 이스라엘군처럼 M2 중기관총을 공축기관총으로서, 또 장전수 해치 앞쪽에는 M60 기관총을 탑재했다.

149

《대공차량》

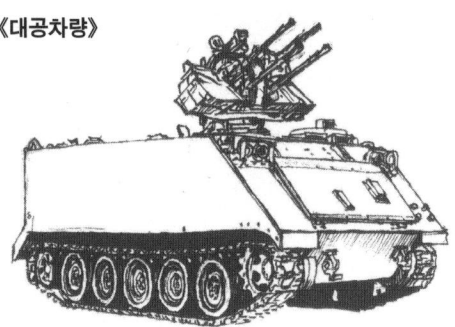

〔M113 개조 ZUP-4 14.5mm 4연장 고사 기관포 탑재형〕레바논군
차장용 큐폴라 부분에 ZUP-4 기관포를 포가까지 포함해 탑재했다.

〔M113 개조 ZU-23 23mm 고사 기관포 탑재형〕레바논군
레바논에서는 지상에서 연달아 공중으로 쏘아도 위력을 발휘하는 대공 기관포를 탑재한 차량이 많이 쓰였다.

〔민간 트럭 개조차〕PLO
민간 픽업트럭을 이용해 ZUP-2 14.5mm 연장 기관포를 탑재했다.

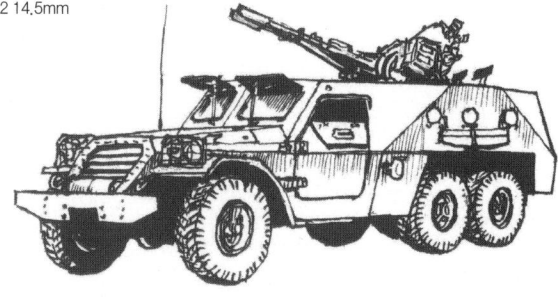

〔BTR-152 개조형〕PLO
BTR-152 병력수송장갑차 후부에 ZU-23 23mm 연장 기관포를 탑재했다.

《자주포》

〔2S3(SO-152) 152mm 자주 곡사포〕시리아군
베카고원에 주둔한 시리아군이 이스라엘군을 포격할 때 사용했다.

《트럭》

〔GAZ-66 2t 카고 트럭〕
소련제 군용 트럭. 수송이나 야포 견인 등에 사용했다. 1966년 채용돼 1999년까지 생산됐기 때문에 중동에서도 많은 나라가 장비했다.

〔BM-21〕
우랄-375D 6륜 트럭을 토대로 만들어진 자주 다연장 로켓포. 40발 122mm 로켓 런처를 탑재했다.

〔M54 5t 카고 트럭〕
미제 6륜 구동 트럭. 이스라엘군과 이집트군도 장비했다.

〔BM-25〕
12연장 250mm 로켓 런처를 탑재한 자주 다연장 로켓포. 베이스는 KrAZ-214 6륜 트럭.

시가전 테크닉

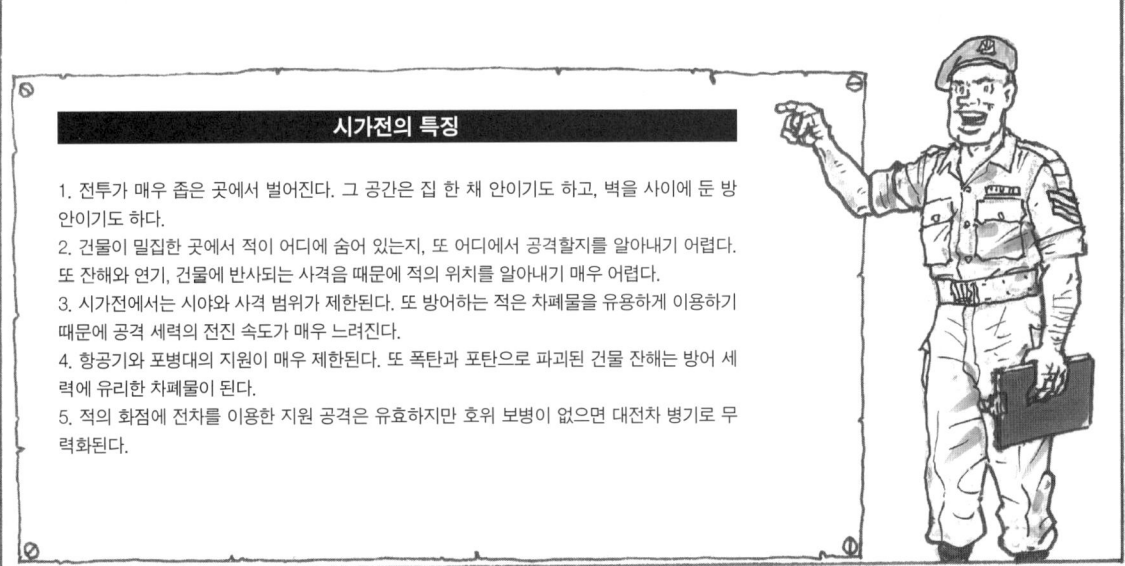

시가전의 특징

1. 전투가 매우 좁은 곳에서 벌어진다. 그 공간은 집 한 채 안이기도 하고, 벽을 사이에 둔 방 안이기도 하다.
2. 건물이 밀집한 곳에서 적이 어디에 숨어 있는지, 또 어디에서 공격할지를 알아내기 어렵다. 또 잔해와 연기, 건물에 반사되는 사격음 때문에 적의 위치를 알아내기 매우 어렵다.
3. 시가전에서는 시야와 사격 범위가 제한된다. 또 방어하는 적은 차폐물을 유용하게 이용하기 때문에 공격 세력의 전진 속도가 매우 느려진다.
4. 항공기와 포병대의 지원이 매우 제한된다. 또 폭탄과 포탄으로 파괴된 건물 잔해는 방어 세력에 유리한 차폐물이 된다.
5. 적의 화점에 전차를 이용한 지원 공격은 유효하지만 호위 보병이 없으면 대전차 병기로 무력화된다.

여기서는 『미군의 매뉴얼』을 사용해 시가전의 공략 방법을 해설하겠다.

알겠습니다!

시가지를 공략할 때 리더에게는 다음의 사항이 요구된다.
1. 상황에 따라 변화할 수 있는 부대 구분 편제.
2. 부대 전원이 이해하고 원활하게 행동할 수 있는 이동 요령.
3. 안전하며 반격하기 용이한 경로 선택과 설정한 경로에서 이탈했을 때 위험을 회피할 수 있는 이동 경로.
4. 즉시 반격 가능한 태세를 갖추기 위해 각자의 역할 분담을 정한 철수 시 대응.
5. 비상시 행동 및 철수 루트 설정.

시가전 상황의 보병 전술 Part 1

《시가전 상황의 7가지 이동 원칙》

〔미군 병사〕

좋아. 우리의 목표는 저 건물 안에 있는 적을 제거하고 건물을 확보하는 것이다. 이제부터 모든 시가전 테크닉을 구사해 저 목표를 확보하자.

〔시가지 행동의 기본〕

1. 항상 자세를 낮추고 전진한다.
2. 개활지는 피한다.
3. 이동하기 전에 다음 잠복 위치를 선정해둔다.
4. 이동을 최대한 숨긴다.
5. 재빠르게 이동한다.
6. 지원 사격으로 그 자리를 제압한다.
7. 모든 상황을 대비한다.

시가전 소탕 임무는 특히 위험하며 신경이 피로해지는 성가신 임무다. 시가지에서 이동할 경우, 기관총 등을 이용한 엄호는 게릴라할 수 없다. 기관총수는 이동하는 아군의 움직임을 완전히 포착할 수 있는 곳에 위치하며, 이동하는 자는 움직이기 전에 다음 숨을 곳을 정해두어야 한다.

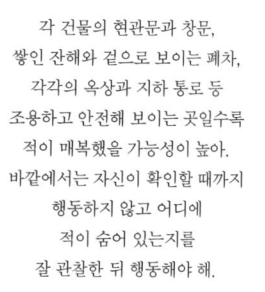

각 건물의 현관문과 창문, 쌓인 잔해와 겉으로 보이는 폐차, 각각의 옥상과 지하 통로 등 조용하고 안전해 보이는 곳일수록 적이 매복했을 가능성이 높아. 바깥에서는 자신이 확인할 때까지 행동하지 않고 어디에 적이 숨어 있는지를 잘 관찰한 뒤 행동해야 해.

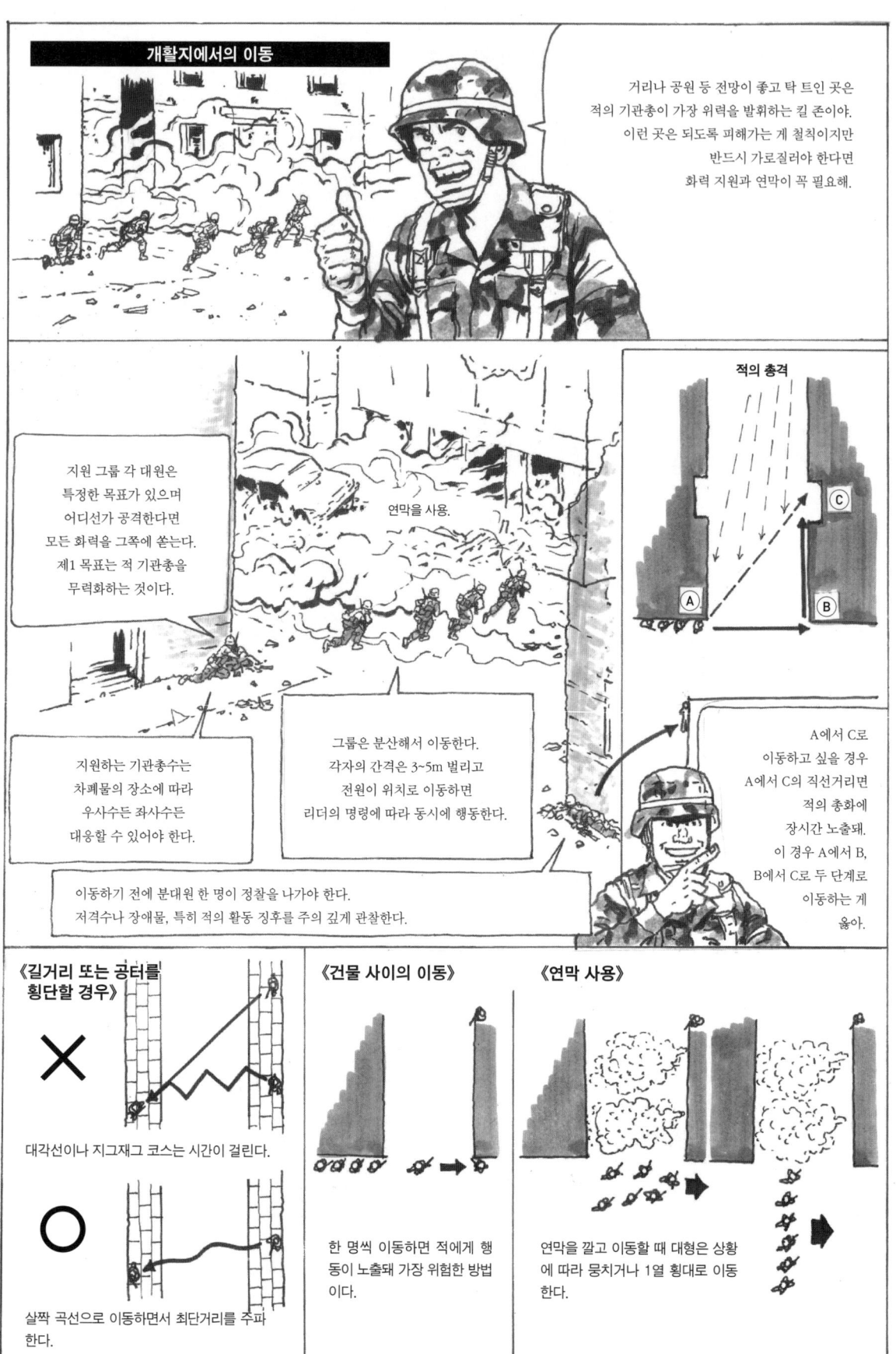

사격 위치

몸을 숨길 수 있는 건 뭐든지 이용해! 적에게 노출되는 자신의 몸이 작을수록 총알을 잘 안 맞게 돼.

〔사격 시 원칙〕

1. 엎드려 사격하라.
2. 그늘이 지는 곳에서 사격하라.
3. 자신의 실루엣을 보이지 마라.
4. 모든 장소, 모든 물건을 몸을 숨기기 위해 이용하라.

언제나 되도록 자세를 낮추고, 적에게 주는 목표(피탄 면적)를 되도록 최소화한다. 벽돌이나 잔해 등을 엄폐에 이용한다.

두껍고 견고하게 지어진 담장도 이용할 수 있다. 능숙하게 몸을 숨기면서 부서진 곳을 이용해 사격한다.

총이 건물 밖에 튀어나가지 않도록 벽 안쪽에서 조준한다. 사격 범위를 확보하려고 지나치게 창문에 접근하지 않도록 주의할 것.

굴뚝을 차폐물로 이용해서 자신의 실루엣이 옥상 위에 드러나지 않도록 해.

옥상 위는 지휘 포지션이기도 하며 사격 위치로도 유용해서 광범위한 야외 시야를 확보할 수 있다.
또 적에게도 위로 사격한다는 불리를 강요하게 된다.

건물 모퉁이에서 사격할 경우, 서서쏴는 하지 않고 무릎쏴나 엎드려쏴가 좋다.

우사수는 차폐물이 자신이 왼쪽에 있을 경우 몸을 숨긴 채 사격할 수 있지만, 차폐물이 오른쪽에 있을 경우 총을 바꿔 들어서 자신의 몸을 숨길 필요가 있다.

소염기를 장착한 총이라도 적의 총염은 잘 보인다. 건물 등 내부에서 사격해서 적에게 총염을 들키지 않도록 할 수 있다. 총구가 건물 개구부에서 1m 안(가능하면 2m가 바람직하다)에 위치하도록 한다.

건물 돌입

목표 건물이 사람이 살지 않는 평범한 건물이라는 보장은 없어.
적이 이미 잠복해 내부를 방어하고 있을 수 있지.
함부로 접근하면 상상도 못 한 데서 반격을 당할 가능성이 있으니 주의해야 해.
여기서는 돌입할 때의 주위 부분을 짚어보자.

《적이 잠복한 건물 내부의 상황》

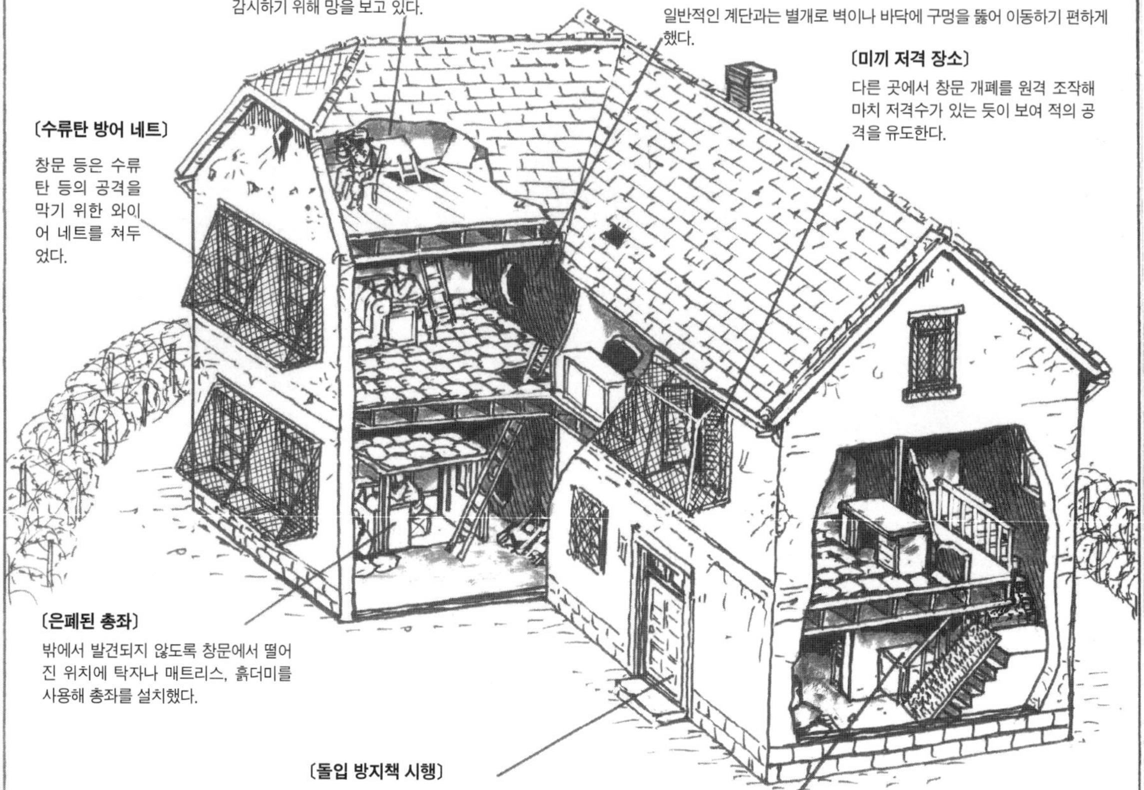

〔적 감시병〕
옥상 펜트하우스나 기계실 등에서는 적이 공격자를 감시하기 위해 망을 보고 있다.

〔이동 부분 증설〕
일반적인 계단과는 별개로 벽이나 바닥에 구멍을 뚫어 이동하기 편하게 했다.

〔미끼 저격 장소〕
다른 곳에서 창문 개폐를 원격 조작해 마치 저격수가 있는 듯이 보여 적의 공격을 유도한다.

〔수류탄 방어 네트〕
창문 등은 수류탄 등의 공격을 막기 위한 와이어 네트를 쳐두었다.

〔은폐된 총좌〕
밖에서 발견되지 않도록 창문에서 떨어진 위치에 탁자나 매트리스, 흙더미를 사용해 총좌를 설치했다.

〔돌입 방지책 시행〕
돌입에 대비해 문은 못을 박고 안에는 흙더미나 벽돌을 놓아둔다.

〔내부에 숨은 적병〕
창문 이외의 개구부에도 적이 숨어 있으니 주의가 필요하다.

《간이 총좌의 구조》

〔바닥 방어〕
바닥에 흙부대를 깔아 바닥에서의 총격을 막는다.

〔수류탄 구멍〕
아래층의 적에게 수류탄을 투하하기 위한 작은 구멍.

건물 안의 가구는 모두 방어재로 이용한다. 큰 소파는 수류탄 파편을 흡수할 수 있으며 흙이나 벽돌을 담은 식기 찬장은 소화기 탄환을 저지할 수 있다.

적도 우리의 공격을 대비해 충분한 대책을 해뒀다고 생각해야 해!

시가지 상황의 보병 전술 Part 2

적이 지키고 있는 건물을 공격할 경우 옥상에서 공격하는 것이 최선이고 돌입 지점은 최대한 높은 곳으로 한다.

《상부에서의 공격》

[공격 포인트]
1. 전투는 위에서 아래를 향해 싸우는 편이 유리하다.
2. 아래에서 공격할 경우, 적은 위층으로 몰려 거세게 반격하거나, 아니면 지붕을 타고 탈출해버린다.
3. 위에서 공격했을 경우, 적은 아래층, 또는 건물 밖으로 도망치게 돼 밖에 있는 부대가 남은 적을 소탕할 수 있다. 또 탈취한 건조물 안에서도 밖으로 도망치는 적을 사격할 수 있다.

시가전에서는 건물을 최대한 이용한다. 적 수비 측의 사선(射線)을 전방으로 유도하고 주위 건물에 매달려 높은 사선을 확보한다.

견제 사격이다! 적의 사선을 아래로 집중시켜라, 요란하게 쏴!

일단 건물 한 채를 제압하면 목표 건물 지붕으로 접근할 수 있다. 그때도 실제로 돌입할 때까지는 적에게 들키지 않도록 해야 한다.

헬리콥터의 지원을 받을 수 있다면 지붕 위로 강행 강하해서 급습해 단숨에 제압할 수도 있다.

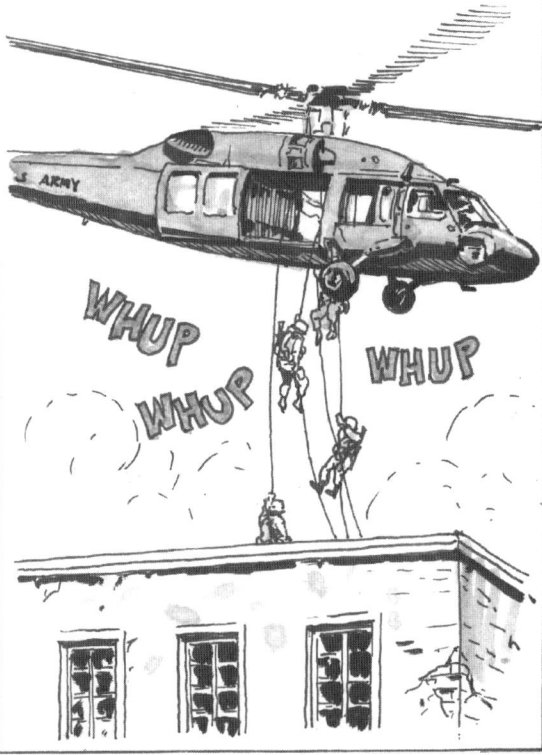

높은 곳에 위치한 적의 화점은 LAW나 기관총 등의 강력한 병기로 단숨에 해치운다.

헬리콥터의 지원이 없다면 외부 배관이나 사다리, 또 로프를 사용해 지붕으로 접근을 시도해. 이 갈고리가 달린 밧줄을 던져서 오르는 게 가장 손쉬운 방법이야.

밧줄은 쉽게 올라갈 수 있도록 두꺼운 걸 쓰고, 발판으로 쓰기 위해 30cm 간격마다 매듭을 만들어둬. 오르기 전에 갈고리가 단단히 고정됐는지 확인할 것!

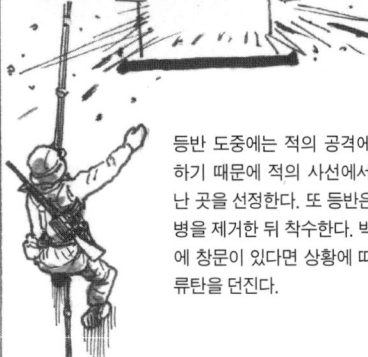

등반 도중에는 적의 공격에 무력하기 때문에 적의 사선에서 벗어난 곳을 선정한다. 또 등반은 저격병을 제거한 뒤 착수한다. 벽 중간에 창문이 있다면 상황에 따라 수류탄을 던진다.

《현수강하(라펠링)》

강하하는 쪽이 올라가는 것보다 편하고 신속하게 할 수 있다. 가능하면 지붕을 이동해 정상에서 현수강하로 침입, 최상층부터 적 소탕작전을 시작한다.

밧줄은 굴뚝 등에 단단히 고정하고 긴급 시에는 끌어올릴 수 있도록 두 명이 밧줄 끝을 잡는다.

총은 멜빵으로 짚어지고 수류탄은 넉넉하게 휴대한다

창문 바로 위에 강하하고 수류탄을 던져 폭발한 뒤 돌입한다.

《지상에서의 침입 방법(높은 위치의 창문)》

① 둘이서 한 명을 들어 우선 한 명이 침입한다.

② 두 번째 사람의 발을 들고 먼저 오른 한 명이 끌어올린다.

③ 세 번째는 위에서 두 사람이 끌어올린다.

《밧줄(자일)을 사용한 라펠링 하네스 묶는 법》

① 약 540cm의 밧줄을 준비한다.

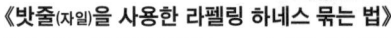

④ 밧줄 좌우 양끝을 사타구니 앞에서 뒤로 감는다. 또 허리에 좌우로감고 묶어서 고정한다.

⑥ 카라비너에 줄을 통과시킨다.

② 밧줄을 허리에 감는다.

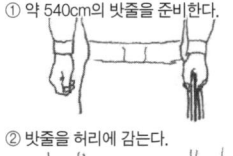

← 강하용 로프

⑤ 남은 밧줄 끄트머리는 주머니에 넣는다.

③ 정면에서 묶는다.

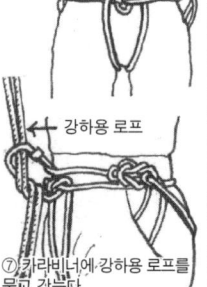

⑦ 카라비너에 강하용 로프를 묶고 감는다.

158

시가전에서는 사람이 걸을 수 없는 곳, 즉 적이 상상할 수 없는 곳으로 이동하는 게 성공 비결이야!

《위험성이 높은 방 진입》

부비 트랩의 위험이 높은 문이나 창문으로는 되도록 돌입하지 않고 벽을 파괴해 돌입한다.

↓

벽에 구멍이 뚫려도 바로 돌입하면 안 된다. 우선 수류탄을 던져 내부를 제압한다.

↓

건물 내 전투

《창문 통과 방법》
창틀보다 자세를 낮춰 이동한다.

《방 진입》
3인 1조로 행동하는 것이 안전하다. 한 명이 안전을 확보하기 위해 방 밖에 남고 수류탄을 던져 폭발하면 두 명이 돌입한다. 실내에서는 한 명은 벽을 등지고 적을 탐색하는 아군을 엄호한다.

《복도 이동》

〔쥐구멍〕
오른쪽 그림처럼 벽을 파괴하거나 파내서 뚫은 임시 통로를 가리킨다. 구멍의 크기 최소 폭은 60cm다.

복도 이동은 되도록 피해야 하지만 직접 방에서 방으로 이동할 수 없다면 되도록 벽에 밀착해서 전진해 적의 목표가 되지 않도록 한다. 2인 1조로 행동해서 서로의 시야를 커버해 돌발적인 상황 변화에 대응할 수 있도록 한다.

수류탄 폭발에 이어 내부에 돌입! 적에게 재정비 시간을 주면 안 된다.

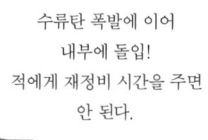

그리고 다음에는 방에서 방으로 넘어가며 싸워 적을 공격해, 거점을 제압하자!

입구와 개구부를 통해 내부에 침입할 경우 반드시 내부 상황을 파악하고 지원 사격을 할 수 있도록 인원을 배치해야 한다.

복도로 이동해야 할 때는 되도록 벽에 밀착해 적의 목표가 되지 않도록 행동한다. 또 전방, 후방 등의 경계도 소홀히 하지 않는다.

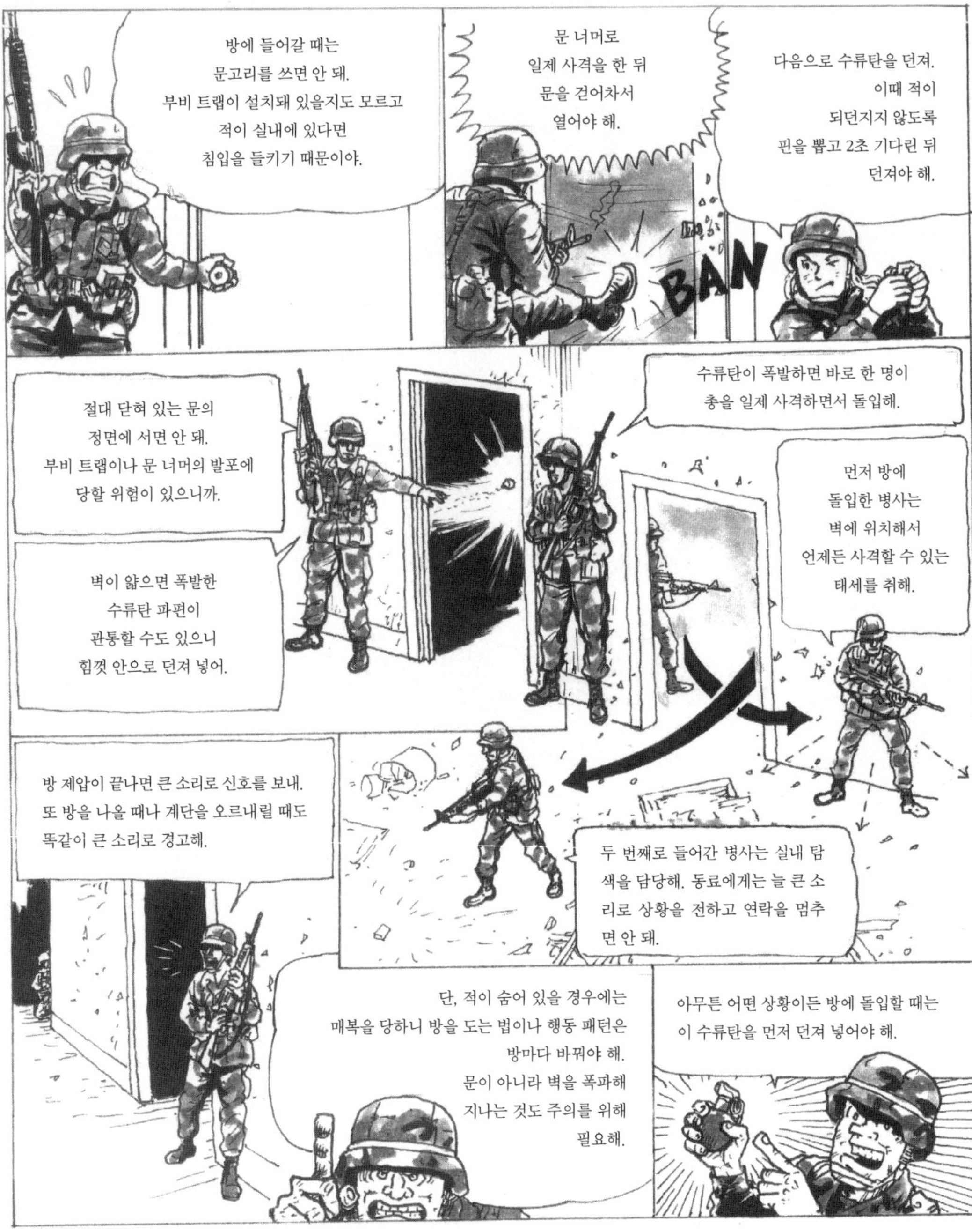

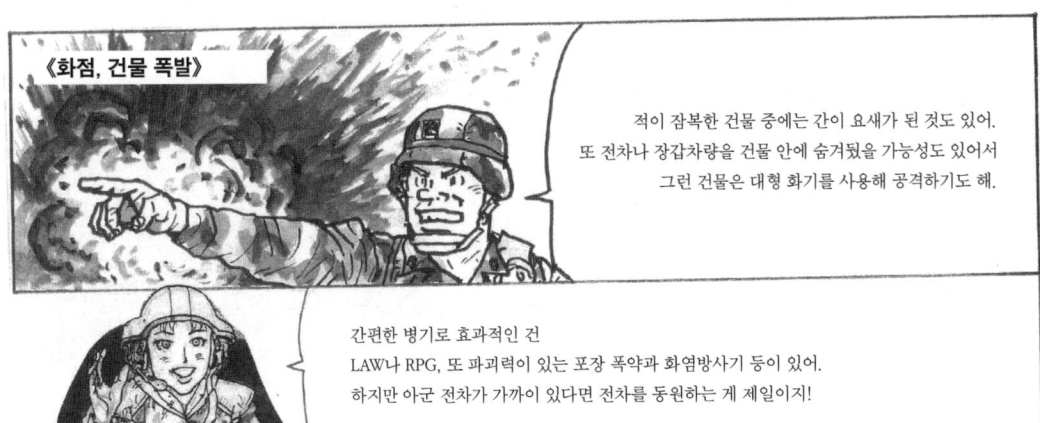

이스라엘군 기갑사단사
전차부대 설립~제2차 중동전쟁

■ 이스라엘 건국

1948년 5월 14일, 유대국민평의회는 텔아비브에서 이스라엘 건국을 선언했다. 이스라엘 건국은 원래 그 땅에 살고 있던 아랍인(팔레스타인인)을 배척하는 형태로 성립해서 신생 이스라엘은 탄생 직후 이집트, 레바논, 시리아, 이라크, 트란스요르단 등 아랍 각국의 공격을 받게 되었다.

이 전쟁은 '제1차 중동전쟁'이라고 불리며(이스라엘은 '독립 전쟁', 아랍 진영은 '팔레스타인 전쟁'이라고도 한다), 개전 당초에는 장비가 우수한 아랍 각국군이 우세해 이스라엘은 각지의 거점과 예루살렘 구 시가지를 잃었다. 그런 전황 속에서 전쟁 격화를 막기 위한 유엔의 중재로 6월 11일 휴전했다. 이 휴전 전에 이스라엘은 부대를 재편성해 5월 26일 이스라엘 국방군이 창설됐다.

■ 이스라엘군 전차대

제1차 중동전쟁 당시, 이스라엘군은 1개 전차대대를 편제했다. 이 장비는 M4 중형 전차 3대, 크롬웰 순항전차 3대, 그리고 제2차 세계대전 때 만들어진 프랑스 호치키스 H39 경전차 10대뿐이었다. 전차병은 대부분 소련군에 있었던 러시아계 유대인으로, 전투에 세 번 참가했지만 전과를 거두지는 못했다.

전차대대가 장비했던 M4 전차는 사실 영국군에서 가져온 장물이었다. 5월 14일 영국 위임 통치 종료를 대비해 영국군이 철수를 준비하던 시절 하이파 공항 근처에서 정비 중인 M4 전차 탑승원을 유대인 여성이 가까운 카페로 유인하고, 그 틈에 영국 병사로 변장한 유대인이 전차를 조종해 훔쳐냈다. 이 M4가 이스라엘 전차 제1호가 되었다고 한다.

■ 제2차 중동전쟁 (수에즈 동란)

1952년 쿠데타로 나세르가 이집트의 실권을 쥐자 그는 소련에 접근해 체코슬로바키아의 원조를 받는 데 성공했다. 1955년 T-34 전차 230대를 포함한 550대 이상의 장갑차량이 이집트군에 공급됐다.

《이스라엘 최초의 전차대 장비》

〔M4A2 셔먼〕
영국군에서 훔친 차량.

〔크롬웰 순항전차〕
이 전차도 영국군에서 훔친 것이었다.

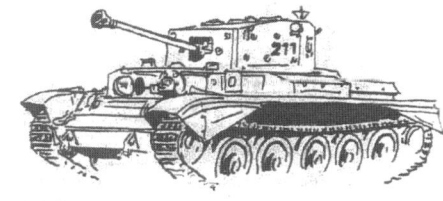

〔M3 하프트랙 6파운드포 탑재〕
하프트랙과 지프를 장비한 기계화 보병대대는 기동전에서 활약했다.

〔호치키스 H39〕
이 전차를 주력으로 2개 중대로 이루어진 전차대대가 편제됐다.

《제2차 중동전쟁 시의 이스라엘군 차량》

[M4A1 셔먼 76mm 전차포 탑재형]

[M4A3 셔먼]
전후 퍼레이드 때는 그림처럼 차체 전면 중앙에 제7기갑여단의 마크를 달았다.

[M3 하프트랙]

[AMX-13]
사막전용으로 방진 오일 필터가 달렸다.

증설한 총탑에 20mm 대전차포, 전방 캡 오른쪽에 MG34를 장비했다.

《이스라엘군 기갑부대의 편제》
(1956년)

제7기갑여단
여단 사령부
- 전차대대 (M4 셔먼 계열)
- 경전차대대 (AMX-13)
- 기계화 보병대대 (M3 하프트랙)
- 예비 자동차화 보병대대 (트럭 등)
- 정찰중대 (M3 하프트랙, 지프)
- 자동차화 야포병대대 (25 파운드포)
- 그 외 각 부대

제37여단
여단 사령부
- 전차대대 (M4 셔먼 계열)
- 경전차대대 (AMX-13)
- 기계화 보병대대 (M3 하프트랙)
- 예비 자동차화 보병대대 (트럭 등)
- 정찰중대 (M3 하프트랙, 지프)
- 자동차화 야포병대대 (25 파운드포)
- 그 외 각 부대

제27여단
여단 사령부
- 기갑대대
  - 전차중대 (M4 셔먼 계열)
  - 기계화 보병중대 (M3 하프트랙)
- 기갑대대
  - 경전차중대 (AMX-13)
  - 기계화 보병중대 (M3 하프트랙)
- 예비 자동차화 보병대대 (트럭 등)
- 정찰중대 (M3 하프트랙, 지프)
- 자동차화 야포병대대 (25 파운드포)
- 그 외 각 부대

(자료에 차이 있음, 추정 포함)

이스라엘은 그에 맞서 프랑스에서 AMX-13과 초고속 76mm 전차포 탑재 M4 셔먼 전차 200대를 구입했다. 이 전차 구입의 배후에는 수에즈운하 국유화를 선언한 나세르에 맞서 수에즈운하의 경영권과 이권을 쥔 이스라엘과 프랑스가 반발했다는 사정이 있었다.

이스라엘이 프랑스에서 병기를 수입하고 3주 뒤인 1956년 10월 29일, 이스라엘군의 기습공격으로 제2차 중동전쟁이 시작됐다. 이 전쟁에서 이스라엘군 전차대의 활약이 눈부셨으며 특히 제7기갑사단은 모세 다얀 참모총장의 '보병의 뒤에서 나아가라'라는 명령을 무시하고 시나이반도를 단숨에 돌파 횡단해 고작 100시간 만에 이집트 야전군을 격파하는 큰 전과를 올렸다. 이 활약으로 기갑부대의 중요성이 인식돼 이스라엘군의 전차부대는 공수부대에 견줄 엘리트 부대가 되었다.

11월 5일 영국과 프랑스도 전투에 개입했지만 유엔 안보리의 철수 결의와 미국, 소련의 압박도 있어 영국과 프랑스는 정전 후 12월, 이스라엘도 이듬해 3월에 시나이반도에서 철수했다.

《제2차 중동전쟁 시의 이집트군 차량》

[T-34-85]

[SU-100 자주포]

[아처 대전차 자주포]
17파운드포 탑재 영국제 자주포.
이집트군은 200대를 장비했다.

이집트군은 당시 서방의 병기도 다수 장비했으며 M4, 센추리온, AMX-13을 각 40대 보유했다. 제2차 중동전쟁 당시 이스라엘은 서방, 이집트는 소련과 체코슬로바키아 등 동방 병기가 주력이었으나, 대부분 제2차 세계대전 당시의 차량이었다.

《이집트군 기갑사단의 편제》
(1956년)

제4기갑사단
- 기갑여단
  - 전차대대 (T-34-85)
  - 기계화 보병대대 (OT-62)
  - 자주포중대 (SU-100)
- 기갑여단
  - 전차대대 (T-34-85)
  - 기계화 보병대대 (OT-62)
  - 자주포중대 (SU-100)
- 기갑여단 (JS-3)

제3차 중동전쟁

■ 제3차 중동전쟁

제2차 중동전쟁 이래 중동 정세는 한동안 큰 움직임은 없었지만 1960년대가 되자 아랍 각국은 소련 진영과의 연계를 강화했다. 특히 이집트, 시리아, 이라크 등은 대량의 소련제 병기를 들여와 중동의 군사, 정치 밸런스가 균형을 잃기 시작했다.

이에 이스라엘은 미국, 영국, 프랑스, 벨기에서 병기를 구입해 군비를 증강했다. 그때 팔레스타인 게릴라의 이스라엘 테러 활동도 연달아 일어났으며, 1967년 4월 이스라엘이 시리아 영내에 있는 게릴라 기지를 공격해 양국의 긴장이 단숨에 높아졌다.

이 사건을 계기로 나세르 이집트 대통령은 군대를 시나이반도에 진주시키면서 유엔군의 철수를 요구했다. 또 이스라엘 홍해의 유일한 출입구였던 아카바만 티란해협 봉쇄를 발표했다. 5월 하순이 되자 아랍 진영은 강경 자세를 보여 나세르 대통령이 "아랍연합과 이스라엘 사이의 전쟁이 벌어지면 전면전쟁이 될 것이다"라고 공언했다. 그 말은 이스라엘에 대한 개전 의사 표명이라고 받아들여졌으며, 시리아와 요르단도 이에 따라 군을 국경 지구로 이동시켰다.

그런 아랍 세력의 행동을 보고 이스라엘은 전쟁을 피할 수 없다고 판단해, 5월 중순부터 비밀리에 동원을 실시했다. 그리고 1967년 6월 5일, 이스라엘군이 전격적인 선제공격을 감행하면서 제3차 중동전쟁이 발발했다. 이스라엘은 공군의 기습공격으로 서전에서 아랍군 측의 공군을 격멸하고 단숨에 제공권을 확보했다. 결전장을 시나이반도로 정한 이스라엘군은 지상전에 기갑부대 주력을 투입해 이집트 영내에 진격을 개시했다. 당시 이스라엘군 기갑부대는 센추리온 250대, M48와 M4 시리즈 각 200대, AMX-13 150대 합계 800대의 전차, 또 자주포 250대를 합쳐 1,050대의 전투차량을 보유했으며 그중 650대가 시나이반도에 투입됐다. 그에 맞서는 시나이반도의 이집트군은 약 1,000대의 전차를 장비했다 (T-34 350대, T-54와 T-55 450대, JS-3 스탈린 60대, 센추리온 30대, AMX-13 20대, SU-100 추정 150대).

전투는 이스라엘군의 공격으로 이집트군은 첫날에 바로 괴멸 상태에 빠졌고, 그 뒤에는 패주하는 이집트군을 이스라엘군 기갑부대가 공군의 지원을 받으면서 추격하는 형세가 되었으며, 개전 4일 차인 6월 8일 밤, 이스라엘 전투부대는 수에즈운하에 도달했다.

이스라엘군은 요르단과 시리아 방면에서는 주력 부대를 시나이반도에 투입했기 때문에 적극적인 공격에 나서지는 않고 시리아 방면의 전황이 우세해지자 공수부대를 투입하고 기갑부대를 운용해서 아랍군을 격파하고 진격하기 시작했다. 그렇게 각 전선에서 이스라엘군이 압도적으로 우세해져서 우선 요르단이 6월 7일, 이집트가 8일, 시리아는 10일 정전에 응해 제3차 중동전쟁은 6일 만에 종료됐다. 이스라엘의 압도적 승리로 끝난 이 전쟁은 '6일 전쟁'이라고도 불린다.

《이스라엘군 기갑부대의 편제》
(1967년)

이스라엘군 기갑여단은 2개 전차대대와 1개 기계화 보병대대의 3개 대대 편성. 전차 및 장갑차량은 영국, 미국, 프랑스에서 구입해서 통일감이 없다. 하프트랙 탑승 기계화 보병은 전차에 비해 사막의 기동력이 떨어지며 오픈탑이었기 때문에 손해도 컸다.

제7여단 (기갑여단)
- 제82대대 (전차대대: 센추리온)
- 제79대대 (전차대대: M48)
- 제9대대 (기계화 보병대대: M3 하프트랙)

제37여단 (예비기갑여단)
- 제377대대 (전차대대: 센추리온)
- 제266대대 (전차대대: AMX-13)
- 제278대대 (기계화 보병대대: M3 하프트랙)

제200여단 (예비기갑여단)
- 제94대대 (전차대대: 센추리온)
- 제125대대 (전차대대: 센추리온)
- 제61대대 (기계화 보병대대: M3 하프트랙)

《이스라엘군 개조 셔먼 패밀리》

〔M50 155mm 자주 곡사포〕
프랑스에서 개발된 자주포.

〔마크마트 160mm 자주 박격포〕
사격 시 전면 장갑판을 바깥쪽으로 연다.

〔M32 전차 회수차〕

〔솔탐 L33 155mm 자주 곡사포〕
1973년부터 부대 배치.

〔셔먼 크랩 지뢰제거 전차〕

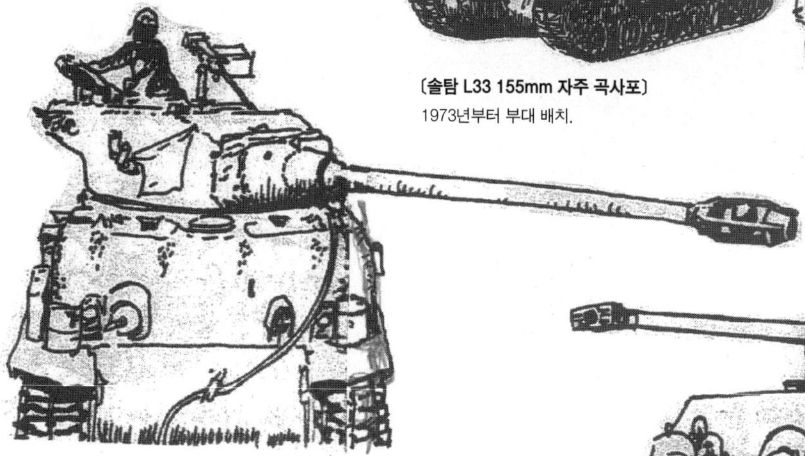

〔M51 슈퍼 셔먼〕
프랑스제 105mm 전차포를 탑재한 최강 셔먼.

〔M50 슈퍼 셔먼〕
프랑스제 75mm 전차포를 탑재했다.

《제3차 중동전쟁 시 아랍 각국군 전차》

제8여단 (기계화여단)
- 제129대대 (전차대대 : M50, M51)
- 제89대대 (전차대대 : 센추리온)
- 제121대대 (기계화 보병대대 : M3 하프트랙)

제14여단 (기계화여단)
- 제52대대 (전차대대 : M50, M51, AMX-13)
- 제58대대 (기계화 보병대대 : M3 하프트랙)
- 제83대대 (기계화 보병대대 : M3 하프트랙)

제45여단 (기계화여단)
- 제39대대 (전차대대 : M50, M51)
- 제25대대 (기계화 보병대대 : M3 하프트랙)
- 제74대대 (기계화 보병대대 : M3 하프트랙)

〔요르단군 M48〕

〔요르단군 M47〕
요르단군은 미국제 M47, M48 패튼 전차를 장비했다. 한편 요르단 방면의 이스라엘 기갑부대는 M4가 주력이어서 매우 고전했다.

〔이집트군 T-54〕
6월 8일, 이집트 제4기갑사단의 T-54, T-55 전차 60대와 이스라엘군 제7기갑여단의 센추리온, M48, M47 간의 대전차전이 벌어졌는데 이집트군은 대부분의 전차를 파괴했다.

〔시리아군의 Ⅳ호 전차〕
골란고원에서 포대로서 이스라엘 전차를 요격했다.

제4차 중동전쟁~레바논 침공

■ 제4차 중동전쟁

1973년 10월 6일은 '속죄의 날(욤 키푸르)'이라는 유대교 명절이었다. 이집트군은 이날 수에즈 전선에서, 시리아군은 골란고원 전선에서 동시에 이스라엘을 공격하기 시작했다. 이스라엘 정보기관은 아랍 세력의 군사 활동을 알아차렸지만 그들의 개전 의도에 확신을 가지지 못해서 대응책이 늦어져 아랍의 선제 기습 공격을 허용해버렸다.

이집트군은 20여 곳에서 수에즈운하를 도하하고 대전차 병기를 장비한 코만도 부대를 운하 인근에 전개해 이스라엘군의 반격에 대비했다. 그때까지의 전투 경험에 따라 이스라엘군 기갑부대는 단숨에 이집트군을 운하로 몰아넣고자, 도하 정보를 얻고 30분 이내에 반격하기 시작했다. 하지만 이집트군은 이스라엘군 전차에 대한 비장의 패로 소련제 9M14 말류트카 대전차 미사일과 RPG-7을 장비하고 있어 돌진해오는 이스라엘군 전차를 연이어 격파해나갔다. 8일까지 265대의 전차를 잃은 이스라엘군은 이번 이집트군의 강함, 대전차 미사일을 갖춘 방어 진지의 견고함을 뼈저리게 깨달았다. 같은 시기 이스라엘 공군도 지대공 미사일과 쉴카 대공 자주포 등의 대공화기 공격을 받아 큰 손해를 입었다.

그리고 골란고원의 시리아군 침공도 소련제 대전차 미사일과 대공 미사일이 맹위를 떨쳐 이스라엘군은 곤경에 빠졌다. 10월 7일까지 시리아군은 10km 이상 진출했다. 이스라엘군 전차부대는 혼전 속에서 지형을 이용해 3배 이상의 적 전차를 상대로 싸워 여단장이 전사하는 등의 혼전 상태가 이어졌다. 그러나 7일 오후 예비 전차여단을 투입하는 등 반격을 시작해 10일까지 시리아군을 골란고원에서 밀어내는 데 성공했다. 전후 '눈물의 계곡'이라고 불리게 된 골란고원 동북부의 전투에서는 4일에 걸친 전투에서 이스라엘군 전차가 선전해 시리아군은 전차 260대, 그 외 차량 200대 이상의 잔해를 남기고 철수했다. 하지만 전투 전에는 약 180대를 보유한 이스라엘군도 진투 4일 차에는 18대까지 줄었다.

《이스라엘군의 센추리온》

〔이스라엘군 개조 숏 칼〕
105mm 전차포를 탑재하고 파워팩은 성능과 신뢰성이 높은 미제로 교체했다. 제4차 중동전쟁 때 활약해 탑재한 105mm 전차포가 T-62 전차에 대항할 수 있다는 것을 실증했다.

〔숏 칼 블레이저 ERA 장착형〕
포탑과 차체에 블레이저 폭발 반응 장갑을 증설한 방어 성능 향상형. 레바논 침공 때 투입됐다.

골란고원의 전황이 호전됐을 때 이집트군이 시리아를 지원하기 위해 시나이반도에서 공격을 시작했다. 그리고 8월 14일, 이집트군과 이스라엘군 간에 이집트군 전차 1,000대, 이스라엘군 전차 700대의 대규모 전차전이 전개됐다. 승패는 오후에 정해졌고 이 전투에서 큰 손해를 입은 이집트군은 퇴각했다. 그 뒤 이스라엘군이 수에즈운하를 역도하하는 등 전황이 이스라엘에 유리해지자 이집트와 시리아는 10월 25일 함께 정전함으로써 전쟁이 종결됐다.

■ 레바논 침공

1982년 6월 4일, 레바논에 위치한 팔레스타인해방기구(PLO)의 거점을 궤멸시키고자 이스라엘군은 '갈릴래아 평화 작전'을 발동했다. 당시 PLO는 레바논 남부에 거점을 두고 무장조직의 이스라엘 포격, 타깃 공격, 테러 활동을 벌여 이스라엘에 큰 위협이 되어 있었다. 국경을 넘은 이스라엘군은 수도 베이루트를 향해 전격전을 전개했다. 레바논 주둔 시리아군과 베카고원 등에서 교전해 지대공 미사일 진지를 파괴하고 신예 메르카바 전차가 T-72 전차 30대를 격파하는 등 전차전에서도 전과를 올렸다. 그 결과 시리아군이 철수하기 시작해 6월 25일 정전했다.

본래 목표인 PLO 거점도 각지에서 격파 점령돼 6월 13일 베이루트 포위를 완료했다. 그 뒤 PLO는 9월까지 레바논에서 튀니지 등의 해외로 철수해 이스라엘군의 작전이 종료됐다.

《이스라엘군 장갑 전투차량》

〔M113 병력수송장갑차〕
기존의 M3 하프트랙을 대체해 기계화 보병부대가 배치됐다.

〔마가크 6B〕
M60A1의 개량형으로 포탑에는 블레이저 ERA를 장착했다. 레바논 침공 시 투입됐다.

〔마가크 3〕
M48의 개량형. 주포를 90mm 전차포에서 105mm 전차포로, 엔진을 디젤로 교체한 개량형.

〔메르카바 Mk.Ⅰ〕
이스라엘의 국산 전차. 첫 실전에서 T-72를 격파하는 전과를 올렸다.

《각국군의 장갑 전투차량》

국가	차종	수량	비고
이스라엘	M48	90	90mm 포 탑재
	M48	546	105mm 포 탑재
	M60	364	
	센추리온	546	
	T-54, T-55	182	105mm 포로 교체
	M4	320	105mm 포 탑재
	AMX-13	210	
	전차 합계	2,258	
	M113	505	
	M3 하프트랙	3,521	
	APC 합계	4,026	
이집트	SU-100	144	자주포
	PT-76	170	
	T-10	30	
	T-54, T-55	1,670	
	T-62	470	
	T-34	280	
	전차 합계	2,714	
	BTR-152	88	
	BTR-50	1,172	
	BTR-60	44	
	BRDM-1	108	
	BRDM-2	280	
	BMP	166	
	APC 합계	1,858	
시리아	SU-100, SU-152	80	자주포
	PT-76	76	
	T-54, T-55	769	
	T-62	620	
	JS-2·3	80	
	T-34	200	
	전차 합계	1,825	
	BTR-60	654	
	BRDM-1	72	
	BRDM-2	218	
	BMP	245	
	APC 합계	1,187	

《아랍 각국군의 주력 전차》

〔T-62〕
115mm 활공포를 탑재했다. 제4차 중동전쟁에 처음 투입됐는데 수는 아직 T-54, T-55가 주력이었다. T-54, T-55와 함께 전장에서 이스라엘군에 다수 노획됐다.

〔T-72〕
이스라엘의 레바논 침공 시 세계 최강의 전차로 불렸으나 이스라엘군의 메르카바 전차에 대패했다.

중동전쟁 항공전·해전

중동전쟁 하늘의 전투

■ 제1차 중동전쟁

제1차 중동전쟁에서 항공전을 전개한 국가는 이스라엘, 이집트, 시리아 3개국이었다. 다만 이집트를 제외하면 소규모 전력이었고, 이스라엘의 경우 개전 시 공군은 아직 없었으며, 하가나 등 민병 조직의 항공대를 토대로 창설을 위한 편제를 서두르던 상태였다(창설은 1948년 5월 28일).

제1차 중동전쟁에서 항공전은 선전포고 다음 날인 1948년 5월 15일 이집트 공군 스핏파이어의 텔아비브 습격으로 시작됐다. 이스라엘 공군도 아랍 세력에 항공 공격을 실시해 6월 3일에는 이집트 공군 C-47 수송기 2대를 이스라엘 공군의 아비아 S-119 전투기가 격추했다. 이것은 이스라엘 공군의 첫 격추 전과가 되었다. 전투기 간의 첫 공중전은 6월 8일 발생했다. 이 공중전에서는 이스라엘의 아비아 S-119가 이집트의 스핏파이어 1대를 격추했다.

그 뒤 항공전은 휴전까지 계속됐으나 아직 항공기 보유 대수가 적고 가동률도 낮아서 대규모 항공 작전은 이루어지지 않았다.

■ 제2차 중동전쟁

제1차 중동전쟁 종결 이후 군용기는 제트화의 시대를 맞이해 중동전쟁 항공전도 제트기가 주류가 되었다. 1955년 8월 29일, 이스라엘 공군의 미티어 전투기가 이집트 공군의 뱀파이어 전투기를 격추했는데 이것은 중동에서 제트 전투기가 격추된 첫 전과가 되었다. 1956년 10월 29일, 제2차 중동전쟁이 발발하자 이스라엘 공군은 시나이반도에 침공해 아군 지상부대를 지원하고 제공 전투를 벌였다. 그리고 개전부터 10월 31일까지 이집트 공군과 164회의 공중전을 벌여 미스테르 IV가 이집트 공군의 MiG-15를 3대, 뱀파이어를 4대 격추하는 전과를 거두었다.

11월 1일에는 영국과 프랑스가 참전해 양국의 항모 기동부대와 키프로스에서 출격한 항공부대가 이집트군 항공 기지를 공격해 제공권을 얻었다. 이 공격으로 이집트 공군은 잔존 항공 부대를 온존하기 위해 이집트 남부 기지에 항공기를 이동시키고 영국, 프랑스, 이스라엘이 제공권을 장악한 채 11월 7일 정전했다.

■ 제3차 중동전쟁

1967년 6월 5일, 이스라엘 공군의 기습공격으로 제3차 중동전쟁이 시작됐다. 이스라엘 공군이 적 기지를 기습한 '포커스 작전'이 성공하여 이집트, 시리아, 요르단, 이라크 공군은 개전한 지 몇 시간 만에 대부분의 항공기가 지상에서 파괴돼 괴멸 상태에 빠졌다. 개전 첫날 아랍 세력이 입은 항공기 손해는 이집트군 309대, 시리아군 57대, 요르단군 30대 등에 이르렀다.

첫날 제공권을 잃은 탓에 그 뒤에도 아랍 세력 공군의 열세는 계속되어 이틀날까지 총 416대, 시리아가 휴전에 응한 6월 10일에는 총 452대를 상실했다. 한편 이 전쟁에서 이스라엘군 전투기 손실은 고작 26대였다.

■ 제4차 중동전쟁

제4차 중동전쟁의 시나이반도 공격은 1973년 10월 6일 이스라엘군의 항공 기지나 대공 진지 등에 대한 이집트 공군의 공격과 지상부대의 수에즈운하 도하로 시작됐다.

공격을 받은 이스라엘 공군은 반격에 나섰지만 수에즈운하 인근에 전개한 이집트군의 지대공 미사일을 포함한 대공 화기의 방공망에 당해 개전 3일 만에 약 50대를 잃었다.

제3차 중동전쟁에서 이스라엘 공군이 잃은 항공기의 총수는 102대에 이르나, 그중에서 공중전에 의한 손실은 고작 5대라는 결과를 보면 이집트군의 방공망이 얼마나 강력했는지를 알 수 있다. 단, 항공전은 일방적인 승리라고는 할 수 없었는데 전쟁 후반에 시작한 이스라엘군의 반격으로 이집트 공군과 시리아 공군도 514대를 잃는 손해를 보았다.

■ 레바논 침공

1982년 이스라엘군이 레바논을 침공할 때 이스라엘 공군의 대규모 항공전이 전개됐다. 침공 개시 사흘째인 1982년 6월 9일 벌어진 '몰 크리켓 19 작전'의 목적은 시리아군이 레바논의 베카 고원에 구축한 30대의 지대공 미사일 진지를 파괴하는 것이었다. 이스라엘 공군은 이 작전에 항공기 90대를 투입했다. 미사일 진지와 지상 공격은 주로 F-4E 팬텀 II, A-4 스카이호크, IAI 크피르 C2가 벌였으며, F-15 A 이글과 F-16은 공격대의 원호를 맡았다.

이스라엘 측 발표에 따르면 이 작전에서 29곳의 대공 미사일 진지를 파괴하는 데 성공하고 공중전에서는 시리아 공군의 MiG-21과 MiG-23 등 85대를 격추한 반면, 이스라엘군의 손실은 0(무인 정찰기를 1대 상실)이라는 압도적인 결과가 빚어졌다.

중동전쟁 바다의 전투

■ 각국 해군 창설

중동전쟁은 지상전이 주류였으나 해전도 벌어졌다. 해상전은 주로 이스라엘 해군과 이집트 해군이 벌였으며, 제4차 중동전쟁 직후에는 당시의 최신 병기를 사용하는 전투로 발전했다.

이스라엘 해군은 하가나 해상 부대를 기초로 1948년 5월 28일 창설됐다. 당시 전력은 해안 경비용 커터 '에일라트'와 화물선 2척이었다. 한편 이집트 해군 창설은 공군과 마찬가지로 참전국 중에서 가장 오래되었으며, 그 역사는 고대 이집트까지 거슬러 오른다. 1800년대 오스만 제국 지배 시대에는 근대화된 해군이 창설됐고, 제2차 세계대전 이후에는 영국이 제공한 구축함을 중심으로 한 편성이 되었다.

또 시리아 해군은 1950년 8월 29일 창설됐으며, 보유한 함정은 구 보호국인 프랑스가 제공한 것이었다. 또 레바논 해군은 1950년, 요르단 해군은 1951년에 창설됐다. 이집트 해군을 제외한 각국 해군의 전력은 대부분 초계함, 포함, 어뢰정, 소해정 등의 소함정이 중심이었고, 보유 척수와 병력은 연안 경비대 규모였다.

■ 제1차 중동전쟁

제1차 중동전쟁 때 이스라엘 해군과 이집트 해군이 군사 작전을 실시했다. 그 내용은 이스라엘 남부 해안선의 초계, 상륙부대의 지원과 함포 사격, 수송선 호위, 적 해상 수송 차단이었다. 큰 해전은 발생하지 않았지만 1948년 10월 22일 가자 난바다에서 이스라엘 해군의 자폭 보트 공격으로 이집트 해군의 기함 아미르 파루크(Emir Farouk)가 침몰했다.

■ 제2차 중동전쟁

제1차 중동전쟁 종결 이후에도 이스라엘과 이집트는 해군 전력을 계속 증강해 1950년대 중반까지 영국에서 제2차 세계대전 당시 건조된 구축함과 프리깃함, 코르벳함 등을 입수했다.

제2차 중동전쟁 때 이집트 해군은 이스라엘 해군뿐만 아니라 프랑스 해군의 함정과도 교전했다. 1956년 10월 31일, 해상을 봉쇄하기 위해 이스라엘의 하이파 난바다에 전개해 하이파 시가지에 함포 사격을 벌인 이집트 해군의 구축함 이브라힘 알 아왈은 프랑스 해군 케르생 구축함 및 이스라엘 해군 함정과 교전했다. 서로 손해는 없었으나 그 뒤 이브라힘 알 아왈은 이스라엘 공군기의 공격을 받고 손상을 입어 이스라엘군에 투항했고 함정은 노획됐다.

■ 에일라트 사건

제2차 중동전쟁 이후, 이집트는 소련의 군사 원조를 받아 군비 증강과 신형 병기 도입을 추진했다. 이집트 해군이 입수한 신형 병기 중 하나로 코마급 미사일 고속정이 있었다. 이 고속정은 1959년 배치된 대함 미사일 P-15 테르미트(NATO 코드는 SS-2 스틱스) 2발을 탑재했다.

제3차 중동전쟁 때 이스라엘, 이집트 양 해군은 큰 작전 행동을 벌이지 않은 채 1967년 6월 10일 정전하기에 이르렀다. 그리고 그해 10월 21일 시나이 반도의 포트사이드 난바다를 초계 항행 중이던 이스라엘 구축함 에일라트에 이집트 해군 미사일정이 날린 2발의 P-15가 명중해 이스라엘 구축함이 침몰했다. 대함 미사일의 첫 전과가 된 이 사건은 '에일라트 사건'으로서 이스라엘뿐만 아니라 각국의 해군 관계자에게도 충격을 주어 함정의 대함 미사일 방어를 추진하는 결과를 불러왔다.

■ 제4차 중동전쟁

제4차 중동전쟁 중에는 두 번의 해전이 벌어졌으나 규모는 작았으며 고속정 간의 전투였다. 첫 전투는 1973년 10월 7일, 이스라엘 해군의 사르급 고속정 5척과 시리아 해군의 코마급 고속정 2척, 오사급 고속정 1척, 어뢰정·소해정 각 1척 등 총 5척이 싸운 '라타키아 해전'이다. 1967년 '에일라트 사건'에서 교훈을 얻은 이스라엘 해군은 이 전투에서 대함 미사일 방어를 위해 첫 전자전을 벌였다. 해전은 이스라엘 해군의 가브리엘함 대함 미사일 등의 공격으로 전투 개시부터 약 1시간 반 사이에 시리아 해군의 함정 5척을 모두 격침시키는 결과로 끝났다. 그 뒤에도 이스라엘 해군은 10월 10~11일 동안 시리아의 라타키아와 타르투스 등의 군항을 공격해 항내에 정박한 시리아 해군정에 손해를 입혔다.

두 번째 해전은 10월 8~9일 새벽까지 벌어진 '다미에타 해전(발팀 해전)'이다. 이 해전은 나일강 삼각주 연안에서 발생한 이스라엘 해군과 이집트 해군 간의 야전이었다. 이 해전에서도 고속정이 활약했으며, 이스라엘의 사르급 고속정 6척과 이집트의 오사급 고속정 4척이 교전했다. 전투는 포격과 서로의 대함 미사일 사격이 이어졌고, 약 1시간 반의 전투 끝에 이스라엘 해군정이 이집트 해군의 고속정 3척을 격침했다.

중동전쟁 초기의 이스라엘·아랍 양 진영 항공기

이집트 공군의 항공기

이집트 공군은 중동전쟁 참전국 중 가장 오랜 역사를 지녔다. 1932년 육군 소속으로 설립돼 1937년 공군으로 독립했다. 제1차 중동전쟁 개전 때 이집트 공군이 장비한 항공기는 제2차 세계대전 때부터 전후까지 영국이 제공한 것이었다.

〔슈퍼마린 스핏파이어(Supermarine Spitfire)〕
제2차 세계대전 이후 영국이 제공한 이집트 공군의 주력 전투기. 1943년부터 1949년까지 Mk.V를 26대, 1946년부터는 약 30대의 Mk.IX, 그 외에도 Mk.22를 보유해 1956년까지 운용했다. Mk.IX의 무장은 20mm 기관포×2, 12.7mm 기관총×2.

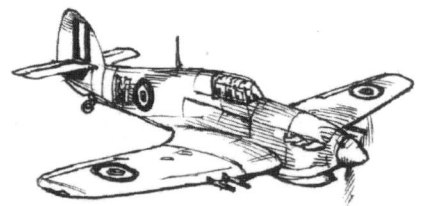

〔호커 허리케인(Hawker Hurricane) Mk.II〕
제2차 세계대전 중 영국이 제공했다. 전후에는 스핏파이어로 교체가 추진돼 제1차 중동전쟁 개전 당시 보유 대수는 4대뿐이었다.

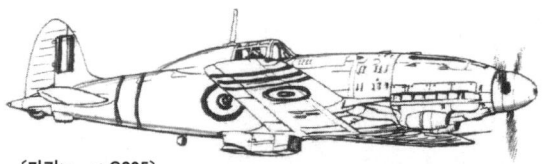

〔마키(Macchi) C205〕
이탈리아에서 62대를 구입했다. 제1차 중동전쟁 종전까지 이탈리아가 보낸 16대를 지상 공격 등에 운용했다. 무장은 12.7mm 기관총×2, 20mm 기관총×2, 160kg 폭탄×2.

시리아 공군

시리아 공군은 1948년 창설됐다. 1948년 시점의 시리아 공군이 보유한 항공기는 약 40대로 그중 약 절반이 연습기였다.

〔노스아메리칸(North American) T-6 텍산(Texan)〕
시리아 공군은 T-6를 17대 장비했으며 공격기로 운용했다. 1개 비행대를 대지 공격에 투입했다. 또 폭격 임무뿐만 아니라 이스라엘 공군의 아비아 S-199 전투기 1대 격추 기록도 남겼다.

〔아브로 랭커스터(Avro Lancaster) B Mk.I〕
1950년 영국에서 9대를 입수했다. 제2차 중동전쟁 때 3대가 실전 투입되었다고 한다. 폭탄의 최대 탑재량은 10t.

이스라엘 공군의 항공기

이스라엘 공군은 이르군과 하가나의 항공기를 모체로 1948년 5월 28일 설립했다. 제1차 중동전쟁 중 운용한 기체는 전 세계에서 긁어모은 제2차 세계대전 이후의 잉여기였다. 공군 창설 때 항공기 입수를 서두른 이스라엘은 여러 나라에서 수입하는 데 의존할 수밖에 없었지만 상대국의 병기 수출 규제 등도 있어 정식 계약으로 입수한 것 이외에 스크랩 등이라는 명목으로 밀수도 이루어졌다.

〔슈퍼마린 스핏파이어 Mk.IX〕
체코슬로바키아에서 60대를 구입했다. 최초의 6대는 1948년 9월 24일 이스라엘에 도착했지만 전쟁 종결까지 이스라엘이 입수한 건 18대뿐이었다. 수입 기체 외에 불시착한 이집트 공군 소속기를 노획한 뒤 재정비하여 운용했다.

〔아비아(Avia) S-199〕
제2차 세계대전 이후 메서슈미트 Bf109G의 생산 설비와 부품을 사용해 체코슬로바키아의 아비아사가 생산한 전투기. 제1차 중동전쟁 중 23대를 운용했다. 6월 3일 이집트 공군의 C-47 수송기 2대를 격추해 이스라엘 공군의 첫 전과를 올렸다. 무장은 13mm 전투기×2, 20 기관포×2.

〔드 해빌랜드 D.H.89 드래곤 래피드(de Havilland Dragon Rapide)〕
영국의 드 해빌랜드사가 1934년 개발한 여객기. 영국 위임 통치 시대의 하가나 소유 1대가 공군에 편입됐다. 또 제1차 중동전쟁 때는 영국에서 3대를 구입했다.

〔비치크래프트 보난자(Beechcraft Bonanza)〕
이스라엘 공군 창설 시 하가나에서 이관된 1대 외에 추가로 2대를 구입했다. 본래는 민간 소형기였으나 동체 아래에 폭탄 선반을 증설해 지상 공격에 쓰였다.

〔노스아메리칸 T-6 텍산(하버드)〕
원래는 연습기인 이 기체를 공군 창설 당시 공격기로도 사용했다.

〔보잉(Boeing) B-17G〕
미국의 병기 수출이 제한돼서 수출할 때 화물기로 개조한 상용기로 1948년 3월 3대를 입수했다. 그 뒤 무장을 실시해 아랍군을 폭격했다. 폭탄 탑재량은 최대 약 5.8t.

〔더글러스(Douglas) C-47 스카이트레인(Skytrain)(다코타)〕
제1차 중동전쟁 때는 수송뿐만 아니라 기체 측면 화물 적재용 문에서 폭탄을 투하해 폭격 임무에도 투입됐다.

〔노스아메리칸 P-51D 머스탱(Mustang)〕
이스라엘이 장비한 세 번째 기종인 전투기. 1948년 9월 미국에서 B-17처럼 밀수해 4대를 입수했다. 그 뒤 1951년에는 스웨덴에서 25대를 구입했다. 제2차 중동전쟁 때는 항속 거리를 살린 지상 공격 등으로 활약했다. 무장은 12.7mm 기관총×6, 폭탄 최대 탑재량 907kg 또는 로켓탄×10.

〔브리스톨 보파이터(Bristol Beaufighter) TF Mk.X〕
스크랩 상태의 기체 7대를 구입하고 1948년 8월에는 영화 촬영을 가장해 영국 공군을 속이고 비행 장면 촬영이라는 명목으로 4대를 훔쳐 입수했다. 무장은 20mm 기관포×4, 7.7mm 기관총×2, 113kg 폭탄×2, 또는 로켓탄×8.

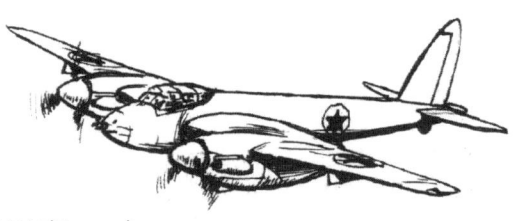

〔드 해빌랜드 모스키토(Mosquito)〕
1951년, 영국에서 전투 공격기형 FB.6와 사진 정찰형 PR.16을 구입했다. 1956년의 제2차 중동전쟁까지 지상부대에 대한 근접 항공 지원에 쓰였다. 무장은 7.7mm 기관총×4, 20mm 기관포×4, 폭탄 최대 탑재량은 920kg.

중동전쟁에서 사용된 제트기

아랍 각국 공군 초기 제트기

중동전쟁이 시작된 당초 제2차 세계대전 중 잉여 리시프로기를 사용한 아랍 각국의 공군과 이스라엘 공군은 제1차 중동전쟁이 종결되자 당시 주류가 된 제트기를 입수해 공군력을 강화함으로써 중동 하늘의 싸움은 새로운 시대를 맞이했다.

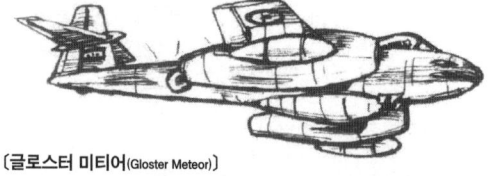

〔글로스터 미티어(Gloster Meteor)〕
제2차 세계대전 중 영국이 실용화한 제트 전투기. 아랍 측에서는 이집트 공군과 시리아 공군이 장비했다. 이집트 공군은 F.4, T.7, F.8과 야간 전투기형 NF.13, 시리아 공군은 T.7, F.8, FR.9, NF.13의 각 타입을 운용했다. F.8의 최대 속도는 약 1,000km/h. 무장은 20mm 기관포×4, 로켓탄 최대×16, 또는 454kg 폭탄×2.

〔드 해빌랜드 뱀파이어(Vampire) FB.52〕
영국의 제트 전투기로서 미티어에 이어 개발돼 영국 공군과 해군이 채용했다. 아랍 세력에서는 이집트, 시리아, 요르단, 이라크의 각 공군이 장비했다. 최대 속도는 882km/h. 무장은 20mm 기관포×4, 225kg 폭탄×2, 또는 로켓탄×8.

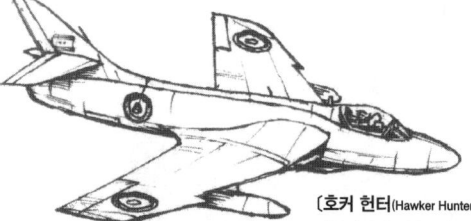

〔호커 헌터(Hawker Hunter)〕
미티어의 후계기로서 개발된 전투기. 1950년대 당시의 최신형으로 레바논, 이라크, 요르단 공군이 장비했다. 레바논 공군에서는 이 기체를 2014년까지 운용했다. 최대 속도는 1,150km/h. 무장은 30mm 기관포×4, 폭탄 또는 로켓탄 포드 등 최대 3.4t 탑재 가능.

〔MiG-15 파곳(fagot)〕
한국전쟁에서 활약해 일약 유명해진 소련의 전투기. 이집트군은 1955년 체코슬로바키아에서 150대를 수입했고, 이집트군 말고는 시리아 공군, 이라크 공군이 장비했다. 최대 속도는 1,076km/h. 무장은 37mm와 23mm 기관포×각 2, 50kg 또는 100kg 폭탄×2.

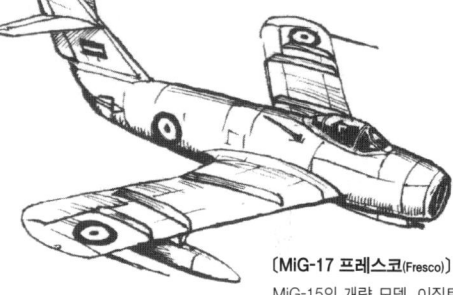

〔MiG-17 프레스코(Fresco)〕
MiG-15의 개량 모델. 이집트 공군에는 1956년 배치되고 제4차 중동전쟁까지 사용됐다. 최대 속도는 1,145km/h. 무장은 23mm 기관포×2, 37mm 기관포×1, 로켓탄 포드×2, 또는 250kg 폭탄×2.

〔MiG-19 파머(Farmer)〕
소련발 초음속 제트 전투기. 이집트, 이라크, 시리아 공군이 장비했다. 최대 속도는 마하 1.35. 무장은 30mm 기관포×3, 로켓탄 포드×2, 또는 250kg 폭탄×2.

〔일류신(Ilyushin) Il-28 비글(Beagle)〕
1949년 소련군이 채용한 쌍발 제트 폭격기. 이집트 공군은 1956년 체코슬로바키아에서 라이선스로 생산된 B-228를 70대 수입했다. 제2차 중동전쟁 때는 이스라엘군에 야간 폭격을 했다. 다른 소련제 항공기처럼 시리아 공군과 이란 공군도 이 기체를 장비했다. 최대 속도는 902km/h. 무장은 23mm 기관포×2~3, 폭탄 탑재량은 최대 3t.

이스라엘 공군 초기 제트기

〔다소(Dassault) MD.450 우라강(Ouragan)〕
미티어 전투기의 후계기로서 이스라엘군이 채용한 프랑스의 다소사제 전투기. MiG-15보다 성능이 떨어져서 주로 지상 공격 임무에 사용됐다. 최대 속도는 940km/h. 무장은 20mm 기관포×4, 폭탄, 로켓탄 등의 최대 적재량은 2,270kg.

〔글로스터 미티어〕
이스라엘 공군은 1953~1957년 동안 영국과 벨기에에서 이 기체를 수입했다. 운용한 모델은 T.7, T.7.5, F.8, FR.9, NF.13이었다. 1955년 9월 1일, 이스라엘 공군의 미티어가 이스라엘 영공에 침입한 이집트 공군의 뱀파이어를 격추했는데 이때 격추된 뱀파이어는 중동의 공군전에서 격추된 첫 제트 전투기였다.

〔다소 미스테르(Mystère) IVA〕
프랑스의 다소사가 우라강에 이어 개발한 초음속 전투기. 이스라엘 공군은 1956년 4~8월에 60대를 수령했다. 제2차 중동전쟁 때는 이집트 공군기를 8대 격추했다. 제3차 중동전쟁 때는 대지 공격기로 사용됐다. 최대 속도는 마하 1.12. 무장은 30mm 기관포×2, 폭탄, 로켓탄 등의 최대 적재량은 1,000kg.

〔다소 쉬페르 미스테르(Super Mystère) B.2〕
다소사제 전투기. 이스라엘 공군은 36대를 보유했으며 제3차 중동전쟁 때는 이라크 공군기 등 16대를 격추하는 전과를 거두었다. 최대 속도는 1,195km/h. 무장은 30mm 기관포×2, 폭탄, 로켓탄 등의 최대 적재량은 2,680kg.

〔S.O.4050 보투르(Vautour) II〕
프랑스의 쉬드아비아시옹((Sud-Aviation)사가 개발한 전투폭격기. 이스라엘 공군은 1958년 31대를 도입했다. A형(단좌 전투폭격기), B형(복좌 전투폭격기), N형(복좌 전천후 요격기)의 세 종류를 운용했다. 1967년 제3차 중동전쟁이 첫 실전이 되어 개전 다음 날인 6월 7일에는 이라크 공군의 호커 헌터 1대를 격추하는 전과를 올렸다. A형 최대 속도는 951km/h. 무장은 30mm 기관포×4, 폭탄, 로켓탄 등의 최대 적재량은 2,725kg.

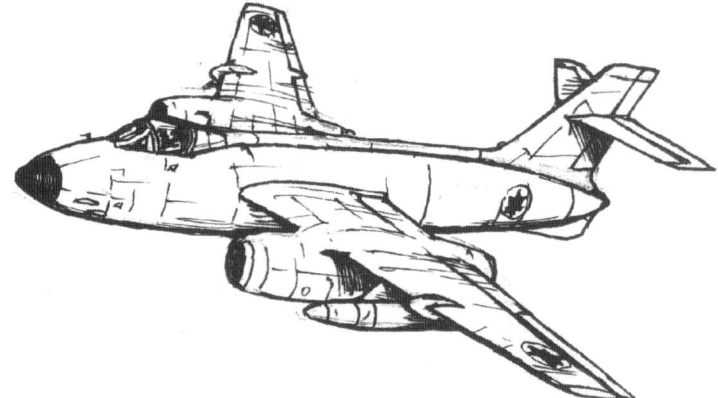

중동전쟁의 주력 전투기 미라지

프랑스의 다소사가 개발한 델타익 초음속 전투기. 1952년 개발되기 시작해 1958년 10월 24일 테스트 비행에서 마하 2의 속도를 달성했다. 시리즈가 되고 해외 수출도 이루어져 중동전쟁의 교전국인 이스라엘, 이집트, 시리아의 각 공군도 미라지를 장비하게 되었다.

〔미라지(Mirage) III CJ〕
이스라엘 공군은 1962년 4월부터 1964년 7월까지 프랑스에서 70대를 구입했다. 제3차 중동전쟁 때는 주로 폭격 임무를 맡고, 이어서 제4차 중동전쟁 때는 제공 전투 임무에서 이집트 공군기와 시리아 공군기를 106대 격추했다고 한다.

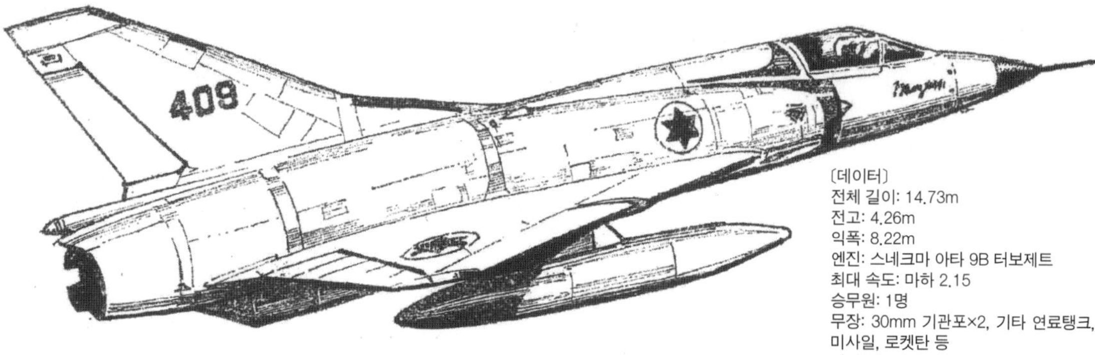

〔데이터〕
전체 길이: 14.73m
전고: 4.26m
익폭: 8.22m
엔진: 스네크마 아타 9B 터보제트
최대 속도: 마하 2.15
승무원: 1명
무장: 30mm 기관포×2, 기타 연료탱크, 공대공 미사일, 로켓탄 등
최대 적재량: 1,360kg

〔미라지 5〕
미라지 IIIE의 개조 모델. 1965년 이스라엘이 이 기체를 프랑스에 발주했으나 프랑스 정부가 1967년 6월 이스라엘에 대해 수출 금지 조치를 내려 부대에는 배치하지 못했다. 한편 이집트는 리비아와 사우디아라비아에 수출된 기체를 구입해 1972년부터 운용했다.

〔데이터〕
전체 길이: 15.56m
전폭: 8.22m
전고: 4.25m
무게: 7.05t
엔진: 스네크마 아타 9C 터보제트
최대 속도: 마하 2.2
승무원: 1명
무장: 30mm 기관포×2, 기타 연료탱크, 공대공 미사일, 로켓탄 등
최대 탑재량: 4,500kg

〔미라지 F1〕
미라지III의 후계기로서 개발돼 미라지 시리즈 중에서는 델타익과 수평미익을 조합한 테일 델타익으로 설계된 유일한 모델이다. 1974년부터 프랑스 공군의 주력 전투기로 채용됐다. 기존 기체와 마찬가지로 해외에도 수출됐으며, 이라크 공군과 요르단 공군이 장비했다.

〔데이터〕
전체 길이: 15.3m
전폭: 8.4m
전고: 4.5m
엔진: 스네크마 아타 9K-50 터보제트
최대 속도: 마하 2.2
승무원: 1명
무장: 30mm 기관포×2, 기타 연료탱크, 공대공 미사일, 로켓탄 등
실용 탑재량: 4,000kg

〔미라지 2000〕
미라지 시리즈 최신형. 조종 시스템에 플라이 바이 와이어를 채용하는 등의 설계가 적용된 제4세대 제트 전투기. 1984년부터 프랑스 공군에 배치됐다. 이집트는 1981년 12월 이 기체를 발주해 1986년 6월부터 1988년 1월까지 20대를 입수했다.

〔데이터〕
전체 길이: 14.4m
익폭: 9.1m
전고: 5.2m
자체 무게: 7,500kg
엔진: 스네크마 M53-P2 터보팬
최대 속도: 마하 2.2
승무원: 1명
고정 무장: 30mm 기관포×2, 기타 연료탱크, 공대공 미사일, 로켓탄, 대함 미사일 등
최대 탑재량: 6,300kg

이스라엘 국산 전투기 크피르 C2

미라지 III와 미라지 5 등을 토대로 이스라엘이 설계·개발한 첫 국산 전천후형 다목적 전투기. 1975년에 생산되기 시작해 공군 부대에 배치됐으며 1977년 11월 9일 레바논 PLO 훈련 캠프 폭격 임무가 첫 실전이 되었다. 1979년 6월 27일에는 시리아군의 MiG-21을 처음 격추했다.

〔데이터〕
전체 길이: 15.65m
익폭: 8.22m
전고: 4.55m
무게: 7,414kg
엔진: J79-J1E 터보제트
최대 속도: 마하 2.3
승무원: 1명
무장: 30mm 기관포×2, 기타 대공 미사일, 폭탄 등
최대 적재량: 9,390kg

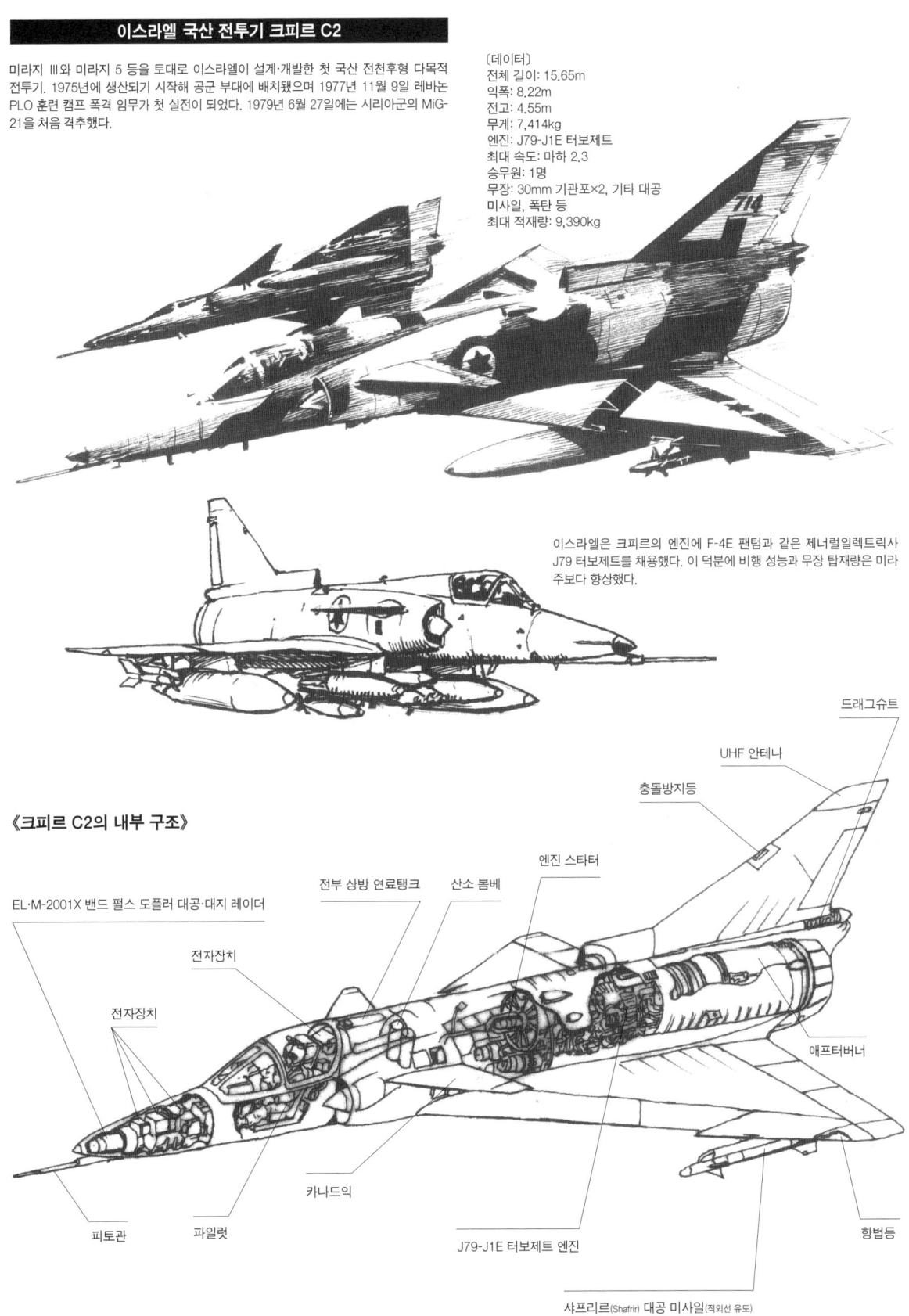

이스라엘은 크피르의 엔진에 F-4E 팬텀과 같은 제너럴일렉트릭사 J79 터보제트를 채용했다. 이 덕분에 비행 성능과 무장 탑재량은 미라주보다 향상됐다.

《크피르 C2의 내부 구조》

- EL·M-2001X 밴드 펄스 도플러 대공·대지 레이더
- 전자장치
- 전자장치
- 피토관
- 파일럿
- 카나드익
- 전부 상방 연료탱크
- 산소 봄베
- 엔진 스타터
- J79-J1E 터보제트 엔진
- 샤프리르(Shafrir) 대공 미사일(적외선 유도)
- 애프터버너
- 항법등
- 충돌방지등
- UHF 안테나
- 드래그슈트

미제 만능 전투기 F-4E 팬텀 II

프랑스에서 미라지 전투기를 계속 도입하기를 단념한 이스라엘 공군은 1969년 미국의 유상 제공으로 F-4E를 입수했다. 제4차 중동전쟁 때는 F-4E 전투폭격기로서 공중전과 지상 공격에 활약했다.

〔데이터〕
전체 길이: 19.2m
익폭: 11.7m
전고: 5m
무게: 13757kg
엔진: J79-GE-17A 애프터버닝 터보제트×2
최대 속도: 마하 2.23
승무원: 2명
무장: 20mm 발칸포×1, 기타 연료탱크, 공대공 미사일, 로켓탄 등
최대 적재량: 8,480kg

왼쪽 일러스트는 주익 아래에 370갤런(약 1,680ℓ)의 연료탱크와 동체 아래에 Mk.82 통상 폭탄을 탑재한 대지 공격 무장을 한 F-4E.

《F-4E의 내부 구조》

미제 소형 공격기 A-4 스카이호크

이스라엘은 1966년 6월 미국과의 48대 구입 계약을 시작으로 제4차 중동전쟁 전까지 217대를 구입해 배치했다. A-4 스카이호크는 10개국에 수출됐는데 그중에서도 이스라엘 공군은 최대 고객이었다. 제4차 중동전쟁 때는 이집트군과 시리아군의 대공 미사일과 공중전 등으로 53대를 잃었다.

〔데이터〕
전체 길이: 12.2m
익폭: 8.38m
전고: 4.62m
무게: 4,469kg
엔진: J52-P-6A 터보제트
최대 속도: 1,077km/h
승무원: 1명
무장: 20mm 기관포×2, 기타, 연료탱크, 공대공 미사일, 폭탄, 로켓탄 등
최대 적재량: 3,720kg

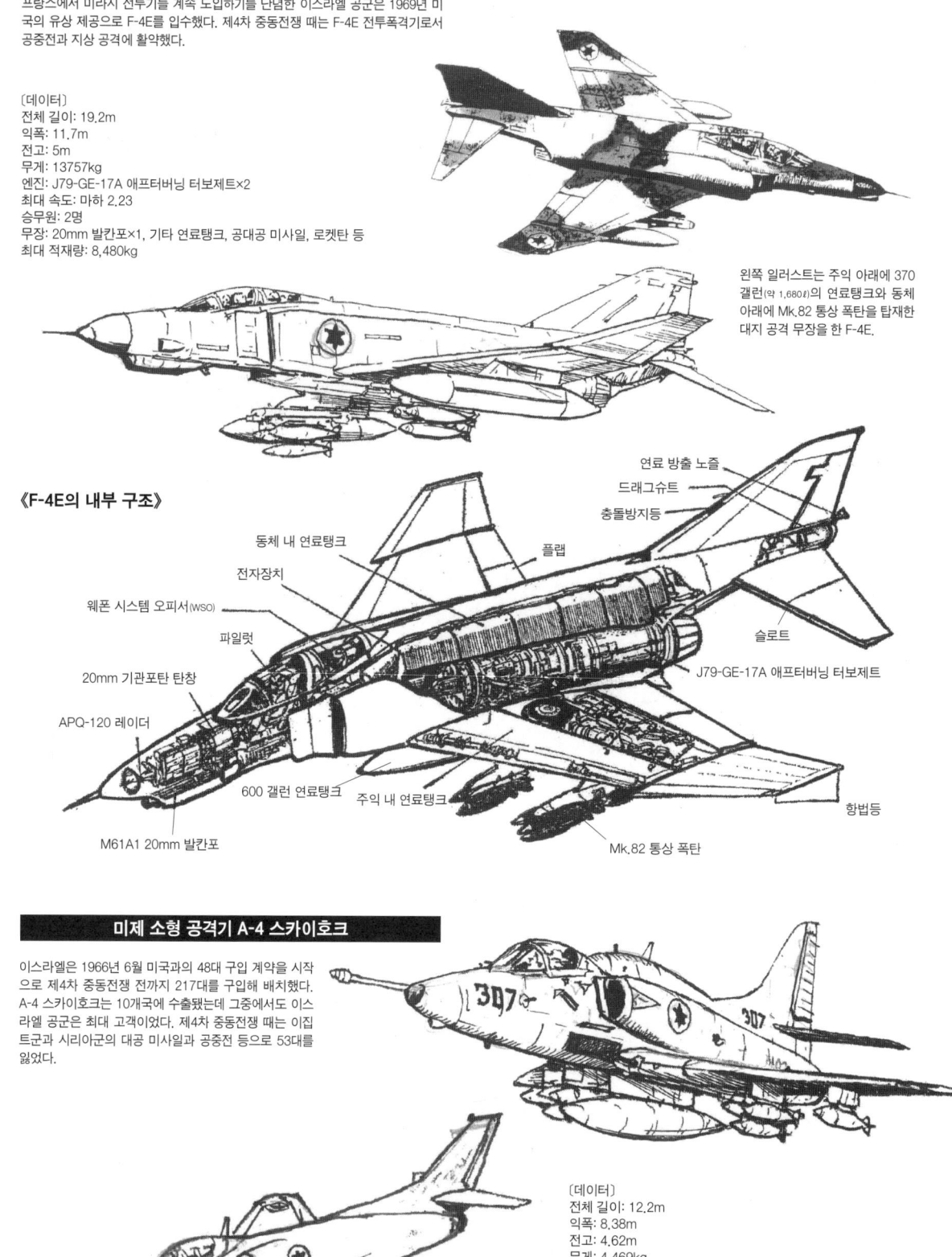

《F-4E의 탑재 병기》

- 600갤런 연료탱크
- 370갤런 연료탱크
- SUU-16, A-23 발칸 포드
- AIM-7 스패로
- AIM-4 팰콘
- AIM-9 사이드와인더
- AGM-12B 불펍 ASM
- AGM-12C 불펍 ASM
- AGM-45 슈라이크 ASM
- B-28, B-43 ┐
- B-57   ├ 핵폭탄
- B-61   ┘
- M117 범용 폭탄
- M118 범용 폭탄
- A·B45Y 스프레이 탱크
- ADSID (TC-425)
- ALQ-71 ┐
- ALQ-72 ├ ECM 포드
- ALQ-67 │
- QRC-335A ┘

- Mk.81 통상 폭탄 (최대 24발)
- Mk.82 통상 폭탄 (최대 24발)
- Mk.82 스네이크아이 (최대 24발)
- Mk.83 통상 폭탄 (최대 13발)
- Mk.84
- Mk.1 월아이
- BLU-31·B 항공 폭탄
- M129E1 리플렛 폭탄
- MC-1 가스 폭탄
- BLU-1 네이팜탄
- BLU-76 네이팜탄
- LAU-3·A 로켓 런처
- LAU-32·59 로켓 런처
- CBU-1 폭탄 디스펜서
- CBU-2, 9, 12, 46 폭탄 디스펜서
- CBU-24, 29, 49, 52, 53, 54 클러스터 폭탄 디스펜서
- CBT-7, 28, 30, 38 폭탄 디스펜서
- Mk.20 로크아이 디스펜서
- SUU-20 디스펜서
- SUU-25 플레어 디스펜서
- MLU-32·B992 브라이트 아이 플레어

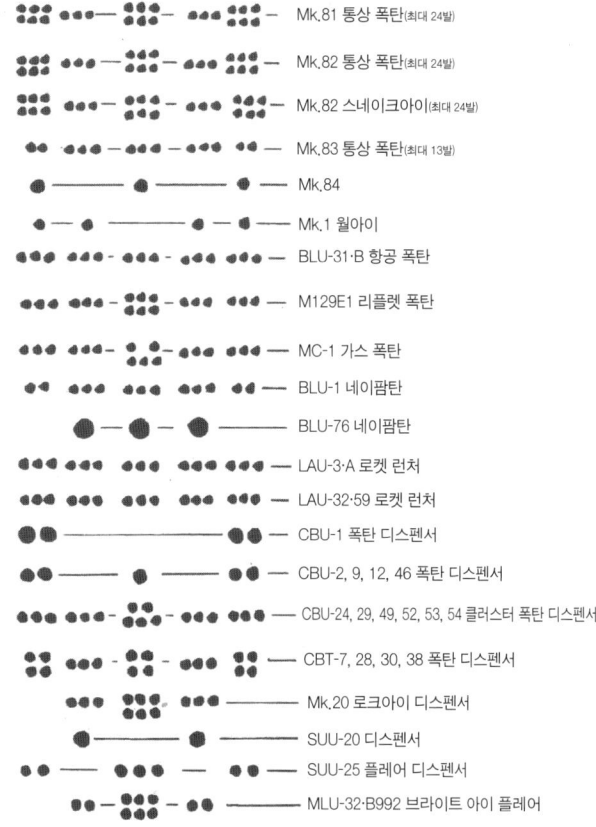

《F-4E 병기 투하 시스템》

〔다이브 활공 폭격〕

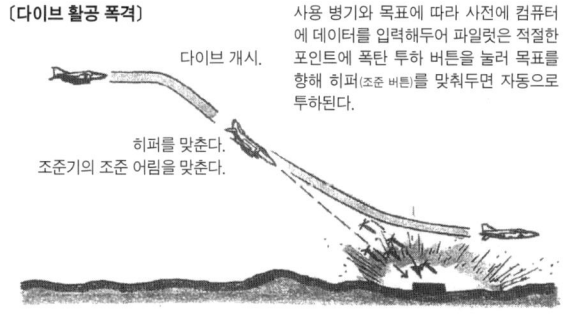

다이브 개시.
히퍼를 맞춘다.
조준기의 조준 어림을 맞춘다.

사용 병기와 목표에 따라 사전에 컴퓨터에 데이터를 입력해두어 파일럿은 적절한 포인트에 폭탄 투하 버튼을 눌러 목표를 향해 히퍼(조준 버튼)를 맞춰두면 자동으로 투하된다.

〔직접 다이브 폭격〕

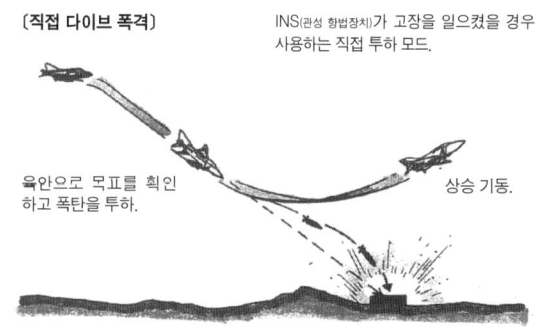

육안으로 목표를 획인하고 폭탄을 투하.
상승 기동.

INS(관성 항법장치)가 고장을 일으켰을 경우 사용하는 직접 투하 모드.

〔다이브 토스 폭격〕

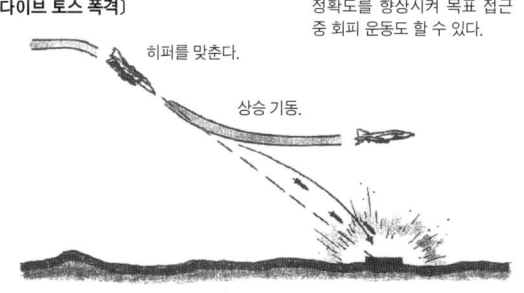

히퍼를 맞춘다.
상승 기동.

정확도를 향상시켜 목표 접근 중 회피 운동도 할 수 있다.

〔다이브 수평 폭격〕

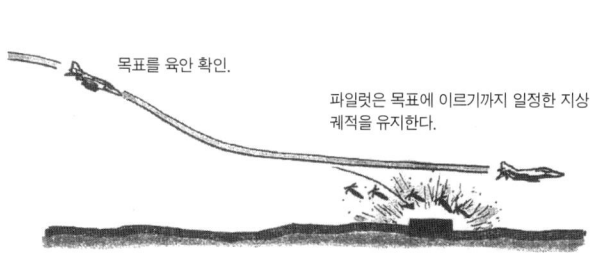

목표를 육안 확인.

파일럿은 목표에 이르기까지 일정한 지상 궤적을 유지한다.

미제 제4세대 제트 전투기

《F-16 파이팅 팰콘(Fighting Falcon)》

미 공군이 1978년부터 사용한 다목도 전투기. 이스라엘도 1978년 8월 미국 정부와 구입 계약을 맺어 1980년 4월 최초의 기체 F-16A·B를 수령했다. 1981년 6월 7일 '오페라 작전'에서는 8기의 F-16이 이라크의 오시라크 원자로를 폭격했다. 그림의 개량형 C형은 1968년부터 도입됐다.

[데이터 F16C]
전체 길이: 15.1m
익폭: 9.96m
전고: 4.9m
무게: 1만2,020kg
엔진: F100-PW-200
최대 속도: 마하 2.02
승무원: 1명
무장: 20mm 발칸포×1, 기타 공대공 미사일, 공대지 미사일, 폭탄 등
최대 적재량: 7,700kg

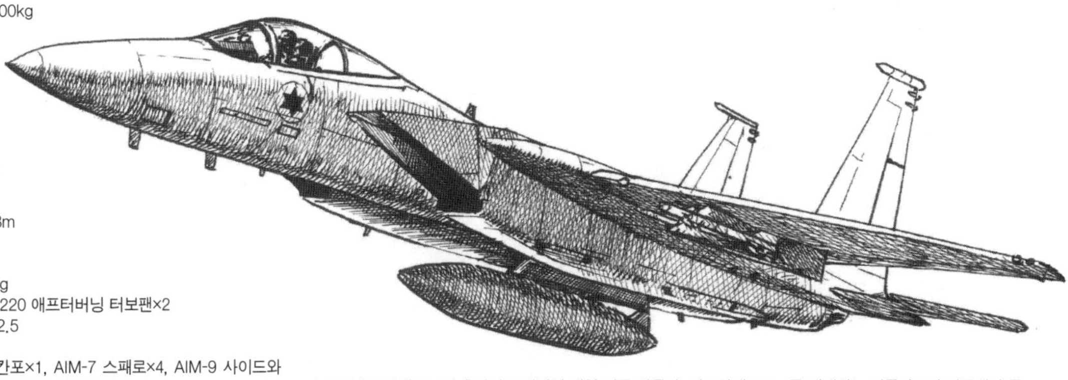

《F-15 이글》

[데이터 F-15C]
전체 길이: 19.43m
익폭: 13.06m
전고: 5.64m
무게: 1만2,701kg
엔진: F100-PW-220 애프터버닝 터보팬×2
최대 속도: 마하 2.5
승무원: 1명
무장: 20mm 발칸포×1, AIM-7 스패로×4, AIM-9 사이드와인더×4, AIM-120 AMRAAM×8

미 공군이 운용한 F-4의 후계기로 개발된 대형 제공 전투기. 이스라엘도 F-4를 대체하는 전투기로서 미국에서 구입해 1976년 5월 최초의 기체를 수령했다. 그 뒤 이스라엘은 F-15의 개량형이 만들어질 때마다 구입을 반복해 A·B형을 44대, C·D형을 27대 보유하고 현재도 운용하고 있다.

《이스라엘 공군기 vs. 시리아 공군기 레이더·공대공 미사일의 유효 거리》

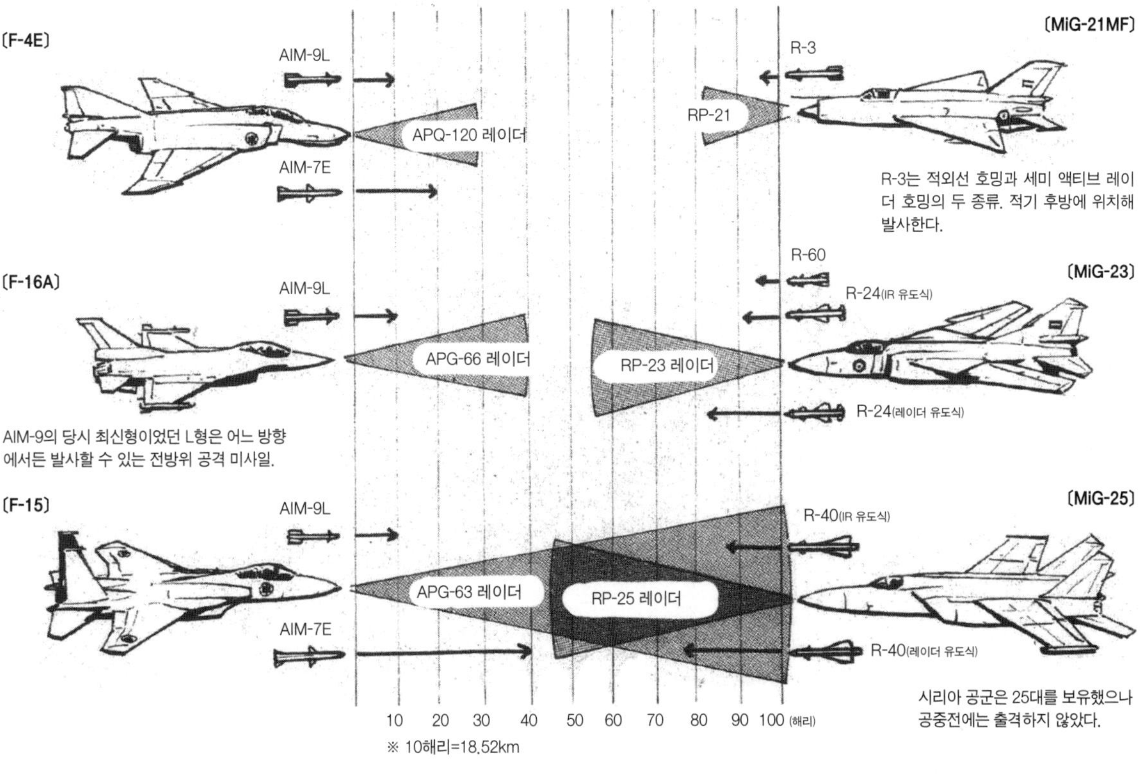

[F-4E] — AIM-9L, AIM-7E, APQ-120 레이더
[MiG-21MF] — R-3, RP-21
R-3는 적외선 호밍과 세미 액티브 레이더 호밍의 두 종류. 적기 후방에 위치해 발사한다.

[F-16A] — AIM-9L, APG-66 레이더
[MiG-23] — R-60, R-24(IR 유도식), R-24(레이더 유도식), RP-23 레이더
AIM-9의 당시 최신형이었던 L형은 어느 방향에서든 발사할 수 있는 전방위 공격 미사일.

[F-15] — AIM-9L, AIM-7E, APG-63 레이더
[MiG-25] — R-40(IR 유도식), R-40(레이더 유도식), RP-25 레이더
시리아 공군은 25대를 보유했으나 공중전에는 출격하지 않았다.

10 20 30 40 50 60 70 80 90 100 (해리)
※ 10해리=18.52km

《공중 전투 기동》

현대의 공중전은 전투기의 기체 성능뿐만 아니라 레이더와 대공 미사일이 발달해 육안 확인을 하지 않아도 피아를 식별하고 단독으로 여러 적을 격추할 수 있다. 하지만 근접전을 피할 수 없을 경우의 격투전에 필요한 공중전 기동을 소개한다.

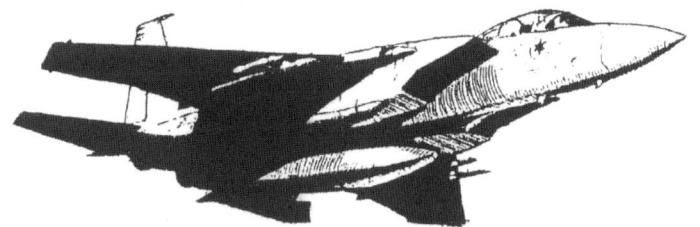

〔브레이크(회피)〕

바로 사격 위치를 잡으려는 적기에 맞서 사용하므로, 급선회해 공격 측의 조준을 피해 오버 슛(추월)시키는 목적이 있다.

적기가 공격하지 못하도록 상대 쪽으로 날카롭게 돌아 들어간다.

자기(自機)
적기

〔하이 스피드 요요〕

자기보다 느리고 선회 성능이 좋은 적기에 대한 공격 방법.

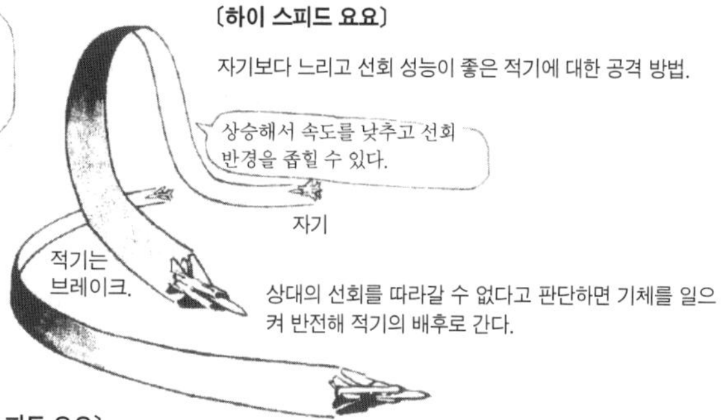

상승해서 속도를 낮추고 선회 반경을 좁힐 수 있다.

자기
적기는 브레이크.

상대의 선회를 따라갈 수 없다고 판단하면 기체를 일으켜 반전해 적기의 배후로 간다.

〔로 스피드 요요〕

적기
자기
브레이크
선회원 안으로 기체를 낮춘다.

적기를 추격할 때 기체의 속도가 적기보다 떨어질 경우, 강하해서 속도를 보충하고 속도가 붙으면 적과 같은 속도로 상승해 후방에 붙는 기동.

적의 선회원을 가로질러 후방으로 붙는다.

〔시저스〕

적기
연속해서 횡전 선회해 공격 측을 오버 슛시키는 기동.

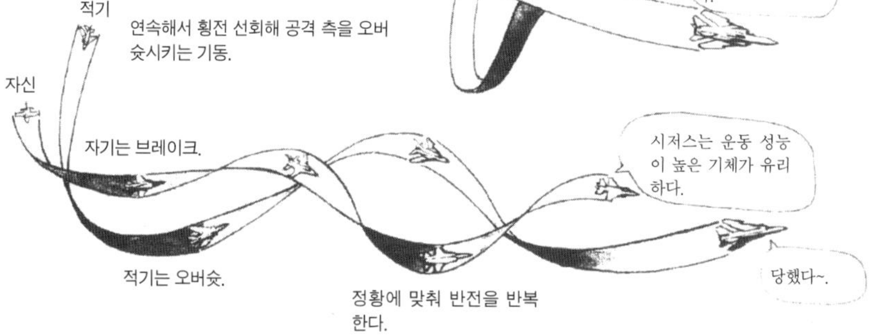

자신
자기는 브레이크.

시저스는 운동 성능이 높은 기체가 유리하다.

적기는 오버슛.
정황에 맞춰 반전을 반복한다.
당했다~.

〔스플릿 S〕

적기
적기의 추격을 뿌리치는 기동. 자기의 아래를 진행 방향과는 반대 방향으로 통과한 적기를 추적할 때도 쓰인다.
자기

이런, 놓쳤다.

수평 비행에서 180° 뒤집어져서 그대로 아래 방향으로 공중회전하고 세로 방향으로 U턴한다.

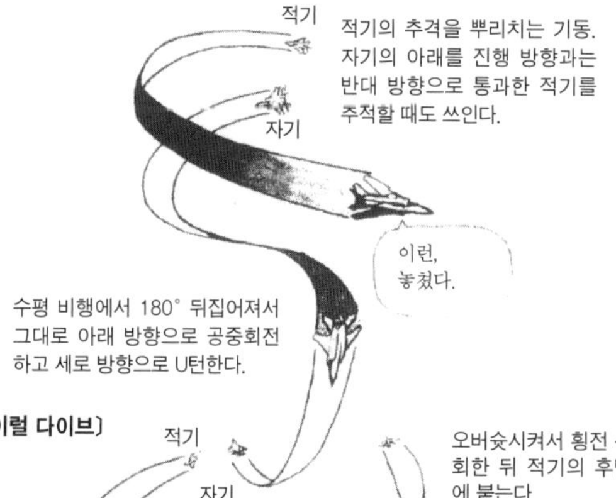

〔롤 어웨이〕

하이 스피드 요요의 일종으로, 오버 슛할 것 같은 상태에서 기체를 위로 일으켜 적의 선회 역방향으로 급횡전해 적기 후방에 붙는다.

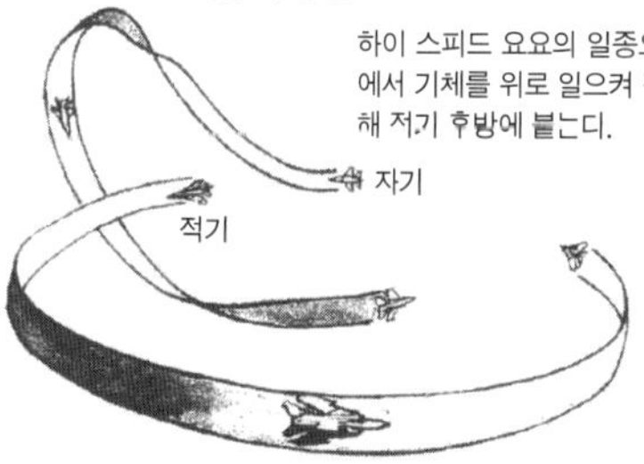

자기
적기

〔스파이럴 다이브〕

적기
자기

오버슛시켜서 횡전 선회한 뒤 적기의 후방에 붙는다.

나선 강하로 추격하는 적기를 오버슛시키는 기동.

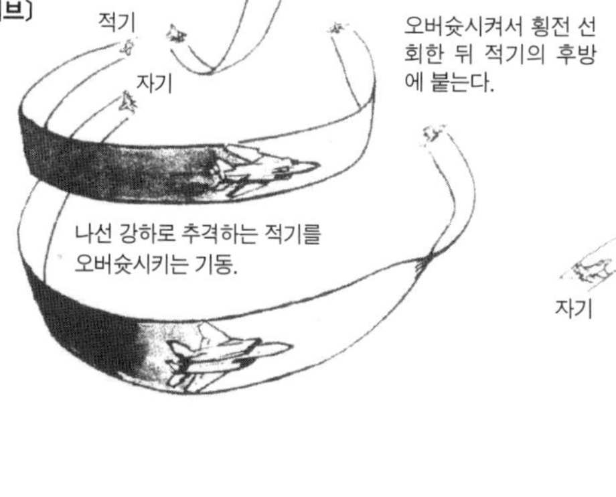

〔오프셋 헤드 온 버스〕

적기
적기보다 운동성이 좋은 기체로 정면 공격을 당했을 때 하는 기동.

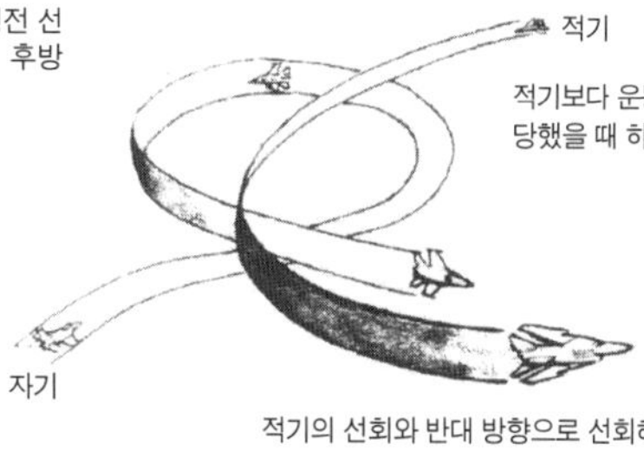

자기

적기의 선회와 반대 방향으로 선회해 적의 배후를 잡는다.

아랍 진영 주력 전투기 MiG-21

아랍 각국은 공군을 소유했는데 주력은 지상전과 마찬가지로 이집트 공군과 시리아 공군이었다. 1960년대 이후 운용하는 항공기는 소련제가 주가 되어 MiG-21은 주력 전투기로서 이스라엘 공군기와 혈투를 벌였다.

〔데이터 MiG-21PF〕
전체 길이: 14.10m
익폭: 7.15m
전고: 4.71m
무게: 5,150kg
엔진: R-11F2-300 터보제트
최대 속도: 마하 1.76
승무원: 1명
무장: 공대공 미사일×4

MiG-15에서 MiG-19를 거쳐 소련의 미코얀 구레비치 설계국이 1959년 개발한 초음속 전투기. 냉전기 소련군의 대표적인 전투기로 동맹국에도 수출됐다. NATO군 코드 네임은 '피시베드'. 중동전쟁은 1967년 7월 14일 시리아 공군기 4대가 이스라엘 공군의 미라지 4대와 교전해 MiG-21 1대가 격추되는 결과로 끝났다.

공대공 미사일을 무장한 이집트 공군 MiG-21PF. 이스라엘군의 기습 공격으로 아랍 진영의 공군 전력에 큰 타격을 준 제3차 중동전쟁 때 이집트군은 100대의 MiG-21을 잃었다.

《MiG-21 피시베드D 이후의 배리에이션》

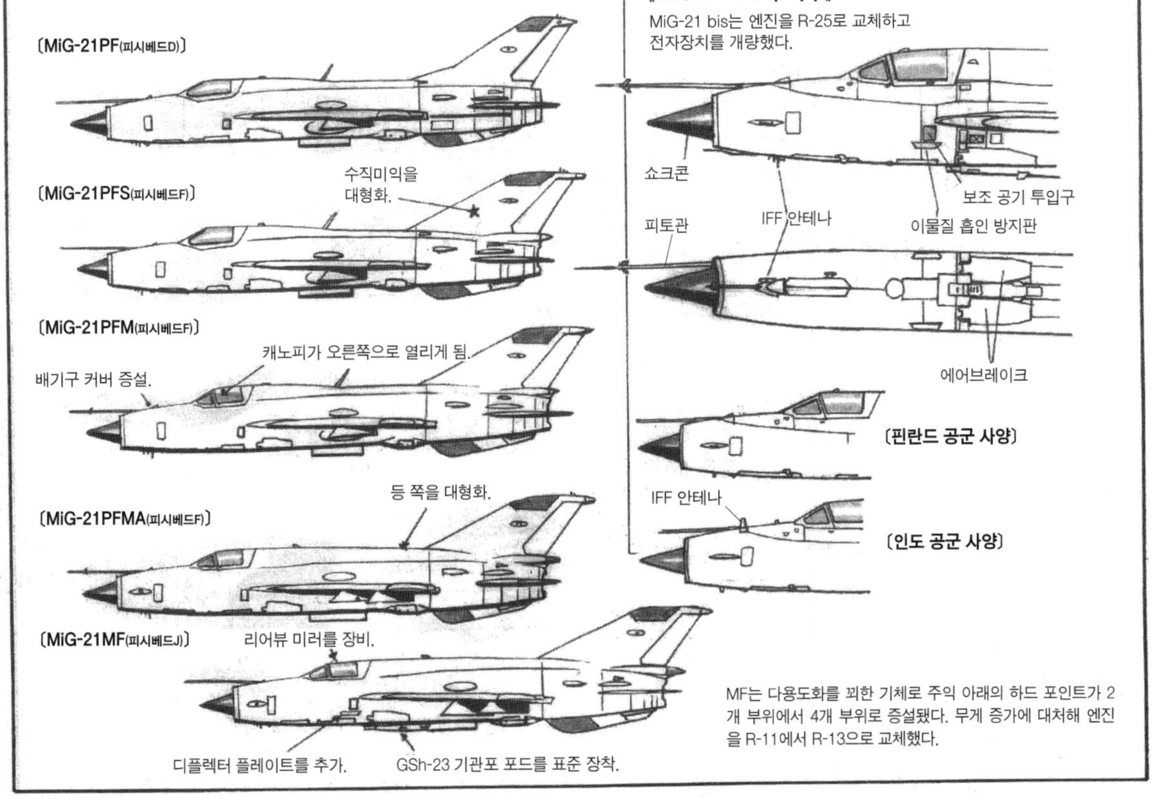

〔MiG-21PF(피시베드D)〕

〔MiG-21PFS(피시베드F)〕
수직미익을 대형화.

〔MiG-21PFM(피시베드F)〕
캐노피가 오른쪽으로 열리게 됨.
배기구 커버 증설.

〔MiG-21PFMA(피시베드F)〕
등 쪽을 대형화.

〔MiG-21MF(피시베드J)〕
리어뷰 미러를 장비.
디플렉터 플레이트를 추가.
GSh-23 기관포 포드를 표준 장착.

《MiG-21 bis의 기수》
MiG-21 bis는 엔진을 R-25로 교체하고 전자장치를 개량했다.

쇼크콘
피토관
IFF 안테나
보조 공기 투입구
이물질 흡입 방지판
에어브레이크

〔핀란드 공군 사양〕
IFF 안테나

〔인도 공군 사양〕

MF는 다용도화를 꾀한 기체로 주익 아래의 하드 포인트가 2개 부위에서 4개 부위로 증설됐다. 무게 증가에 대처해 엔진을 R-11에서 R-13으로 교체했다.

당초 요격기로 개발·생산된 MiG-21은 소련 공군이 채용한 뒤 전천후형으로 최초 개량됐다. 이후 세 번에 걸쳐 대폭 개량해 제공 전투기와 전투폭격기 등 성능을 향상시킨 배리에이션이 잇따라 생산됐다.

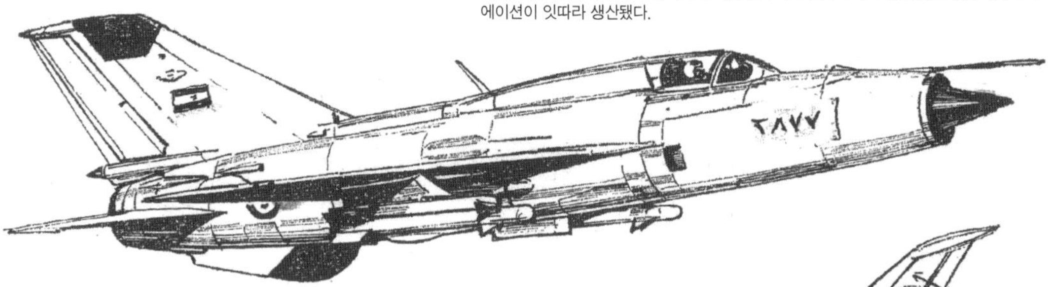

《MiG-21F의 내부 구조》

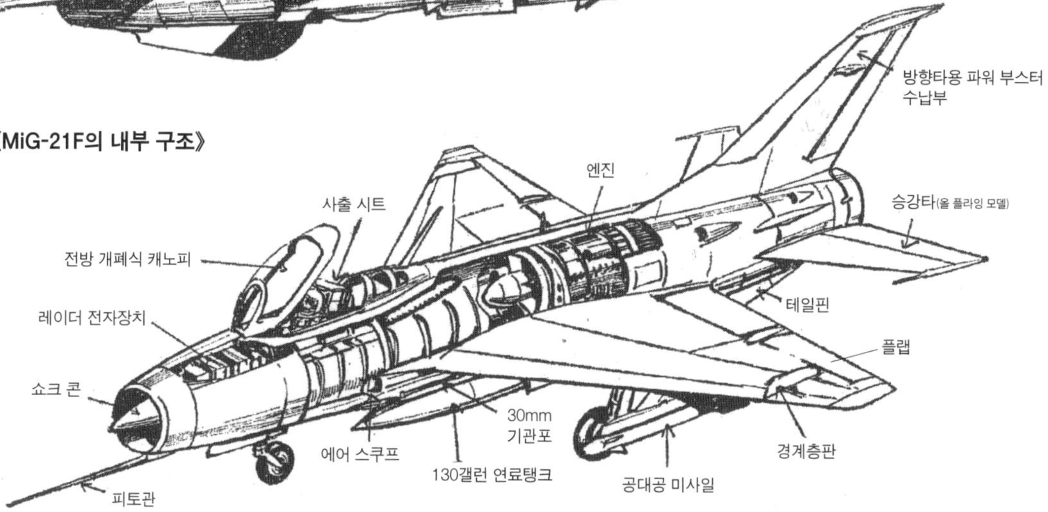

- 사출 시트
- 엔진
- 방향타용 파워 부스터 수납부
- 전방 개폐식 캐노피
- 승강타(올 플라잉 모델)
- 레이더 전자장치
- 테일핀
- 플랩
- 쇼크 콘
- 에어 스쿠프
- 30mm 기관포
- 경계층판
- 피토관
- 130갤런 연료탱크
- 공대공 미사일

《MiG-21의 탑재 무장》

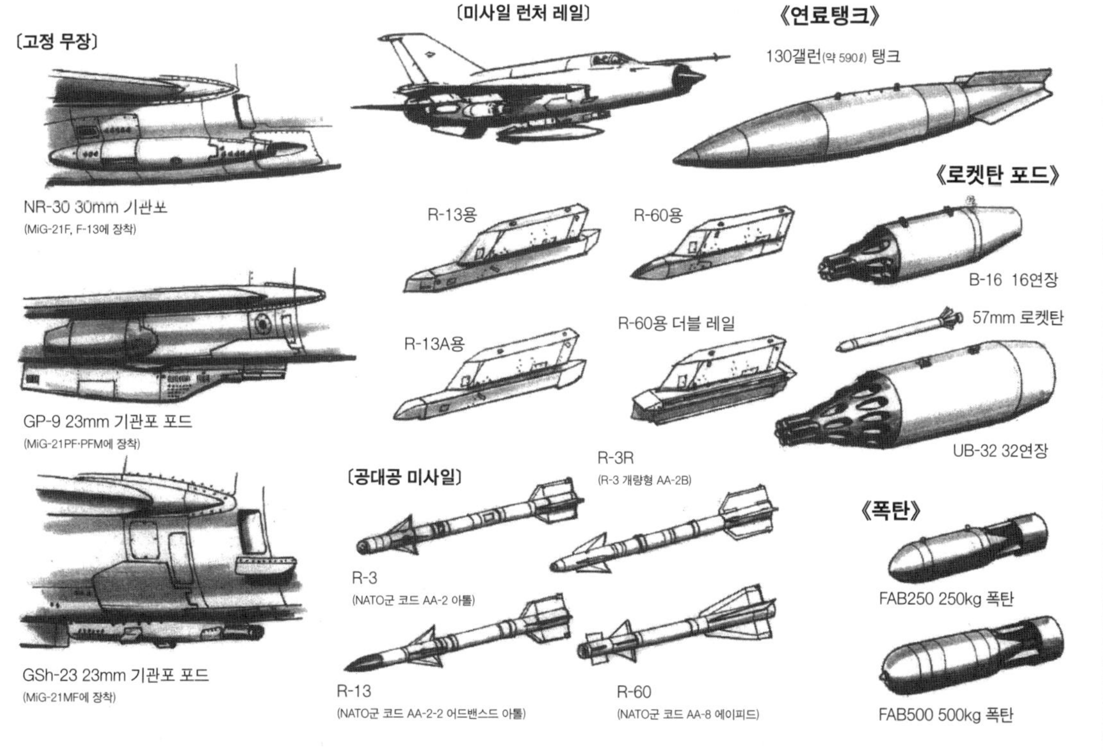

〔고정 무장〕

- NR-30 30mm 기관포 (MiG-21F, F-13에 장착)
- GP-9 23mm 기관포 포드 (MiG-21PF-PFM에 장착)
- GSh-23 23mm 기관포 포드 (MiG-21MF에 장착)

〔미사일 런처 레일〕

- R-13용
- R-13A용
- R-60용
- R-60용 더블 레일

〔공대공 미사일〕

- R-3 (NATO군 코드 AA-2 아톨)
- R-3R (R-3 개량형 AA-2B)
- R-13 (NATO군 코드 AA-2-2 어드밴스드 아톨)
- R-60 (NATO군 코드 AA-8 에이피드)

《연료탱크》
- 130갤런(약 590ℓ) 탱크

《로켓탄 포드》
- B-16 16연장
- 57mm 로켓탄
- UB-32 32연장

《폭탄》
- FAB250 250kg 폭탄
- FAB500 500kg 폭탄

185

기타 아랍 진영 전투기·폭격기

〔MiG-23 플로거(Floger)〕

MiG-21의 후계 전투기로 1965년 개발됐다. 가변익 기능이 있으며 NATO 코드네임은 '플로거'. 전투기 M형과 전투폭격기 B형 등의 배리에이션도 만들어졌다. 이집트, 시리아, 이라크가 1974년부터 도입했으나 이 기체를 가장 많이 장비한 곳은 시리아 공군이었다. 시리아 공군은 총 90대를 운용했으며 이스라엘군의 레바논 침공(1982년) 때는 이스라엘 공군기와 교전했다.

〔데이터〕
전체 길이: 16.7m
익폭: 13.97m(가변각 72°), 7.78m(가변각 16°)
전고: 4.82m
무게: 1만4,840kg
엔진: R-29-300 터보제트
승무원: 1명
최대 속도: 마하 2.04
무장: 23mm 연장 기관포×1, 기타 공대공 미사일, 폭탄 등
최대 탑재량: 2,000kg

주익은 비행고도와 속도에 맞춰 16°, 45°, 72° 각도로 가변한다.

〔데이터〕
전체 길이: 17.08m
익폭: 13.97m(가변각 72°), 7.78m(가변각 16°)
전고: 5.0m
무게: 2만300kg
최대 속도: 마하 1.7
엔진: R-29-B-300 애프터버닝 터보제트
승무원: 1명
무장: 30mm 개틀링포×1 또는 23mm 기관포×1, 기타 대공 미사일, 로켓탄, 폭탄 등
최대 탑재량: 4,000kg

〔MiG-27 플로거〕

MiG-23을 토대로 개발된 전투폭격기. 발전·개량형 MiG-23BM으로 1973년부터 생산됐는데 1975년 2월 명칭이 MiG-27로 바뀌었다.

〔MiG-25 폭스배트(Foxbat)〕

미군 폭격기나 정찰기에 대응하기 위해 고고도, 고속 성능을 갖춘 초음속 요격 전투기로 1959년에 개발(동시에 정찰형도 개발했다)하기 시작해 시작기의 첫 비행을 거쳐 1970년 공군에 배치됐다. NATO군 코드네임은 '폭스배트'. 이집트, 시리아, 이라크가 1970년대 전반에 도입했다. 이집트 공군은 제4차 중동전쟁, 시리아 공군은 레바논 침공 시 이 기체를 전투에 투입했다.

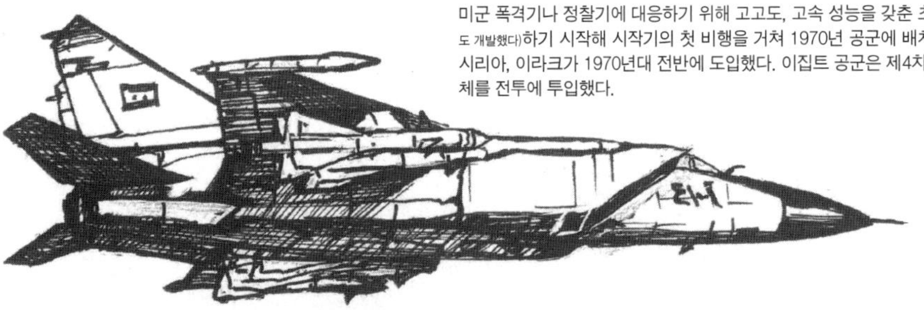

〔데이터〕
전체 길이: 23.82m
익폭: 14.01m
전고: 6.1m
무게: 2만 kg
엔진: R-15B-300 애프터버닝 터보제트 엔진×2
최대 속도: 마하 3.2
승무원: 1명
무장: 공대공 미사일×4~6

〔데이터〕
전체 길이: 17.32m
익폭: 11.36m
전고: 4.73m
무게: 1만1,000kg
엔진: RD-33 애프터버너 터보팬 엔진×2
최대 속도: 마하 2.3 이상
승무원: 1명
무장: 30mm 기관포×1, 기타 공대공 미사일, 로켓탄, 폭탄 등
최대 탑재량: 4,000kg

〔MiG-29 풀크럼(Fulcrum)〕

미군의 F-14와 F-15에 대항하기 위해 소련이 1983년 도입한 전투기. 당초에는 제공 전투기로 개발되기 시작했으나 공중전 이외에 대지 공격 등에도 대응하는 다용도 전투기로 운용됐다. NATO 코드네임은 '풀크럼'. 시리아 공군과 이라크 공군이 1980년대에 도입했다.

〔수호이(Sukhoi) Su-7 피터(Fitter)〕
소련이 1955년 개발한 초음속 전투기. 저공의 고속 비행에 특화한 전투기로 개발됐으나 성능이 부족해 이후 전투폭격기로 운용했다. NATO 코드네임은 '피터'. 이집트 공군이 제3차·제4차 중동전쟁, 시리아 공군이 제4차 중동전쟁 때 운용했다.

〔데이터〕
전체 길이: 16.8m
익폭: 9.31m
전고: 4.99m
무게: 8,940kg
엔진: AL-7F1-100 터보제트 엔진
최대 속도: 마하 1.74
승무원: 1명
무장: 30mm 기관포×2, 기타 통상 폭탄, 로켓탄 등
최대 탑재량: 2,000kg

〔데이터〕
전체 길이: 19.02m
익폭: 10.02m(가변각 30°), 13.68m(가변각 63°)
전고: 5.12m
무게: 1만2,160kg
엔진: 류카 AL-21F-3
승무원: 1명
최대 속도: 마하 1.7
무장: 30mm 기관포×2, 기타 공대공 미사일, 대레이더 미사일 등
최대 탑재량: 4,000kg

〔수호이 Su-20, Su-22 피터〕
Su-20, Su-22는 Su-7의 후계로서 개발된 Su-17 전투폭격기의 수출 모델로 NATO 코드네임은 토대가 된 Su-7과 같은 '피터'. MiG-23과 같은 시기에 개발돼 주익은 가변익이 채용됐다. 이집트 공군(Su-17, Su-20)은 제4차 중동전쟁, 시리아 공군(Su-20, Su-22)은 제4차 중동전쟁과 레바논 침공 시 이스라엘군 폭격에 이 기체를 사용했다.

〔투폴레프(Tupolev) Tu-16 배저(Badger)〕
1954년 실전 배치된 소련군의 첫 제트 전투기. NATO군 코드네임은 '배저'. 통상 폭탄과 핵탄두 및 대함 미사일을 운용하는 미사일 폭격기형도 생산됐다. 이집트 공군은 제3차 중동전쟁 전에 Tu-16을 25대 보유했으나 개전 후 이스라엘에 기지를 공격당해 23대를 잃었다. 그 뒤 소련에서 보충해서 제4차 중동전쟁 때는 32대를 보유고 Tu-16 부대는 통상 폭탄이나 순항 미사일 등으로 이스라엘군 거점을 공격했다.

〔데이터〕
전체 길이: 34.8m
익폭: 32.98m
전고: 10.35m
무게: 3만7,200kg
엔진: TRD AM-3, RD-3M 또는 RD-3M-500×2
승무원: 6~7명
최대 속도: 1,050km/h
무장: 23mm 기관포×6~7, 기타 통상 폭탄, 기상 발사 대함 미사일 등
최대 탑재량: 9,000kg(수평)

〔노스롭(Northrop) F-5E 타이거(Tiger) II〕
미국의 노스롭사가 개발한 수출용 소형 제트 전투기 F-5A·B의 개량 모델. 요르단 공군에 제공됐다.

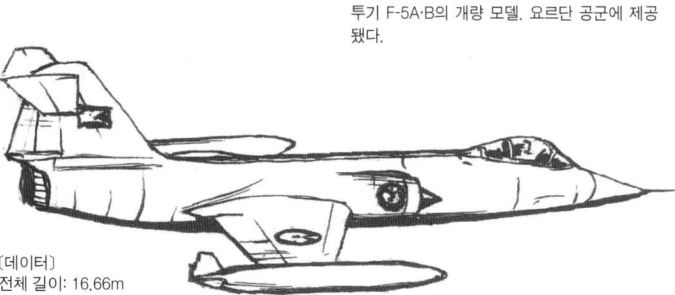

〔데이터〕
전체 길이: 16.66m
익폭: 6.62m
전고: 4.11m
무게: 1만1,720kg
최대 속도: 마하 2
엔진: J79 터보제트
승무원: 1명
무장: 20mm 발칸포×1, 공대공 미사일, 로켓탄 등
최대 적재량: 1,800kg

〔록히드(Lockheed) F-104A 스타파이어(Starfire)〕
최고 속도 마하 2급의 전천후형 초음속기로 록히드사가 개발한 제공 전투기. 1967년 미국이 요르단에 단좌 전투기형 F-104A 29대와 복좌 연습기형 F-104B 4대를 제공했다.

〔데이터〕
전체 길이: 14.68m
익폭: 8.13m
전고: 4.077m
무게: 4,347kg
엔진: J85-GE-21 터보제트×2
승무원: 1명
최대 속도: 마하 1.63
무장: 20mm 기관포×2, 공대공 미사일, 공대지 미사일 등
최대 적재량: 3,200kg

수송기

《이스라엘군》

〔노르 노라트라 (Nord Noratlas)〕
쌍발 쌍동의 프랑스제 군용 수송기. 1955~1962년 동안 프랑스와 서독에서 총 20대 정도를 수입했다. 탑승원은 4~5명, 화물 공간에는 병사 45명, 공수부대원 36명, 부상병 18명, 또는 최대 8.5t의 화물 탑재 가능.

〔보잉 377 스트라토크루저 (Stratocruiser)〕
노라트라보다 대형인 수송기가 필요한 이스라엘이 팬아메리칸항공에서 사용한 중고 스트라토크루저 10대를 1961년 구입, 수송기와 공중급유기로 개조해 사용했다. 그 뒤 미국에서 KC-97 공중급유기도 9대 구입했다. 수송형은 병력 134명, 부상병 69명(들것), 최대 탑재량은 16t으로, 2t 반 트럭 등의 차량도 적재할 수 있었다. 급유형의 연료 탑재량은 3만4,000ℓ.

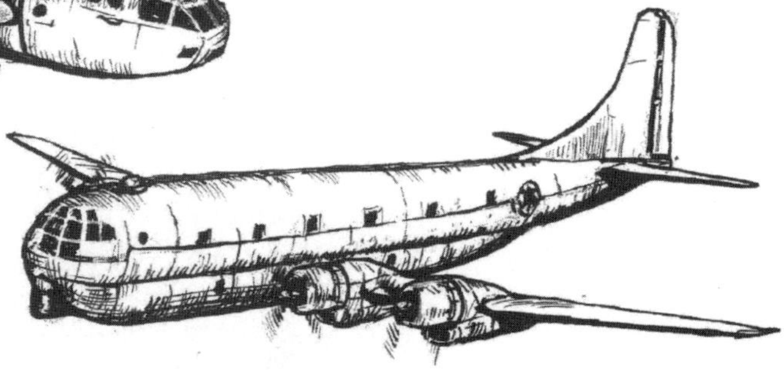

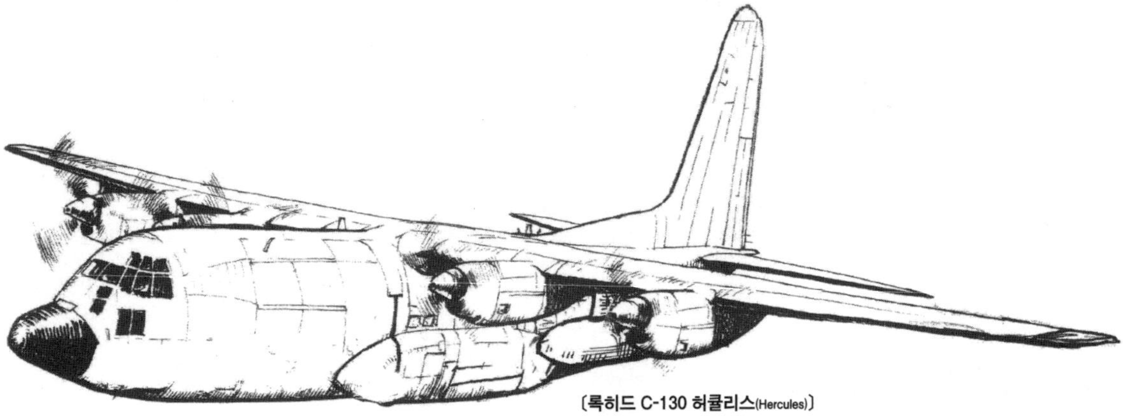

〔록히드 C-130 허큘리스 (Hercules)〕
미군을 비롯해 각국에서 사용된 군용 수송기 허큘리스를 이스라엘은 1971년부터 도입했다. 육군은 H형, 공군은 E형을 운용했다. 1976년 7월 '엔테베 작전'에서는 인질 구출 특수부대와 인질 수송에 사용했다. 탑승원은 5명, 병력 92명, 공수부대원 64명, 최대 탑재량은 19t으로, M113 장갑차 2대, 험비 2~3대 등의 차량 수송도 가능하다.

《아랍 각국군》

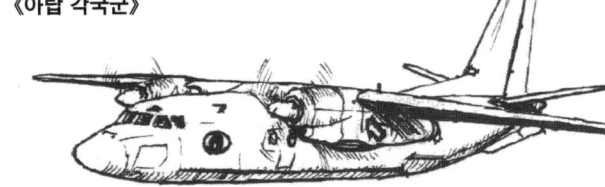

〔안토노프 (Antonov) An-26〕
1969년부터 생산된 소련제 쌍발 군용 수송기. 동체 뒤쪽에 화물 전용 문이 설치돼 있어 소형 차량도 수송할 수 있다. 시리아, 이라크, 예멘 각국과 팔레스타인 자치정부가 사용했다. 탑승원 5명 외에 병력 39명, 공수부대원 30명이 탑승할 수 있다. 최대 적재량은 5.5t.

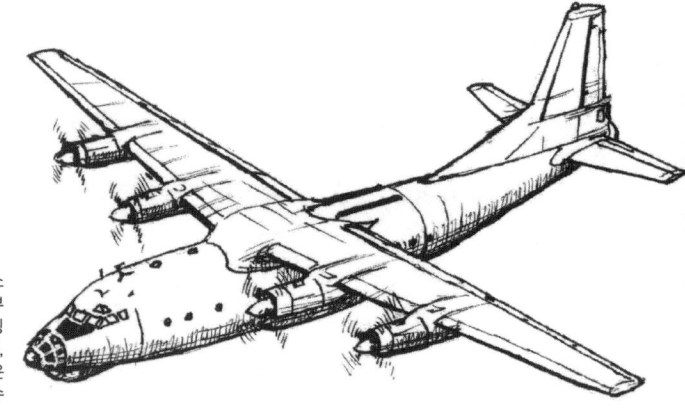

〔안토노프 An-12〕
An-10 여객기를 개량한 군용 수송기. 1959년 소련군에 배치되고 1972년까지 생산했다. 기체 후부에는 23mm 기관포 2문을 탑재할 수 있다는 특징이 있다. 이스라엘 주변국으로는 이집트, 시리아, 요르단이 운용했다. 탑승원 5명, 최대 적재량은 20t으로 병력 90명, 공수부대원 60명을 수송할 수 있었다.

기타 항공기

〔파이퍼(Piper) L-4〕
미국의 파이퍼에어크래프트사제 J-3 파이퍼 커브의 군용형. 이 기체는 하가나 항공부대의 이스라엘 공군이 이어받아 운용해 포병의 관측과 연락용으로 쓰였다.

〔도르니에(Dornier) Do28〕
1959년 서독에서 개발된 쌍발 다용도기. 이스라엘 공군은 1971년부터 수송 비행대에서 운용했다.

〔푸가(Fouga) CM.170 마지스테르(Magister)〕
1950년 후반에 개발된 프랑스제 제트 연습기. 이스라엘은 1959~1964년 라이선스로 생산했다. 연습기로서 파일럿 육성을 위해 운용됐으나 제3차 중동전쟁 때는 로켓탄과 폭탄을 탑재해 근접 지원 공격을 했다.

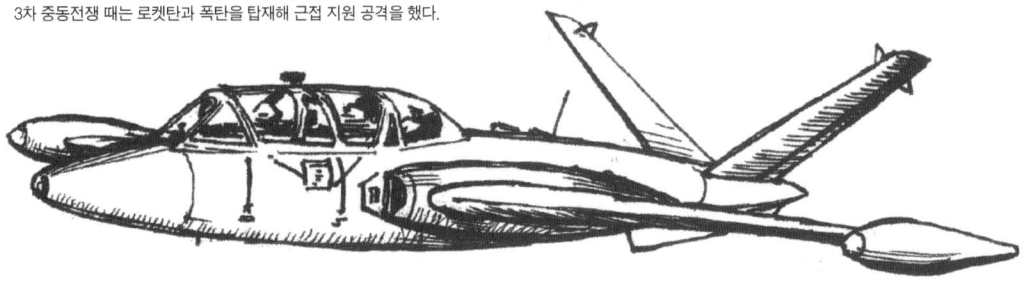

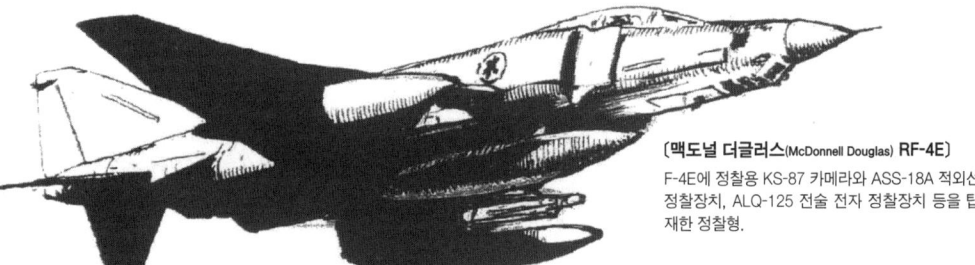

〔맥도널 더글러스(McDonnell Douglas) RF-4E〕
F-4E에 정찰용 KS-87 카메라와 ASS-18A 적외선 정찰장치, ALQ-125 전술 전자 정찰장치 등을 탑재한 정찰형.

〔그러먼(Grumman) E-2C 호크아이(Hawkeye)〕
이스라엘이 1981년 4대를 도입한 전술 공중 조기 경계기. 1982년 레바논 침공 때는 시리아 전선 베카고원의 항공전 때 정보 수집과 공격대의 항공 관제기로 활약했다. 이집트군도 1985년 미국에서 구입해 지금도 개량형을 운용하고 있다.

189

헬리콥터

서방제 헬리콥터

《이스라엘군》

이스라엘군의 헬리콥터 운용은 1951년 5월 미국에서 수입한 두 대의 힐러 360 헬리콥터로 시작한다. 헬리콥터는 제조사가 많지 않아서 도입 당초부터 미제가 많다.

〔시코르스키(Sikorsky) S-58〕
이스라엘군이 1958년 도입한 다용도 수송 헬리콥터. 1967년 제3차 중동전쟁 때는 공수부대원을 적 후방에 수송하는 헬리본 작전을 수행했다.
승무원: 2명, 병력: 18명, 최대 탑재량: 1,700kg

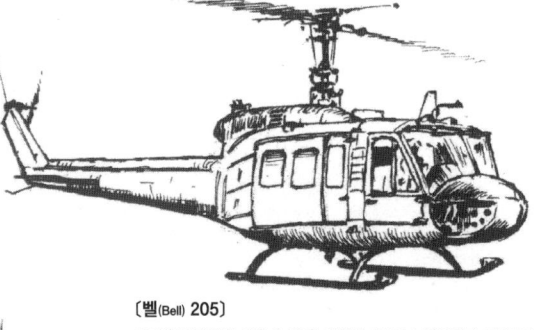

〔벨(Bell) 205〕
제3차 중동전쟁 이후 S-58을 대신해 1968년 채용됐다. 당시 미국이 병기 수출을 제한해 군용 UH-1이 아니라 민간형인 벨 205를 입수했다.
승무원: 2~4명, 병력: 11~14명, 최대 적재량: 1,760kg

〔벨 212〕
벨 205의 후계기로서 이스라엘군은 1975년 6월 도입하고 이듬해까지 64대를 수입했다. 이 기체도 군용기인 UH-1N이 아닌 민간 모델을 수입하고 이스라엘에서 군용 사양으로 개조했다.
승무원: 2~4명, 병력: 6~8명, 최대 적재량: 2,268kg

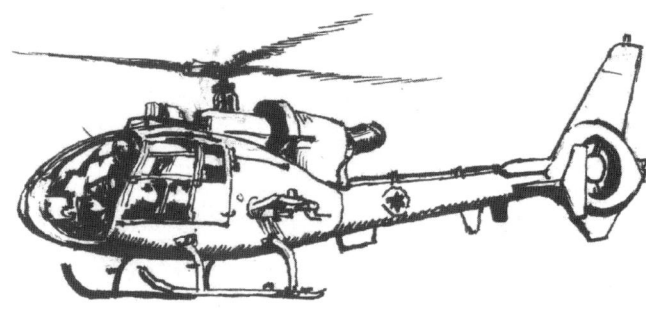

〔SA 342M 가젤(Gazelle)〕
프랑스군의 요구로 프랑스의 쉬드아비아시옹사(이후의 아에로스파시알사)가 개발한 소형 범용 헬리콥터. 이스라엘군은 1982년 레바논 침공 때 시리아군에서 노획한 기체를 정비해 시험 운용했다.
승무원: 2명.

〔시코르스키 CH-53 시 스탤리온(Sea Stallion)〕
미국의 시코르스키사가 개발한 대형 수송 헬리콥터. 이스라엘군은 1969년 도입하기 시작했다. 제4차 중동전쟁 때는 1973년 10월 22일 헤르몬산의 시리아군 전초기지 점령에 참가하는 공수부대원 이송에 사용됐다.
승무원: 2~4명, 병력: 55명, 최대 적재량: 3,630kg

〔벨 206 제트레인저(Jetranger)〕
이스라엘군은 1971~1973년 동안 이탈리아 아구스타에서 라이선스로 생산한 AB206A를 구입해 파일럿 훈련, 관측, 연락 등의 임무에 사용했다.
승무원: 1~2명, 병력: 4명

〔SA-321K 쉬페르 프를롱(Super Frelon)〕
1960년 초기에 프랑스에서 설계·개발한 대형 수송 헬리콥터. 이스라엘군은 1966년 도입해 제3차·제4차 중동전쟁 때 운용했다.
승무원: 3명, 병력: 27명, 최대 적재량: 3,630kg

〔휴즈 500M 디펜더(Defender)〕
베트남전쟁에서 활약한 미 육군의 OH-6 관측 헬리콥터를 토대로 개발된 소형 다용도 헬리콥터. 이스라엘군은 AH-1 부족을 메우기 위해 1979년 TOW 대전차 미사일 런처를 탑재한 30대를 조달해 장비했다.
승무원: 2명, 무장: TOW 대전차 미사일×4

〔AH-1S 휴이 코브라(Huey Cobra)〕
이스라엘군은 제4차 중동전쟁의 경험으로 대전차 헬리콥터의 필요성을 인지해서 베트남전쟁의 실적이 있는 미 육군의 AH-1 대전차 헬리콥터를 도입하기로 결정하고 1977년부터 배치했다. 1982년 레바논 침공작전에서는 탑재한 TOW 대전차 미사일 공격으로 T 72 전차 등 29대를 파괴하는 전과를 거두었다.
승무원: 2명, 무장: 20mm 개틀링포×1, 대전차 미사일×8발 등

《이집트군》

〔CH-47C 치누크(Chinook)〕
보잉버톨사가 개발한 대형 수송 헬리콥터. 1962년 8월부터 양산돼 미국뿐만 아니라 많은 나라에 수출됐다. CH-47C는 이탈리아의 엘리코테리 메리디오날리사가 라이선스로 생산했으며, 이집트 공군은 이탈리아제 CH-47C를 15대 구입해 운용하고 있다.
승무원: 3명, 병력: 33~55명

〔S-61 시 킹(Sea King)〕
시코르스키 에어크래프츠가 개발한 대형 헬리콥터. 이집트군은 1970년대에 미제 S-61과 영국 웨스트랜드사의 라이선스 생산형으로 해상 초계기형 시 킹 Mk.7과 수송기형 코만도 Mk.1·Mk.2를 합쳐 약 55대를 도입했다.
승무원: 2명, 병력: 30명

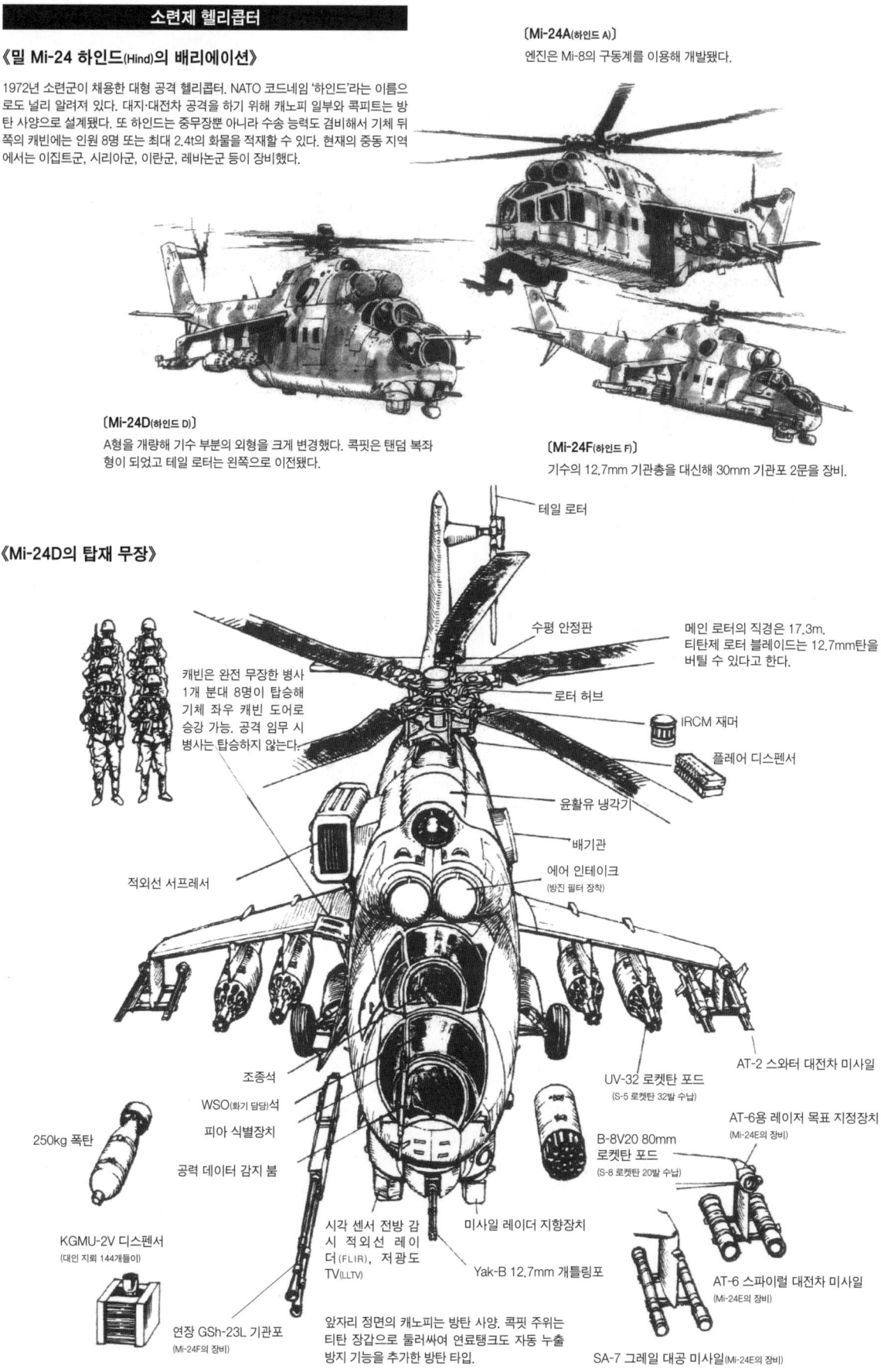

《밀 Mi-8 힙의 배리에이션》

소련제 다용도 헬리콥터 주력 모델. 침공 수송형부터 공격형까지 여러 배리에이션이 만들어졌으며, 이집트군은 1968년부터 지금까지 운용하고 있다.

〔Mi-8 힙(Hip)B〕
시작형. A형은 단발 엔진이었다.

〔Mi-8 힙E〕
병사 38명이 탑승 가능.

〔Mi-14 헤이즈〕
Mi-8을 토대로 만들어진 소련 해군 사양. 동체 아래는 선저형으로 수면에 내렸다가 뜰 수도 있다.

에어 인테이크에 방진 필터 장비.

〔Mi-8 힙C〕
동체 좌우의 무장 탑재 파일런에는 로켓탄 포드뿐 아니라 AT-2 스와터 대전차 미사일도 탑재할 수 있다. 기수에 12.7mm 기관총을 탑재.

테일 로터를 오른쪽으로 변경.

〔Mi-17 힙 H〕
Mi-8의 발전 개량형. 엔진을 교체해 출력을 올렸다. 기수에 12.7mm 기관총을 장비.

〔Mi-4 하운드(Hound)〕
1952년 소련군이 채용한 중형 수송 헬리콥터. 병력 8~12명을 수송할 수 있다. 일러스트의 공격형 Mi-4AV는 기체 하부에 12.7mm 기관총 포드를 장비했다.

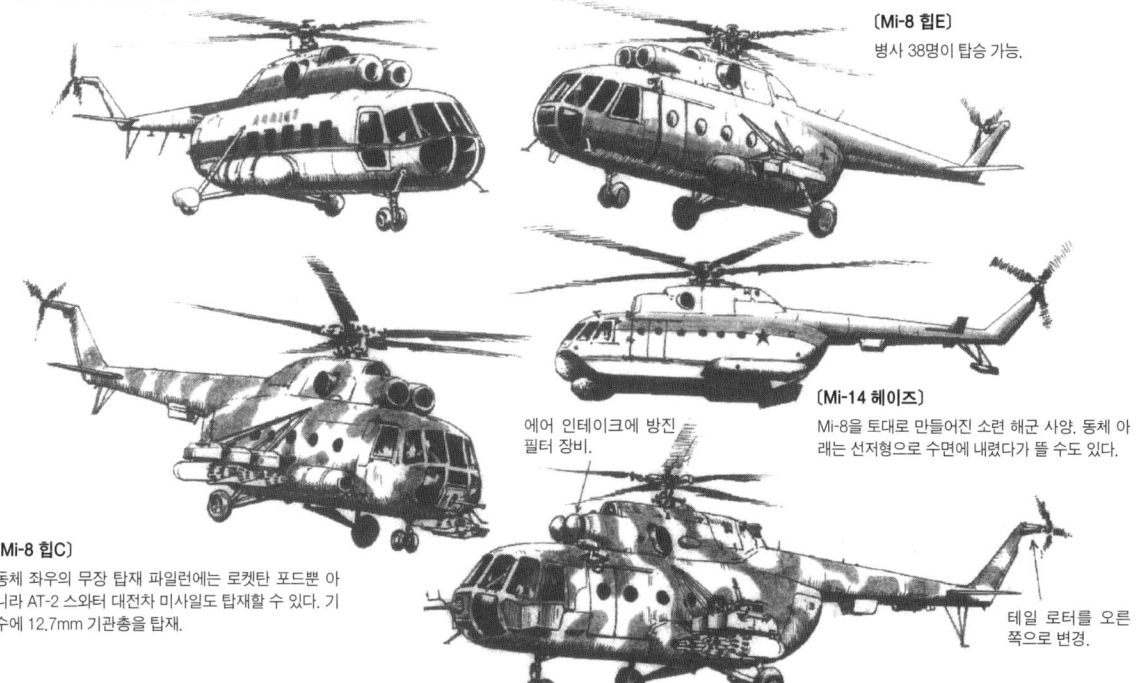

《기타 수송 헬리콥터》

소형이어서 섬세한 움직임이 가능한 Mi-2는 연락 임무 등에도 사용됐다.

〔Mi-6 훅(Hook)〕
다목적 대형 수송 헬리콥터. 메인 로터의 직경은 35m, 탑승원 61명, 화물은 최대 12t을 탑재할 수 있다.

〔Mi-2 홉라이트(Hoplite)〕
소련에서 설계·개발하고 폴란드에서 제조한 소형 범용 헬리콥터. 파일럿 1명과 탑승원 8명, 또는 화물 700kg 탑재 가능.

이집트군의 대공병기

1973년 제4차 중동전쟁 때는 이스라엘군의 항공 전력에 대항하기 위해 이집트군은 항공 기뿐만 아니라 대공병기 강화에 힘썼다. 그리고 소련이 제공한 최신 지대공 미사일과 고사 기관포를 조합한 강력한 방공망을 구축해서 이스라엘 공군을 요격해 큰 손해를 입혔다.

대공 미사일을 피해 저고도로 비행하는 이스라엘 군 항공기에 맞서 이집트군은 고사 기관포를 활용해 대지 공격을 저지했다.

이집트군의 방공망

사거리가 다른 대공병기를 조합해 방공망을 구성했다.

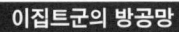

〔S-75〕
중·고고도용,
유효 고도: 1,500~2만4,000m

〔S-125〕
저·중고도용,
유효 고도: 300~1만5,000m

〔2K12〕
저고도용,
유효 고도: 200~1만3,000m

〔ZSU-23〕
근거리용,
유효 고도: 2,000m

〔9K32 휴대식 대공 미사일〕
근거리용, 유효 고도: 3,600m

이집트군의 대공병기

〔데이터〕
구경: 23mm
탄약: 23×152mmB탄
장탄 수: 벨트 급탄 50발
무게: 1.8t
유효 사거리: 2,000m(지상), 1,400m(고도)
발사 속도: 400발/분

《견인식 대공 기관포》

미사일 사이트나 대공 레이더를 저공 공격하는 적기에는 기관포로 대응했다.

〔데이터〕
구경: 57mm
탄약: 57×348mm SR탄
장탄 수: 클립 4발
무게: 4.66t
유효 사거리: 4,000m(광학 조준), 6,000m(레이더 조준)
발사 속도: 120발/분

〔ZU-23-2 23mm 연장 기관포〕
소련군이 1960년 제식 채용한 대공용 23mm 연장 기관포. 이집트는 라이선스로 생산했다.

〔AZP S-60 57mm 대공 기관포〕
사격 관제장치와 대공 레이더를 조합한 시스템 운용이 가능한 저·중고도용 고사 기관포. 레이더 관제 사격장치를 편성해 동일 목표에 대해 최대 8문의 관제 사격을 할 수 있었다.

《지대공 미사일》

〔9K32 스트렐라(Strela)2〕
소련제 견착 사격식 휴대식 지대공 미사일. NATO군 코드네임은 SA-7 그레일. 유도 방식은 항공기의 열원을 포착하는 패시브 적외선 호밍.

〔데이터〕
전체 길이: 1.49m
탄두 무게: 1.5kg
사거리: 550~5,500m
속도: 430m/s

〔S-125 네바(Neva)〕
중·고고도용 대공 미사일. NATO군 코드네임은 SA-3 고어. ZIL-131 트럭에 탑재해 이동하며, 고정식 런처는 2연, 3연, 4연의 세 종류가 있다.

〔데이터〕
전체 길이: 6.1m
탄두 무게: 60kg
사거리: 6,000~2만 2,000m
속도: 마하 3.5

〔데이터〕
전체 길이: 10.6m
탄두 무게: 59kg
사거리: 100~7,000m
속도: 마하 1.75

〔2K12 쿠프(Kub)〕
저·중고도용 자주 대공 미사일. NATO군 코드네임은 SA-6 게인풀. ASU-85 공수전차의 프레임을 토대로 만들어진 2P25에 3연장 런처를 탑재했다.

〔데이터〕
전체 길이: 10.6m
탄두 무게: 195kg
사거리: 8,000~3만 m
속도: 마하 3.5

〔S-75 드비나(Dvina)〕
고고도용 대공 미사일. NATO군 코드네임은 SA-2 가이드라인. 이집트군과 시리아군이 장비해 제4차 중동전쟁 때 그 위력을 발휘했다.

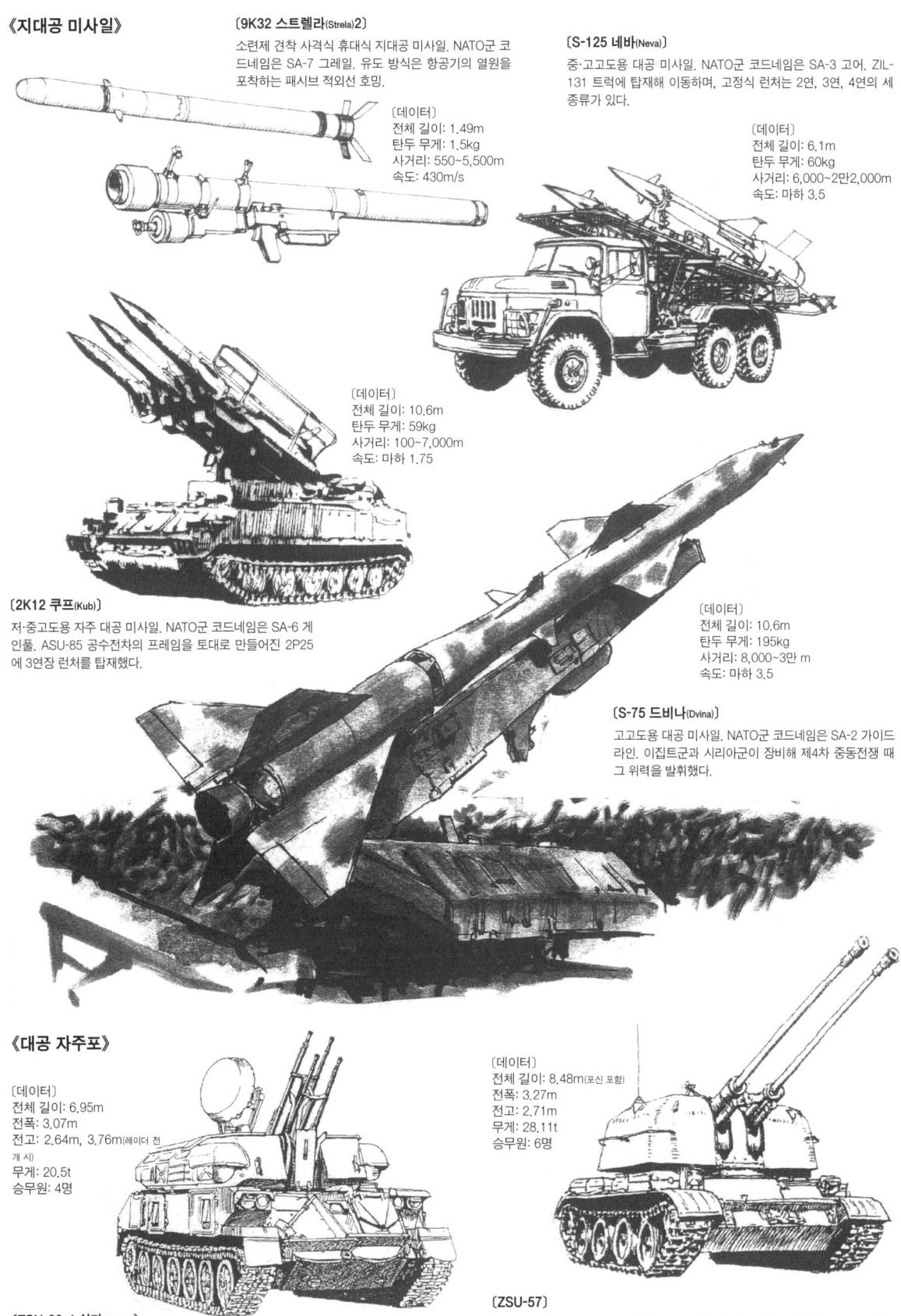

《대공 자주포》

〔데이터〕
전체 길이: 6.95m
전폭: 3.07m
전고: 2.64m, 3.76m(레이더 전개 시)
무게: 20.5t
승무원: 4명

〔데이터〕
전체 길이: 8.48m(포신 포함)
전폭: 3.27m
전고: 2.71m
무게: 28.11t
승무원: 6명

〔ZSU-23-4 쉴카(Shilka)〕
소련이 고속화하는 제트기에 대응하기 위해 ZSU-57의 후계로서 1957년 개발한 대공 자주포. NATO군 코드네임은 B-76 건 디시. AZP-85 23mm 4연장 기관포와 색소 추미 레이더 1대를 탑재했다.

〔ZSU-57〕
오픈탑식 포탑에 57mm 연장 기관포를 탑재한 대공 자주포. 차체는 T-54 전차를 토대로 설계됐다. 이집트군은 1962~1963년 동안 100대를 소련에서 수입했다. 57mm 기관포의 위력은 강력했으나 레이더를 장비하지 않았고 연사 속도도 느려서 제트기에 대한 사격은 명중률이 낮았다.

195

이스라엘 공군의 대지공격

1982년 6월 9일 벌어진 베카고원의 시리아군 방공망 제압 '몰 크리켓 작전 19'에 투입된 이스라엘 공군기.

대지공격에 사용된 이스라엘 공군기

〔E-2C 호크아이(Hawkeye)〕
조기 경계기로서 항공 작전의 공역을 감시했다.

〔F-15 이글(Eagle) 단좌 전투기〕
공격대의 상공 엄호를 맡았다.

〔F-16A 파이팅 팰콘(Fighting Falcon)〕
공격기의 원호 및 지대공 미사일 사이트 공격. 이스라엘 공군의 애칭은 '네츠'.

〔RF-4 팬텀(Phantom) II〕
F-4E를 토대로 기수 내부에 정찰기기를 탑재한 정찰기형.

〔IAI 크피르(Kfir) C2〕
공격대의 상공 엄호와 대지공격을 맡았다.

〔A-4 스카이호크(Skyhawk)〕
지대공 미사일 사이트를 공격하기 전에 PLO 거점을 공격. 이스라엘 공군의 애칭은 '아히토'.

〔F-4E 팬텀 II〕
대레이더 미사일을 탑재해 지대공 미사일 사이트를 공격.

이스라엘 공군의 대SAM 전술

《레이더 유도식 SAM(S-75, S-125)에 대한 대항》

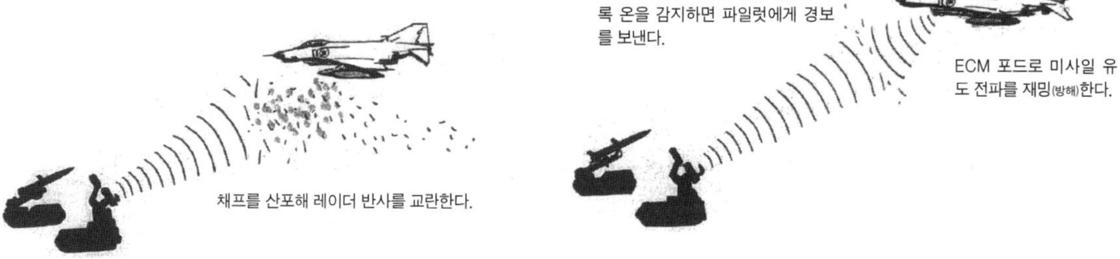

채프를 산포해 레이더 반사를 교란한다.

S-75 또는 S-125의 대공 레이더의 록 온을 감지하면 파일럿에게 경보를 보낸다.

ECM 포드로 미사일 유도 전파를 재밍(방해)한다.

《열선 호밍식 SAM(2K12)에 대한 대항》

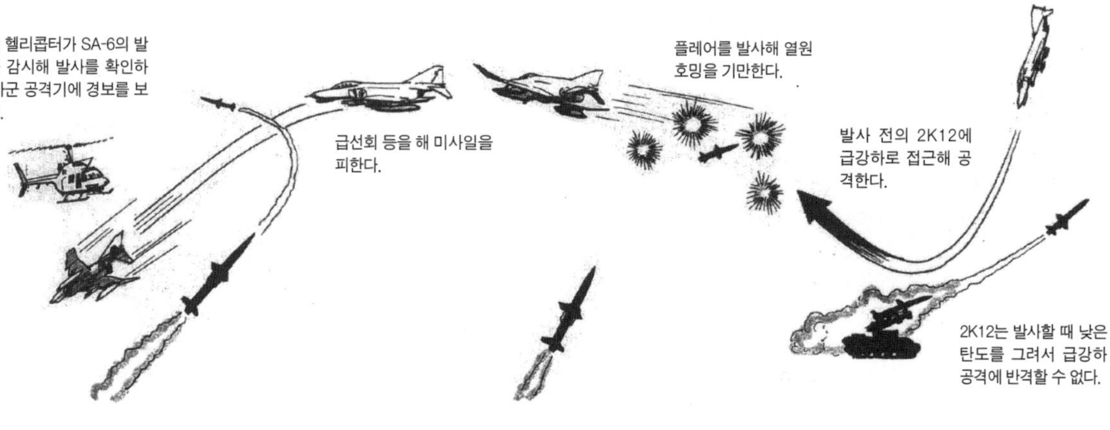

정찰 헬리콥터가 SA-6의 발사를 감시해 발사를 확인하면 아군 공격기에 경보를 보낸다.

급선회 등을 해 미사일을 피한다.

플레어를 발사해 열원 호밍을 기만한다.

발사 전의 2K12에 급강하로 접근해 공격한다.

2K12는 발사할 때 낮은 탄도를 그려서 급강하 공격에 반격할 수 없다.

이스라엘 공군의 SAM 격멸작전

《F-4E의 SAM 사이트 공격》

SAM 공격에는 AGM-65 매버릭 공대지 미사일과 AGM-45 슈라이크 대레이더 미사일을 장착한 F-4E 팬텀 II 가 쓰였다.

시리아군의 지대공 미사일(SAM) 사이트 공격은 다음과 같은 절차에 따라 이루어졌다.
① 목표를 무인 정찰기나 E-2C로 감시해 최신 정보를 공격부대로 전달한다.
② 항공 공격을 하기 전에 장거리포와 대지 미사일로 사이트를 공격한다.
③ ECM으로 시리아군의 레이더를 방해한다.
④ 이와 동시에 항공대가 직접 미사일 공격을 한다.
이 작전으로 19개 지점을 공격해 17개 지점을 파괴하는 데 성공했다.

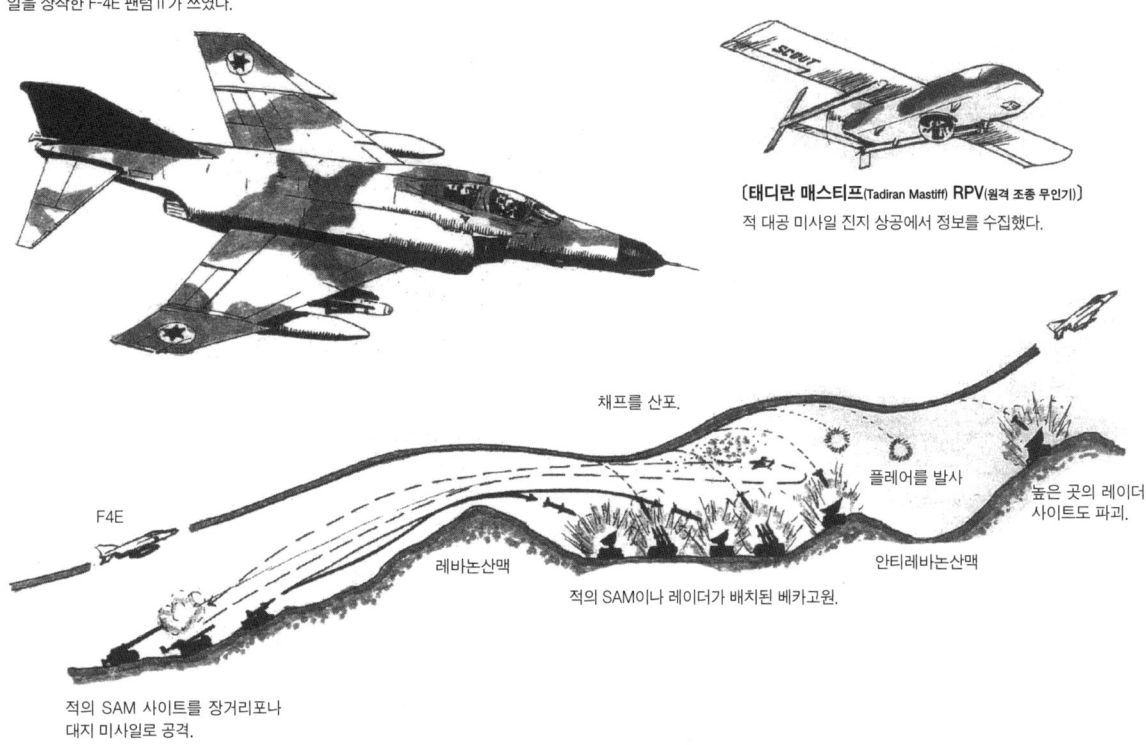

[태디란 매스티프(Tadiran Mastiff) RPV(원격 조종 무인기)]
적 대공 미사일 진지 상공에서 정보를 수집했다.

채프를 산포.
플레어를 발사
높은 곳의 레이더 사이트도 파괴.
F4E
레바논산맥
안티레바논산맥
적의 SAM이나 레이더가 배치된 베카고원.

적의 SAM 사이트를 장거리포나 대지 미사일로 공격.

《크피르 C2의 SAM 사이트 공격》

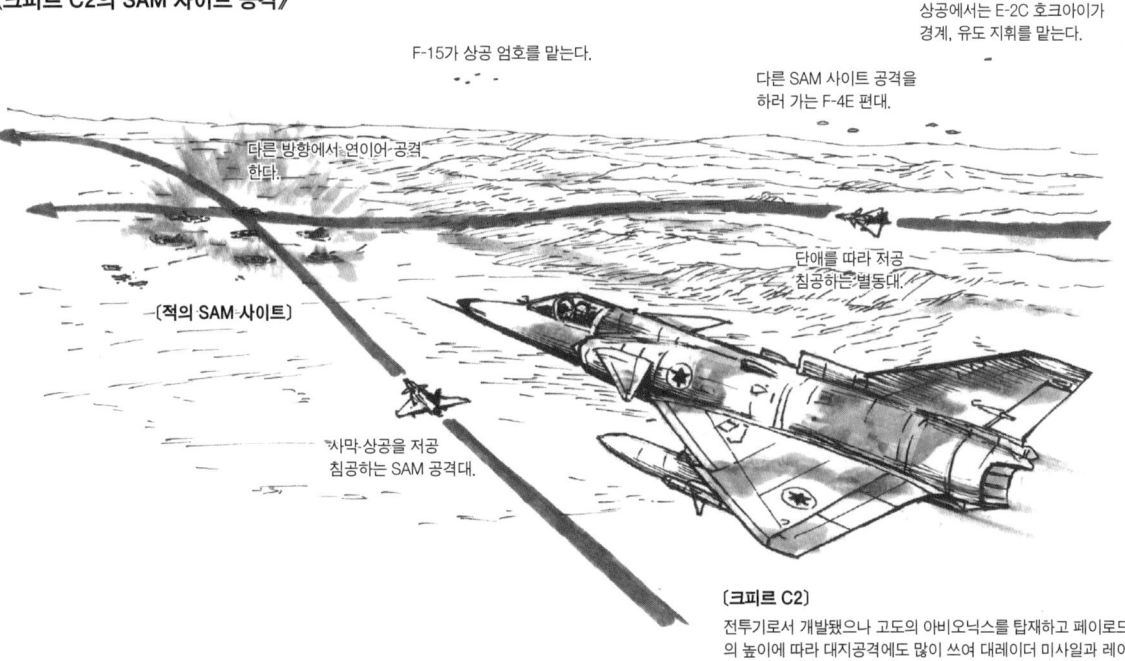

상공에서는 E-2C 호크아이가 경계, 유도 지휘를 맡는다.
F-15가 상공 엄호를 맡는다.
다른 SAM 사이트 공격을 하러 가는 F-4E 편대.
다른 방향에서 연이어 공격한다.
단애를 따라 저공 침공하는 별동대.
[적의 SAM 사이트]
사막 상공을 저공 침공하는 SAM 공격대.

[크피르 C2]
전투기로서 개발됐으나 고도의 아비오닉스를 탑재하고 페이로드의 높이에 따라 대지공격에도 많이 쓰여 대레이더 미사일과 레이저 유도 폭탄을 운용할 수 있었다.

함대함 미사일의 활약

이집트 해군의 엄청난 전과

중동전쟁 때 바다의 전투는 소규모였으나 대함 미사일이 활약해 세계가 주목했다. 대함 유도탄은 이미 제2차 세계대전 중 독일에서 실용화돼 Hs293, 프리츠 X와 같은 공대함 유도 폭탄의 적함 공격과 격침이 기록돼 있는데 함대함 미사일의 실전 투입과 적함 격침은 중동전쟁이 처음이었다. 제3차 중동전쟁(6일 전쟁)으로부터 몇 개월 뒤 지상전에서는 참패가 이어졌던 이집트군의 사기를 이집트 해군 고속함 2척의 이스라엘 해군 구축함 격침 사건이 단숨에 고무시켰다. 이는 처음으로 함대함 미사일이 실전에 사용돼 적함을 격침했다는, 해전사에 남을 만큼 엄청난 전과였다.

《SS-N-2 스틱스 함대함 미사일》

〔데이터〕
전체 길이: 5.8m
사거리: 46km
탄도 무게: 454kg
비행 속도: 마하 0.9

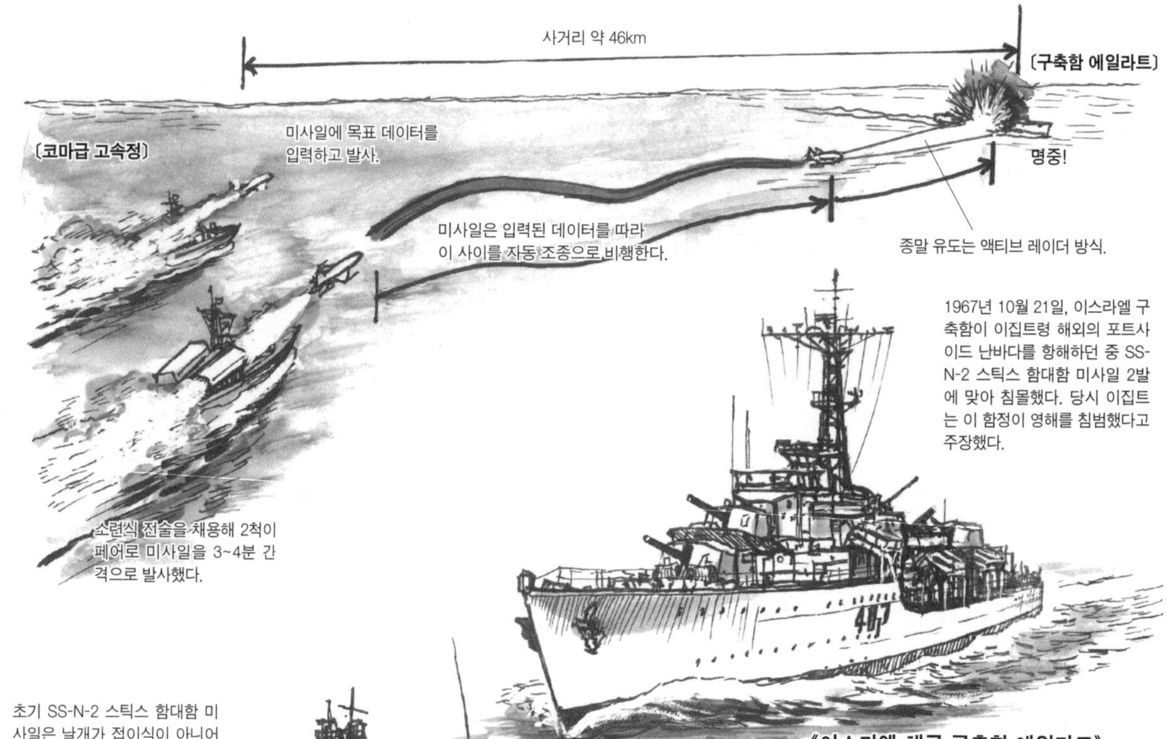

구축함 에일라트를 격침한 소련제 함대함 미사일(제식 명칭은 P-15 테르밋).

〔코마급 고속정〕

미사일에 목표 데이터를 입력하고 발사.

사거리 약 46km

〔구축함 에일라트〕

명중!

미사일은 입력된 데이터를 따라 이 사이를 자동 조종으로 비행한다.

종말 유도는 액티브 레이더 방식.

소련식 전술을 채용해 2척이 페어로 미사일을 3~4분 간격으로 발사했다.

1967년 10월 21일, 이스라엘 구축함이 이집트령 해외의 포트사이드 난바다를 항해하던 중 SS-N-2 스틱스 함대함 미사일 2발에 맞아 침몰했다. 당시 이집트는 이 함정이 영해를 침범했다고 주장했다.

초기 SS-N-2 스틱스 함대함 미사일은 날개가 접이식이 아니어서 대형 컨테이너에 수용돼 있었다. 또 샤이로 설정에 시간이 걸리는 등의 결점도 있었다.

《이스라엘 해군 구축함 에일라트》

이미 퇴역한 영국 해군의 Z급 구축함을 1955년 이스라엘이 구입해 재취역시켰다.

〔데이터〕
배수량: 1,710t
전체 길이: 110.6m
전폭: 10.9m
병장: 11.4cm 단장포×4, 40mm 연장기총×1, 20mm 연장기총×4, 어뢰 발사관×2, 폭뢰 투사기×4
속력: 36.75kt

《이집트 해군 코마급 고속정》

이집트가 소련에서 구입한 183R형 소형 미사일 고속정. 에일라트를 격침해 함대함 미사일과 함께 소형 고속 미사일정의 유효성을 실증했다.

〔데이터〕
만재 배수량: 66.5t
전체 길이: 25.4m
전폭: 6.24m
병장: 25mm 연장 기관포×1, 12.7mm 기관총×1, SS-N-2 함대함 미사일×2
속력: 44kt

라타키아 해전

제4차 중동전쟁이 발발한 10월 6~7일, 라타키아 난바다 해상에서 이스라엘 해군정 5척과 시리아 해군정 3척이 조우했다. 이스라엘 해군정은 함대함 미사일 공격과 포격으로 이들 시리아 해군정을 격침했다. 또 발견한 시리아 해군의 소해정과 어뢰정도 격침해 이스라엘 측의 완승으로 끝났다.

《가브리엘 함대함 미사일》

이스라엘이 1960년대 중반부터 개발에 착수한 국산 함대함 미사일.

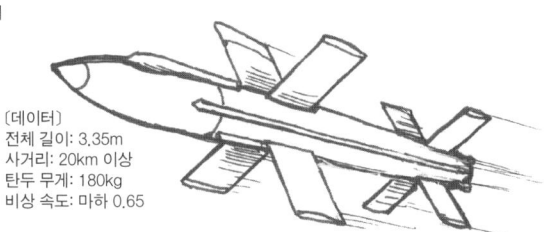

〔데이터〕
전체 길이: 3.35m
사거리: 20km 이상
탄두 무게: 180kg
비상 속도: 마하 0.65

《라타키아 난바다 해전의 추이》

〔시리아 해군 미사일 고속정 3척〕
코마급 2척, 오사급 1척

미사일을 발사
라타키아
시리아 해군의 소해정, 어뢰정을 격침
미사일을 발사
시리아 해군정이 미사일을 발사
시리아 해군정을 포착
오사급 격침
코마급 격침
코마급 격침
이스라엘 해군정의 항로

〔이스라엘 해군 미사일 고속정〕
사르 II·III형과 사르 IV형(레세프급) 총 5척

《이스라엘 해군 미사일정》

〔사르 IV형(레세프급)〕

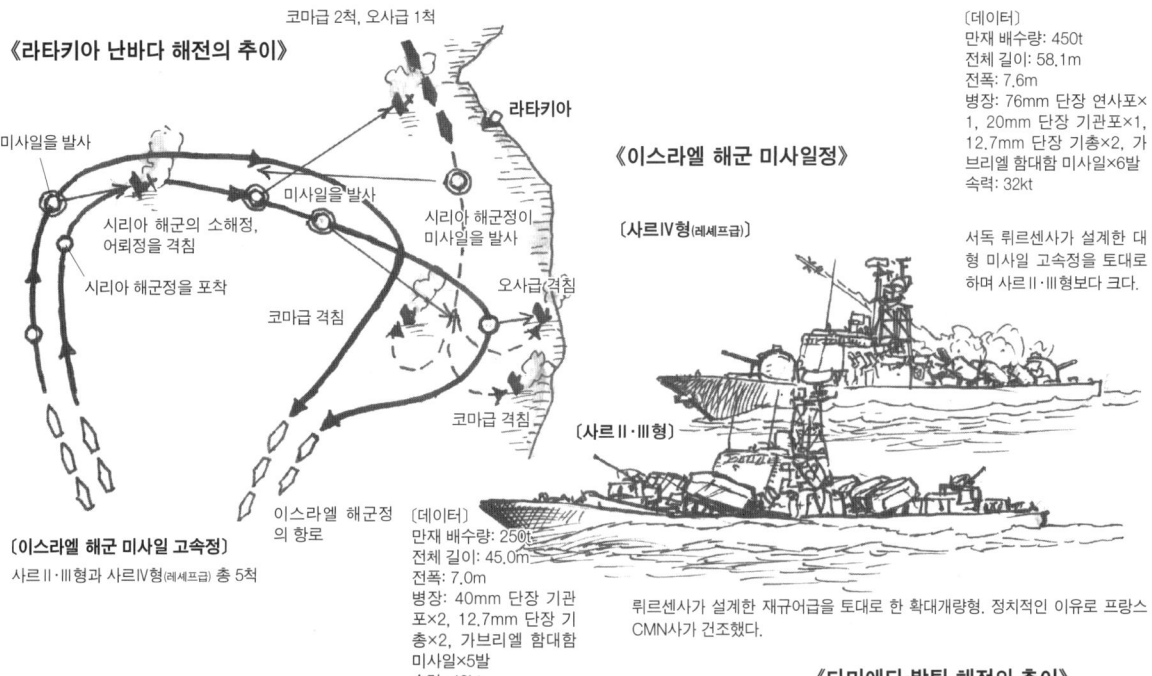

〔데이터〕
만재 배수량: 450t
전체 길이: 58.1m
전폭: 7.6m
병장: 76mm 단장 연사포×1, 20mm 단장 기관포×1, 12.7mm 단장 기총×2, 가브리엘 함대함 미사일×6발
속력: 32kt

서독 뤼르센사가 설계한 대형 미사일 고속정을 토대로 하며 사르 II·III형보다 크다.

〔사르 II·III형〕

〔데이터〕
만재 배수량: 250t
전체 길이: 45.0m
전폭: 7.0m
병장: 40mm 단장 기관포×2, 12.7mm 단장 기총×2, 가브리엘 함대함 미사일×5발
속력: 40kt

뤼르센사가 설계한 재규어급을 토대로 한 확대개량형. 정치적인 이유로 프랑스 CMN사가 건조했다.

다미에타·발팀 해전

라타키아 해전 다음 날인 1973년 10월 8~9일, 이번에는 이스라엘 해군의 미사일 고속정 6척과 이집트 해군의 미사일 고속정 4척 사이에 해전이 발생했다. 이집트 측은 12발의 SS-N-2 스틱스 함대함 미사일을 발사했는데 이스라엘 측이 전자 방해와 기만장치, 채프를 사용해 미사일은 명중하지 않았다. 한편 이스라엘 측은 자국군 가브리엘 함대함 미사일의 사거리가 적 미사일의 절반 정도밖에 되지 않았는데도 정교한 근접 전술을 구사해 이집트 해군정을 모두 격침했다.

《다미에타·발팀 해전의 추이》

오사형 격침
오사형이 미사일 발사
이스라엘 해군정이 미사일 발사
오사형이 미사일 발사
이스라엘 해군정이 미사일 발사

〔이집트 해군 미사일정〕
오사형 4척

오사형 격침
오사형이 미사일 발사
이스라엘 해군정이 포격
이스라엘 해군정이 미사일 발사

발팀
오사형 격침
다미에타

〔이스라엘 해군 미사일정〕
위는 사르 IV형×2척, 중앙은 사르 I형×1척과 사르 II형×1척, 아래는 사르 III형×2척

《이집트 해군 미사일 고속정》

〔오사형〕
1950년대 소련에서 개발된 205형 대형 미사일 고속정. 제3차·제4차 중동전쟁 때 시리아 해군과 이집트 해군에서 운용됐다.

〔데이터〕
만재 배수량: 210t
전체 길이: 37.5m
전폭: 7.64m
병장: AK-230 30mm 연장 기관포 시스템×2, SS-N-2 스틱스 함대함 미사일×4발, 9K32 스트렐라 2 휴대식 대공 미사일×16발
속력: 38kt

우에다 신의 도해 중동전쟁

초판 1쇄 인쇄 2025년 8월 10일
초판 1쇄 발행 2025년 8월 15일

저자 : 우에다 신
번역 : 강영준

펴낸이 : 이동섭
편집 : 이민규
디자인 : 조세연
기획 · 편집 : 송정환, 박소진
영업 · 마케팅 : 조정훈
e-BOOK : 홍인표, 김은혜, 정희철, 김유빈
라이츠 : 서찬웅, 서유림
관리 : 이윤미

㈜에이케이커뮤니케이션즈
등록 1996년 7월 9일(제302-1996-00026호)
주소 : 08513 서울특별시 금천구 디지털로 178, B동 1805호
TEL : 02-702-7963~5 FAX : 0303-3440-2024
http://www.amusementkorea.co.kr

ISBN 979-11-274-9212-0 03390

ZUKAI CHUTO SENSOU by Shin Ueda
Copyright © Shin Ueda 2023
All rights reserved.
Original Japanese edition published by Shinkigensha Co., Ltd., Tokyo

This Korean edition is published by arrangement with Shinkigensha Co., Ltd., Tokyo
in care of Tuttle-Mori Agency, Inc.,Tokyo.

이 책의 한국어판 저작권은 일본 SHINKIGENSHA과의 독점계약으로
㈜에이케이커뮤니케이션즈에 있습니다.
저작권법에 의해 한국 내에서 보호를 받는 저작물이므로 무단전재와 무단복제를 금합니다.

*잘못된 책은 구입한 곳에서 무료로 바꿔드립니다.